SUPER ODER NORMAL

Bernd Polster

SUPER ODER NORMAL

Geschichte eines modernen Mythos

DUMONT

6

Evevett, Washington State 1992.

Von der Benzinpumpe zum Konsumenvironment

»Wenn wir unsere Augen schließen und versuchen, das Land, in dem wir Monate zubrachten, in unser Gedächtnis zurückzurufen, sehen wir nicht Washington mit seinen Gärten und Monumenten vor uns, nicht New York mit seinen Wolkenkratzern, seiner Armut und seinem Reichtum, nicht San Francisco, keine Berge, keine Fabriken, keine Canyons, dafür die Kreuzung zweier Straßen und eine Tankstelle vor dem Hintergrund von Telegrafendrähten und einer Reklamewand.«[1] Zwei Russen, die in den dreißiger Jahren die USA bereisten, sahen das Land, wie damals viele Europäer, als eine fremdartige Auto-, Straßen- und Benzingesellschaft. Die Allgegenwart der Tankstellen war dafür ein Symbol.

Es bedarf wohl eines Kulturschocks oder zumindest einer Irritation, um die Tankstelle, diesen höchst banalen Ort, überhaupt wahrzunehmen. Als ich Ende der siebziger Jahre damit begann, stillgelegte Tankstellen zu fotografieren, wurde ich dauernd gefragt, wieso ich so etwas Merkwürdiges tun würde. Ich wußte es selber nicht genau. Es hatte wohl mit der eigentümlichen Romantik zu tun, daß inmitten unseres stets aufgeräumten und gut geölten Wirtschaftswunderlandes solche Stätten des Verfalls existierten. Jedes Jahr machten damals Hunderte alter Stationen dicht. Die Benzinfirmen nannten das *»Netzbereinigung«*. Ich begann, mich intensiver für die Tankstellenhistorie zu interessieren.

Als 1989 der Eiserne Vorhang fiel, mußten die Bürger der eingemeindeten DDR nicht lange auf modernen Tankkomfort verzichten. Den alten ostdeutschen Stationen, teils noch aus der Vorkriegszeit, teils Produkte des realen Sozialismus, standen nun blitzneue Tankstellen gegenüber, mit denen die Westfirmen sich in Windeseile ihre Marktanteile in den bald vollmotorisierten Neubundesländern sicherten. Dort hatte das Nebeneinander des modernsten Tankstellennetzes der Welt und der Vielzahl verfallener Stationen aus der deutschen Vergangenheit wieder so etwas Befremdliches.

Da ich damals auch für das Magazin der Elf Oil GmbH arbeitete, jener Benzingesellschaft,

Endloser Aufschwung. Tankstelle aus den goldenen fünfziger Jahren. Beverly Hills 1994.

8

Station am Rande. Stillgelegte
Vorkriegstankstelle in Niedersachsen.
Wolthausen 1978.

Tote Tankstelle. In einer aufgegebenen Station stellt ein Steinmetz-
betrieb Grabsteine aus. Mayen 1981.

die gerade Minol gekauft hatte (den Ex-Treibstoffmonopolisten der DDR) und dabei war, ein eigenes modernes Tankstellennetz in Ostdeutschland aufzubauen, entstand angesichts dieser historisch einmaligen Situation die Idee, sich näher mit der Geschichte der Tankstellen zu beschäftigen. Es wurde schnell klar, daß man sich dabei nicht auf Fürstenwalde und Wermelskirchen beschränken konnte. Das Resultat der zweijährigen Recherche in verschiedenen europäischen Ländern und den USA ist die erste transatlantische Tankstellengeschichte.

Wir hatten alle mal den Tiger im Tank und einen Lieblingstankwart an der Ecke. Außer dem Hauch der Nostalgie, der die alten Zapfsäulen umweht, gibt es allerdings noch eine Reihe weiterer Gründe, sich mit diesem bislang vernachlässigten Thema zu befassen: Zum Bei-

spiel weil die Mineralölbranche trotz aller Krisen zu den erfolgreichsten Wirtschaftszweigen zählt und multinationale Treibstoffkonzerne schon seit hundert Jahren für die Globalisierung der Wirtschaft sorgen; weil es auch in den Weltkriegen um Öl und Treibstoff ging und schließlich weil die Konsumgesellschaft Benzin und Zapfsäulen brauchte, um in Fahrt zu kommen. Dafür erfand man die erste moderne, rationelle Verkaufsmaschine: die Tankstelle.

Die Tankstelle, ein Kind der *»zweiten industriellen Revolution«*, wußte lange nicht, wo sie hingehörte: es gab vorfabrizierte Stationen, die so einfach waren, daß man sie in wenigen Stunden aufbauen konnte. Andere sahen aus (und waren fast so imposant) wie griechische Tempel. Manche waren als englisches Cottage, als Ranch oder auch als Leuchtturm getarnt. Die

Zapfkomfort auf Weltniveau. Ex-DDR-Tankstelle neu gestylt. Leuna 1995.

Tankwart, South Dakota 1993.

Tankstelle ist das wohl am meisten variierte Gebäude des 20. Jahrhunderts. Zugleich wurde sie am konsequentesten standardisiert. Wenn heute ein multinationaler Konzern sein Netz weltweit erneuert, betrifft das Zehntausende von Stationen, deren Design in kurzer Zeit gleichgeschaltet wird und von der jede einzelne mehrere Millionen Mark kosten kann.

Die ersten fünf Kapitel beschreiben einen wichtigen Abschnitt der Industrie- und Alltagsgeschichte: es wird erzählt, wie Zapfhütten zu Palästen und der Überfluß zum Normalzustand wurde, wie zuerst in Amerika die Freiheit und das Go-West-Gefühl aus dem Benzinschlauch kam und wie nach dem Zweiten Weltkrieg auch in Europa das Glück an der Zapfsäule lachte, wie Preiskriege geführt und gewonnen werden, wie die freien Tankstellen sich ihren Markt eroberten, wie die großen Markenfirmen ihre Territorien verteidigten und sich am Bordstein durchsetzten, neuerdings rund um die Uhr und unter Einsatz von Chips und Monitoren, die die High-Tech-Tankstelle von Morgen zum virtuellen Supermarkt machen sollen.

Kapitel sechs folgt den Spuren, die Tankstellen in der Kunst hinterlassen haben: von Edward Hopper, der den amerikanischen Traum auf die Leinwand bannte, bis zu Filmregisseuren wie Jean-Luc Godard oder Wim Wenders, in deren Filmen die Tankstelle oftmals zur Chiffre wird, ein profaner Ort und zugleich ein moderner Mythos.

Im siebten Kapitel geht es um kraftvolle Reklamesprüche, um mehr Kilometer und weniger Klopfen, Happenings als Werbestrategie der sechziger Jahre und berühmte Imagekampagnen, auch solche die ins Wasser fielen.

Das letzte Kapitel beschreibt, wie sich die Tankstellenarchitektur durch wegweisende Bauhaus-Entwürfe emanzipierte und welche wichtigen Ideen Architekten wie Arne Jacobsen und Frank Lloyd Wright zu ihrer Entwicklung beisteuerten. Die Meilensteine des Tankstellendesigns werden in chronologischer Folge vorgestellt: von Walter Dorwin Teagues bahnbrechenden Stationen der dreißiger Jahre bis zur Welle der Design-Programme, die die Branche in jüngster Zeit erfaßt hat und die vor allem durch die Arbeiten des amerikanischen Designers Saul Bass ausgelöst wurde. Seine weltweit umge-

setzten Konzepte, durch die er die Tankstellen in »Kommunikationsmaschinen« und Konsum-Environments verwandelte, werden ausführlich behandelt. Am Schluß stehen die Visionen jenseits der standardisierten Tankwirklichkeit. Denn sie existieren bereits in Designcomputern oder auf Skizzenblöcken, die Stationen der Zukunft, was immer man auch dort tanken wird, wenn das Jahrhundert des Treibstoffs zu Ende ist.

Keine Science-fiction. Designertankstelle, Berlin 1995.

---

1 Ilf, Ilya und Petrov, Eugene: Little Golden America - Two Famous Soviet Humorists Survey These United States, New York 1937, S. 76

Sieg über die Landstraße

Vom Himmel Kaliforniens stach die Sonne. Das Auto, das im Hinterland von Los Angeles einsam durch ein Wüstental fuhr, zog eine endlose Staubfahne hinter sich her. Immer wieder mußte der Mann am Lenker Löchern und massiven Steinbrocken ausweichen. Wenn die Räder im Sand durchzudrehen drohten, trat er kräftig auf das Gaspedal.

Sein Ziel war jene Raffinerie, die eine kleine Ölfirma in der Ortschaft Santa Paula seit einigen Jahren betrieb. Er brauchte dringend Benzin, weil sein häuslicher Vorrat zur Neige ging, doch als er endlich auf dem Betriebsgelände angekommen war, vertröstete man ihn. Sorry, aber Benzin sei gerade keines auf Lager. Er solle es doch in ein paar Tagen noch einmal versuchen.

Vor 100 Jahren gehörten Odysseen wie diese zum Alltag der Kraftfahrer, auch in den USA. Amerikas Ölindustrie war zwar mit Abstand die größte der Welt, aber ihr Geschäft machte sie mit dem Verkauf von Petroleum und Schmiere. Benzin galt als lästiges Nebenprodukt, das Apotheken und Wäschereien literweise abnahmen – den Rest kippte man weg. Die knapp 1000 Besitzer motorisierter Karossen, die kurz vor der Jahrhundertwende auf Amerikas sandigen Straßen unterwegs waren, mußten zusehen, wie sie sich selbst versorgten.

Auch in Europa, wo Motor und Motorwagen entwickelt wurden, gab es anfangs Engpässe. Bertha Benz, die Frau des berühmten Automobilpioniers, mußte im August 1888 auf der ersten motorisierten Reise von Mannheim nach Pforzheim mehrere unfreiwillige Tankpausen einlegen. Apotheken hatten damals, wenn überhaupt, nur einige wenige Flaschen Benzin im Regal. Als sich der Schriftsteller Julius Bierbaum einige Jahre später auf große Reise wagte, waren die Auswirkungen der Marktkräfte schon spürbar. Der Pionier auf Rädern kam »nirgends in Verlegenheit um Benzin«, wußte aber zu berichten, daß »die Herren Apotheker die günstige Gelegenheit (durchweg benutzen), uns zu schrauben. Ein Grund mehr, daß man jedes Auto wirklich mit einem genügend großen Benzinbehälter versehen sollte. Wenn man genötigt ist, Benzin zu kaufen, so

ist man diesen Herrschaften auf Gnade und Ungnade überliefert.«[1]

Am 16. Juli 1894 brach der Unternehmer Justus von Liebig mit einer »Benz Viktoria« im böhmischen Reichenberg zu einer Reise an den Rhein auf, ein kühnes Unterfangen und eine der ersten Fernfahrten überhaupt. Für die 939 Kilometer lange Strecke brauchte er sieben Tage, 1500 Liter Kühlwasser und 140 Kilogramm Benzin, über deren Herkunft nichts berichtet wird. In Mannheim traf er den Autopionier Carl Benz. Der Erfinder der motorisierten Fortbewegung, damals größter Autofabrikant, rief seine Arbeiter zusammen, spendierte ein Faß Bier und erklärte markig, Liebig habe »die Fahrstraße besiegt«. Aus mehreren Städten war der einsame Motorlangstreckler damals von der Ortspolizei verwiesen worden. Weil Gastwirte, »eine Benzinexplosion fürchtend«,[2] ihm ein Zimmer verweigerten, mußte der Abgewiesene bisweilen nächtelang durchfahren.

Auch in England, groß geworden durch Dampf und Stahl, stand man den Benzinkutschen äußerst skeptisch gegenüber. Aus Angst vor der explosiven Ware verboten die Behörden zunächst jeden privaten Benzinvorrat. Ab 1896 wurde eine häusliche Ration erlaubt, limitiert

Links: Die »Service-Station« war noch nicht erfunden. Tankhütte der Standard Oil Company. USA um 1910.

An der Quelle. Texanische Ölfelder in der Nähe des Permian-Beckens zu Beginn des Jahrhunderts.

14

»Raten Sie mal, wie weit man mit diesem Besen kommt ...« Werbeaktion für sparsamen Benzinverbrauch. USA um 1910.

»Der Geist der Zeit« aus der Kanne. Benzinwerbung, Großbritannien 1905.

auf maximal 80 Liter. Den Vorschriften entsprechend mußte der Abstellraum mindestens sieben Meter von anderen Gebäuden entfernt sein – in Englands gutbürgerlichen Endlosreihenhäusern eine unerfüllbare Auflage. Das Auto blieb ein Luxus für die, die in Villen lebten.

Motorwagen sahen seinerzeit aus wie Kutschen ohne Pferde und waren handgefertigt – allein der abschließende Anstrich konnte Wochen dauern. Die teuren Vehikel umwehte der Hauch der Hautevolee. Um die rollenden Statussymbole kümmerten sich Chauffeure in Livree, uniformierte Herrenfahrer, die dafür verantwortlich waren, daß die Kühlerhaube blitzte und daß der Treibstoff nicht ausging. In Amerika zählten zu den Autofans der ersten Stunde Dollarbarone, wie John D. Rockefeller und William K. Vanderbilt. In Vanderbilts Garage warteten 100 Wagen und 20 Chauffeure auf ihren Einsatz. Autobesitzer, die selber fuhren, galten als Exzentriker, die sich hinter dem Volant im Schick spezieller Sportkleidung zeigten. »Nichts hat mehr zu der Verbreitung sozialistischer Gefühle beigetragen als das Autofahren«, warnte der spätere Präsident Woodrow Wilson. Es sei geradezu das Sinnbild für die »Arroganz des Reichtums mit all seiner Unabhängigkeit und Rücksichtslosigkeit«[3]. Zwischenfälle blieben nicht aus: In New Yorker Arbeitervierteln hagelten Steine auf die Benzinkutschen, und Farmer vertrieben Autoausflügler mit der Flinte.

1890 gab es weltweit lediglich drei Autofabrikanten. Zehn Jahre später war deren Zahl allein in Frankreich auf über 100 gestiegen. In den USA gab es 30 Hersteller, deren Fahrzeuge gemessen am europäischem Standard als primitiv und unsicher galten. Und Zuverlässigkeitsfahrten über größere Distanzen, die die skeptische Kundschaft überzeugen sollten, zeitigten nicht immer das erhoffte Resultat. Ab 1905 sponserte der Millionär und Autofan Charles Glidden jährlich solch eine Tour. Wenn auch bei der ersten Glidden-Ralley von New York nach Neuengland und zurück jedes vierte Fahrzeug auf der Strecke blieb, erklärte man trotzdem hinterher US-Autos für »idiotensicher«.

Die Automobilindustrie steckte noch in den Kinderschuhen. Zu den noch ungelösten Problemen gehörte auch die schwankende Qualität des Treibstoffs. Da verschmutztes Ben-

zin häufig zu ungewolltem Stillstand führte, schüttete man es vorsichtshalber durch ein Tuch. Ein Fachbuch empfahl dringend, stets »ein Gerät zum Prüfen des Benzins«[4] bereit zu halten. Stotterte der Motor, führte man dies darauf zurück, daß das Benzin nicht leicht genug sei. Als wichtigste Eigenschaft des Benzins galt darum jahrelang das spezifische Gewicht, das umsichtige Automobilisten mit einem eigenen »Densimeter« feststellten. Benzin war ein unbekannter Kraftspender, in dem man heimliche und unheimliche Kräfte vermutete. »Fahre nicht an Flüssen entlang«, riet ein vorsichtiger Zeitgenosse, »die Vergasung wird dadurch gestört. Man muß auch die Wälder meiden, ebenso kühle Abende.«[5]

Wagenbesitzer, die in der Provinz wohnten, ließen sich ihr Benzin-Faß mit der Eisenbahn zuschicken. »Ich habe einen 24-Gallonen-Benzintank zum eigenen Gebrauch. Ich wäre jeder Zeit gerne bereit, jemandem in der Nachbarschaft, dem das Benzin auszugehen droht, etwas davon zur Verfügung zu stellen«,[6] ließ Mr. Egerton aus Norwich 1898 in einem Inserat wissen – man wußte sich eben zu helfen. Auch Autoclubs, in denen sich der illustre Kreis der Freizeitfahrer organisierte, sorgten für den Nachschub ihrer Mitglieder.

Die Veranstalter der ersten Autoschau, der Pariser Exposition de locomotion automobile von 1895, hatten zusätzlich ein Rennen ausgeschrieben, von der Hauptstadt nach Bordeaux und zurück. Städte-Wettfahrten machten fortan weltweit Furore. »Man wird vom Fußvolk angehimmelt, und der Donner der Explosionen ist ein Gott für die Frauen«,[7] schwärmte einer der Motormatadore. Nur eins konnte die Benzingetriebenen aufhalten: Wenn der Treibstoff zu Ende ging, mußte nachgefüllt werden. Entlang der Rennstrecken entstanden die ersten improvisierten Tankstationen. Die Benzinanzeige war noch nicht erfunden, und um unterwegs nicht liegenzubleiben, nahm man für alle Fälle eine flüssige Reserve mit. Die Vorratsbehälter wurden einfach auf dem Trittbrett festgeschnallt.

Die Tankprozedur selber war eine etwas heikle Angelegenheit: Weil man nie wußte, wieviel Treibstoff sich tatsächlich noch im Tank befand, schwappte selbst erfahrenen Chauffeuren, die stets aufmerksam auf das Gluckern des

Benzins horchten, die Brühe schon mal über die Stiefel. Mancher Tank war nichts anderes als ein angeschraubtes Faß, das huckepack mitgeführt wurde. Ein Handbuch gab den lapidaren Ratschlag: »Hat ein Benzinbehälter ein Leck erhalten, so kann man es durch ein Stück harter, gelber Seife stopfen.«[8] Es mag noch nach Abenteuer und Fortschritt gerochen haben, wenn das Benzin durch einen großen Trichter in den Tank floß.

Eine musterhafte Organisation

Um 1900 zählte der berühmte Pariser Automobilclub bereits über 2000 Mitglieder und verlegte seinen Vereinssitz von der Peripherie an den Place de la Concorde. Als das alte Jahrhundert sich verabschiedete, hatte Frankreichs boomende Autoindustrie die Produktion auf fast 5000 Wagen im Jahr gesteigert. Die Automode hatte einen zunehmenden Bedarf an staubdichten Damenhüten und schützender Lederkluft zur Folge, aber auch an zuverlässiger Treibstoffversorgung. Nun sandten Ölproduzenten ihre »Vertreter in jede kleine Stadt, wo sie Agenturen eröffneten, die Schmieröl und Benzin speziell für Autofahrer auf Lager hielten«[9]. Die Adressenlisten der Benzinhändler steckten bald in jeder Chauffeursjacke.

Für Lebensmittelgeschäfte, Fahrradläden, Schmieden, kleine Werkstätten und Hotels wurde der Verkauf von Benzin zu einer bescheidenen Nebeneinnahme. Auch jenseits des Atlantiks konnte nun fast jeder Dorfladen bei Treibstoffbedarf weiterhelfen – im Store nebenan schenkte man Benzin in Milchkannen aus. Vorerst blieb dies allerdings ein Saisongeschäft, denn die dachlosen Schönwetter-Wagen der damaligen Zeit wurden im Winter eingemottet. Kleinere Kramläden, in denen das Leuchtöl für die Petroleumlampen, die seit der Jahrhundertmitte in den Wohnstuben Einzug hielten, verkauft wurde, waren für die Ölindustrie ein klassischer Absatzweg.

Oben: Auf den Trichter gekommen. Die ersten Benzinstationen entstanden an den Rändern der Autorennstrecken. Frankreich 1907.

Unten: Motormatadore an der Bande. Der hektische Tankstop beim französischen Grand Prix von 1912 wurde schon mit Schlauch und Benzinpumpe beschleunigt.

16 Staub und Schmiere. Hinterhofgaragen waren für Öl und Benzin ein wichtiger Vertriebsweg. Los Angeles um 1905.

Benzin wurde in Kanistern verkauft. Hier wird die Marke »Stellin« feilgeboten. Paris 1904.

Nun »*bauten die großen Benzingesell-schaften ihr Treibstoffgeschäft auf dem Leucht-ölgeschäft auf*«[10]. Und das verlief ziemlich rei-bungslos. »*Da zeigt sich die kolossale ökonomi-sche Überlegenheit durch die modernen groß-kapitalistischen Einrichtungen, durch die Tanks in den Häfen, die Tankschiffe und Tankwagen, durch die ganze vollendete Organisation durch das ganze Reich hindurch*«, schwärmte ein Sozialdemokrat 1897 überschwenglich in einer Reichstagsdebatte, die sich mit dem amerikani-schen »*Petroleumkartell*« auf deutschem Boden beschäftigte, nicht ohne ausdrücklich auf des-sen »*musterhafte Absatzorganisation*«[11] hinzu-weisen.

Die Rede war von Rockefellers Standard Oil Company, der ersten »*weltumspannenden Handelsgenossenschaft*«[12]. Standard hatte es bis zur Jahrhundertwende geschafft, nicht nur die amerikanische Ölindustrie zu dominieren, sondern auch neun Zehntel des gesamten Welt-erdölhandels abzuwickeln. Die erste von zahl-reichen Europa-Filialen wurde 1888 in London eröffnet.

Zwei Jahre später folgte die Deutsch-Amerikanische Petroleum-Gesellschaft (DAPG) mit Sitz in Hamburg. Standard, erfahren in der Ausschaltung unliebsamer Konkurrenz, hatte dem größten deutschen Öl-Importeur erst mit Boykott gedroht, um ihn dann zu übernehmen.

Danach trieb der Konzern die noch übrig-gebliebenen Firmen mit Dumpingpreisen in den Ruin. Zeitweise war das Faß Öl am Rhein billi-ger zu haben als bei seiner Verschiffung in New York.

Im sich vehement industrialisierenden Deutschland war der Pro-Kopf-Verbrauch an Leuchtöl seit der Reichsgründung im Jahre 1871 um das Zehnfache gestiegen. Ein Zeitgenosse

Eine Crew von Böttchern ruht sich auf ihrer Arbeit aus. Bis zur Jahrhun-dertwende wurde Öl in Fässern transportiert. USA 1889.

Kalifornisches Stilleben 1913. Die Einrichtung von Tanklagern war eine zeit- und dollarsparende Innovation.

18 Öl von der Mamsell. Zapfgeräte, die von Einzelhändlern oder großen Privathaushalten verwendet wurden, waren Vorläufer der Benzinpumpen. Eine Werbung von 1908.

Treibstoffversorgung durch den Dienstboteneingang. Diese amerikanische Werbung von 1915 zeigt, wie Benzin frei Haus geliefert wurde.

Der Tanklasterfahrer stemmt stolz die Hände in die Hüften. Bis zum Ersten Weltkrieg wurde Benzin noch mit Pferdewagen ausgefahren. Ein Depot der DAPG um 1910.

beobachtete »*bei einer Eisenbahnfahrt am Abend, wie die großen Scheiben der Fabriketablissements weiss erhellt sind vom Bogenlicht, und wie dann in den Gegenden der Hausindustrie hinter allen kleinen Fenstern der gelbe Schein der Petroleumlampe noch spät in der Nacht sichtbar ist*«[13]. Die Ölfunzel war das Licht der kleinen Leute, Petroleum ein frühes Massenprodukt made in USA und in Deutschland nach Zucker damals die zweitwichtigste Einfuhrware.

Standard wurde nicht nur zum Modell eines Multis, sondern verfügte auch über eine »*Organisation, die bis zur Belieferung des letzten Verbrauchers fest in ihrer Hand lag*«,[14] und war somit einer der ersten voll integrierten Konzerne, der den Weg seiner flüssigen Ware vom Bohrloch bis zum Ladentisch kontrollierte. Um 1890 begann man unter dem Eindruck erhöhter

russischer Öl-Einfuhren die Vermarktung selbst in die Hand zu nehmen. Dazu gehörte schließlich auch die Einführung des rationellen Tanksystems anstelle althergebrachter Holzfässer sowie der Aufbau eines eigenen flächendeckenden Vertriebs, der es erlaubte, lokale Verluste an anderer Stelle auszugleichen. Überall, wo Standard auftrat, wurde ein Netz von Tankdepots errichtet. Endpreise und Provisionen waren in »*Ausschließlichkeitsverträgen*« festgelegt, ein bis dahin unbekanntes Vorgehen, das die geschockte deutsche Kaufmannschaft veranlaßte, sich, wenn auch vergeblich, direkt an den Reichstag zu wenden.

»*Das Herantreten an den Kleinhändler ist an die Einführung des Straßentankwagenbetriebes geknüpft. Hierzu bediente sich die DAPG folgender Mittel: Sie legte an den Eisenbahnstationen unterirdische Tanks an, in die mittels Schlauchvorrichtung aus den Zisternenwaggons das Öl entleert wurde. Von diesen wird das Öl in die Straßenkesselwagen übergepumpt und den Detaillisten zugefahren, bei denen Behälter seitens der DAPG gratis gegen Verpflichtung, das Petroleum nur von ihnen zu beziehen, aufgestellt wurden.*«[15] Andere Kunden wurden per Pferdetankwagen direkt beliefert – eine mobile Vorstufe zur Tankstelle. Käufer und Verkäufer waren somit an einen modernen Konsumkreislauf angeschlossen. In der Kontrolle von der Quelle bis zum Lampendocht lag das Geheimnis der Strategie, die sich als »*musterhaft*« erweisen sollte.

Deutsche Unternehmen, wie die DPAG (Deutsche Petroleum-Aktiengesellschaft), kopierten sogar den Namen des amerikanischen Konkurrenten. Als die Olex, die Vertriebsgesellschaft der DEA (Deutsche Erdöl AG), amerikanische Methoden übernahm und selbst Handelsreisende anstellte, die Exklusivverträge mit Kleinhändlern abschlossen, eskalierte der *»Petroleumkrieg«*.

Schließlich kaufte Standard die Fässer des kleinen Konkurrenten, der selbst keine Tanklager besaß, einfach auf. Später einigte man sich jedoch auf ein Stillhalteabkommen, und Olex baute ein eigenes Netz von Verkaufsstellen aus, wo man auch *»1a Leichtbenzin«* erwerben konnte.

In der Alten Welt sollte bald Petroleum aus dem russischen, bzw. aserbeidschanischen Baku dem US-Lampenöl Konkurrenz machen. Die am Ölgeschäft interessierte Deutsche Bank sowie die Häuser Rothschild und Nobel, beide Besitzer wertvoller russischer Konzessionen, bildeten 1906 die EPU (Europäische Petroleum-Union).

Der Eurokonzern machte seinem Namen Ehre und gründete Tochterfirmen von Zürich bis Kopenhagen, unter anderem auch in London. Die dortige Vertriebsgesellschaft hieß British Petroleum Company, kurz BP, und betrieb auf der Insel über 800 Depots. Vertrieben wurden dort übrigens die Produkte einer anderen Londoner Gesellschaft, der Shell.

Ölüberfluß. Die vier Unternehmer aus den USA, *»Trapshooters«* (eigentlich: Wurftaubenschützen) vom Beginn dieses Jahrhundert, haben bei ihrer Bohrung einen Volltreffer gelandet.

Shell, die später mit der holländischen Royal Dutch fusionierte, war von dem Muschelhändler Marcus Samuel aufgebaut worden. Ihm gelang das Kunststück, Standard mit den eigenen Waffen zu schlagen. Durch den erstmaligen, konsequenten und großangelegten Einsatz von Tankschiffen jagte er dem Rockefeller-Trust weltweit wichtige Märkte ab, auch auf dem europäischen Kontinent. Rhenania, die deutsche Shell-Tochter, weihte 1902 in Düsseldorf ihr erstes Benzinwerk ein. Mit Shell und EPU standen den Amerikanern in Europa nun zwei ernstzunehmende Rivalen gegenüber.

Yankeemaschinen

1860, der Ölboom hatte eben begonnen, gab es in den USA nur drei Städte mit mehr als 250 000 Einwohnern. Innerhalb der nächsten 30 Jahre kamen acht weitere hinzu. Philadelphia und New York waren nun Millionenstädte. Chicago präsentierte sich stolz mit einer ersten Skyline. Amerika, Land der Wildnis, der endlosen Weiten und natürlichen Ressourcen, entwickelte sich zur größten Industrienation. Mobilität und Migration erreichten nie gekannte Ausmaße. Bis zum Ersten Weltkrieg suchten mehr als 30 Millionen meist europäische Einwanderer hier ihr Glück. Fast jeder Dritte war jetzt Zugereister. Es war die Zeit, als Tellerwäscher zu Millionären und »*der reiche Onkel*« aus Amerika zum Stereotyp wurde. Was Amerika einte, war die Gewißheit, in einem Land zu leben, wo selbst die kühnsten Phantasien schon morgen von der Realität übertroffen werden konnten.

Das Jahrhundert war erst ein Jahr alt, da geschah das, was man immer erhofft, aber sich nie so richtig hatte vorstellen können. Seit dem ersten Ölfieber wollten viele nicht glauben, daß es nur in Pennsylvania Ölfelder geben sollte. Nun wurden die Optimisten bestätigt: Im texanischen Spindletop stieß ein Explorationstrupp auf eine Quelle von bis dahin ungekannter Ergiebigkeit. Der Strahl schoß auf doppelte Bohrturmhöhe, das standardisierte Preisgefüge brach zusammen – das Faß Öl war bald nur

noch ein paar Cent wert. Von der Schwemme profitierten vor allem Branchenneulinge, sogenannte Independents, wie die Texas Company (später Texaco) und die Gulf Oil Corporation, die ihre Herkunft schon im Namen trugen. Noch war ihr Marktanteil verschwindend gering, doch das Zentrum der Ölindustrie verlagerte sich in den Südwesten. Spindletop wurde zur Wendemarke, Standards Solopart neigte sich dem Ende zu. Aber die ungeheuren Fördermengen stimulierten nicht nur die Konkurrenz, sondern auch ein unwiderstehliches Gefühl von Überfluß.

Das Texas-Öl war so schwarz und schwer, daß es für die Beleuchtung nicht taugte. Die vermeintlich schlechte Qualität sollte sich jedoch als Vorteil herausstellen, denn nach Edisons Erfindung der Glühbirne sank ab 1905 der Leuchtölverbrauch weltweit. Die dicke Brühe, die man als Brennstoff verramschte, fand jedoch einen neuen Markt. Das Billigöl wurde in Hochöfen und Lokomotiven verheizt, diente aber auch als Treibstoff für Verbrennungsmotoren. In dieser Zeit »*fuhren die Autos mit Benzin, das so einfach hergestellt wurde wie kochendes Wasser, mit dem Unterschied, daß wegen der großen Mengen das Destillieren billiger war*«[16]. Häufig kam es aus improvisierten Teekessel-Raffinerien, Bruchbuden, die im Eiltempo gleich neben den Ölfeldern aus dem Boden gestampft wurden.

Eine der ersten US-Motorzeitschriften hatte sich programmatisch bereits »*Horseless Age*« (Pferdeloses Zeitalter) genannt. Das aber hatte zunächst noch auf sich warten lassen. In Amerika war der Automobilbau wegen Patentstreitigkeiten, katastrophaler Straßenverhältnisse und der Unzuverlässigkeit der Autos nicht recht in Gang gekommen. Bis 1900 gab es mehr Elektro- und Dampfwagen als Benzinkutschen. Im Jahr der großen Öldusche kam es schließlich zum Durchbruch. Der Konstrukteur Ransome Olds hatte den »*Curved Dash*« entwickelt, einen Einzylinder mit drei PS und zwei Sitzen, von dem er sagenhafte 6000 Stück pro Jahr verkaufen konnte. Der Flitzer mit einem moderaten Verbrauch von sechs Litern auf 100 Kilometer war das erste Serienmodell und trug wesentlich dazu bei, daß man das Auto künftig als Transportmittel in Betracht zog. »*Come*

»*Deutschland*«, der erste 1894 von einer deutschen Werft gebaute Tankdampfer, hatte sicherheitshalber noch Segel.

away with me Lucille in my merry Oldsmobile«, hieß es in einem der populärsten Songs, einer Hymne der mobilen Gesellschaft.

Kleinwagen wie das Oldsmobile leiteten die Ära der *»Selbstfahrer«* ein. *»Sie erklimmen normale Hügel, fahren durch Sand, Matsch und Schnee und haben genug Benzin für eine 70-Meilen-Reise«,*[17] attestierte ein Journalist. 1907 wurden in den USA trotz Rezession 44 000 Autos verkauft, gegenüber 25 000 in Frankreich und nur 5000 in Deutschland. Amerikanische Geschäftsleute, Rechtsanwälte und Ärzte entdeckten das Auto als Statussymbol und als Möglichkeit, dem hektischen Stadtleben zu entrinnen. Die wohlhabende Mittelklasse flüchtete ins Grüne, wenn autofeindliche Durchfahrverbote auf dem Lande auch manchmal noch den Bewegungsdrang hemmten. Man genoß *»das Gefühl der Unabhängigkeit von Fahrplänen und festgelegten Routen«,*[18] und die motorisierte Beweglichkeit verlor nach und nach ihren elitären Makel. Die Stadtmüden waren somit Vorreiter einer Freizeitkultur, die nach einer Infrastruktur verlangte – indem Auto und Tourismus zusammenfanden, wurden sie zu Motoren der Wirtschaft.

Standard begann, seine Vorortdepots zu Benzinstationen umzufunktionieren. Daß die Lagerplätze mit ihren schäbigen Holz- oder Wellblechschuppen auch Verkaufsstellen waren, darauf wiesen nur ein paar Schilder hin. Hier roch es nach Öl und Arbeit, ebenso wie in den neuen Autowerkstätten, die häufig aus ehemaligen Fahrradläden hervorgegangen waren. Wenn die Blaumänner mit ihren Werkzeugkisten mal nicht unter einem Wagen lagen, verkauften sie Benzin in feuersicheren Kanistern, wie man sie noch aus der Petroleumzeit kannte.

Standard Oil hatte seinerzeit die Einheitsverpackung für sein Leuchtöl eingeführt. Die Blechcontainer, die seitdem zu abertausenden von Hand zu Hand gingen, wurden zu Allzweckbehältern umfunktioniert und waren zugleich tragbare Reklameflächen. In Amerika, wo Waren über weite Strecken transportiert werden mußten, erfand man aber nicht nur neue Verpackungsmethoden, man hatte sich auch schon lange damit beschäftigt, wie Produkte in hohen Stückzahlen preiswert herzustellen waren. Zu einem wichtigen Markt für Mas-

senartikel wurde der Wilde Westen: Sam Colts berühmtes Schießeisen war prototypisch für das, was man später das *»amerikanische System«* nannte. Sein aufklappbarer Revolver war eine Maschine, mit der man mehrere Schüsse hintereinander abfeuern konnte, die also das Schießen mechanisierte und beschleunigte. Man nannte die Waffe aber auch zynisch *»Equalizer«,* den Gleichmacher, weil sie den Tod demokratisierte. Der Colt war ein standardisiertes Industrieprodukt, fabrikmäßig hergestellt aus austauschbaren Teilen.

In Europa rümpfte man über das *»amerikanische System«* die Nase, weil man die Massenwaren primitiv fand. Amerika jedoch steigerte damit Absatz und Verbrauch, ein Wirtschaftskatalysator, der im Falle der Petroleumkanister erstmals weltweit funktioniert hatte. Um 1900 hatten bereits zahlreiche Branchen das rationelle System übernommen. Durch neue Vertriebsmethoden, wie das Kaufen nach Versandkatalog, waren die Industriezentren inzwischen auch mit dem Hinterland verbunden. Man durfte jetzt auch in Raten zahlen. Kurz: Amerika lernte die Spielregeln der Konsumgesellschaft und machte schließlich auch das Auto zur Allerweltsware.

Als Henry Ford, ein Bauernsohn aus Michigan, sein *»Model T«* 1908 vorstellte, kostete es noch über 800 Dollar. Das war mehr als der Jahreslohn eines Arbeiters. Doch als Ford das *»amerikanische System«* perfektionierte und später um das Fließband ergänzte, eine Methode, die den Arbeitsstrukturen in Chicagos Schlachthöfen abgeschaut war, rutschte der Preis nach und nach unter 200 Dollar. Schon 1910 rollten täglich über 50 Wagen vom Band – das *»Model T«* wurde zum Millionenseller. Amerikaner, die morgens ihre *»Tin Lizzy«* ankurbelten, brachten damit auch die Konjunktur in Schwung. Indem er ihren Tageslohn auf fünf Dollar verdoppelte, sorgte Ford einerseits dafür, daß seine Arbeiter sich in den unmenschlichen Produktionsstreß fügten. Andererseits schaffte er aber auch die Voraussetzung, daß sie sich einen eigenen Wagen leisten konnten, wenn es oft auch zunächst noch ein gebrauchter war.

Im selben Jahr als Ford sein *»Modell T«* herausbrachte, stellte der Erfinder Hugh Moore

in New York einen »*Penny Water Vendor*« vor, einen Automaten für Eiswasser.

Die eigentliche Neuheit daran war der Pappbecher, den man mitnehmen konnte. Dieser Wegwerfbecher machte Moore über Nacht zum Millionär. Mit ähnlichen Methoden waren auch andere Amerikaner erfolgreich, z. B. George Eastman, der 1900 seine Kamera zum Schleuderpreis von einem Dollar unter die Leute brachte und sie so animierte, auch seine Filme zu kaufen.

Der Becher oder die Kamera, es waren kleine Konsum- oder Verschwendungsmaschinen, die, einmal in Umlauf, für steten Umsatz

sorgten. Auch die Petroleumlampe, die man nachfüllen mußte, funktionierte auf dieselbe wundersame Weise. Aber was war das alles gegen das Auto, dieses perpetuum mobile des Konsums? Diese einfache Maschine, deren Treibstoffverbrauch ihren Anschaffungspreis um das doppelte übersteigen konnte, veränderte die Wirtschaftsabläufe und den Alltag der Menschen. Aus ihr speisten sich die beiden größten Industriezweige des 20. Jahrhunderts: Die ersten vier und insgesamt 14 der 25 umsatzstärksten Unternehmen gehörten 1994 entweder der Auto- oder der Ölbranche an, wobei letztere insgesamt die größere Zahl der Unter-

»Yankeemaschinen« im Schlamm. Der Ausbau der amerikanischen Highways kam bis zum Ersten Weltkrieg kaum voran. Ortsdurchfahrt in Oklahoma um 1920.

nehmen aufweist. Die Benzinkutsche hat die Weltökonomie revolutioniert und die Hälfte der Menschheit zu rastlosen Entdeckern dieser Welt gemacht.

Ein damals gern erzählter Witz über das »Model T« von Ford verwies jedoch auch auf die Anfangsschwierigkeiten der Autophilen: Ein Besitzer wollte sich mit seinem Wagen begraben lassen – weil er damit bisher noch aus jedem Loch herausgekommen sei. Der Gag spielte auf die Unverwüstlichkeit des ersten Massenautos und das erbärmliche US-Straßennetz an. Für eine Fahrt von Chicago nach New York brauchte ein schlaglocherfahrener Autofahrer damals eine gute Woche. In der Regel führten nur unbefestigte Feldwege durch die Landschaft, die sich bei Regen in tiefen Sumpf verwandelten. Für Treibstoff mußte man selber sorgen. Eine Fahrt von Küste zu Küste war unter diesen Umständen ein Abenteuer, das ein Arzt namens Nelson Jackson samt Chauffeur 1903 erstmals erfolgreich überstand. Er benötigte etwa eine halbe Tonne Benzin – allein deren Beschaffung war eine logistische Meisterleistung. Es dauerte zwar insgesamt drei Monate, aber Coast-to-coast-Trips kamen nun mehr und mehr in Mode – der Go-west-Treck wurde von einem neuen Motor angetrieben.

Im Gegensatz zu Europa, wo ein dichtes Eisenbahnnetz bis ins letzte Provinznest reichte, erschienen Amerikas Schienenstränge wie einsame Striche auf einem Blatt Papier. Mit dem Auto hatten die Amerikaner nun das Mittel, sich noch freier zu bewegen. Das erkannten schließlich auch die Farmer: 1907 wurden auf dem Land erstmals mehr Automobile abgesetzt als in den Städten. Aus dem Auto, einem »Raum-Zeitvernichter« und »Equalizer«, der jeden, der darin saß, zum Souverän seiner Wege machte, wurde eine »Yankeemaschine«[19].

Tanken war noch immer Handarbeit. Man mußte aufmerksam sein und sich viel Zeit nehmen. »Zehn Prozent ist, sehr vorsichtig geschätzt, der Verlust des Motoristen, der einfach auf den Umgang mit Benzinkanistern zurückzuführen ist«,[20] monierte ein Motorjournalist. Wer mit einem schweren Behälter auf den Rücksitz klettern oder eine kleine Öffnung neben dem Lenkrad treffen mußte, der konnte nicht verhindern, daß schon einmal etwas danebenging. Pfützen verschütteten Benzins und unvermeidlich entweichende Dämpfe machten den Umgang mit den Kanistern nicht nur unwirtschaftlich, sondern auch gefährlich.

»Fordfahrer sind es satt, Kissen zu heben«, sprach eine Werbeanzeige den Leidgeprüften aus der Seele. Auch beim »Modell T« befand sich der Tank unter dem Sitz des Fahrers, und es mußte regelmäßig nachgeschaut werden, wieviel sich noch darin befand. Ein aufgeschraubtes »kombiniertes Benzin-Füll- und Meßgerät«[21] sollte zwar Abhilfe schaffen, doch auch dabei machte man sich die Hände schmutzig. Häufig leckten die Kanister, und das Vertrauen in deren Inhalt war ehedem nicht sonderlich entwickelt. »Mehrmals wurden halbvolle Kanister geliefert, und schließlich kriegte ich einen, der ganz leer war«,[22] beschwerte sich 1909 ein Autofahrer stellvertretend für den Rest der mißtrauischen Kundschaft. Doch die Benzinfirmen hielten an ihren bunten Kanistern fest, weil sie erstens eine Menge Geld gekostet hatten und sie sich zweitens keinen besseren Werbeträger vorstellen konnten, und tatsächlich waren sie mittlerweile Symbol für Mobilität und den dynamischen Geist der Zeit: »Motor Spirit«[23] war häufig auf dem Blech zu lesen.

Das Ende der Kanister nahte, als Ford das Auto zum Allgemeingut machte. Die Industrie hatte bereits Lager- und Abfüllanlagen für den Leuchtölhandel entwickelt. Diese einfachen Zapfvorrichtungen, die meist auf den Ladentisch paßten, waren durchaus auch für Benzin geeignet. Für die vielen Automobile mußten jedoch weit größere Mengen gelagert werden, man brauchte also Tanks wie in der Industrie, die aus Platzgründen, in erster Linie aber wegen der Feuerversicherung, im Boden versenkt werden mußten.

Die Zapfgeräte, die um 1900 auf den Markt kamen, sahen aus wie Luftpumpen. Sie waren noch ausdrücklich »für die allgemeine Verwendung«[24] bestimmt, das heißt für Öl oder Benzin. 1901 stellte die Firma Tokheim eine Minitanksäule vor und riet den Autobesitzern, den dazugehörigen Tank irgendwo im Garten zu vergraben, »egal in welcher Entfernung oder in welchem Winkel zum Haus«[25]. Das Tanken wurde zunehmend technisiert, war aber noch weitgehend Privatsache.

Rollende Tankstelle made in USA. Ein Benzinkabinett Baujahr 1905.

»Von Versicherungen anerkannt.« Unterirdische Benzintanks mit Pumpe wurden anfangs an Privatleute verkauft. Amerikanische Werbung um 1900.

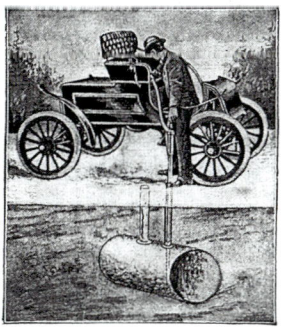

Nicht nur die Baumaterialien waren vorläufig. Auch die endgültige Form der Tankstelle war noch nicht gefunden. Ein »Drive-through«-System von 1915.

Tankrotunde der Firma Atlantic, ein Stationstyp, den sie bis Anfang der zwanziger Jahre verwendete.

Auch in Europa machte man sich Gedanken: 1904 bot die deutsche Firma Gerätebau Salzkotten ein Tankgerät, über dessen Technik nichts Genaueres bekannt ist, als »Benzinstation« an. Mangels Nachfrage wurde die Produktion eingestellt. Ein Jahr später kam in den USA ein »beweglicher Benzintank« auf den Markt, in den der Inhalt von vier Fässern hineinpaßte. Das fahrbare Tankkabinett war mit Handpumpe und Schlauch ausgerüstet und hatte sogar eine Bremse. »Bewundernswert angepaßt an die Werkstatt«,[26] versprach der Firmenprospekt. Für Autowerkstätten schien ein Tank, den man in die Ecke schieben konnte, ideal. Doch das Hinterhofmileu, wo zwischen Wischlappen, Öllache und Schraubenschlüssel nebenbei auch noch Benzin gezapft wurde, hatte keine Zukunft. Man machte sich schmutzig und vergeudete Zeit, weil sich die Automobile gegenseitig blokkierten.

Handpumpen für den Hausgebrauch und portable Tankkabinette waren Vorläufer der späteren Tankstellen. Was noch fehlte, war eine Maschine, die große Benzinumsätze ermöglichte, eine »Yankeemaschine« für den kommenden Massenkonsum.

Konsum auf direkte Art

Als im Herbst 1913 an Pittsburghs Baum Boulevard, einer breiten Ausfallstraße nach Osten, zunächst gebuddelt und dann ein sechseckiger Bau errichtet wurde, herrschte unter den Passanten zunächst Rätselraten über den Zweck des Gebäudes, das für einen Bahnhof zu klein, für einen Kiosk aber viel zu groß war. Als dann der Schriftzug »Good Gulf Gasoline« angebracht wurde, eine durch Zeitungsanzeigen damals schon allgemein bekannte Alliteration, war kein Zweifel mehr möglich. Das Hexagon mit dem seltsam überkragenden Spitzdach war ein Tanktempel. Junge Männer mit Schiebermütze und aufgekrempelten Ärmeln bedienten die Kundschaft, und selbst während der kalten Jahreszeit mußten sie manchmal mehr als 100 Wagen am Tag abfertigen.

Die profane Pagode in Pennsylvanias Hauptstadt, die von den Kunden so gut angenommen wurde, gilt als eine der ersten Tankstellen der Welt. Das Eckgrundstück, auf dem sie errichtet wurde, war ein vom Verkehr abgetrenntes Areal, äußeres Kennzeichen für die betriebliche Selbständigkeit der Anlage. Ausgestattet mit betonierten Zufahrten, kleinen Pumpen und einem unterirdischen Tank, versteckte sich der stattliche Zapfbetrieb nicht mehr auf irgendeinem abgelegenen Betriebsgelände, sondern lag zentral. Eine Benzinfirma hatte den Sprung nach Downtown geschafft und wurde schon deshalb zum Stadtgespräch.

Autofahrer, die bislang selbst mit Benzin gepanscht hatten, nahmen das Angebot, zum Tanken bequem vorfahren zu können, dankbar an. Der Zuspruch war so groß, daß die Firma Atlantic Refining Company nur ein paar Straßenecken weiter einen noch größeren Tankbetrieb errichtete, der sich mit aufwendigem Stuckbesatz dem bürgerlichen Umfeld anpaßte, mit uniformiertem Personal arbeitete und aus all dem später den Anspruch ableitete, eigentlich die »erste Service-Station im Osten«[27] gewesen zu sein.

Die Frühgeschichte der Tankstelle hatte bereits ein Jahrzehnt zuvor begonnen. 1903 wurde ein öffentlicher »pumping stand«[28] (Pumpenstand) in Dallas eingeweiht. Über diese Urstation weiß man, daß sie eine Zapfgelegenheit im Innern des Gebäudes hatte. Die erste Station, die bibliographisch belegt ist, ging zwei Jahre später in St. Louis in Betrieb. Als »*neuer Weg, den Autobenzin-Handel direkt zu vollziehen*«, fand sie im gerade gegründeten Branchenblatt beiläufige Erwähnung. »*Die Firma hat auf einem Grundstück Schlacke gestreut und eine Zufahrt zur Straße geschaffen. Hinter dem Büro sind vier zwei Meter hohe Tanks aufgebaut. In jedem Tank ist Benzin anderer Qualität.*« Das Benzin lief aus aufgebockten Kesseln der Schwerkraft folgend durch einen Gartenschlauch in den Autotank. Erfinder dieser »*Station für Autoisten*«[29] war C. H. Laessig, ein Großhändler, der eigentlich das Tanklastergeschäft im Auge hatte. Die Privatfahrer kamen deshalb, weil sein Grundstück in der Innenstadt lag und man bei ihm an der Gallone bis zu zehn Cent sparte.

Auch die Standard Oil of California reklamiert für sich die »*erste Stelle, wo der Motorist Benzin direkt aus dem Tank zapfen konnte*«[30]. So geschehen 1907 in Seattle. Die Schwesterfirma aus Lousiana kann darauf verweisen, bereits 1912 eine Hinterhoftankstelle mit 13 Pumpen (!) betrieben zu haben. Dort ließen eine Damentoilette und ein angestelltes Mädchen, das den Wartenden Eiswasser reichte, bereits vieles von dem erahnen, was später noch kommen sollte. So gibt es nicht nur eines, sondern viele Tankstellen-Jubiläen. Wer wirklich Primus inter pares war, ist Definitionssache.

Historisch unbestritten ist dagegen die Aufbruchstimmung. Sogenannte Jobber, Zwischenhändler, die bislang mit Öl gedealt hatten, rochen den schnellen Dollar. An mancher Bordsteinkante tauchten plötzlich Schuppen auf, an denen nur das angenagelte Emailleschild, ein Plakat oder der selbstgepinselte Preis darauf schließen ließen, daß man hier Benzin kaufen konnte. Häufig wurde durch Aufschriften wie »*Gasoline Station*«, »*Filling Station*« oder einfach »*Station*« auf den Zweck des Unternehmens hingewiesen. Einige dieser Provisorien hatten regelrechte Abfülltheken, Benzinbars, an der die Fahrer anhielten und bedient wurden.

Obwohl sie die Vorläufer der späteren Drive-ins waren, ging die Ära der Treibstoffsaloons ebenso schnell zu Ende wie die der übrigen Bretter- und Blechbuden. Noch blühte

Oben: Treibstoff pur, bitte! Hier wurden Gallonen über die Theke gereicht. Station aus der Latten- und Wellblechära. USA 1910.

Unten: Noch immer hatte das »*pferdelose Zeitalter*« nicht begonnen. Der Schmied nebenan bot »*vier Hufeisen für einen Dollar*«. Tankstelle Marke Eigenbau. USA um 1910.

»Vollkommene Reinheit!« Wegen
verdreckten Treibstoffs kam mancher
Motor ins Stottern. Englische
Werbung um 1910.

der neue Tankservice zwar weitgehend im Verborgenen. Doch die Industrie experimentierte, und zwar vornehmlich in der Provinz des Westens und Mittelwestens. 1913 ließ die Standard Oil Company of Ohio in Columbus über Nacht einen Fertigbau errichten, der einen Ein- und einen Ausgang hatte. Im Innern dieser Durchfahr-Tankstelle (Drive-through-Station) wurde gezapft.

Die Pumpenstände, Zapfanlagen und Tankstationen aus den Kindertagen der Benzinbranche sahen recht unterschiedlich aus und hatten mit unseren heutigen Vorstellungen wenig zu tun. Aus der Tankstellen-Antike stammen jene Paläste, die die Firma Atlantic in Großstädten des Ostens auf weitläufigen Arealen errichtete. Die Kassengebäude, groß wie Einfamilienhäuser, glichen griechischen Pantheons und lagen entsprechend zentral, so daß die Autofahrer darum herumkurven mußten. Solch einen Tankkreisverkehr sah man damals häufiger, wenn auch die Gebäude meist nicht so aufwendig gestaltet waren.

Vormals hatte der Einsatz von großen Tankern die Verschiffungskosten des Öls gesenkt und die Transportkapazitäten erweitert. Dasselbe rationale Prinzip wurde nun auf das Tanken selbst übertragen. Auch der Benzinverkauf war damit in den Konzern integriert, der Kunde faktisch an das industrielle System angeschlossen. Die deutsche Sprache bezeichnet Tankstellen bürokratisch genau als Orte, an denen ein Tank verborgen ist, ein Tank, der viele Kanister ersetzt. Er schuf die praktische Voraussetzung für den billigen Massenabsatz.

Die Benzinpumpen von damals waren zwar keine technischen Wunderwerke, dafür machten sie durch Größe, Farb- und Formgebung um so mehr Eindruck. Durch die Abschaffung der Kanister war das Benzin faktisch aus dem Blickfeld des Konsumenten entrückt. Statt der nunmehr unfaßbaren Ware mußte sich deshalb die Tankstelle selbst anpreisen. Wie sich die technische Verkaufseinrichtung selbst zum Produkt mauserte, zeigt die Metamorphose der Pumpe. Dünne Gestänge, die gerade bis zur Hüfte reichten, mutierten zu hünenhaften Monumenten des Kommerz, deren optische Wirkung allerdings eher von ihrer puren Größe als von klassischen Proportionen herrührte.

Manche der monströsen Apparate erreichten Dachrinnenhöhe. Vielleicht wird die Benzinpumpe deshalb in Europa, wo sie später in bereits erwachsener Gestalt importiert wurde, treffend als *»Zapfsäule«*[31] bezeichnet, während die Amerikaner, die sie noch aus ihren Babytagen kannten, in ihr eher die ursprüngliche Funktion als Treibstoff-Quelle sehen.

Schließlich wurde die Technik auch verpackt. Eine der frühen Verkleidungen war die Pumpenkommode, ein Möbelstück mit zwei Klapptüren, das zum bourgeoisen Ambiente paßte. Die Diebstahlsicherung gebot, die Mechanik in einem Schrank einzuschließen, dessen Außenwände gleichzeitig Platz für Produkt- und Firmennamen bot. Ab 1910 machten Meßgläser, in die der Treibstoff zuerst hineingepumpt und dann abgelassen wurde, die Ware wieder sichtbar (und die Pumpen noch ein wenig höher). Später erschienen in Amerika die ersten *»globes«*, kreisförmige Lampen mit aufgemaltem Logo, die die Signalwirkung verstärkten.

Die Tankstelle wurde als ein rationelles Warenlager und ein kommerzielles Vorzeigestück verstanden, darüber hinaus galt sie aber auch als eine moderne *»Konsumeinrichtung«*[32] (plant for consumers) deren Verkaufsmethodik ebenso neuartig war wie die automobile Bewegung. Etwa zur selben Zeit wie die ersten funktionstüchtigen Tankstellen, entstanden in den USA auch die ersten Cafeterien und Schnellrestaurants, in denen man, jedenfalls im Prinzip, durch Selbstbedienung Zeit sparte. Die Erkenntnis umzusetzen, daß durch Rationalisierung Zeit einzusparen ist, zählte zu den starken Seiten der US-Wirtschaft. Aber im Unterschied zu Europa machte man in Amerika damit vor dem Alltag nicht halt. Ob Nähmaschine oder Telefon, Lift oder Schreibmaschine, Reißverschluß oder Eis am Stil, schon damals haben viele Neuheiten made in USA das Leben beschleunigt und früher oder später auch den Rest der Welt auf Trab gebracht.

An der Tankstelle wurde der Tresen erstmals durch eine Verkaufsmaschine ersetzt, eine Art seitenverkehrtes Fließband, das den Warenaustausch mechanisierte. Die Tankstelle war ein Verkehrsmuster zur Arbeitsersparnis, noch bevor Supermärkte und Fast-Food-Restaurants

Ein Ende und ein Anfang

zu Exportmodellen wurden. Tempo und Pragmatismus machten Amerika groß. Weder Auto, Tank noch Pumpe waren amerikanische Erfindungen, aber ihre Kombination und die rasche Abfertigung, die dadurch möglich war. Die Tankstelle lieferte die Anleitung, wenn man so will die Software, zur Beschleunigung des Konsums. 1915 auf der Weltaustellung in San Francisco stellte die Firma Shell einen Tankstellentyp vor, der alle Elemente des modernen Benzinvertriebs in sich vereinigte und die Rationalisierung noch einen Schritt weiter trieb. Es war die erste massenproduzierte Tankstelle, eine Glas-Eisen-Konstruktion, die innerhalb weniger Stunden aufgestellt werden konnte. Wegen ihrer Einfachheit wurde sie im Volksmund »Crackerbox« (Keksdose) genannt. Die Tankstelle wurde nicht nur selbst zum Massenprodukt, sondern trug ihre Funktion als amerikanische Verkaufsmaschine auch äußerlich zur Schau.

Zwischen 1910 und 1920 machten in den USA jeden Tag drei neue Tankstellen auf. Eine Benzinfirma nach der anderen probierte die neue Vertriebsform aus, mit einer Ausnahme: Der größte Konzern, die Standard Oil Company, setzte weiter auf Gaul und Geschirr. Millionen von Dollars waren in die Vorortdepots geflossen. Das Netz der Versorgunspunkte war so eng geknüpft, weil man sich dabei nach dem Radius des von einem Gespann erreichbaren Kundenkreises richtete, der nicht sonderlich groß war. Aber Standard hielt an dem antiquierten System ebenso fest wie am Preisdiktat, das noch aus den guten alten Petroleumzeiten stammte. Die künstlich überhöhten Benzinpreise waren die Eintrittskarte für die Konkurrenz.

Zwischen 1900 und 1910 verlor Standard Oil beim Benzin zehn Prozent seiner Marktan-

»Crackerbox« als Pförtnerloge. Shell plazierte 1915 seine Fertigbautankstelle am Eingang der Weltausstellung in San Francisco.

28

teile. Das wiegt um so schwerer, weil im selben Zeitraum der Gesamtabsatz um 300 Prozent stieg. Häufig konnte Standard den Bedarf gar nicht mehr decken und schaffte so zusätzliche Nischen für Marktneulinge. Der Alleinvertretungsanspruch war gebrochen. Ausgerechnet als das Imperium wankte, geriet der allmächtige Trust, der es darauf anlegte, seine Gegner zu vernichten, ins Kreuzfeuer der Kritik. Ein Öl-Produzent, der durch Standard sein Geschäft verloren hatte, nannte die Firma vor einer US-Industrie-Kommission schlicht eine »kriminelle Vereinigung«[33].

Der Trust kämpfte um sein Image. Als 1906 in San Francisco die Erde bebte und ein Autokonvoi Hilfsgüter ins Katastrophengebiet brachte, spendierte Standard über 50 000 Liter Benzin. Es half nichts. Zwei Jahre zuvor war ein Buch erschienen, das die Machenschaften des Rockefeller-Konzerns schonungslos aufdeckte. Dieses frühe Lehrstück des investigativen Journalismus stammte aus der Feder von Ida Tarbell, deren Vater von Standard ruiniert worden war. Der öffentliche Druck wurde so groß, daß die Regierung noch im selben Jahr gegen Standard Klage erhob. Der Fall ging durch alle Instanzen, bis die Richter des Supreme Courts 1911 schließlich feststellten, daß Standards Vorherrschaft rechtswidrig sei.

Der Trust wurde in Regionalgesellschaften zerstückelt. Nach der Sezession im Jahre 1912 gab es plötzlich 34 eigenständige Ölkonzerne von unterschiedlichster Größe und Struktur. Während beispielsweise die Standard Oil of New York (Socony, später Mobil) und die Atlantic Refining Company in Philadelphia zwar Rohöl hatten, aber keine Raffinerien, war Standard of Ohio (später Sohio) fast eine reine Vermarktungsgesellschaft. Einige der Nachkommen wählten neue Namen, wie die Continental Oil Company in Oklahoma (später Conoco), andere nannten sich weiterhin Standard Oil, mit dem jeweiligen Zusatz des Staates, in dem ihr Firmensitz lag, also Standard of California, Indiana usw. Diese Firmennamen durften nur in den jeweiligen Territorien verwendet werden – Ursache nicht enden wollender Streitereien und gerichtlicher Auseinandersetzungen.

Die Muttergesellschaft firmierte weiter als Standard Oil Company of New Jersey, kontrol-

lierte über 40 Prozent des Trustvermögens und war immer noch der größte Ölhändler der Welt und das zweitgrößte Unternehmen der USA. Der Hauptzweck der Operation war jedoch erfüllt. Standards Dominanz in Amerika war ein für allemal gebrochen. Die obersten Richter hatten ganze Arbeit geleistet. Die neue regional strukturierte Marktordnung der USA glich einem riesigen Flickenteppich und führte dazu, daß Benzinfirmen, die ihre Marke landesweit vertrieben, die große Ausnahme blieben. Einstellige Marktanteile sind dagegen bis zum heutigen Tag normal.

Ein anderes folgenreiches Ereignis des Jahres 1911 blieb vorerst unbeachtet. Durch die wachsende Autoflotte – der Benzinabsatz überstieg erstmals den des Petroleums – steuerte die Welt geradewegs auf einen bedrohlichen Versorgungsengpaß zu, der die Zukunft der Öl- und Autoindustrie in Frage stellte. In dieser prekären Situation – Autohersteller veranstalteten bereits Benzinspar-Ralleys – erinnerte man sich an eine chemische Erfindung, die sich bereits beim Petroleum bewährt hatte. Um den Anteil des Leuchtöls zu erhöhen, war ein Spaltverfahren entwickelt worden, das nun auf Benzin übertragen wurde. Durch »Cracking« ließ sich die Benzinausbeute eines durchschnittlichen Rohöls auf annähernd 40 Prozent verdoppeln. Als 1913 das erste Crackbenzin in den Handel kam, schlug Knappheit in Überschuß um. Weil der Ausstoß der Raffinerien nun die Nachfrage überstieg, gab es jede Menge Benzin, mit dem lokale Händler Geschäfte auf eigene Rechnung machen konnten. Manche dieser Jobbers schlossen sich in Genossenschaften zusammen, wie zum Beispiel die Independent Oil Man of America (IOMA).

Nicht nur die Jobber schufen eine Marktsituation, die immer verwirrender wurde. Mit dem Anti-Trust-Urteil hatte sich die Zahl der Benzinfirmen mit einem Schlag vervielfacht und nahm weiter zu. Den Standard-Nachfolgern, zum Teil ausgewachsene Konzerne, die über Ölquellen, Raffinerien und eine funktionierende Vertriebsorganisation verfügten, standen aufstrebende Independents gegenüber, darunter Gulf Oil, die Pure Oil Company, ein Zusammenschluß unabhängiger Raffineriebesitzer, und Texaco, der Avantgardist auf dem Treibstoffsektor. Die Firma hatte sich bereits seit 1904 hauptsächlich auf das Geschäft mit Benzin konzentriert.

Zu den erfolgreichen Konkurrenten zählte auch ein ausländischer Konzern, der erste, der in Amerikas Öl-Business Fuß faßte. Die englisch-holländische Royal Dutch Shell hatte Sumatra-Benzin an eine SO-Tochter geliefert und gründete 1912 in Seattle die American Gasoline Company, die erste Firma, die ausschließlich mit Benzin handelte. Erste Tankstellennetze entstanden, und zwar vornehmlich an der Westküste. Socal, Standard of California, eröffnete 1914 34 Stationen, nachdem die Firma zwei Jahre lang um ihre Baugenehmigungen mit den zuständigen Stadtverwaltungen verhandelt hatte.

Um ihr Territorium zu verteidigen, benutzten die Firmen das modernste Mittel, das zur Verfügung stand: Bis 1919 wurden Jahr für Jahr rund 1000 neue Tankstellen eingeweiht. Im Wendejahr 1913 überstieg die Zahl der Kraftwagen in den USA erstmals eine Million. Innerhalb von nur zwei Jahren kam die nächste Million dazu. Europa hinkte hoffnungslos hinterher. In Deutschland, einem der reichsten Länder der Welt, gab es gerade einmal 60 000 Kraftwagen und 21 000 Motorräder. Zwar konnte auch hier gemeldet werden, daß die »Einrichtung von Benzinstationen für Deutschland jetzt endlich Gestalt gewonnen hat«[34]. Gemeint waren jedoch die althergebrachten Depots der DAPG, Olex, EPU und der Vereinigten Benzinfabriken, die »Stellin«-Benzin vertrieben, so hieß die Shell-Marke auf dem Kontinent.

Im Gegensatz zu den USA war die Situation in Europa sehr übersichtlich. Standard und Shell beherrschten den Benzinmarkt. Die anderen hatten Stillhalteabkommen mit dem Oligopol geschlossen.

Doch die deutsche Schwerindustrie witterte Profitmöglichkeiten auf dem Treibstoffsektor. Mannesmann, Klöckner, Krupp und Co., das Rheinisch-Westfälische Kohlensyndikat, hatte bereits in den achtziger Jahren in den Kokereien mit der Nebenproduktgewinnung begonnen. Die Benzolproduktion stieg steil an, mußte aber künstlich auf halbes Niveau gedrosselt werden.

Die Farbenfabriken, die man bisher ausschließlich damit beliefert hatte, konnten nicht mehr genug abnehmen. Weil der Überschuß

irgendwohin mußte, wurde eine Vertriebsgesellschaft gegründet, die Benzolverkaufsvereinigung (BV, später für Benzol-Verband), die so findig war, neue Verwendungszwecke auszumachen. Benzol wurde zwar auch als Lösungs- und Beleuchtungsmittel verkauft, aber das vorrangige Ziel blieb in jedem Fall die Etablierung als Treibstoff.

Verkaufshemmend war, daß die üblichen Vergaser vom Benzol schnell verrußten. Es wurden Einstellhilfen gegeben und an neuen Vergasertypen herumgetüftelt, doch die Autofahrer blieben skeptisch. Benzol galt weiterhin nur als Ersatzstoff.

Dem zu begegnen, wurden seit 1907 mehrere Ralleys veranstaltet, bei der Prinz Heinrich, Autonarr und Bruder Wilhelms II., für die Benzolwerbung eingespannt wurde. Auch Opel und Porsche siegten mit Benzol fürs deutsche Kohlemonopol. Der Erfolg war zwar weniger auf den Treibstoff als auf die schnittige Stromlinienform zurückzuführen, die man dem »Prinz-Heinrich-Wagen« gegeben hatte, damit er, bereits 140 km/h schnell, die ausländische Konkurrenz hinter sich ließ. Doch gerne ließen sich die Deutschen von ihrem Sieg blenden.

Die eiserne Benzinreserve fährt auf dem Trittbrett mit. »Prinz-Heinrich-Fahrt«, Böhmen um 1910.

Fässer, Dosen, Benzinkanister

Ende der sechziger Jahre planten die Künstler Christo und Jeanne Claude die »*Houston Mastaba, Texas*«. Hunderttausende von Fässern sollten in »*Texaco-Land*« zu einem gigantischen Mineralölmonument aufgestapelt werden. Vermutlich ahnten Christo und Jeanne Claude nicht, daß ihr kühnes Projekt historische Vorbilder hatte. Als die Standard Oil Company zum Beispiel im Jahre 1896 in Hamburg eine neue Faßfabrik errichtete, betrug die Jahresproduktion ca. 700 000 Barrels. Dafür wurden jeden Monat über eine Million Eichenstäbe verarbeitet. Die fertigen Fässer stapelte man im Petroleumhafen zu riesigen Pyramiden auf.

Auch nach dem technischen Quantensprung der Ölindustrie, die Transport und Vertrieb Ende des 19. Jahrhunderts auf das Tanksystem umstellte, blieben Fässer, nun aus Metall, weiter in Gebrauch. Für Privatkunden gab es inzwischen tragbare Kanister, die eine Gallone faßten (etwa vier Liter) und in alle Kontinente exportiert wurden. Die Allerweltsbehälter waren Vorboten der neuen amerikanischen Warenkultur. »*Die Petroleumbidons sind die legitime Mutter aller Gefäße, die aus Blech sein können. Die Händler sehen fast gar nicht auf die Qualität des Petroleums, wohl aber auf die der Emballage*«, berichtete ein Türkeibesucher im Jahre 1913. Es wurden Wasserkannen, Kohlenkästen, Vogelbauer, Spucknäpfe, Dächer, Koffer und Gießkannen aus Blech hergestellt. In Deutschland war man zwar weniger erfinderisch, aber es gab wohl einen schwarzen Markt für die begehrten Metallhüllen, die also noch das Gegenteil eines Wegwerfproduktes waren.

Auch als Tankstellen die Kanister im Benzinvertrieb längst abgelöst hatten, taten die Blechcontainer weiter ihren Dienst: zum Beispiel als stoß- und feuerfeste 20-Liter-»*blitz cans*« im Zweiten Weltkrieg. Plastikkanister für die Not-Reserve wurden von neurotisierten Autofahrern seit den fünfziger Jahren im Kofferraum deponiert.

Der Ölverkauf wird seit den zwanziger Jahren in Verpackungen abgewickelt, die in den firmentypischen Farben leuchten. Seit sie aus Kunststoff hergestellt werden,

verwandelten sich die einst normierten »*Dosen*« unter den Händen von Produktdesignern zu griffigen und meist aerodynamisch gestalteten Behältnissen, die jedoch trotz ihrer flotten High-Tech-Hüllen ohne viel Beachtung in den Sondermüll wandern.

Die Dosen, Kanister und Fässer der Ölindustrie sind Klassiker des Massenkonsums. Wenn Christo und Jeanne-Claude demnächst die »*Mastaba of Abu Dhabi*« errichten werden, die aus über einer Million übereinander geschichteten Ölfässern bestehen wird und damit etwa so hoch wird wie ein 50stöckiger Wolkenkratzer, wäre dies nicht nur ein passendes Nationaldenkmal für die Vereinigten Arabischen Emirate, sondern auch ein überfälliges Monument für den Schmierstoff des 20. Jahrhunderts.

© Christo

4

1 © Christo, Texas Mastaba, Projekt für 500 000 Fässer.
2 Naher Osten, um 1900.
3 Benzinfabrik, Großbritannien 1910.
4 Holzfaßpyramide, Hamburg 1895.
5 Ölfässer, USA 1985.

HIERMIT IST IHR KUNDE
GUT BEDIENT !

1

Tank·Fix

DER 5 Ltr. RESERVE·KANISTER
ELEGANT · PRAKTISCH · MODERN

WIEDERVERKÄUFER WENDEN SICH AN UNS

DEUTSCHE GASOLIN AKTIENGESELLSCHAFT

PURFINA

NANCE : 1 LITRE

HUILE

PURFINA

PURFINA

UE DU COMMERCE, 111, BRUXELLES

MOTORTONIC

2

SHELL X-100 MOTOR OIL

FOR USE AS
MOTOR FUEL
CONTAIN
LEAD
(TETRAETH

TEXACO

FIRE-

GA

TEXACO

elf

LUB HTX

5

RAFFIN HUILE FINE FINE RAFFINE PETROLE
PETRO RAFFIN NE PA
INE IN

6

1 Reservekanister, Deutschland 1958.
2 Ölwerbung, Belgien 1936.
3 Ölwaage, Großbritannien 1957.
4 Öl- und Benzinwerbung, USA um 1935.
5 Dosenabfüllung 1990.
6 Benzinkanister, Frankreich 1923.
7 Wegwerfdosen, USA um 1940.

Benzinfresser an die Front

Der Plan der Deutschen, Frankreich militärisch möglichst schnell in die Knie zu zwingen, schien aufzugehen. Im September 1914, einen Monat nach Kriegsbeginn, standen deutsche Truppen 60 Kilometer vor Paris. Weil die französische Eisenbahn nicht mehr funktionierte, kam keine Verstärkung an die Front. In dieser düsteren Lage hatte der französische General Joseph Simon Gallieni eine faszinierende Idee, mit der er beim Oberkommando zunächst jedoch auf taube Ohren stieß. Gallieni wollte Autotaxen für einen schnellen Truppentransport mobilisieren. Schließlich, die Situation war aussichtslos genug, gingen die Heerführer auf den abwegig erscheinenden Vorschlag ein.

Innerhalb eines Tages wurden etwa 3000 Taxifahrer zusammengezogen. Bis zu acht Soldaten samt Sturmgepäck zwängten sich in und auf deren Fahrzeuge, meist vom Typ »AG 1« der Firma Renault. Nach Einbruch der Dunkelheit setzten sich Konvois zu je 25 Wagen in Richtung Marne in Bewegung. Der deutsche Vormarsch wurde gestoppt. Die Autokarawane brachte die Wende. Dabei war der Einsatz der »Benzinfresser«, wie die Pariser ihre Motordroschken nannten, weniger heroisch als es jedes französische Schulkind heute noch lernt: Die Herren Chauffeure ließen das Taxameter laufen.

Eigentlich war ihre Sonderfahrt unbezahlbar, denn die Blitzaktion zeigte die Möglichkeiten, die im Einsatz motorisierter Fahrzeuge lagen. Im ersten mechanisierten Krieg der Geschichte sollte es »mehr auf die Explosionen des Benzins als auf die Explosionen der Kanonen«[1] ankommen, wie es ein Berichterstatter rückblickend sah. Doch ehe der Weltkrieg von Verbrennungsmotoren angetrieben werden konnte, stand er erst einmal still: Stellungskrieg, endlose Gemetzel, bis dahin unvorstellbare Materialmassen kamen zum Einsatz. Tote wurden jetzt in Millionen gezählt.

»Drei Tankwagen rattern dahin. Da brüllt die Erde auf. Alles brüllt und bebt und zischt. Die Materialschlacht brüllt und tobt. Die Hölle ist los. Die Hölle! Mit einem Schlag ist das Schlachtfeld erwacht und tausend Mündungen speien Spitzgeschosse gegen die vorrückenden deutschen Kampfwagen. Maschinengewehre streuen ihre Garben gegen die Stahltiere. Auf den grauen Panzerplatten erlischt rauschend die Farbe des Anstrichs, so heiß wird der Stahl. Die Tanks aber rattern, rattern, rattern. Es ist ein Sieg ohne gleichen für deutsches Material. Das ausgepumpte, materialarme Deutschland wirft dem Feind noch Tanks entgegen.«[2]

Was im Kriegsroman verkitscht dargestellt wird, war in der Tat ein dramatisches Ereignis, nur daß die Sache genau umgekehrt ablief. Als die Engländer begannen, mit gepanzerten Motorfahrzeugen monatelang festsitzende Frontlinien zu durchbrechen, hatten die Deutschen dieser neuartigen Waffe nichts entgegenzusetzen. Den Codenamen »tank«[3] bekamen die Monster, weil man ihre Produktion als Herstellung von Benzintanks tarnte. Der Einsatz in den stählernen Ungetümen war eine Qual, nicht zuletzt deshalb, weil im Innenraum saunaartige Temperaturen herrschten. Obwohl der Aktionsradius bei nur ungefähr 30 Kilometer lag, war man meist einen halben Tag unterwegs, und die Motoren verbrauchten riesige Mengen Treibstoff.

Die Deutschen waren gezwungen, liegengeliebene Panzer des Gegners notdürftig zu reparieren und mit den eigenen Farben zu bepinseln. Mit einer eigenen, nur halbherzig betriebenen Produktion wurde viel zu spät begonnen. Vom »AV-Sturm-Panzer-Kampfwagen« wurden statt geplanter 100 nur ganze 20 Stück ausgeliefert. Auf alliierter Seite standen zum Schluß an die 6000 Tanks zur Verfügung. Auch in der Luft waren die deutschen Kriegsgegner zahlenmäßig weit überlegen. England und Frankreich bauten fast dreimal so viele Flugzeuge wie Deutschland. »Das Automobil«, so ein zeitgenössischer Historiker, »das Truppen, Munition, Verpflegung, Gerät und Geschütze bis in die vorderste Linie beförderte, der Sturmwagen, der durch Granattrichter und Gräben fuhr, siegte über die an ihr starres Netz gebundene Eisenbahn«[4]. Der Einsatz der Verbrennungsmotoren, ob in Flugzeugen, Lastwagen oder den Krädern der Meldestaffeln, steigerte entscheidend die Beweglichkeit der Armeen. Ein funktionierender Benzinnachschub wurde damit fortan kriegsentscheidend.

Tolle Truppe. Junge Frauen posieren auf einer »Efficiency Exhibition« für das Firmenalbum von Shell. London 1921.

Links: Techtelmechtel an der Tankstelle. Der adrette Tankwart erläutert der modebewußten Dame, wie er den Wagen so blank bekommen hat.

Auch für englische Beute-Tanks hatten die Deutschen bald kein Benzin mehr. Frankreich 1917.

Das meistgenutzte Fahrzeug des Ersten Weltkriegs war das Ford-T-Modell, das die Amerikaner auch in ihrem englischen Werk produzierten. Eine Viertelmillion Exemplare des robusten Gefährts konnten die Alliierten einsetzen. Als Universalauto konzipiert, war es für militärische Zwecke bestens geeignet.

Im ganzen Deutschen Reich gab es 1914 dagegen nur 9000 Lastwagen. Zwar wurde der Fahrzeugbau forciert, der Bedarf des Reichsheeres aber nie gedeckt. Wäre dies gelungen, hätte man ein neues Problem lösen müssen. Denn was nutzen Lastwagen, die man nicht betanken kann.

»The Shell that hit the Germans hardest« (die Granate, die Deutschland am härtesten traf), hieß ein Buch, das die englische Shell-Zentrale kurz nach Kriegsende herausgab, um die Rolle des Unternehmens als De-facto-Generalquartiermeister für Öl ins rechte Licht der englischen Öffentlichkeit zu rücken. Der Prachtband mit geprägter Goldmuschel auf dem Einband beginnt mit einem Vorwort, in dem versichert wird, daß »die Deutschen schärfer darauf waren, einen Öltanker zu versenken, als jedes andere Schiff auf dem Ozean«[5]. Tatsächlich ging es auch beim U-Boot-Krieg ums Öl. Die Deutschen setzten die einzige moderne Waffengattung, bei der sie überlegen waren, rücksichtslos ein.

Im Oktober 1914 begann die Seeblockade durch die englische Marine. Kautschuk, Mineralöl und »Gasolin« standen ab sofort auf dem Index. Auf Schwarzen Listen wurden jene Firmen geführt, die weiter mit dem Gegner Handel trieben, darunter bekannte amerikanische Adressen, wie der Broadway 26 in New York, die Standard-Oil-Zentrale. Drei von vier Ölfässern, die vor dem Krieg in Deutschland eingeführt wurden, kamen aus den USA. Als der Blockadering geschlossen wurde, war der Kontinent trockengelegt. Die Amerikaner, keineswegs bereit, auf ihre Geschäfte zu verzichten, legten in London scharfen Protest ein, den man dort höflich aber bestimmt zurückwies.

Vom deutschen Oberbefehl war geplant, die Ölreserven der eroberten Länder sofort der eigenen Kriegsmaschinerie zuzuführen. Doch gleich der erste Versuch scheiterte: Als sich deutsche Einheiten den großen Tanklagern im Hafen von Antwerpen näherten, stiegen nur noch Rauchsäulen in den Himmel. Die abziehenden feindlichen Soldaten hatten den Ölhafen angezündet, der deutsche Öl- und Benzindurst blieb ungestillt.

Eisenzylinder auf Reisen. Benzinbehälter für Flieger-Abteilungen werden an die Front gebracht.

Russische Verbände vertrieben 1915 die Österreicher aus Galizien und besetzten die dortigen Ölfelder. Zwar wurden sie ziemlich rasch wieder zurückerobert, doch der Gegner hatte inzwischen Bohrtürme und Raffinerien zerstört. Ein ähnliches Schauspiel vollzog sich in Rumänien. Das wichtigste Treibstoffreservoir der deutsch-österreichischen Allianz wurde von englischen Experten fachgerecht in die Luft gejagt.

Der Schlußakt spielte in Rußland. Nach dem Waffenstillstand von Brest-Litowsk wähnten sich die Deutschen endlich am Ziel. Truppen stießen vertragswidrig weit in russisches Gebiet vor. Doch statt zum geschichtlichen Wendepunkt geriet die Aktion zu einer tragikkomischen Farce: Endlich im Besitz ausreichender Ölreserven, konnten die Mittelmächte nichts mehr damit anfangen. Es fehlten Kesselwagen und Tanklager, um den wertvollen Rohstoff vom Kaukasus an die Westfront zu transportieren.

Ein Grund für die Wirksamkeit der britischen Seeblockade war, daß die Schiffe der Royal Navy unter ihrem Marineminister Churchill rechtzeitig modernisiert worden waren. Statt Kohle wurde Öl verfeuert, die Schiffe waren schneller, hatten größere Reichweiten und konnten auf See auftanken. Diese Umstellung, gepaart mit der zunehmenden Motorisierung

des Krieges, hatte einen enormen Bedarf an Treibstoffen zur Folge.

Die bedingungslose Hatz der deutschen U-Boote auf alliierte Tanker verschärfte die Situation. Im Sommer 1917 wurden die alliierten Treibstoffreserven erstmals knapp. Daß die englische Regierung kurzerhand alle privaten Autofahrten verbot, war wohl eher als ein symbolischer Akt zu verstehen. Hilfe konnte nur aus Amerika kommen. Frankreichs Premier Georges Clemenceau wandte sich an den US-Präsidenten. Benzin, soll er ihm gesagt haben, sei »das Blut der kommenden Schlachten«.

Der starke Geleitschutz für die Tanker und die Arbeit der Londoner »Allied Petroleum Conference« führte schließlich zum gewünschten Erfolg: Die Benzinnot konnte behoben werden. Faktisch lag die Versorgung nun in den Händen von Royal Dutch Shell und Standard Oil of New Jersey. Die beiden einzigen multinationalen Konzerne beherrschten den Weltmarkt und wurden in der Folgezeit nicht müde, sich gegenseitig den Ruhm streitig zu machen. Das hatten sie auch nötig: Wegen ihres weltweiten Engagements auch vor dem Krieg verfügten sie über Filialen auf beiden Seiten der Front. Nur auf zwei der 39 Standard-Oil-Tanker hatten vor dem Krieg die Stars and Stripes geflattert.

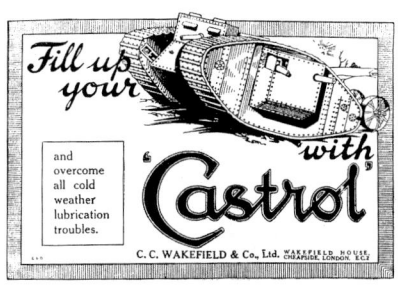

Durchschlagender Erfolg. In Großbritannien wurde mit den gewonnenen Panzerschlachten Werbung gemacht.

Allzweckbehälter. In Kanistern, die für Öl und Benzin gedacht waren, wurde in einer britischen Feldküche Wasser aufbewahrt. Frankreich um 1916.

Nachschub aus dem Rohr. Als die Briten ihre Truppen auf dem Kontinent nicht mehr ausreichend versorgen konnten, verlegte man eine ganze Kanisterfabrik von der Insel an die französische Küste. Calais um 1917.

Der Rest war unter deutscher DAPG-Flagge gefahren!

Die DAPG wurde im März 1917 gemäß »Gesetz über den vaterländischen Hilfsdienst« als kriegswichtiger Betrieb anerkannt. Shell, ebenfalls in Deutschland aktiv, mußte sich den Angriffen der Anglo-Persian Oil Company erwehren, ihrer innerbritischen Konkurrenz, die sie als »ausländische Bedrohung«[6] beschimpfte. Dabei hatte Shell entscheidend zur Erhöhung der Tanktonnage beigetragen. Der Verlust an Transportraum durch die Vernichtung der Tankschiffe wurde durch eine geniale Idee ausgeglichen: Man transportierte das Öl anstelle von Ballastwasser im doppelten Boden der großen Frachter. Der auf diese Weise gewonnene Transportraum entsprach dem Volumen von annähernd 100 Öltankern.

Millionen Benzinkanister mit dem typischen Muschelzeichen wurden während des Krieges an der Front benutzt. Als der Transport über den Ärmelkanal zu unsicher wurde, entschloß man sich zu einem riskanten Schritt: Die Kanisterfabrik von Portishead, die größte Anlage der Welt mit einer Tagesproduktion von 8000 Kanistern, wurde samt Belegschaft nach Frankreich verschifft und in Rouen wieder aufgebaut. 3000 Mitarbeiter, davon 2400 Frauen,

ermöglichten damit eine monatliche Benzinabfüllung von über 40 Millionen Liter. Im Frühjahr 1918 lag der Monatsverbrauch der Alliierten in Frankreich tatsächlich bei über 40 Millionen Liter. Er war damit seit Kriegsbeginn um das 50fache gestiegen.

Jenseits des Atlantik weckte die große Nachfrage der verbündeten Armeen Begehrlichkeiten. Auf Produzentenseite führten Verknappungen zu steigenden Ölpreisen, was wiederum die Raffinerien veranlaßte, in der Hoffnung auf noch höhere Gewinne, ihre Lieferungen zurückzuhalten. In den USA, wo damals zwei Drittel allen Öls gefördert wurde, kam es zu ersten Engpässen. Daraufhin führte man freiwillige »benzinfreie Sonntage« ein. »Willst du deinen Wagen wirklich unnötigerweise fahren, wenn du damit vielleicht einen Krankenwagen außer Betrieb setzt oder einen Panzer bremst«, wurde in Anzeigen an das schlechte Gewissen der Verbraucher appelliert. »Madame Shopper, laß den Wagen zu Hause, vermeide von Geschäft zu Geschäft zu fahren. Das ist Benzinverschwendung.«[7]

Angesichts der angespannten Lage setzten sich Regierung und Ölbranche endlich an einen Tisch. Im »National Petroleum War Service Committee« wurden Preisobergrenzen für die verschiedenen Fördergebiete vereinbart. Den Vorsitz des obersten Ölrates führte Albert Bedford, Präsident der vormals so verhaßten Jersey-Standard. Die Ironie der Geschichte wollte es, daß mit Heinrich Riedemann auch in der deutschen »Zentralstelle für Petroleumverteilung« ein Standard-Manager den Ton angab, der dafür während des Krieges geadelt wurde.

Die US-Firma war traditioneller Treibstoff-Lieferant des preußischen Heeres, besaß beste Beziehungen zu den Militärs und das größte Versorgungsnetz. Also übernahm die DAPG auch im Krieg das Kommando. Eine Zentralverteilungsstelle nutzte jedoch nicht viel, weil es kaum etwas zu verteilen gab.

Es mußte drastisch gespart werden: In den Häusern gingen die Petroleumlampen aus, der Hälfte aller zivilen Autos wurde die Zulassung gestrichen. Aber auch die restlichen 25 000 Wagen standen meist still, weil es Benzin nur auf Bezugsschein gab. Alle verfügbaren Treibstoffvorräte wurden beschlagnahmt. Die

Benzinnot machte erfinderisch: Ersatzstoffe, mit denen man normales Benzin verlängerte, sollten den völligen Stillstand hinauszögern. Aus Kartoffeln gewonnener Spiritus wurde zugesetzt, weshalb im Deutschen bis heute Kraftstoff auch »Sprit« genannt wird. Die Berliner Taxen mußten den Kartoffelschnaps sogar pur verwenden – schon von weitem erkannte man sie am stechenden Formalingeruch.

Geruchsneutraler war Benzol, auf dem die Zechengesellschaften bislang sitzengeblieben waren – nun konnte man gar nicht genug davon produzieren. Schleunigst durften die Verträge gekündigt werden, die der Militärverwaltung Vorzugsbedingungen eingeräumt hatten, um sie zum Benzolkauf zu animieren. Doch durch das Wasser im Spiritus rosteten die Tanks durch. Wenn überhaupt Schmieröl zu kriegen war, dann meist von so schlechter Qualität, daß es schon bei geringer Kälte einfror. Züge blieben der Reihe nach auf der Strecke. Man steuerte in ein allgemeines Verkehrschaos. Nicht erst seit dem Kohlrübenwinter 1916/17 herrschte in den Städten ein Mangel am Allernötigsten, wobei Treibstoffknappheit noch eins der geringsten Übel war. Es kam zu Hungeraufständen – in Berlin roch es nach Revolution.

Über 500 Millionen Faß schickten amerikanische Mineralölkonzerne über den Atlantik und deckten damit vier Fünftel des alliierten Bedarfs. Jedes vierte Faß kam von Standard-Oil, der Rest von vielen verschiedenen Lieferanten, darunter alle Ex-Standard-Töchter, aber auch Independents, denen die saftige Kriegsrendite half, sich auf dem Markt zu etablieren. Es war die Zeit, als man »noch den letzten Tropfen aus dem Rohöl herauspreßte«. Der »Geschäftszuwachs während des Krieges war erstaunlich«,[8] vermerkt ein Firmenchronist der Unocal mit verwundertem Unterton. Das Provinzunternehmen aus Südkalifornien konnte damals Ölfelder in Wyoming, Texas und Mexiko erschließen und schaffte so den Aufstieg zu einem integrierten Konzern.

Atlantic Refining ließ seine eigene Tankerflotte vom Stapel, und einige Independents konnten sich nun wirklich unabhängig machen. Zwischen 1914 und 1918 verdoppelte sich die Zahl der Raffinerien in den USA auf 300. Der Kriegsboom forcierte einen Umstellungsprozeß,

der sich bereits seit längerem vollzog, jedenfalls in den USA. Treibstoff verdrängte Petroleum als wichtigstes Ölprodukt. Hatte der Anteil des Leuchtöls an den Erdölprodukten um 1910 noch ein Drittel, der des Benzins dagegen nur ein Zehntel ausgemacht, so drehte sich dieses Verhältnis während des Krieges um.

Die Umrisse des kommenden Benzingeschäfts wurden zunehmend sichtbar. Während sich in Nordamerika eine unübersichtliche Zahl von Firmen auf dem mit Abstand größten Markt der Welt etablierte, wurde das geschwächte Europa noch von Jersey-Standard und Shell dominiert. Aber die klassischen Multis hatten auch in der Alten Welt Konkurrenz bekommen. Der englischen Regierung, die sich im Vorfeld des Krieges mit der Anglo-Persian Oil Company (APOC) ihren Hauslieferanten geschaffen hatte, gelang es, daraus einen integrierten Konzern zu machen. Bis Kriegsbeginn war die EPU (Europäische Petroleum-Union) die zweitgrößte Ölfirma auf der Insel gewesen. Deren britische Vertriebsfiliale, die BP, wurde kurzerhand als »enemy concern«[9] (Fremdkonzern) übernommen und der APOC zugeschlagen, die so aus dem Stand ein funktionierendes Vertriebsnetz übernehmen konnte und sich nach dem Krieg zu einem multinationalen Konzern entwickelte.

In der Etappe werden deutsche Kräder und Kraftwagen mit Benzin versorgt. Birkenzweige dienen zur Tarnung vor Fliegerangriffen. Rußland um 1917.

Während die europäischen Volkswirtschaften unter den Kriegsfolgen schwer litten, hatten die Vereinigten Staaten ihre Handelsbilanz saniert. Vormals Schuldner, wegen der hohen Importe aus der Alten Welt, mauserten sich die USA zum Gläubiger. Als Wirtschaftsmacht Nummer eins waren sie zur Führungsnation der kapitalistischen Welt avanciert. Zwischen New York und San Francisco führte der ungestörte friedliche Alltag zu einem ungebremsten industriellen Aufschwung. Produktionsrekorde ermöglichten es den Ölfirmen, ein entsprechendes Kapitalpolster anzulegen. Nach dem Krieg gab es in den USA fünfmal so viele Kraftfahrzeuge wie vorher. Die Benzinproduktion hatte sich weltweit verdoppelt, der Erde wurden nun knapp 150 Millionen Barrel pro Jahr abgepreßt – und dies war erst der Beginn einer exponentiellen Entwicklung, für die der Krieg die Initialzündung war.

Tankstop am »*Valley Oil Depot*« in der Nähe von Los Angeles. In manchem kalifornischen Tal wuchsen mehr Zapfsäulen als Bäume am Straßenrand.

Wie Zigeuner

»*Nach Norden mußten wir zwanzig Meilen fahren, bis wir sie hinter uns gelassen hatten, diese endlose Aneinanderreihung greller Siedlungen, Städte, Bungalows, Grundstückswerbeschilder und Tankstellen. Im Westen erreichten wir, nach zwölf Meilen fast lückenloser Wohngegend, die See. Im Süden wechseln sich*

kleine villenartige Anwesen dreißig Meilen lang mit Ölbohrtürmen und petroleumisierter Verwüstung ab. Nach Südosten kann man fast 60 Meilen zwischen unfertigen Städten und Hot-dog-Buden hindurchfahren. Selbst hinter der Stadtgrenze zeigt Werbung auf Farmen und Häusern den kommerziellen Geist. Orangen – Fertigsuppen – Hühnchen – Honig – Sieh das große Kino-Tier persönlich – Kokosnußeis – Grapefruitsaft – und ohne Unterbrechung alle fünf Minuten eine Tankstelle.«[10]

Los Angeles mit fremden Augen betrachtet – Besucher aus Europa stellten staunend fest, was Ende der zwanziger Jahre aus der Stadt geworden war, in der das Auto erstmals freie Bahn hatte. Die Gäste aus der Alten Welt übertrieben keineswegs. Auf einer 44-Meilen-Strecke zwischen Pasadena und San Bernadino zählte man damals 324 Werbeschilder, 117 Imbißstände und 74 Tankstellen, das heißt, etwa alle 1000 Meter hatte man eine Zapfgelegenheit. Das visuelle Überangebot, dem Autofahrer nun ausgesetzt waren, die Werbung, die Verkehrszeichen, die Ampeln und die Tankstellenschilder, die an jeder zweiten Straßenecke standen, waren Erkennungsmerkmale eines neuen Stadttypus: der Autopolis, made in USA.

Bereits 1918 warnte die Stadtverwaltung von Los Angeles, daß »*Staus, die häufiger sind als in jeder anderen Stadt vergleichbarer Größe, das Verkehrschaos bald unerträglich machen werden*«[11]. Während des Krieges war eine Autolawine bislang ungekannten Ausmaßes über die Stadt am Pazifik hereingebrochen. Und allein im Jahre 1919 verdoppelte sich die Anzahl der Kraftwagen noch ein weiteres Mal. Sie betrug Anfang der zwanziger Jahre im L.A. County bereits eine halbe Million. Das waren 100 000 mehr als zur selben Zeit in ganz Großbritannien. 1920 besaß schon jeder 15. US-Bürger ein Automobil. In Frankreich standen zur selben Zeit einem stolzen Automobilbesitzer noch 200 Fußgänger gegenüber, in Deutschland fast 1000.

In Los Angeles, der ersten benzinbetriebenen Kommune der Welt, hatte schon Mitte der zwanziger Jahre die Hälfte aller Einwohner ein Automobil. Hier entstand zuerst jenes typische, intime Verhältnis zum Auto, das sich in Westeuropa erst eine Jahrhunderthälfte später entwikkeln sollte. Südkaliforniens sonnenverwöhnte Metropole, Öldorado, Fabrik für Zelluloidträume, Fluchtpunkt für Genießer und unorthodoxe Existenzen, war das Labor, in dem Freud und Leid der vollmotorisierten Gesellschaft getestet wurden. Tag für Tag drängelten sich über 100 000 Kraftfahrzeuge durch hoffnungslos verstopfte Innenstadtstraßen. Kein Wunder, daß man irgendwann das Weite suchte:

»Im Laufe der Zeit ergab sich im Westen eine glückliche und ziemlich naheliegende Lösung, die schnell im ganzen Land übernommen wurde. Das war das Auto-Camping. Es war wie bei den Zigeunern. Das Auto wurde zur Benzin-Karawane«,[12] erklärte einer der Wochenendvagabunden. Denn »im Herzen sind wir alle Zigeuner. Es ist dieser Nomadengeist, geboren im Karavan-Zeitalter, der dir sagt, daß das Leben ist«,[13] setzte die Benzinwerbung noch eins drauf.

Die modernen Nomaden brauchten eine Infrastruktur. Errungenschaften des mobilen Zeitalters, wie Motel und Campingplatz (Autocamp), standen bald jedem offen, vorausgesetzt man hatte Dollars und eine weiße Haut – und zur Grundausstattung jeder dieser Oasen des Autotourismus gehörte mindestens eine Zapfsäule.

Kalifornien setzte Trends, denen zuerst Amerika und später die Welt folgte. In Los Angeles wucherten die Wohnsiedlungen ins Umland. Diese Suburbias mit einem sich zunehmend entwickelnden Eigenleben wurden mit schnurgeraden Straßen verbunden. Am Wilshire Boulevard eröffnete schließlich die »*Miracle Mile*«: ein Shopping-Centre, das erste auf Autoverkehr zugeschnittene Kaufhaus.

Ein Ratgeber für zukünftige Zapfunternehmer empfahl, »*Viertel zu meiden, die zu neu sind*«,[14] da die Hauseigentümer wegen hoher Verschuldung meist kein Geld mehr hätten. Stationseröffnungen wurden filmreif inszeniert und gefeiert, mit flatternden Fähnchen, buntem Scheinwerferlicht, »*hübschen Mädchen, die Zigarren an Männer, Pralinen an Frauen und Luftballone an Kinder verteilten*«[15]. Die Stationsgebäude paßten sich durch einen gediegenen Baustil und gepflegte Rabatten ihrer Umgebung, die vornehmlich aus Eigenheimen bestand, an. In Hollywood, wo man ägyptische

Theater, chinesische Kinos und mexikanische Villen mochte, entstanden Kulissen-Tankstellen im spanischen Kolonialstil, wie zum Beispiel die »*Carthay Super Service*«-Station, ein Säulenbau in Sichtweite zu einem berühmten Premierenkino. Los Angeles wurde zum Experimentierfeld für Baustile und Serviceangebote. Die ersten Waschstraßen boten hier ihre Dienste an, und eine Tankstelle in Hollywood offerierte neben gebührenfreiem Parken auch ein Restaurant, eine Autovermietung und einen Botendienst zur Wäscherei.

»*Der Autobesitzer erwartet Sofort-Service*«, belehrte die bereits zitierte Broschüre. »*Er ist ungeduldig, wenn er ein paar Sekunden warten muß. Er ist unruhig, bis er zurück im Wagen ist und wieder auf die Straße einbiegen kann.*«[16]

Wie fest die Bande zwischen Mensch und Maschine schon waren, demonstrierte ein Mann, der sich ein ganzes Jahr lang an sein eigenes Auto kettete und auf seiner Rundreise

Auch die motorisierten Pariser fuhren während der zwanziger Jahre ins »*weekend*« und standen dafür vor dem Zapfschlauch Schlange.

durch die USA täglich eine andere Stadt besuchte. Und ein Erfinder stellte dem staunenden Publikum einen Kochtopf vor, der vom Auspuff seines Wagens beheizt wurde – Amerika war autocrazy. Verrückte Zeiten waren es ohnehin: Die Platten- und Filmindustrie boomte, der Broadway, auf dessen Bühnen erstmals schwarze Musiker standen, war im Jazzfieber, Frauen befreiten sich vom Korsett und tanzten Charleston. Neue Hochglanzmagazine und kommerzielle Radiosender kurbelten den Warenumschlag an. Beeinflußt durch die Werbung und Hollywoodfilme, in denen das Leben der amerikanischen Oberschicht gezeigt wurde, strebten nun auch die Menschen der unteren sozialen Schichten nach einem höheren Lebensstandard. Haushaltsmaschinen wie Staubsauger,

Black Boys. Dorfladen für Flüssigkeiten verschiedenster Art im ärmlichen Süden der USA.

Haartrockner und Waschmaschinen wurden für sie erstmals bezahlbar und führten zu einer zunehmenden Technisierung des Alltags.

»Der einst arme Arbeiter fährt heute im eigenen Wagen. Er ist nun Kapitalist. Wie kann sich Bolschewismus in einem motorisierten Land verbreiten, dessen Standard des Lebens und des Denkens zu hoch ist, um eine engstirnige Mehrheit zu akzeptieren«,[17] fragte Chevrolet 1924 in einer Anzeige. Wenige Jahre nach dem Ersten Weltkrieg und der russischen Revolution schien sich Amerika in ein Schlaraffia zu verwandeln, eine paradiesische Warenwelt, zu der jeder Zugang hatte. Die Massenbewegung des Autoverkehrs war der rollende Beweis für diese Entwicklung, ein konsumistisches Gegengift gegen kommunistische Utopien. Zwar floß

das Benzin noch nicht von selber in den Tank, aber wurde es nicht – von dienstbaren Geistern – aus einem schier unerschöpflichen, jederzeit und überall verfügbaren Reservoir gezapft?

Bald gab es kaum etwas, was sich nicht auch im Auto erledigen ließ, sogar das Betteln. *»Motor hobos«* nannte man die Landstreicher auf vier Rädern, mobile Tramps und Inkarnation der allgemeinen Rastlosigkeit. In ihren altersschwachen Kisten fuhren sie ziellos die Küste entlang und erwarteten vom *»offenherzigen Westen, daß er ihnen und ihrer Familie hilft, wenn das Benzin, Öl oder Essen alle ist«*[18]. Alles schien free and easy. Doch schnell wurde klar, in welcher Abhängigkeit man sich inzwischen befand.

Im Jahre 1920 brach eine Benzinkrise aus. Die Tanklager liefen leer, weil die Ölgesellschaften mit dem Tempo der Motorisierung nicht Schritt hielten. Als einige Tankstellen dicht machen mußten, brach Unruhe unter den Autofahrern aus. Eine Ölfirma orderte daraufhin zwei Millionen Faß texanisches Benzin, das mit der Bahn herangeschafft wurde. Der Bürgermeister ließ es sich nicht nehmen, dem Zug entgegenzufahren und auf die Lokomotive zu springen, um vom Jubel über die flüssige Fracht politisch zu profitieren.

Randerscheinungen

»Das Pferd ist praktisch von unseren Straßen verschwunden, und sogar von unseren Farmen. Lastwagen haben die Bahn auf kurzen Strecken fast vollständig verdrängt«,[19] stellte 1921 die kalifornische Unocal befriedigt fest, als für ihre 423 Tankstellen schon über 1000 Tankwagen unterwegs waren. Und die amerikanische Bowser Company, einer der führenden Zapfsäulenhersteller, konnte auf die Fertigung der 22millionsten *»selbstmessenden Pumpe«* des Unternehmens verweisen. Auch wenn es sich dabei nicht ausschließlich um Benzinpumpen handelte, werden doch die Größenordnungen klar, mit denen man es in den USA nun zu tun hatte. Dort sorgten mittlerweile über 30

Zapfsäulenfabriken dafür, daß der Treibstoff an den Konsumenten gebracht werden konnte.

Während in den amerikanischen Kneipen die Bierhähne wegen der Prohibition trocken blieben, floß das Benzin in Strömen. 1920 wurden bereits mehr als 100 Millionen Faß getankt, und in den nächsten zwei Jahren legte man noch einmal zwei Drittel zu. Damit war der Ausstoß seit 1900 auf das 25fache gestiegen. Von Verschwendung redete niemand mehr, denn darauf basierte nunmehr der sogenannte American Way of Life, der aus europäischem Blickwinkel wie ein *»amerikanisches Wirtschaftswunder«*[20] wirkte.

1924 verfuhr jeder Deutsche durchschnittlich drei Liter Treibstoff, jeder Franzose etwa 30, jeder Amerikaner aber bereits mehr als 300 Liter. Für Nachschub wurde gesorgt – Amerikas Raffinerien liefen auf Hochtouren, inzwischen waren es über 400. Rund 500 Millionen Dollar hatte die Industrie bis 1925 allein in Pipelines investiert, die aneinandergereiht zweimal um die Erde gereicht hätten. Über eine Million Tanklaster brachten den kostbaren Saft selbst in den entlegensten Winkel.

Walter Bonfield, ein junger englischer Soldat, der während des Ersten Weltkriegs nach

White Boys. Sogar der Kies unter den Füßen des flotten Tankteams paßte farblich ins Bild.

44

Miss Vera Vance tankt auf.
Ein Werbefoto von 1926.

Treibstoff vom Pharao. Tankstelle
in London, zwanziger Jahre.

Maryland an die amerikanische Ostküste versetzt worden war, blieb nach Kriegsende dort und mietete Anfang der zwanziger Jahre in der Nähe des Dorfes Glen Echo eine Autoreparaturwerkstatt.

Sein »Roadservice«, MacArthur Boulevard Nummer 6124, war eine Garage mit Kassenraum und Wohnung im ersten Stock, lag im Niemandsland und wurde in den 40 Jahren, die Mister Bonfield sein Geschäft betrieb, zu einer Institution in der Gegend, nicht zuletzt weil Jersey-Standard eine Zapfsäule davorstellte – die einzige weit und breit.

Die Strategen in den Chefetagen sahen in den simplen Benzin-Dispensern enorme Vorteile. Der wichtigste war, daß man sie ohne viel Aufwand überall aufstellen konnte, am Rand einer vielbefahrenen Fernstraße zwischen zwei Städten, an Kreuzungen, vor irgendeine Ladentür, auf das Betriebsgelände einer Spedition oder gleich zu mehreren aufgereiht unter dem Dach eines pompösen Tankhauses. Sie waren beliebig einsetzbar. Die bunten Säulen machten aus Amerikas Straßen Benzinalleen. Hatte es im Jahre 1920 um die 15 000 Zapfstellen gegeben, stieg deren Zahl bis zum Ende des Jahrzehnts auf eine Viertelmillion.

»Saves time and money every day«[21] (Spart täglich Zeit und Geld), brachte es ein Zapfsäulenhersteller auf den Punkt. Wenn auch beim Pumpen noch mancher Tropfen danebenging, hatte sich das Tanken durch die Pumpmaschinen doch grundlegend verändert. Nun stand die Industrie in Gestalt der eisernen Zapfapparate selber am Straßenrand, ihr Leitungssystem reichte nun bis zum Kunden. Zwar wurde noch mit Muskelkraft gepumpt, aber das Benzin floß mehr oder weniger kontinuierlich, und keiner mußte sich mehr die Hände schmutzig machen. Der Benzinverkäufer, früher ein Händler, der einen übersehbaren Vorrat verwaltete, wurde Bedienungspersonal und Repräsentant eines unsichtbaren und deshalb schier unendlich wirkenden Treibstoffreservoirs.

Da man bis zu sechs Gallonen für einen einzigen Dollar erhielt, war das Limit nur noch die Größe des Tanks. »Fill'er up!« (Füll sie voll!) hieß und heißt die stereotype Aufforderung an der Zapfsäule. Amerikanische Autofahrer machten das Auto zu ihrer Braut und das Tanken zu einer erotischen Begegnung. Zapfsäulen, vom Volksmund in »iron maiden« (eiserne Jungfrau) umgetauft, spendeten Kraft und Unabhängigkeit. Und sie gaben sie an jeden ab, der dafür ein paar Cent übrig hatte – vor der Benzinpumpe waren alle gleich. Sie war ein Equalizer, aus dem die Freiheit literweise strömte, und das inzwischen auch im letzten Wüstendorf. Wo eine Zapfsäule stand, war Amerika.

Mit mehrjähriger Verzögerung landeten die Pumpkolonnen auch in Europa, zuerst in Großbritannien, wo die US-Army schon vor 1918 einige Exemplare installiert hatte. Im März 1920 stattete die Anglo-American Oil Co., die Tochter der Standard of New Jersey, einige Londoner Garagen mit unterirdischen Tanks aus, was im Vereinten Königreich damals noch illegal war. In Deutschland wurden 1922, nach Aufhebung der Benzinrationierung, auf Hinterhöfen und in Toreinfahrten »explosionssichere Tankanlagen« installiert. Um die Ehre der ersten öffentlichen Zapfsäule bewerben sich auch hier verschiedene Anwärter: die DAPG in Hamburg und Eller-Montan, ein Handelshaus in Duisburg. 1923 wurden, wohl etwa zeitgleich an Ruhr und Elbe, öffentliche Pumpen installiert. Das Geld floß waschkörbeweise in die Firmenkas-

sen, denn in Deutschland galoppierte die Inflation. Ein Liter Benzin kostete ein paar Millionen Mark, wer tanken wollte, brauchte einen Koffer voller Banknoten.

Bauanträgen für Tankanlagen begegnete man in deutschen Amtsstuben mit Vorbehalten. Man bezweifelte, ob ein mit Treibstoff gefüllter Tank wirklich mitten in die Stadt gehörte. Da die kommunalen Kassen leer waren und Autofahrer immer noch zu den besseren Kreisen gehörten, ließ man sich aber meist schnell überzeugen. In einem zwischen der Stadt Köln und der Firma Olex abgeschlossenen Vertrag hieß es jedoch unmißverständlich: »nach § 4 entscheidet allein der Herr Oberbürgermeister«[22]. Dieser Oberbürgermeister hieß Konrad Adenauer und stellte kategorisch fest, daß das »Auto nicht der Alleinherrscher in der ganzen Stadt sein darf. Ich kann mir nicht denken, daß das Heil davon abhängt, ob ich vom Rudolphplatz bis zum Rhein im Auto zwei Minuten schneller oder weniger schnell fahre.«[23]

Folgerichtig wurden auch die ersten Kölner Olex-Tankstellen in abgelegene Hafengebiete verbannt. Als die Firma ihr Hafen-Tankhaus, das mehr einer Hütte glich, an der zugewiesenen Stelle dicht machte, weil kein Umsatz erzielt wurde, reagierte die um ihre neue Ein-

nahmequelle bangende Hafenverwaltung mit einer Anfrage. Dann wuchs Gras über die Sache. Ein Jahr später hakte die Stadt abermals nach. »Am Holzmarkt befindet sich ein Tankhäuschen. Wir bitten um geflissentliche Mitteilung, welche Abgaben die Olex dafür zahlt.«[24] Die hatte sich offensichtlich, ohne zu fragen, mittlerweile eine Verkaufsstelle in der Innenstadt zugelegt. Die Schreiben der Verwaltung blieben unbeantwortet, bis sie schließlich aufgab: Der Versuch, die Tankstelle aus der Stadt zu vertreiben, war gescheitert. Die damaligen Verhandlungspartner, Herr Adenauer und Herr Ornstein, sollen sich später – als Bundeskanzler und als Chef der deutschen BP – über diese Anekdote köstlich amüsiert haben.

In Amerika, wo Bordsteinpumpen mittlerweile fast so dicht standen wie Telegrafenmasten, begann eine kritische Öffentlichkeit dagegen zu Felde zu ziehen. Ladenbesitzer und Straßenbahnfahrer ärgerten sich über das durch Warteschlangen verursachte Verkehrschaos. Um 1920 erschwerten verschärfte Feuerschutzvorschriften in größeren Städten bereits das Bürgersteiggeschäft. Außerdem wurden die Stimmen derer zunehmend lauter, die die allgegenwärtigen und immer auffälliger gestalteten Pumpen einfach als Schandflecke betrachteten.

Tankinsel. Olex-Kiosk an der Kölner Hohenzollernbrücke, erbaut 1922.

Geistertankstelle in einem Wüstennest. Kalifornien 1994.

Im Jahre 1923, als sie in Europa gerade erst eingeführt wurden, läutete New Yorks Oberstes Gericht, das nicht nur den Bürgersteig zur zapffreien Zone erklärte, sondern auch dem Tankstellenbau strenge Auflagen machte, das Ende des US-Pumpenwildwuchses am Bordstein ein.

Die Benzinfirmen mußten auf den Richterspruch reagieren. Als Socony (Standard of New York) eine Immobilienabteilung einrichtete, die passende Bauplätze für Tankstellen akquirieren sollte, konnten die Besitzer freier Grundstücke frohlocken. Aber auch für Makler und Autofahrer begannen rosige Zeiten. Tankkunden sollten in Zukunft weniger Platzprobleme haben. Bis 1930 waren die Solo-Zapfsäulen in Amerikas Innenstädten praktisch verschwunden. Die Mini-

tankstelle überlebte nur in Amerikas ländlichen Gebieten, wo etliche Exemplare aus der »Eisenzeit« der Branche bis heute einsam am Straßenrand verrosten. Das hohe Gericht hatte mit seinem Urteil das Drive-in-Prinzip durchgesetzt. Die Tankstelle machte Karriere.

Mit standardisierter Monotonie war es endgültig vorüber. Man konnte sich für »Gay« entscheiden, für »Grizzly« oder für »Globe«, für »Linco«, »Nitro«, »Morco«, »Pan-Am«, »Parco«, »Dixie«, »Derby« oder »Diamond«. Der Phantasie der Benzinfirmen waren keine Grenzen gesetzt, und jede behauptete, es gebe »Nun-Bet-Er«, auch wenn es nur eine Marke mit diesem Namen gab. Die Sprachverwirrung war ein Spiegelbild der komplizierten Marktlage.

Im vollmotorisierten Kalifornien wurde der »strip« erfunden. Whither Boulevard, Los Angeles 1924.

Gab es beispielsweise im mittleren Westen, dem Stammland der Standard of Indiana, im Jahre 1920 immerhin schon 675 Firmen, die mit Benzin handelten, ließen sich in den folgenden zehn Jahren nicht weniger als 15 000 weitere ins Handelsregister eintragen. Während der zwanziger Jahre wurden in den USA Jahr um Jahr 10 000 Tankstellen neueröffnet. Das Gründerfieber ließ sich auch an den Zapfsäulen ablesen. Nicht nur die Zahl der Anbieter nahm rapide zu, ein und derselbe bot häufig auch noch verschiedene Marken an. Wenn Firmen fusionierten oder übernommen wurden, blieben alte Markennamen manchmal noch jahrelang bestehen. Eine Gesellschaft wie Socony, die mehrere Firmen kaufte und ihr Netz – mit Ausnahme der Südstaaten – landesweit ausdehnte, handelte nicht nur mit »General« und »Magnolia«-Benzin, sondern auch mit »White Star«, »White Eagle« und »Wadhams«. Zeitweise waren es acht Treibstoffmarken gleichzeitig.

Die Tankstelleninflation war auch eine Folge dieser unübersichtlichen Konkurrenzsituation, denn »Service-Stationen wurden als Abwehrmaßnahme betrachtet, um den Markt der Firma gegen das Eindringen von Konkurrenten zu schützen«,[25] erklärte ein Insider. War Anfang des Jahrzehnts noch über die Hälfte des Benzins in Läden und Garagen verkauft worden, tendierte dieser Verkaufsanteil in Amerika nun gegen Null. Expansion allein reichte allerdings nicht aus. Die Firmen, die ihr Vertriebsnetz massiv erweiterten und dafür viel Geld ausgaben, mußten sich Gedanken über ihr Erscheinungsbild machen.

»Die Wiederholung eines architektonischen Designs hat denselben Werbewert wie die Wiederholung eines Markenzeichens«,[26] schrieb der Präsident der Pure Oil Company. Pure aus Oil City, Pennsylvania, selbsternannter »Champion der Independents«, gab eine Untersuchung in Auftrag, wie die Stationen der Zukunft auszusehen hätten. Die Studie ergab, daß vom Erscheinungsbild einer künftigen Tankstellengeneration nicht nur ein striktes Wiederholungsprinzip, sondern auch »Einheitlichkeit, Schönheit und Unterscheidbarkeit«[27] verlangt wurde. Alltagsarchitektur wurde zum Werkzeug des Marketings.

Die innerhalb weniger Jahre zu einem integrierten Konzern aufgestiegene Pure Company, die jedoch keineswegs zu den Marktführern zählte, entwickelte daraufhin einen der erfolgreichsten Bautypen der Branche, das »English Cottage«. Solche Stationshäuschen mit Spitzdach und Sprossenfenstern, die den Tudorstil imitierten, unterschieden sich von allen bisherigen Tankstellen, waren dabei voll standardisiert und vermittelten eine Botschaft, ein Image. Der pittoreske »häusliche« (domestic) Stil kam den Zielen des »City Beautiful Movement« entgegen, einer einflußreichen konservativen Bewegung für die Verschönerung der amerikanischen Städte. Aber er entsprach auch den Vorstellungen der Mittelschicht, die ihre Eigenheime vorzugsweise mit Stuck und Fachwerk schmückte. Die auffällige Farbgebung (blaues Dach und weiße Wände) garantierte die Unterscheidbarkeit und die getestete optische Signalwirkung – bis zu 70 Meter. Nichts wurde mehr dem Zufall überlassen. Die verschiedenen Elemente ergaben das erste auf Marktforschung beruhende, komplette visuelle Gesamtkonzept der Tankstellengeschichte.

Das »Pure-Cottage« besaß einen hohen Wiedererkennungswert, paßte in jede Baulücke und war konservativ genug, um keinen Anstoß zu erregen. Es fügte sich so ideal in Amerikas kommunale Landschaft, daß andere Firmen mit entsprechenden Landhausimitaten nachzogen, darunter Phillips, Unocal, Socony, Conoco, Standard-Ohio und andere. Ein origineller Einfall wurde zum Allgemeinplatz. Der Vorteil der Einmaligkeit war dadurch neutralisiert – ein Teufelskreis, in dem sich die Benzinbranche nicht zum letzten Mal drehen sollte.

Sicher vor Nachahmern wußte sich allein jene Firma, die ihre Tankstellen als neogriechische Benzinpaläste konzipiert hatte, die Atlantic Ref. Co. Die noblen Stationen, bei denen selbst der Firmenschriftzug in Stein gemeißelt war, mochten vielleicht Anwärter für den Schönheitspreis sein, der nun jährlich vom nationalen Tankstellenmagazin vergeben wurde, für den Ausbau eines dichten Netzes aber waren sie viel zu kostspielig. Die Firma stieg später auf kleinere Varianten um, zum Teil auch im Cottage-Stil. Der repräsentative, gutbürgerliche Touch wurde dabei strikt gewahrt, etwa durch kopf-

Tankkarton: »Crackerbox«-Station.
Tankheim: »Cottage«-Station.
Tankolymp: Neoklassische Station.
Tankkulisse: »Super Service«-Station.

Grundriß einer Gaststätte mit Bürgersteigpumpe. Rheinland 1930.

steingepflasterte Zufahrten und ziegelgedeckte Dächer, selbst wenn das ehemals repräsentative Kassenhaus zu einem Häuschen geschrumpft war.

Die meisten Firmen versuchten allerdings, ihre Markenidentität weit ökonomischer herzustellen. Sinclairs Tankhäuser zum Beispiel waren einfache, freistehende Kioske. Dazu gehörte allerdings ein Arsenal von Werberequisiten wie Zierlampen, Schilder und Plakate, die auf dem Dach, an Häuserwänden ringsum oder am Kiosk befestigt waren. Der Markenname tauchte überall und in den verschiedensten Schriftzügen auf.

Da man allgemein nach dem Je-mehr-und-je-größer-desto-besser-Prinzip vorging, war ein abgestimmtes Bild eher selten. Socony führte an seinen Stationen gegen Ende der zwanziger Jahre für sein »Mobilgas« ein einheitliches rundes Logo ein. Der Kreis wurde so etwas wie eine Grundform amerikanischer Benzinmarken, weil diese von den Globes vorgegeben war, jenen runden Lampen, die auf jeder Zapfsäule angebracht waren.

Die meistverbreitete Tankstellenform der zwanziger Jahre war das Kassenhaus mit Vordach, eine Art Grundmodell, bei dem mit geringem Aufwand ein Schaukasteneffekt erzielt wurde. Shell entschied sich als eine der ersten Firmen für ein zentrales Design und machte seine gelb-rot gestrichene Crackerbox zur Landmarke. Auch Schriften, Zapfsäulen und Arbeitskleidung wurden vereinheitlicht. Obwohl der Anteil der Shell-Normstationen 1922 noch nicht mal ein Fünftel betrug, verkauften diese zwei Fünftel des gesamten Shell-Benzins. Die Zahlen überzeugten. Standard of Ohio verwendete denselben Tankstellentyp in Rot-Weiß-Blau. Am Dachfries war das neu entworfene »Sohio«-Logo angebracht.

Den Gegensatz zur simplen Fertigstation, die innerhalb weniger Stunden errichtet werden konnte, stellten die sogenannten Revival- und Phantasie-Tankstellen dar. Sie schmückten sich wie die chinesischen Pagoden der Wadham Oil Company oder die Haziendas der Unocal mit einer exotischen Verkleidung. Zu dieser Kategorie gehörten auch Atlantics Tankpaläste und Pures niedliche Cottages, die allerdings auf harmlosere Weise ihren Showeffekt erzielten.

Vom Markenwahn

In der Rubrik »Der tägliche Fortschritt« stellte eine Berliner Illustrierte 1927 eine »Automobilsteuer-Zähluhr« vor, die, am Rad befestigt, automatisch anzeigte, was an Steuerschuld gerade fällig war. In einer anderen Ausgabe empfahl das Blatt »Knallgas als Benzinersatz«[28]. Zwar wurden weder das praktische Zählwerk noch der Ersatztreibstoff ein Renner. Aber die Redaktion wußte schon, wo ihre Leser der Schuh drückte. Nicht nur die hohen Anschaffungskosten, auch die Steuerbelastung und das teure Benzin machten ein Automobil immer noch zu einem privilegierten Vergnügen.

Tanken konnte man in Deutschland jetzt in jeder kleinen Ortschaft. Kneipiers, Hotelbesitzer und sogar Friseure ließen sich überreden, Benzinpumpen vor die Ladentür zu stellen. Waren es 1927 erst 10 000 Zapfstellen, an denen man auf die Hupsignale der Kundschaft wartete, verdoppelte sich deren Zahl in den beiden folgenden Jahren und wuchs 1930 schließlich auf 50 000. Die Säulen mit dem Firmenemblem wurden zum selbstverständlichen Requisit des Stadtbildes. Einwände gegen das um sich greifende Bordsteingeschäft gab es kaum, da sich Geschäftsumfänge und Verkehrsbehinderungen in Grenzen hielten, was auch Auswirkungen auf die Qualität der Bedienung hatte.

»Da wird rücksichtslos mit Kraftstoff herumgespritzt«, schilderte ein fiktiver Leserbrief die Zustände. »Da werden die Hauben hingeworfen, daß es nur so kracht. Es wird bei Regen getankt ohne Rücksicht auf das Eindringen von Wasser. Ich finde, daß heute zu jeder Zapfstelle eine Gießkanne gehört. Und nun kommt noch eine Sorge: Wo tankt man nachts? Schließlich gibt es Notfälle. Und die Nacht beginnt in manchen Gegenden schon um neun Uhr abends. Darum finde ich es begrüßenswert, wenn sich möglichst viele Zapfstellenverwalter eine Klingel anlegen würden. Eine liebenswürdige und geschickte Bedienung fällt heute immerhin noch so auf, daß man sich solche Pumpen merkt. Ich will hier nicht von den vereinzelt anzutreffenden Grobianen reden, die noch an dem Grundsatz der Selbstbedienung durch den Kunden festhalten. Glückauf, Herr Bockelmann.«[29]

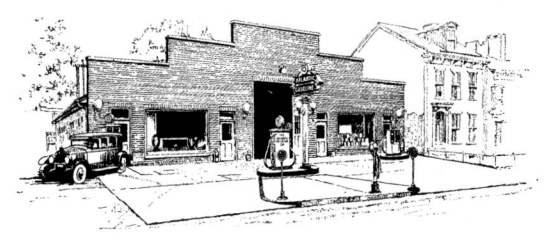

Das Tanken sollte in flinker Bedienung, das Bezahlen in einer Wolke von Zuvorkommenheit aufgehen. Aber die Durchsetzung des Kundendienstprinzips scheiterte vorerst daran, daß die Betreiber der Straßenpumpen in etwa so viel Aufwand trieben, wie sie mit dem Benzingeschäft verdienten – kein besonders lukratives Geschäft. Sie ließen die Kunden also gern ein bißchen warten, kamen dann in Zivil heraus, vielleicht im Friseurjackett oder mit Schlachterschürze, um nach getaner Abfüllarbeit schnell wieder ihrer Alltagsbeschäftigung nachzugehen.

Eine Zapfgelegenheit besonderer Art bot sich auf den zentralen Plätzen deutscher Großstädte, wo Olex Häuser zur Befriedigung des Tankbedürfnisses einrichtete. Diese Benzinkioske, in denen Angestellte Dienst taten, waren meist massiv gemauert und expressiv-modern geschmückt. Zapfsäulen gab es keine, der Schlauch kam einfach aus der Wand. 1927 eröffnete der Ölhändler August Förstmann am Hamburger Bullerdeich einen »Autobahnhof«, den er mit drei aus Amerika importierten Pumpen und einem elektrisch illuminierten Ölkabinett ausrüstete. »Abends war die Ölfontäne ein Magnet für die Vorübergehenden, wenn aus ihrem geöffneten Schrank das angestrahlte Öl in den verschiedensten Farben leuchtete.«[30]

Als die Wirtschaft Mitte der zwanziger Jahre einen bescheidenen Aufschwung verzeichnete, verbreitete sich allenthalben Zuversicht. Die rasenden Zwanziger kamen in Fahrt, machten das Auto zum Fetisch und feierten den Fortschritt, der auch in Deutschland andere Dimensionen annahm: Um gegen die übermächtige Konkurrenz auf der anderen Seite des Ozeans bestehen zu können, hatten deutsche Industrielle damit begonnen, amerikanische Produktionsmethoden zu kopieren. Schon 1923 lief bei Opel das erste Fließband an. 1924 begann der Reichsausschuß für Arbeitszeitermittlung, kurz Refa, mit Zeitstudien, die helfen sollten, vermeidbare Pausen im Produktionsprozeß zu entdecken und zukünftige Löhne festzulegen. Neben dem Arbeitsplatz wurden sogenannte »Arbeitsschauuhren« angebracht, mit denen die Dauer jedes einzelnen Arbeitsganges gemessen wurde. Zur selben Zeit wurde in die Armaturen komfortabler Automodelle erstmals auch die Benzinuhr integriert, auf der man den Verbrauch während der Fahrt ablesen konnte. Der Konsum wurde chronologisiert. Die Optimierung aller Abläufe und Tätigkeiten, war das nicht auch der »epochemachende Fortschritt im Straßenverkehr«,[31] den die deutsche Shell-Rhenania bei der Einrichtung ihrer ersten Tankstelle ankündigte?

Europas erste Parkhochhäuser entstanden, wie das imposante Magasin de Vente d' Automobile in Paris oder die Berliner Kant-Garagen, eine funktionale Konstruktion aus Beton und Glas. Die Frankfurter IG-Farben-Zentrale und das am Berliner Landwehrkanal errichtete Shell-Haus waren Beispiele ostentativ vorgetragener Modernität. Die Mineralölindustrie, umgeben von einer Aura des Progressiven, wurde sich derer offensichtlich nun bewußt.

Dokumentiert wurde dies unter anderem mit der Einführung der Konzernnamen zu einem Zeitpunkt, als die chauvinistischen Töne in Deutschland unüberhörbar wurden. Die Rhenania Ossag wurde zur Deutschen Shell, und Shell hieß jetzt auch ihr Benzin. Dapolin, bislang nur als Öl-Marke verwendet, wurde bis auf weiteres unter der Bezeichnung Standard verkauft. Gleichzeitig tauchte an den Tankstellen der DAPG auch schon das Kürzel für einen neuen Treibstoff namens »Esso« auf. Eigentlich sollte dieser seit Mitte der zwanziger Jahre in den USA eingeführte lautmalerische Name – sprich »Ess-o« für Standard Oil – für den ganzen Konzern, für die Filialen und für deren Produkte gelten. Aber in den Staaten hatten Ex-Töchter, wie beispielsweise Standard of Indiana, erfolgreich dagegen geklagt. Die Briten, die etwa ab 1930 ihr BP für Olex einsetzten, gingen behutsamer vor. Sie erfanden eine Art deutschen Tankstellen-Michel. Aus British Petroleum wurde der »Brave Peter«, der wieder verschwand, als er seine Schuldigkeit getan hatte.

Die internationalen Multis des Ölgeschäfts entwickelten ihre endgültige Struktur. Kolosse wie Shell oder Jersey-Standard hatten Konzessionen in den reichsten Fördergebieten, verkauften ihre Waren überall auf der Erde und kontrollierten den Weg zumindest ihrer Hauptprodukte in jeder Phase, von der Rohstofferschließung bis zur Übergabe an den Kunden. Schließlich gab es Ende der zwanziger Jahre keinen Bereich der Mineralölbranche, in dem

50

Werbung, Großbritannien und USA
1925.

sie nicht vertreten gewesen wären. Selbst als
die »Bremen« 1929 für Deutschland das Blaue
Band gewann, wurde mit Standard-Öl geheizt.

In einer Zeit, als in Deutschland die Anzeichen für einen sich ausweitenden Chauvinis-
mus unübersehbar wurden, bekannten sich die
Majors zu ihrer Internationalität. In einigen Städten entstanden Tankstellen im Stil des »Neuen
Bauens«. Meist handelte es sich zwar um Ein-
zelexemplare, wie bei der Garage des Nations
des Schweizer Architekten Maurice Braillard in
Genf. Aber es waren durchweg Entwürfe, die
die Doppelfunktion der Tankstelle als Verkaufsmaschine und Schaukasten auf neue Weise vereinigten und nicht zufällig spätere Entwicklungen um Jahrzehnte vorwegnahmen. Die Tankstelle emanzipierte sich.

Vor allem die DAPG, die bis 1926 noch
mit einem Indianerkopf auf ihren Zapfsäulen
geworben hatte, legte sich nicht nur ein grafisch klares Markenzeichen für ihren »Dapolin«-
Kraftstoff zu (später »Standard«), sondern experimentierte auch mit Tankstellenformen im Geist
der neuen Sachlichkeit. In Hamburg entwarf der
Architekt Karl Schneider für die Amerikaner ein
riesiges freistehendes Dach und einen quader-
förmigen Verkaufsraum, eine minimalistische
Station in Weiß, die den Zeitgenossen geradezu
revolutionär erschienen sein muß. In Kassel entwarf Hans Borkowsky eine genial-einfache
Dapolin-Station in Rot-Weiß, deren Verkaufsraum voll verglast war, die aber, obwohl leicht
zu typisieren, nicht in Serie ging.

Auch als die DAPG systematisch begann,
in Villenvororten »Großtankstellen«, die ersten
deutschen Drive-in-Stationen, zu bauen, gaben
weder das amerikanische Cottage noch die
Crackerbox oder andere Modelle aus dem Mut-
terland der Tankstelle das Vorbild ab. Die rechten Winkel, die klare grafische Gestaltung und
die großen Fensterflächen erinnerten eher an
Bauhaus-Entwürfe. Als Krönung wurde eine
würfelförmige Lichtreklame auf dem Dach montiert. Solche »Prunkstationen«, die bereits mit
mehreren Zapfsäulen zur Auswahl ausgestattet
waren, was noch völlig unüblich war, lösten
einen Kulturschock aus, nicht zuletzt bei der
weniger kapitalkräftigen Konkurrenz, die den
»überhandnehmenden Ausbau des Tankstellen-
Netzes«[32] bejammerte.

Die Tankstellen amerikanischer Unternehmen fielen vor allem durch ihre plakative
Gestaltung auf, die immer wiederkehrenden
Stars and Stripes und die typische Farbgebung
in Blau-Weiß-Rot. Shell setzte, ebenso penetrant,
sein Gelb-Rot dagegen. Der Benzol-Verband
(BV) paßte sich an, indem er sich von seinem
traditionellen Schwarz-Gelb verabschiedete. Da
die neuen Verkehrsschilder dieselbe Farbkombi-
nation hatten und sowohl Shell wie Olex auf
Gelb setzten, stieg man auf Blau-Weiß um, die
Stadtfarben Bochums, dem Firmensitz des BV.
In Europa begannen sich die Markenfirmen zu
regelrechten Farbengesellschaften zu entwikkeln. Die undurchsichtige Konkurrenzsituation in
Amerika hatte jede Menge Dopplungen (Rot
für Texaco und Sinclair, Orange für Gulf und
Bell) und ungewöhnliche Kombinationen
(Orange-Grün-Schwarz für Phillips) zur Folge.

Hier wie dort waren die Zapfsäulen in
der jeweiligen Firmenfarbe gestrichen. Der Fahrer sollte die Tankstelle auch aus dem fahrenden Auto erkennen können und durch deren
unverkennbares Äußeres einen werbewirksa-
men Aha-Effekt erleben. Die Tanksäulen der einzelnen Firmen setzten sich optisch nicht nur
gegeneinander ab, sondern grenzten sich auch
auffällig von ihrer Umgebung ab. Zusammen
mit den Hinweistafeln, Wandreklamen und
Emailleschildern addierten sich die einzelnen
Signale zu einem mehr oder weniger verwirren-
den, zumindest aber auffälligen Gesamtbild.

DAPG und Shell beherrschten in Deutschland während der zwanziger Jahre durchgehend mehr als zwei Drittel des Benzinmarktes,
was beide für ihre Werbung nutzten. Während
die Amerikaner mit dem Slogan »Dapolin führt«
auf ihr ausgebautes Vertriebsnetz und die ver-
gleichsweise höchste Anzahl an Zapfsäulen hin-
wiesen, war Shell das »Benzin für Millionen«,
eine Anspielung auf die internationalen
Geschäfte des Unternehmens. Denn Autos gab
es in Deutschland ja erst ein paar Hunderttau
send. Später, als die Zahl der gelben Säulen auf
über 10 000 stieg, fand man ein Motto, das
jeder bestätigen konnte: »Shell überall«. Autofahrer seien durch das »Reklame-Unwesen
benebelt« und »vom Markenwahn befallen«,[33]
klagten die Garagenbesitzer, die vor der Verbreitung von Zapfsäulen Benzin verkauft hatten.

Der Markt war in Bewegung. Auch der BV (Benzol-Verband) blieb nicht untätig. Nach der Lockerung der Reparationsverpflichtungen durch den Dawes-Plan im Jahre 1924 stand der Produktion von Benzol durch die Zechenkonzerne in ausreichenden Mengen nichts mehr im Weg. Aber die Autofahrer erinnerten sich noch, wie ihre auf Benzin geeichten Motoren nach Benzolgenuß gelitten hatten. Daraufhin trat man im Ruhrgebiet die Flucht nach vorn an und brachte im selben Jahr nach einigem Forschungs- und Werbeaufwand einen neuen Treibstoff auf den Markt, dem die aromatischen Wasserstoffe des Benzols und die aliphatischen des Benzins den klingenden Namen »Aral« gaben. Es war das erste Benzin-Benzol-Gemisch, ein klopffester Kraftstoff, der an der Tankstelle zwar vier Pfennig teurer war, aber so gut ankam, daß alle anderen Marken bald auch solch ein Kraftgemisch anboten.

Das Dilemma des BV war, in einen Verdrängungswettbewerb mit den Ölkonzernen einzutreten, gleichzeitig aber auf deren Benzinlieferungen angewiesen zu sein. Das konnte nur solange gut gehen, wie die Zahl der BV-Zapfsäulen – 1926 waren es gerade einmal 300 – kaum ins Gewicht fiel. Die Ölkonzerne lieferten Benzin und nahmen dafür die entsprechende Benzolmenge ab. Die Bochumer durften jährlich aber nicht mehr als 10 000 Tonnen Benzin verkaufen. Doch ihr Vertriebsnetz wuchs so rasant, daß Standard und Co. schließlich das Einfrieren des Status quo vorschlugen. Als der BV ablehnte, stoppten die Ölgesellschaften die Benzinlieferungen und bezogen das benötigte Benzol aus England. Die Antwort ließ nicht lange auf sich warten: Der noch 1926 als Reaktion vom BV abgeschlossene Liefervertrag kam einem Sakrileg gleich, denn als neuen Partner hatte sich das deutsche Benzolmonopol einen Branchenparia ausgesucht, die Sowjetunion, deren Staatsfirma Derunapht (Deutsch-Russische Naphta AG) – Marke »Derop« – in Deutschland nicht sonderlich erfolgreich war. Mit Benzin aus Baku war man in Bochum wieder flüssig. Hatte der BV 1929 noch vorwiegend Industrie und Kommunen beliefert, so wickelte er bereits um 1930 das Hauptgeschäft an seinen rund 4000 Zapfstellen ab, an denen schon fast ein Drittel der gesamten deutschen

Treibstoffumsätze gemacht wurde. Die deutsche Ölindustrie dagegen steckte nach dem Verlust aller Kolonien und Konzessionen in einer permanenten Krise. 1925 fusionierten bis dahin konkurrierende Unternehmen zu einem Konzern unter Vorherrschaft der DEA (Deutsche Erdöl AG) mit der Vertriebsmarke »Olex«. Doch ohne eigenes Erdöl war auf dem Tankstellenmarkt kein Staat zu machen. Der staatlichen Fördergesellschaft der Briten hingegen, deren persische Quellen sie zu einer der größten der Welt machten, fehlte ein internationales Vertriebssystem. Im Sommer 1926 bekam man im Berliner DEA-Haus Besuch aus London. Die APOC, später BP, kaufte sich in die krän-

Oben: Neuer Stationstyp. Funktional gestaltete Tankstelle in einer deutschen Großstadt um 1930.

Unten: Benzin vom Krämer. Typische Bürgersteigpumpen in einer französischen Kleinstadt der zwanziger Jahre.

52

kelnde Olex ein. Zunächst übernahm sie deren Belieferung, dann das ganze Unternehmen. Die damals ungeheure Summe von über 200 Millionen Mark wurde bis 1930 in den Olex-Benzinvertrieb investiert. Ein dichtes, flächendeckendes Tankstellennetz zu installieren war das Privileg der Großindustrie. Wer sich heute die damals gratis verteilten Zapfstellen-Karten anschaut, sieht auf den ersten Blick, wie lückenlos es schon damals war.

Olex war nicht die einzige Erwerbung der Briten und auch nicht die größte. *»Der beste Weg, sich gegen Konkurrenz zu schützen, ist, sich auf so vielen Märkten wie möglich festzusetzen«,*[34] lautete ihre Geschäftsdevise. Europaweit wurden Tochterunternehmen angeworben, von Italiens Benzina Petroleum bis Norwegens Norsk Braendselolje. Der bedeutendste Einkauf war bereits 1921 die französische Société Générale des Huiles de Pétroles, die sowohl in Frankreich wie auch in Belgien Raffinerien besaß und deren Absatzmenge sich in zehn Jahren verfünffacht hatte, wobei das einträgliche Benzingeschäft 50 Prozent ausmachte und damit besser lief als beim Mutterunternehmen.

Tatsächlich schaffte es die APOC, sich neben Shell und Jersey-Standard als dritter Multi zu etablieren. Die Corporate Identity beschränkte sich vorerst darauf, das BP-Logo ab 1925 grün-gelb einzufärben, eine Erfindung der Pariser Filiale, nachdem der Union-Jack der Lon-

doner Zentrale sich als wenig exportfördernd erwiesen hatte. An deutschen Zapfsäulen blieb es noch bis zum Krieg beim Blau-Gelb der Olex.

In einigen Ländern trafen die Briten auf ganz neue Mitbewerber. Nach ihrem eigenen Vorbild waren in mehreren europäischen Ländern staatliche Ölkonzerne entstanden, wie die Compagnie Française des Pétroles (CFP) in Frankreich, die Purfina in Belgien und die ENI (Ente Nazionale Idrocarburi) im faschistischen Italien. Nur in Deutschland ging man andere Wege.

Die Zauberformel

»Der Reisende, der im Schnellzug Frankfurt a. M. – Berlin zwischen Corbetha und Merseburg einen Blick aus dem Fenster wirft, gewahrt rechterhand eine Industrieanlage, die selbst auf denjenigen Eindruck macht, dem Fabriken im allgemeinen nicht imponieren. Minutenlang fährt der Zug vorbei an Fabrikgebäuden von riesigen Ausmaßen, an einer langen Reihe von Schornsteinen, an Kühltürmen, grotesken Behältern und anderen merkwürdigen Wahrzeichen der Technik. Der Eindruck der Größe und Schönheit, den diese Anlage bei Tage erweckt, steigert sich noch, wenn sich nachts eine verschwenderische Fülle von elektrischem Licht über die Fabrik ergießt, die eine ganze Fabrikstadt zu sein scheint.«[35] Soweit ein Augenzeuge, der das Leunawerk beschreibt, als es noch Ammoniakwerk war, also vor dem aufwendigen Ausbau zu einer Benzinfabrik.

Die deutsche Chemie weinte den im Krieg an die Sieger verlorenen Patenten nicht lange nach, sondern war entschlossen, neue Märkte zu erobern. Das ehrgeizigste Projekt war die synthetische, ölfreie Herstellung von Benzin. 1925 erwarb BASF die Patente der hierfür entscheidenden Kohleverflüssigungsverfahren. 1926 schloß sich das Unternehmen mit den anderen chemischen Großunternehmen (Bayer, Hoechst, Agfa, Cassella und Kalle) zum Monopol der IG-Farben zusammen, das bereits 1927 Benzinsynthese und -vertrieb anlaufen ließ. 1928 schloß dieser größte Chemiekonzern der

Der Union-Jack war das erste Markenzeichen der BP, hier an einem Tankwagen mit eingebauten Zapfsäulen. England 1928.

Welt mit dem größten Ölkonzern der Welt einen Vertrag, in dem man Kooperation in Sachen Benzin vereinbarte.

Kurz vor Ostern des Jahres 1925 waren bereits die ersten Kraftwagen mit synthetischem Benzin von Ludwigshafen nach München und zurück gefahren. Um die Benzinsynthese produktionsreif zu machen, die bis dahin nur im Labor funktioniert hatte, mußte eine Menge Kapital in die Entwicklung fließen, Kapital, daß eine Konzentration der Kräfte in Form der IG-Farben erforderlich machte. *»Der erste wirkliche Industrie-Trust in Deutschland wird jetzt durch den Zusammenschluß der chemischen Großfabriken zur Tatsache«*, jubelte die Frankfurter Zeitung.

Leuna sollte bis 1930 100 000 Tonnen Benzin im Jahr produzieren, also täglich rund 300 Tonnen, wozu allein ca. eine Million Liter Wasser gebraucht wurden. Gleichzeitig begann man mit dem Aufbau einer eigenen Absatzorganisation, denn die anvisierte Produktion machte immerhin zehn Prozent des gesamten deutschen Benzinverbrauchs aus. Zu diesem Zweck wurde die Gasolin-AG gegründet, die sofort damit begann, ein Tankstellennetz zu errichten. Startschwierigkeiten entfielen, weil Shell und DAPG zur Hälfte, das heißt zu je 25 Prozent, an der neuen Benzinmarke beteiligt waren. Wie aufwendig die Herstellung war, blieb ebenso Betriebsgeheimnis wie die immensen technischen Probleme, die immer wieder zu Produktionsstillständen führten. Das Kunstbenzin war darüber hinaus dreimal so teuer wie herkömmliches Destillat. Trotzdem gab es gute Gründe, am synthetischen Benzin festzuhalten.

Während in Europa das Konsumkarussell noch nicht so recht in Schwung gekommen war, erlebten die USA schon ihren ersten Katzenjammer. Jeder US-Bürger verbrauchte inzwischen 370 Kilogramm Treibstoff im Jahr. Nun aber stellte eine Regierungsstudie fest, die Welterdölreserven würden nur noch sechs Jahre reichen – die Autofahrer nahmen es nicht zur Kenntnis, aber die Ölwirtschaft wurde nervös.

Im Frühling des Jahres 1926 besuchte Frank A. Howard, Forschungsdirektor bei Standard New Jersey, Leuna, um dort chemische Laboratorien zu besichtigen. *»Aufgrund meiner Beobachtungen glaube ich, daß dies die wichtigste Angelegenheit ist, mit der sich die Firma seit ihrer Auflösung auseinandersetzen mußte«*, stand in seinem Telegramm.

Kurz darauf traf Standard-Direktor Teagle in Frankfurt ein, um eine Serie von Verhandlungen mit den zukünftigen deutschen Geschäftspartnern zu führen. Beide Seiten waren zum Erfolg verurteilt. Bei der IG-Farben waren Stimmen lauter geworden, Leuna einzustellen, da unvorstellbare Investitionen anstanden. Von den Amerikanern versprach man sich nun das nötige Kapital. Es wurde geheim konferiert, denn schließlich ging es um die Weitergabe kriegswichtiger Technologien. Jede Regierung hätte dies zu verhindern gewußt, wenn sie davon Kenntnis gehabt hätte. So waren beide Seiten unter sich und konnten die Welt in aller Ruhe aufteilen. Die Deutschen überließen den Amerikanern die Nutzung ihrer Hydrierungstechnik außerhalb Deutschlands, waren aber an potentiellen Gewinnen beteiligt.

Eigentliche Nutznießer waren die IG-Farben. Mit den 40 Millionen Dollar, die Standard

Die Leuna-Werke. Das erste Hydrierwerk der IG-Farben bei Merseburg, in dem synthetisches Benzin hergestellt wurde.

in großzügiger Manier vorab bezahlte, war Leuna gerettet. Die Lust der Amerikaner am Kunstbenzin ließ jedoch in dem Maße nach, wie sich der angedrohte Ölmangel schließlich in Überfluß verwandelte.

Schlacht um Soconyland

Gleichgültig wie viele Millionen Wagen auch aus Amerikas Autofabriken rollten, die Ölindustrie hatte stets noch größere Zuwachsraten aufzuweisen. Neue ergiebige Ölfelder in Kalifornien, Texas und Oklahoma sowie die sprunghaft erhöhten Raffineriekapazitäten führten zu chronischer Überproduktion. Schon zu Beginn der zwanziger Jahre war der Benzinpreis von 25 auf 18 Cent gefallen. Schließlich ging Amerikas führendes Tankstellenfachblatt dazu über, Woche für Woche die Großhandelspreise für alle wichtigen Regionalmärkte zu veröffentlichen. Die Lektüre war Bares wert. Angelockt durch traumhafte Gewinnspannen stiegen reihenweise Newcomer in den Handel ein. Preiswerte Fertig-Tankstellen wie die Crackerbox oder die »Stationette« der Firma Bennet, die in wenigen Stunden aufgebaut werden konnte, erlaubten auch Mittelständlern den Einstieg. Neben diesen Tankstellen-Modellen erfreuten sich solche mit Leuchtturm größter Beliebtheit – es waren Türme in einer Benzinbrandung.

Ende der zwanziger Jahre war der Preis für die Benzingallone um ein Drittel gefallen. In Ballungsgebieten rutschte er noch ein paar Cent darunter, nicht mitgerechnet die ruinösen Rabatte, die unter dem Ladentisch gewährt wurden. Die Amerikaner lernten einen neuen Begriff: »Gas wars«. Benzinpreiskriege, Tankstelle gegen Tankstelle, wurden zum Dauerzustand. Und die Amerikaner lernten, auf die sich ständig ändernden Preisschilder zu achten. Aufsteiger drangen mit Preisabschlägen in die Territorien der Etablierten ein, wie beispielsweise die Sun Oil Company (Sunoco), ein Independent und Intimfeind der Jersey-Standard, der in wenigen Jahren von Null auf 500 Stationen durchstartete – und das an der Ostküste, wo bereits Atlantic, Gulf und Socony miteinander rangelten.

Cities Service, ursprünglich ein Konglomerat von Stadtwerken, stieg zu einem Ölkonzern auf, der sein Tankstellennetz auf 28 Staaten ausdehnte, mit Schwerpunkt im Mittelwesten, wo ein anderer Senkrechtstarter von Oklahoma aus mit aggressiven Methoden Boden gewann. Phillips eröffnete pro Tag zwei Tankstellen. Wer dort das erstemal tankte, erhielt einen Gutschein über »10 Gallons free«. Einweihungen gerieten zunehmend zu Benzinwallfahrten: Als sich die Verkaufsabteilung Sorgen machte, ob man sich die Freigiebigkeit überhaupt leisten könne, sprach der Boss ein Machtwort. »Es ist sowieso nur so viel wert wie Wasser. Gebt ihnen, was ihr wollt.«[36]

Übertroffen wurde Phillips nur noch von Texaco, die ihr Tankstellennetz von 4000 auf 40 000 verzehnfachte. Sie war, neben Shell, die zweite Gesellschaft, deren Pumpen schließlich in allen Staaten standen, und die erste, die Werbung im nationalen Radio machte. Wie beim großen Go-west des vorigen Jahrhunderts wurden neue Territorien erobert und alte Stammesgebiete verteidigt, die Zapfsäulen muteten wie Feldzeichen im Kampf aller gegen alle an.

Selbst die Phalanx der Standard-Gesellschaften, deren Führungskräfte sich immer noch kannten und die gern miteinander gekungelt hatten, brach auseinander. »Die Muttergesellschaft legt einen Preis fest, und die starke junge Tochter verweigert den Gehorsam. Das ist in vierzig Jahren nicht vorgekommen«,[37] wunderte sich die ehrenwerte Ida Tarbell, die einst so eisenharte Kritikerin des Trusts. Die expandierende Standard New York (Socony) rief in ihrem Kerngebiet, das es gleichermaßen gegen Eindringlinge zu verteidigen galt, die Treibstoffrepublik aus: »Soconyland«.

Damit dies auch jeder zur Kenntnis nahm, stand der neue Name auf den Straßenkarten, die gratis verteilt wurden. Andere Firmen tauften ihre Tankstellen in »Greasing Palace« oder »Super Service Station« um und boten Abschmier- und Waschdienste an. Auch die Pumpentechnik wurde verfeinert: »Honest measure pumps«, die bereits elektrisch betrieben wurden, zeigten automatisch die ausgegebene Menge an. Es sah so aus, als könne nichts mehr manipuliert werden. Schließlich wurde der Treibstoff sogar eingefärbt, je nach Qualität.

Mixturen, die man in den USA entwickelt hatte, wie das bleiversetzte »Ethyl« von 1925, versprachen klopffreies Fahren. Seitdem bot jede Firma mindestens zwei Benzinmarken an: Neben »Good Gulf Gas« gab es »No Nox«, neben »Richfield Ethyl« das »Gasoline of Power«. Die Produktpalette war inzwischen genauso ausgefeilt und kompliziert wie die Marktpolitik. Und weil Standard-Abkömmlinge, neue Majors, neue Independents und lokale Großhändler alle ihr Territorium erweitern wollten, kam schließlich jeder mit jedem ins Gehege.

Der Rennchampion Harry Hartz tankte Richfield's »Gasoline of Power«. Tommy Milton, 1926 mit 271 km/h Geschwindigkeitsweltrekordler, füllte »H-C«-Benzin des Konkurrenten Sinclair in seinen Tank. Die Benzinfirmen begaben sich bewußt an die Piste, um von der Popularität erfolgreicher Rennfahrer zu profitieren, die angeblich die neueste Benzinsorte fuhren, die auch Herr Jedermann an der nächsten Tankstelle kaufen konnte. Die Oktanzahl, eben erst eingeführt und auf Werte über 70 hochgepuscht, wurde zur magischen Größe und zu einem Synonym für die im Kraftstoff schlummernden Energien.

Kein Rekord, der nicht morgen schon gebrochen wurde, ob zu Lande oder in der Luft. Es war die Zeit, als mutige Draufgänger in ihren Kleinstflugzeugen erstmals von Kontinent zu Kontinent hüpften. Selbst Frauen gingen in die Luft. Charles Lindberghs Sprung von Amerika nach Europa im May 1927 war zwar nicht der erste, aber der am besten vermarktete Transatlantikflug. Am Broadway tanzte man »Lindy Hop«. Und auch »Lucky Lindy« gab seinen Namen für Benzinwerbung her.

Konnte nicht jeder abheben? Das suggerierte jedenfalls die Werbung, in der Autofahren als Vorform des Fliegens galt. Phillips stanzte aus dem Vulgärmythos den Slogan »Phill-up and fly«, einen der griffigsten Reklamesprüche der Spätzwanziger. Als Phillips schließlich den Stratosphärenflug des Rekordjägers Wiley Post sponserte, der sich, in einer Art Astronautenanzug steckend, mit seiner Maschine schwindelnde 17 Kilometer in den Himmel von Okla-

homa schraubte, war ein vorläufiger Höhepunkt in der Rekordfliegerei erreicht.

Keiner wußte, wo die Reise hinging, aber alle waren unterwegs. Nähe und Ferne verloren ihre Trennschärfe, der Raum wurde durch Pferdestärken egalisiert. Jeder konnte im Prinzip jeder Zeit an jeden Ort fahren und sicher sein, daß selbst in der hintersten Prärie noch eine Zapfsäule auf ihn wartete. Noch Anfang der zwanziger Jahre fuhren Amerikaner viermal mehr Meilen mit Zug und Straßenbahn als mit dem Auto. 1929 hatte sich dieses Verhältnis ins genaue Gegenteil umgekehrt.

Aber es gab ein Hindernis, das die Reiselust immer noch bremste. »Matsch und Maultierkarren passen zusammen. Aber Maultiere brauchen kein Benzin. Der Matsch ist der Feind des Benzinverbrauchs«,[38] analysierten Experten die verfahrene Lage im amerikanischen Straßenbau und verbanden damit die Forderung nach einem noch recht archaisch anmutenden »Einölungs-Programm für Vom-Hof-zum-Markt-Straßen«. Denn ausgerechnet im weiten dünnbesiedelten Landesinneren, wo das Auto am meisten gebraucht wurde, kam man damit kaum voran. An Lastwagenfernverkehr war noch nicht zu denken.

1920 hatte Illinois, immerhin etwa halb so groß wie Italien, gerade einmal 1000 Meilen befestigter Schotterwege. Eine Wende zum Besseren war erst in Sicht, als 1924 ein Bundesgesetz die Finanzierung des Straßenbaus mit der Benzinsteuer koppelte. Im selben Jahr forderte die Association of State Highway Officials in San Francisco, ein Fernstraßennetz in Angriff zu nehmen. Das war auch bitter nötig, denn damals hatten in allen Ecken des Landes Clubs eigenhändig damit begonnen, Fernstraßen zu markieren. Das Ergebnis war ein Schilderwald, in dem man den Weg vor lauter Hinweisen nicht mehr fand.

Zur ersten wahren Nationalstraße wurde der Highway Nummer 66, der ursprünglich Highway 60 heißen sollte. Die 4000 Kilometer lange Querverbindung zwischen Chicago und Los Angeles wurde zwar erst Ende der dreißiger Jahre fertig, aber 1926 war schon ein Drittel der zweispurigen Strecke meist mit Split oder Beton befestigt. Die Route, Urmutter aller Highways, war eine Schneise durch das Nichts. Jeder

Preisfieber-Thermometer, Los Angeles um 1930.

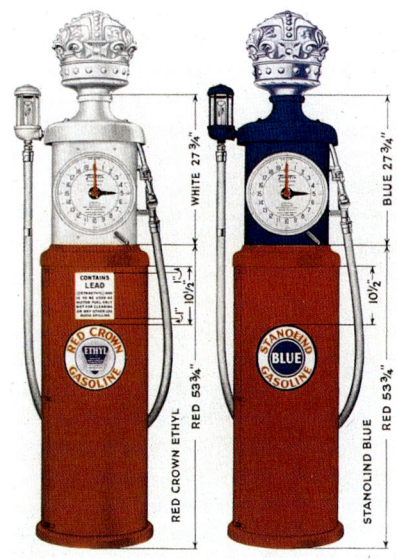

Benzinkarawane. Wenn Phillips in den zwanziger Jahren eine Station eröffnete, waren für jeden Kunden die ersten fünf Gallonen frei.

Baufortschritt wurde aufmerksam registriert, nicht zuletzt von der Benzinbranche. 1929 gab Texaco den ersten »Road Report« heraus, der Einzelheiten über die unterschiedlichen Fahrbahndecken enthielt. Phillips, mit Stammsitz in Oklahoma, das nun mit Ost und West verbunden war, nannte sogar sein Benzin »66«.

Die Nebengeschäfte kamen noch schneller voran als die Fernstraßen selbst. Die Möglichkeit, Ausflüge in die Landschaft zu unternehmen und am selben Tag problemlos zurückzukehren, wurde ausgiebig genutzt. Der Highway selbst war eine Attraktion. Rechts und links der frisch gelegten Fahrbahn bekam man bald alles, was die Autofahrer brauchten: eine Tasse Kaffee, einen Hot dog, ein Zimmer mit oder ohne Dusche und natürlich Benzin. Das geschäftige Randsteinmilieu der Highways hat der Schriftsteller James M. Cain in seinem mehrfach verfilmten Roman »The Postman always rings twice« (Wenn der Postmann zweimal klingelt) eindrücklich beschrieben: Eine kleine Tankstelle ist Schauplatz für ein Stück über Liebe, Langeweile und Mord.

Neben den Archetypen amerikanischer Imbißkultur, wie den damals gerade entstehenden Hamburger-Ketten, öffneten auch heute längst in Vergessenheit geratene Highway-Etablissements mit einem Allround-Angebot erstmals ihre Pforten. Ein Beispiel für viele ist Rossi's Park, der 1927 in der Nähe von Tulsa aufmachte, damals ein typisches Roadside-Geschäft an der Route 66. Der Familienbetrieb, Restaurant, Motel, Tanzschuppen und Tankstelle zugleich, war ein Treffpunkt für die Leute aus der Stadt. Rossi, Sohn italienischer Einwanderer und Selfmademan, engagierte bekannte Jazzbands aus Chicago, die auf der Durchreise nach

Las Vegas bei ihm für sehr wenig Gage auftraten. Denn der Eintritt betrug nur zehn Cents.

Daß sich 1927 ein Journalist darüber wunderte, daß noch immer die Hälfte aller Familien kein Auto besaß, zeigt, wie sehr sich selbst Zeitgenossen von der Fassade der zwanziger Jahre blenden ließen. Amerika lebte auf Pump. Sechs von zehn stolzen Neubesitzern hatten für ihren Wagen einen Kredit aufgenommen. Bezeichnenderweise stammte die Idee zu einer bahnbrechenden Erfindung, der Kreditkarte, von einer Tankstellengesellschaft, die damit Kunden ködern wollte. Die meisten der sechs Millionen Einfamilienhäuser, die sich Amerikas Mittelklasse zwischen 1919 und 1929 auf die grüne Wiese stellte, wurden ebenso auf Raten angeschafft, wie die Möbel und das Radio im Wohnzimmer. Doch der Dollar rollte. Allein 1925 wurden in den Vereinigten Staaten eine Milliarde Dollar für Straßen, Brücken und Tunnel ausgegeben, um dem wachsenden Autoverkehr einigermaßen zu entsprechen.

Neue Konventionen

Der Weltölmarkt bot während der zwanziger Jahre ein zwiespältiges Bild. Zwar ging erstmals die Angst vor versiegenden Quellen und krisenhafter Verknappung um. In Wirklichkeit aber war Überproduktion das Problem dieser Jahre, dessen die Konzerne durch ihre aufgeblasenen Vertriebssysteme Herr zu werden versuchten. Die steigende russische Ölförderung verschärfte das Problem zusätzlich Auf einer 1922 abgehaltenen internationalen Ölkonferenz sollte des-

halb eine antibolschewistische Front gebildet werden, die aber wegen schwelender Rivalitäten noch einmal vertagt wurde.

Erst im sogenannten Red-Line-Vertrag einigten sich 1928 die wichtigsten Mineralölkonzerne über die Aufteilung der ehemals osmanischen Gebiete, die die wichtigsten Ölfelder des Nahen Ostens einschlossen, und riefen eine gemeinsame Fördergesellschaft ins Leben, an der Standard, Shell, BP und der französische Staatskonzern CFP beteiligt waren.

Was auf der Förderseite funktioniert hatte, sollte nun in den Bereichen Verarbeitung, Vertrieb und Marketing nachgeholt werden. Ein integriertes Kartell lag in der Luft, als Ende der zwanziger Jahre dunkle Wolken am Horizont der Weltwirtschaft aufzogen und eine Krise bisher unbekannten Ausmaßes ankündigten. Zu dieser Zeit traf sich auf einem in herbstliche Nebelfetzen filmreif eingehüllten schottischen Landsitz alles, was im Erdölgeschäft Rang und Namen hatte. Mr. Deterding von der Shell, Mr. Teagle von Jersey-Standard, Mr. Cadman von APOC (BP) und selbst Herr Riedemann aus Berlin einigten sich auf Gut Achnacarry auf ein Welterdölkartell, das in seinen konkreten Absprachen erst in den fünfziger Jahren öffentlich bekannt wurde.

Man übte sich in Selbstbeschränkung, das heißt, man vereinbarte Produktionsgrenzen und Preisabsprachen im Weltmaßstab. Die neue Ölordnung lief darauf hinaus, die eigentlich nicht mehr konkurrenzfähige US-Ware abzuschirmen und an sich spottbillige Ware zu überhöhten Preisen loszuschlagen. Die folgenreiche Abschlußerklärung von Achnacarry wurde zuerst von den drei großen Gesellschaften unterzeichnet, es folgten 15 weitere Unterschriften.

Die Tinte unter dem Weltkartell war kaum getrocknet, da fanden sich auch die Direktoren der einzelnen Filialen zusammen, um nationale Kartelle zu schmieden. In Großbritannien gefiel die Idee den Vertretern der APOC und von Shell so gut, daß sie gleich eine gemeinsame Vertriebsgesellschaft bildeten. Die Doppeltankstellen, die auf der Insel fast die Hälfte aller Stationen ausmachten, hatten damit quasi eine Monopolstellung. Und weil die Zusammenarbeit so vorzüglich klappte, hielt sich die Zwitterfirma ein halbes Jahrhundert.

In Deutschland traf man sich bei Bonn im Siebengebirge auf dem Petersberg, hoch über dem Rhein, im gerade neu erbauten Luxushotel des Duftwasserfabrikanten Mühlens. Es ging darum, die Beschlüsse von Achnacarry einzudeutschen. Anwesend war deshalb auch eine Reihe heimischer Benzingesellschaften, insgesamt 21, darunter auch der Benzolverband und die Gasolin AG der IG-Farben. Auch auf diesem Gipfeltreffen wurde man sich schnell einig. Das Ergebnis war ein klassisches Quoten-, Preis- und Konditionskartell, das euphemistisch Betriebsstoff-Konvention genannt wurde.

Zu einem Zeitpunkt, als die Konzerne den Ausbau ihres Tankstellennetzes zum Abschluß gebracht hatten, tat ihnen eine Kontingentierung nicht mehr weh. Getroffen wurden nur kleinere Anbieter, die hofften, durch gleichzeitig festgelegte Preisabsprachen mitzuprofitieren. Die im »Blauen Buch« festgehaltenen Konventions- bzw. Kartellbestimmungen, die ein künstlich hohes Niveau der Preise zementierten, nahmen den kleineren Anbietern ihre einzige Waffe: das günstige Angebot. Probate Mittel, um Konventionsstrafen zu entgehen, wie sie bei Verstößen gegen Kartellabsprachen verhängt wurden, waren schwarze Rabatte und gezinkte Quittungen.

Im Jahre 1930 sorgte die MAWAG (Mineralöl- und Asphaltwerke AG) für eine zeitweilige Auflösung des Kartells. Sie war von der Kontrollstelle des systematischen Preisverstoßes im Berliner Raum bezichtigt worden, was sie auch gar nicht bestritt. Nur die fällige Strafe wollte sie nicht zahlen. Denn verdeckter Preiskampf sei schließlich längst die Regel. Die Widersprüche im Kartell waren offen zutage getreten.

Kraftquell. Treibstoff und Zapfsäulen umgab ein Nimbus des Fortschritts. Großbritannien 1926.

Amerikanische Werbung 1929.

Pumpen, Schläuche, Zapfpistolen

In Amerika nannte man sie »High-boys«, in Europa Zapfsäulen. Die letzte, die aufgrund ihrer Gestalt solch einen Namen verdiente, kam aus Dänemark. Nach den Ölkrisen der siebziger Jahre waren die Benzinpreise derart in die Höhe geschnellt, daß die alten Zählwerke hakten. Sie hatten einfach nicht genügend Ziffern. Damals führten zahlreiche Gesellschaften neue Zapfsäulen ein, nun mit einer nach oben offenen digitalen Preis- und Literanzeige. Die dänische Benzinfirma Uno-X, die damals in Skandinavien einige hundert Tankstellen betrieb, beauftragte Anfang der achtziger Jahre den Künstler Paul Gadegaard, eine Pumpe zu gestalten. Als Verkleidung wählte er eine zylindrische Form, vielleicht auch inspiriert von jener Säule, die Eliot Noyes in den sechziger Jahren für Mobil entworfen hatte (siehe S. 219). Gadegaards Zapfapparate wirkten wie riesige Ölfässer, ein Eindruck, der durch die Glanzlackierung in Schwarz und Hellblau verstärkt wurde. Ein Schwenkarm für die Zapfpistole und das Display (entworfen vom Silberschmied Allan Scharff), der oben aus der Zapfsäule herauswuchs und sich um 360 Grad drehen ließ, machte das Gerät praktikabel und sehr auffällig. Heute steht zwar keine dieser Zapfsäulen mehr an der Straße, dafür aber im Designmuseum in Kopenhagen.

Hochgewachsene Benzinpumpen, die ein halbes Jahrhundert zum Bild der Tankstelle gehörten wie der Zapfhahn zur Biertheke, sind seit den siebziger Jahren verschwunden. Die Benzinfirmen gingen jedoch fast ausnahmslos einen anderen Weg als Uno-X. Man verstaute die Pumpe in einem flachen Kasten und hängte das elektronische Zählwerk separat in Augenhöhe, ein Prinzip, das um 1970 in der Pariser Designdependance Raymond Loewys ausgeklügelt wurde. Nachdem man auch bleifrei tanken konnte und die Situation durch die zunehmende Zahl der Benzinsorten unübersichtlich zu werden drohte, fand man eine neue Pumplösung, die das an der Tankstelle geltende Alles-und-sofort-Prinzip versinnbildlichte: Nun braucht niemand mehr nach einer Super- oder Normalsäule zu fahnden,

denn an jeder modernen »Multidispenser«-Pumpe bekommt man jede beliebige Kraftstoffsorte.

Die ersten Zapfsäulen waren handbetriebene Pumpen, an denen der Tankwart noch täglich seine Armmuskeln trainieren konnte. Da bei einigen der frühen Modelle der Treibstoff erst nach oben gepumpt wurde, um dann mittels der Schwerkraft in den Autotank abzufließen, erreichten sie zum Teil eine beachtliche Höhe und waren häufig mit Haltevorrichtungen und Schwenkarmen für den Schlauch ausgerüstet. Die alten Zapfsäulen aus den Kindertagen der Automobilära, die einmal als Vorboten des Maschinenzeitalters gefeiert wurden (man ließ sich stolz davor fotografieren) und die in den dreißiger Jahren als »Wolkenkratzer«- oder »Mae West«-Modelle manchmal üppige Formen annahmen, sind heute begehrte Sammlerobjekte und, besonders in den USA, ein Evergreen der Nostalgie-Industrie.

MODEL 36B-DP CLOCK DIAL
ALSO AVAILABLE
WITH JUMBO SALESCASE

1

4

1 Beleuchtete Zapfsäule, USA 1936.
2 Massenproduktion, USA 1935.
3 Landzapfsäule, USA 1941.
4 Tanknachwuchs, Deutschland 1970.
5 Uno X Zapfsäulen, Dänemark 1983.

1

1 Preis- und Literanzeige, Frankreich 1978.
2 Russische Tankstelle, 1992.
3 Zapfsäulen-Werbung, Deutschland 1959.
4 Benzinwerbung, USA 1966.
5 Zapfsäulen, Österreich 1996.
6 Tankschuppen, Ostdeutschland 1992.
7 Dieselzapfsäule, Deutschland 1935.
8 Bürgersteigpumpen, USA 1939.

Alte und neue Deals

1929 setzte die Richfield Oil Company zum
Sprung nach Osten an. Das Unternehmen, am
Pazifik groß geworden, schluckte die Walburn
Petroleum Company und eröffnete eine Filiale
in New York. Noch im selben Jahr wurde die
neue Hauptverwaltung in Los Angeles feierlich
eingeweiht. Der Art-Deco-Palast, das damals
prächtigste Gebäude in Central L. A., spiegelte
den maßlosen Optimismus der gerade zuende
gehenden zwanziger Jahre, die man bereits die
Goldenen nannte. An der Fassade des protzi-
gen Büroblocks glitzerte Goldstaub. Auf dem
Dach stand ein gewaltiger stilisierter Bohrturm
als leuchtendes Symbol für den Erfolg und die
Hybris einer ganzen Branche.

1930 investierte Richfield annähernd eine
Million Dollar in ein weiteres publicityträchtiges
Projekt. Entlang der Pazifikküste entstand die
bis dahin teuerste Tankstellenkette der Welt. Im
Abstand von jeweils 50 Meilen wurden insgesamt 24 Stationen gebaut, jede einzelne über-
ragt von einem etwa 40 Meter hohen Bohrturm, an dem der Firmenname mit einer Strahl-
kraft von »*acht Millionen Kerzen*«[1] leuchtete.
Postflieger, die nachts zwischen Kanada und
Mexiko unterwegs waren, konnten sich an
ihnen orientieren. Doch die hochfliegenden
Marketingpläne erfüllten sich nicht. Die Tankstel-
lentürme standen gerade erst ein Jahr, da war
der Höhenflug schon wieder vorbei, in der
Firma gingen die Lichter aus. Die reiche Richfield Company war pleite, ein Opfer von vielen.

Am 29. Oktober 1929, dem schwärzesten
aller Freitage, endete eine Phase hitziger Konjunktur und Überschußproduktion in steilen
Kursstürzen, die wiederum eine Verkaufspanik
auslösten. Das Kartenhaus der Kredite brach in
sich zusammen, Handelshäuser schlossen, Ban-
ken waren zahlungsunfähig, Fabriken machten
dicht. Auf dem Time Square, wo sich früher die
Massen vor den Kino- und Theaterkassen
gedrängelt hatten, standen jetzt Schlangen
hungriger Menschen stundenlang für einen Teller Suppe an. Bis 1933 verloren 15 Millionen
Menschen ihren Job. In nur drei Jahren
schrumpfte das Nationaleinkommen um die
Hälfte, und, was sich kein Amerikaner mehr vorstellen konnte, 1932 ging die Zahl der angemel-
deten Autos erstmals zurück. Seit 1929 waren
jährlich drei Millionen PKWs stillgelegt worden.

Die Ölindustrie, gewöhnt an zweistellige
Wachstumsraten, traf die Katastrophe völlig
unvorbereitet. »*Die Preise sind überall schlecht,
und mit wenigen Ausnahmen wird nirgendwo
mehr Geld gemacht*«,[2] stöhnte ein Manager.
Die Benzinfirmen machten sich gegenseitig
harte Konkurrenz um die Kundschaft. Häufig
wurde, um überhaupt Umsatz zu machen, der
Treibstoff unter Einstandspreis abgestoßen. 1931
schließlich brach an der Westküste ein Benzinkrieg mit selbstmörderischen Preisnachlässen
aus. Der Preis für eine Gallone Benzin rutschte
im Landesdurchschnitt von 18 auf zwölf Cent,
das heißt um drei Cent pro Liter. Die Einnahmen der Union Oil Company sanken daraufhin
von rund 90 Millionen Dollar im Jahre 1929
innerhalb eines Jahres um ein Drittel, um bis
1932 auf 40 Millionen abzusacken. In diesem
und auch im folgenden Jahr war der Benzinabsatz insgesamt um vier Milliarden Liter zurückgegangen.

Unvorstellbares spielte sich ab: Die
Phillips Company aus Oklahoma, eine Firma, die
innerhalb weniger Jahre eines der größten Tankstellennetze aus dem Boden gestampft hatte
und auf Erfolg abonniert schien, meldete

Links: Mächtige Technik mit blin-
kendem Gestänge. Ein deutscher
Tankwart und seine Zapfapparatur.

Eine Benzinmarke wirbt mit
patriotischen Parolen.
USA 1943.

64

Im Westen kaum Neues. Ländliche Tankstellen dienten auch als Informationsbörse. New Mexico 1940.

erstmals in der Unternehmensgeschichte eine Minusbilanz. Rotstifte wurden gespitzt – die Zeit war reif für ein neues brancheninternes Agreement. Tatsächlich wurde 1934 ein Entwurf für ein »Memorandum über Grundsatzfragen«[3] ausgehandelt, das im wesentlichen Vorschläge zu Einsparungen im Werbebereich behandelte. Die großen Benzinmarken, deren Großplakate längst zum Straßenbild gehörten, schlugen in der Krise noch lauter auf die Werbetrommel, ein Kostenfaktor, der die finanzielle Schieflage verschärfte. Die Streichungsvorschläge reichten von der Einschränkung der Zeitungswerbung bis zur Kürzung der Rennfahrerprämien.

Doch mit der Sparbüchse war den Problemen nicht mehr beizukommen. Amerikas tiefer ökonomischer Fall hatte weltweit katastrophale Folgen. Besonders in Europa, das am Kapitaltropf der USA hing, waren die Auswirkungen verheerend. Deutschland, nach dem Krieg mit Dollarkrediten wieder auf die Beine gekommen, war mit am ärgsten betroffen. Die auf Pump basierende Hochkonjunktur der letzten Jahre erwies sich als Scheinblüte. Im Winter 1931/32 war jeder dritte deutsche Arbeitnehmer ohne Anstellung.

Da das Geld knapp war, hatten unkonventionelle Zahlungsweisen Konjunktur. Die Tankstellenhalter der Olex-BP erhielten folgendes Schreiben: »In dieser Zeit gibt Ihnen unser

Gutscheinsystem die Möglichkeit, Ihrem Kunden zu helfen und ihm die benötigten Betriebsstoffe zu liefern, ohne daß hierfür Bargeld notwendig ist. Sie helfen sich, Ihrem Kunden und durch die Förderung des bargeldlosen Verkehrs der deutschen Wirtschaft.«[4] Deutschlands erste Kreditkarte als hausinterne Notwährung blieb jedoch ein Einzelfall. Vielversprechender schienen gegenseitige Absprachen, und so kam es zur Neubildung des Kartells. In einer sogenannten »Rumpfkonvention« blieben nun die fünf treibstoffproduzierenden Konzerne – DAPG, Shell, Olex, BV und Gasolin – unter sich. Damit war der Markt in ein starkes Oligopol und schwache Außenseiter geschieden.

Die Treibstoffkonzerne einigten sich auf flexible Preiszonen, so daß sie jederzeit auf lokale Preiskämpfe reagieren konnten, ohne insgesamt die Preise senken zu müssen. Die so künstlich stabilisierten Preise seien, wie der Benzolverband ausführte, im Interesse der Allgemeinheit, denn auf diese Weise würden Autofahrer vor »erwiesenermaßen höchst minderwertiger und motorschädigender Ware« der unabhängigen Importeure geschützt. Ohne ein solches Vorgehen »würden die Außenseiter immer weiter vordringen«[5].

Auf »Autophil – den guten Betriebsstoff« mußten die Kraftfahrer bald genauso verzichten wie auf das »Rekord-Benzin« der MAWAG. Was vom BV als nobler Dienst am Kunden verkauft wurde, war in Wahrheit guter alter Rockefeller-Stil. Die Preise stiegen knapp um ein Viertel – in manchen Regionen kostete der Liter bereits 40 Pfennige. Den Tankstellenhaltern wurden die Provisionen um die Hälfte gekürzt, und alle Tankstellenverträge stimmten nun wortwörtlich überein. Aber glücklich schätzte sich, wer überhaupt noch einen Vertrag hatte, für viele Arbeitslose wurde ein Job an der Zapfsäule zum letzten Rettungsanker.

»Unsere Ausrüstung bestand hauptsächlich aus einem Paar trauriger Zapfsäulen, eine noch handbetrieben, und einem Luftkompressor natürlich. Wir trugen das Wasser im Eimer zur Station. Im Hof gab es eine Leitung.«[6] Leon Little aus West-Oklahoma hatte mitten in der Rezession seine erste eigene Tankstelle an der Route 66 gebaut, dort wo sich eine neue Brücke über den Canadian River schwang. Ähnlich wie er machten es in den USA damals viele, die ihren Job verloren und keinerlei Aussicht auf eine neue Anstellung hatten. Sie kratzten ein paar hundert Dollar zusammen, um ein Geschäft zu eröffnen, häufig eine Tankstelle.

Dazu reichte nämlich selbst eine »Benzinpumpe, die alt und verrostet war«[7]. Am Straßenrand tauchten Baracken auf, Depressionsstationen, die an die schäbigen Tankschuppen der Jahrhundertwende erinnerten, vielleicht »aus schon gebrauchtem Holz gebaut – die alten Nagellöcher waren noch zu sehen durch die kühne gelbe Farbe, mit der die Tankstellen der großen Gesellschaften der Stadt hatten imitiert werden sollen«[8]. Die aus der Not geborenen Pumpunternehmen ernährten manchmal sogar ihren Mann. Jedenfalls konnte Mister Little sich »regelmäßige Mahlzeiten« leisten. Von den Amtsinsassen, die damals bei ihm vorbeikamen, konnte man das nicht in jedem Falle behaupten.

»Die Straße ist voll von Leuten, die reinkommen, die Toilette dreckig machen – dann klauen sie sogar noch was, und kaufen tun sie nichts. Haben kein Geld, was zu kaufen, sie kommen einfach her und erbetteln sich 'ne Gallone Benzin und fahren weiter«,[9] läßt John Steinbeck in seinem Roman »Grapes of Wrath« (Früchte des Zorns) einen Tankstellenbesitzer schimpfen. Steinbecks 1939 erschiener Bestseller, der ein Jahr später verfilmt wurde, erzählt von Benzinschnorrern auf der Route 66 und machte aus dem Urhighway endgültig einen Mythos. Die Straße war zum Fluchtweg geworden. Vertrieben von Wirtschaftskrise und jahrelanger Dürre machten sich Tausende von Farmern aus den »Staubbecken« von Oklahoma und Arkansas in einem Treck auf nach Westen – die erste motorisierte Migration der Weltgeschichte. Die armen »Okies« und »Arkies« erkannte man schon von weitem an der Matratze auf dem Autodach.

Als der demokratische Präsidentschaftskandidat Franklin D. Roosevelt seinen Wählern 1932 »a new deal for the american people« versprach, wußten die Menschen zunächst nicht, was er eigentlich damit meinte. Sie wählten ihn trotzdem und mußten daraufhin Buchstabenkombinationen lernen wie NRA, AAA, CCC oder WPA, Abkürzungen für die Projekte

Oben: Einsame Tankstellen, wie diese in South Dakota, waren Haltepunkte auf dem großen Treck nach Westen.

Unten: Das Ziel hieß Kalifornien. Kreuzung Sunset Boulevard und Broadway, Los Angeles 1939.

des New Deal, einer mit viel Propagandaaufwand inszenierten Staatsaktion zur Wiederbelebung der Wirtschaft und zur Reaktivierung der Gesellschaft. Allein drei Millionen Männer wurden zum Civilian Conservation Corps (CCC) eingezogen, lebten in paramilitärischen Lagern und bauten Feriencamps. Millionen Dollars flossen in Wohn- und Wegebauprogramme. 1932 erhob Washington die erste Bundesbenzinsteuer, aus deren Einnahmen in drei Jahren knapp drei Milliarden Dollar in den Straßenbau investiert wurden. Zwischen 1934 und 1939 erneuerte die Works Progress Administration (WPA) 280 000 Straßenkilometer, und in Los Angeles begann mit öffentlichen Mitteln der Bau der »Freeways«.

Die Ölbranche hatte Probleme, sich in diese nationale Einheitsfront einzureihen. Sie steckte nicht nur ökonomisch in der Krise, auch ihr Image war wieder einmal angekratzt. »Lieber Gott, verdammt seien die Banker der Wall Street und doppelt verdammt sei die Standard Oil Company«,[10] so lautete das Stoßgebet des kleinen Mannes. Allgemein war man der Überzeugung, daß die Industrie selbst angesichts von Not und Elend nur auf den eigenen Vorteil bedacht war. Spätestens nach Roosevelts unerwarteter Wiederwahl im Jahre 1936 mußte man sich in den Chefetagen etwas einfallen lassen, denn der politische Wind blies dem Big Business ins Gesicht. Die Ansicht, man solle die Konzerne auflösen und deren Reichtum verteilen, war in der Bevölkerung weit verbreitet. Public Relations hieß jetzt das neue Zauberwort, es ging darum, das »Geschäft als ganzes zu verkaufen«[11].

Um aus der Schußlinie zu kommen, holte sich Standard New Jersey den Art Director Roy Stryker ins Haus. Stryker hatte mit einem Foto-Projekt der Farm Security Administration (FSA) Furore gemacht, einer sozialdokumentarischen Bestandsaufnahme Amerikas auf hohem Niveau. Nun sollte er auf ähnliche Weise dem verstimmten Volk die Öl-Story verkaufen. Unter seiner Leitung schossen namhafte Fotografen für Standard über 20 000 Bilder. Die Union Oil Company fand einen einfacheren Weg, ihr Fähnchen nach dem patriotischen Wind zu hängen. Sie nannte ihr neues Benzin »spirit of 76« in Anspielung auf das Unabhängigkeitsjahr 1876. Phillips schließlich klebte Poster des National Recovery Act (NRA) an seine Zapfsäulen.

New Deal und neue Fahrbahnen. Highway 1 in Maryland um 1940.

Die Räder rollen

Die 1933 in Deutschland an die Macht gekommenen Nationalsozialisten hatten Gönner in wichtigen Wirtschaftskreisen. Öl- und Treibstoffkonzerne mischten von Anfang an auf politischer Ebene mit. Henri Deterding, Direktor der Shell und von abgrundtiefem Kommunistenhaß geleitet, finanzierte die Nazis als einer der ersten mit großzügigen Geldspenden. Auch die IG-Farben, zunächst von Hitler als jüdisch durchsetztes Unternehmen beschimpft, fand einen Weg zum neuen Reichskanzler. Heinrich Bütefisch, Technischer Direktor in Leuna, bekam schon Ende 1932 einen Termin, Baron von Schnitzler, der Verkäufer der IG, überbrachte schließlich eine Wahlkampfspende in Höhe von 400 000 Mark. Die NSDAP konnte sie gebrauchen. Hitler setzte in seinen Wahlkämpfen gezielt neue Verkehrsmittel ein. War er erst mit

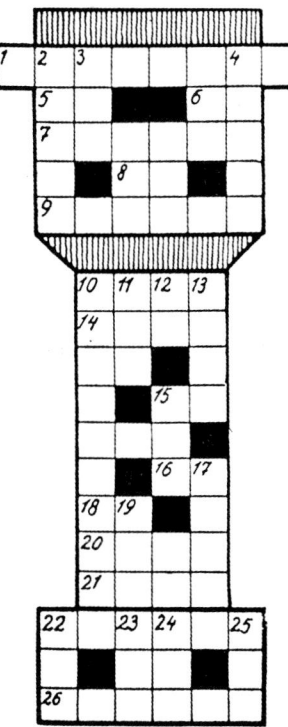

dem Wagen kreuz und quer durchs Land gereist, durfte es jetzt sogar ein eigenes Flugzeug sein.

In seiner ersten wirtschaftspolitischen Rede zur Eröffnung der Internationalen Autoausstellung in Berlin hatte Hitler die Parole zur allgemeinen Motorisierung ausgegeben, woraufhin Vertreter der Auto- und Treibstoffkonzerne die Klinken in der Reichskanzlei putzten. Einen Monat zuvor hatten ihm bereits die wichtigsten Verbände der Kraftfahrzeugwirtschaft eine »Denkschrift« überreicht, in der die Förderung des Kraftverkehrs vor allem durch eine Senkung von Kfz- und Mineralölsteuer, also eine allgemeine Verbilligung der Betriebskosten, gefordert wurde.

»Mit Vollgas ins Glück« hieß ein Film mit dem Rennfahrer Hans Stuck in der Hauptrolle, der 1933 in deutschen Lichtspieltheatern anlief. Was der Titel suggerierte, blieb jedoch für viele Menschen Wunschdenken. Die Zahl der PKWs stieg zwar bis Kriegsende auf das Doppelte und überschritt erstmals die Millionengrenze, aber immer noch kamen in Deutschland 70 Menschen auf ein einziges Automobil, weit mehr als im europäischen Durchschnitt und schon gar nicht vergleichbar mit den USA, deren Massenmotorisierung sich Hitler, ein Bewunderer Henry Fords, zum Vorbild genommen hatte.

Deutsche Autofabriken waren Rüstungsbetriebe. Die dort hergestellten Fahrzeuge galten letztlich als zweckmäßige Mobilisierungsreserve, weshalb auch Normierungen eingeführt wurden. Ein Tank mußte jetzt so groß sein, daß eine Füllung für mindestens 350 Kilometer reichte. Wirtschaftsprogramm und Kriegsplanung waren von Anfang bis Ende eins, was wiederum den Vorstellungen des Finanz- und Industriekapitals von einer »Neuordnung Europas«[12] entgegenkam, setzte diese doch ebenfalls den Ausbau der Motorisierung, die Forcierung des Straßenbaus und eine verbesserte Treibstoffversorgung, die drei Eckpfeiler der Kriegskonjunktur, voraus.

Privatautos blieben dagegen weiterhin einer Minderheit vorbehalten. Aber im Unterschied zur Weimarer Republik wurde nun von der offiziellen Propagana der Mythos des Kraftwagens beschworen. Die größten nationalen Automobilkonzerne, Auto-Union und Daimler-Benz, erhielten einige Millionen staatliche Sub-

Die Aral-Pumpe

Waagerecht: 1. Deutscher Kraftstoff. 5. Doppelvokal 6. Spanischer Artikel. 7. Ausdruck einer Gefühlserregung. 8. Verhältniswort. 9. Heilmittel. 10. Schädling. 14. Soldat. 16. Flächenraum. 18. Verhältniswort. 20. Biblische Stadt. 21. Mädchenname. 22. Kraftstoff. 26. Teil von Großbritannien.

Senkrecht: 2. Angehöriger. 3. Schankstätte. 4. Lateinischer Name für Oel. 10. Italienischer Staatsmann. 11. Stimmlage. 12. Hinweisendes Fürwort. 13. Haustier. 15. Automarke. 17. Germanisches Schriftzeichen. 19. Zeichen. 22. Türkischer Titel. 23. Das Unendliche. 24. Mädchenname. 25. Teil des Auges.

Der Führer spricht. Tankwart und Kunden hören über Straßenlautsprecher eine Rede Adolf Hitlers und erheben die Hand zum »Deutschen Gruß«, 1939.

Propagandamittel. Wenn Autos auch noch unerschwinglich waren, konnte man doch auf dem Spielbrett reisen, tanken und rasten.

ventionen allein für ihre Renn-Abteilungen. Als Anfang 1939 der Rennfahrerfilm »*Sieg auf der ganzen Linie*« in die Kinos kam, waren viele Menschen schon wieder von der deutschen Unbesiegbarkeit überzeugt. Der Verbrauch von Dieselkraftstoff stieg doppelt so schnell wie der des Autobenzins – Räder rollten für den Krieg. Die Herstellung von Nutzfahrzeugen hatte Vorrang.

Parallel zur Ankurbelung der Kriegswirtschaft lief die ideologische Aufrüstung. Einen durchschlagenden Propagandaerfolg erzielten die Nationalsozialisten mit der Verwirklichung der schon länger existierenden Autobahnpläne, die sie bis 1933 im Reichstag torpediert hatten, danach aber als des Führers ureigenste Idee präsentierten, ersonnen in einsamer Haft auf der Festung Landsberg. Auch die Behauptung, man habe mit dem Autobahnbau die Arbeitslosen von der Straße geholt, war ein Märchen. Dort waren nie mehr als 100 000 Menschen beschäftigt, in den ersten Jahren sogar noch weit weniger. Die zwangsrekrutierten Bautrupps wurden in Barackenlagern untergebracht, oft wochenlang von ihren Familien getrennt und auf »*Gefolgschaftsabenden*« politisch indoktriniert. Auch in dieser Hinsicht paßten die Autobahnen in die wehrpolitische Landschaft.

Das Gerede von der »*motorisierten Volksgemeinschaft*«, das trefflich von der schlechten Bezahlung dieser »*Arbeitsschlacht*« auf den Autobahnen ablenkte, wurde jedoch allein schon durch einen Blick auf die uns heute paradiesisch erscheinende gähnende Leere der damaligen Autobahnstrecken ad absurdum geführt. Für die zu erobernden Länder hatte man bereits ein Streckennetz ausgearbeitet, wodurch deren »*Anschluß*« manifestiert werden sollte. Politiker und Militärs maßen den Betonpi-

sten für den geplanten Angriffskrieg hohe Bedeutung zu. Oberstraßenbaumeister »*Generalinspekteur*« Fritz Todt wollte darauf Hunderttausende von Soldaten in beschlagnahmten PKWs von Front zu Front transportieren. Dazu ist es nie gekommen. Militärstrategisch erwiesen sich die Autobahnen als Flop, ideologisch dagegen waren sie eine »*Wunderwaffe*«, hervorragend geeignet als Projektionsfläche für nationale Begeisterung.

Nicht nur eine ganze Reihe monumentaler Statuen waren am Rande der »*Straßen Adolf Hitlers*«[13] vorgesehen, sondern auch alle 25 Kilometer eine Tankstelle. 1938 gab es an den rund 3500 fertiggestellten Kilometern – etwa die Hälfte der geplanten Gesamtlänge – allerdings erst 67 Stationen. Aber selbst in dieser Form setzten die Autobahnen internationale Standards für Schnellstraßen und waren, auch was das Versorgungssystem anging, ohne Beispiel. Erstmals in Europa wurde das System der Service-Tankstelle flächendeckend durchgesetzt. Die Stationen waren mit elektrischen Zapfsäulen ausgerüstet, und das Personal wurde vor dem Einsatz in einer Tankwartsschule in Berlin-Michendorf geschliffen, wo man die Anwärter »*auf straffes und höfliches Auftreten*«[14] trimmte. Die nationalsozialistische Idealversion des Tankwarts war natürlich uniformiert, trug Panzerschützenkäppi und Blaumann, stand stramm und hob die Hand zum »*Heil Hitler*«-Gruß.

Noch wichtiger als die generalstabsmäßige Planung und Bauausführung war die Einbettung der Autobahnen in ein ideologisches Gesamtkonzept. Die Nazis machten daraus eine nationale Propagandaschau. Es funktionierte umgekehrt wie im Kino, denn hier bewegten sich die Zuschauer selbst. Geboten wurde eine Art patriotisches Panorama. Deshalb waren die Trassen streng landschaftsbezogen angelegt. Schöne Ausblicke und abwechslungsreiche Berg-und-Tal-Fahrten sollten das Heimatgefühl stärken und hatten Priorität vor einer rein ökonomischen Streckenführung. Da das »*Wandern mit dem Kraftwagen*«[15] immer noch ein exklusives Vergnügen war, wurde ein Omnibusfernverkehr eingerichtet. Im windschnittigen »*Aero-Schnellbus*«[16] waren die Sitze fischgrätenartig angeordnet, um jedem Reisenden ein größtmögliches Blickfeld zu verschaffen. Auch Raststätten und Tankstellen lagen bevorzugt auf Bergkuppen, in der Nähe von Sehenswürdigkeiten oder inmitten reizvoller Landschaften. Sie waren Haltepunkte der Heimaterkundung.

Architektonisch schloß man anfangs erstaunlich bruchlos an die Tradition des »Neuen Bauens« an, mit schlichten Betonkiosken und den bei den Nazis eigentlich verpönten Flachdächern. Die Tankstellen wurden auf dem Triangel zwischen Auf- und Abfahrten plaziert, eine Selbstbeschränkung, die sich bald als unfunktional erwies. Später ging man dazu über, Tankstellen und Raststätten als Gesamtkomplex an die freie Strecke zu verlegen, wo der Platz nahezu unbegrenzt war. Dort entstanden die ersten Tankstellenbetriebe, die alle Dienstleistungen rund ums Auto integrierten – ein deutscher, staatlich gelenkter Beitrag zur Drive-in-Kultur.

Auch die »Abortfrage« wurde gelöst. »Sämtliche Tankanlagen sind mit großzügigen Toiletten- und Waschräumen ausgestattet. Außerdem ist stets ein besonderer Erfrischungsdienst vorgesehen, der möglichst groß bemessen sein muß, da der Kraftfahrer bei Langstreckenreisen immer das Bedürfnis nach Erfrischungen hat.«[17] Die Galträume waren biederen deutschen Wohnstuben nachempfunden, mit karierten Tischdecken und frischen Blümchen auf den Holztischen. An der vertäfelten Wand hing das obligatorische Hitler-Portrait. Die größte Anlage an einer Reichsautobahn, die Raststätte Chiemsee, hatte, neben Zapfsäulen, Wartungshallen und Gastraum, auch noch einen Andenkenladen, ein Friseurgeschäft, ein Hotel und eine Uferterrasse für über 1000 Kaffee-und-Kuchen-Gäste zu bieten.

Die an der Strecke errichteten Anlagen waren nicht nur wesentlich größer, sondern fielen auch bodenständiger aus. Gebaut wurden nun ausschließlich simple rechteckige Hausformen. Sie waren mit Klinkern und Naturstein verkleidet und bekamen Spitzdächer aufgesetzt –

Autobahntankstelle an der Ausfahrt Fürstenwalde (Baujahr 1936). Flachdächer galten später als »undeutsch«.

man nannte dies »*Heimatschutzstil*«, nach einer um 1900 entstandenen und gegen den Historismus gerichteten Reformbewegung, die dem City Beautiful Movement in den USA vergleichbar war. Die Ergebnisse waren ähnlich zwiespältig. Die deutschtümelnden, politisch korrekten Tankstellen wirkten neben den Betonbahnen ebenso anachronistisch wie ein »*English Cottage*« in einer amerikanischen Mainstreet.

Das ursprüngliche Ziel, die Autobahntankstellen jeweils landestypisch zu gestalten, konnte schon deshalb nicht erreicht werden, weil es sich um Standardtypen handelte. Trotzdem ging von den rustikalen Stationen eine gewisse »*romantische*« Wirkung aus. Die Anlagen wurden bewußt in die Landschaft eingebettet. Das war so konsequent nur möglich, weil beim Aufbau des Autobahn-Tankstellennetzes »*gegen viele Widerstände*« ein weitgehend von »*reklametechnischen Erwägungen unabhängiges*«[18] Konzept verwirklicht wurde. Das verkaufte Benzin wurde zwar von den großen Ölgesellschaften bezogen, aber von der staatlichen Reichsautobahn-Kraftstoff-Gesellschaft als Einheitsbenzin abgegeben. Markennamen, -zeichen und -farben waren tabu. Die Unternehmen taten sich nicht schwer damit, ihre Autobahnabsenz zu verwinden, denn das große Geschäft winkte woanders.

Norddeutsches Tankhaus im »*Heimatschutzstil*«. Die Stationen sollten ihre Funktion hinter traditionellen Baustilen verstecken.

Der Benzinpakt

»*Sie kennen die Absichten der Reichsregierung, dem deutschen Wirtschaftsleben einen kräftigen Anstoß zu geben. Hiermit untrennbar verbunden geht das Bestreben, die deutsche Kraftstoffversorgung ebenfalls zu heben. Auf alle Fälle wird Deutschland, sei es durch Erzeugung eigener Rohprodukte, sei es durch Hereinnahme und Weiterverarbeitung fremder Rohstoffe, eine beachtenswerte Ölindustrie erhalten*«,[19] frohlockte bereits im Sommer 1933 auf einer Generalversammlung der Wintershall AG deren Bergwerksdirektor. Für einen erfolgreichen schnellen Krieg, einen »*Blitzkrieg*«, waren Motorisierung und Straßenbau wichtige Voraussetzungen. Was noch fehlte, war eine ausreichende und sichere Treibstoffversorgung.

Wer den Stoff liefern sollte, hatte man noch nicht entschieden. Die Importeure Shell und Standard, nun im Verein mit Olex-BP, reagierten am schnellsten. Im Mai 1933, gerade waren die Gewerkschaften aufgelöst worden, überbrachten sie Hitler eine Denkschrift, in der sie die Verlagerung der Benzinproduktion aus den Erzeugerländern nach Deutschland vorschlugen. Nicht weniger als sieben große Raffinerien sollten in den Importhäfen gebaut werden. Dieses Programm wurde als Arbeitsbeschaffungsprogramm angepriesen, ähnlich dem der Reichsautobahnen. Im Verlauf der geheim geführten Verhandlungen bot Deterding den Deutschen als Faustpfand die Einlagerung von einer gigantischen Menge Treibstoff auf eigene Rechnung an, die den militärischen Bedarf auf Monate gedeckt hätte.

Trotzdem kam es zu keiner grundsätzlichen Einigung. Die Reichsbehörden schraubten ihre Forderung im Verlauf der Verhandlungen derart hoch, daß diese schließlich abgebrochen wurden. Die Ursache lag in den gleichzeitig eingehenden Offerten der deutschen Treibstoffkonzerne BV und IG-Farben. Obwohl der wachsende Treibstoffbedarf vorerst durch weiter steigende Importe gedeckt werden mußte, konnten sie die Pläne der ausländischen Erdölkonzerne wirkungsvoll durchkreuzen. Es reichte der Hinweis auf die englische Seeblockade während des Ersten Weltkriegs. So kam es bis zum Jahre 1939 lediglich zum Bau einer Raffinerie.

Die deutschen Chemie- und Kohlekonzerne legten bei all ihren Aktivitäten ein Gehabe quasinationaler Einrichtungen an den Tag. So titulierte sich der BV selber als »*Treibstofforganisation des deutschen Bergbaus*«. Daß es um handfeste Kapitalinteressen ging, wurde deutlich beim Streit zwischen Kohle- und Chemieindustrie, die beide gerne die erste Wahl bei der geplanten Erweiterung deutscher Benzinproduktion gewesen wären.

Der dem Ruhrbergbau gehörende Benzol-Verband forcierte die Aktivitäten seiner »*Propaganda-Abteilung*«. 1934 lief in allen deutschen Kinos ein gemeinsam mit der Ufa produzierter »*Tonfilm für Kraftfahrer*«. Der Titel »*Kampf um Kraft*«, linientreu im Kraft-durch-Freude-Jargon angesiedelt, sagte weit mehr aus, als der unbedarfte Kinogänger auf den ersten Blick herauszulesen vermochte. Der war vermutlich angetan von der unterhaltsamen Urlaubsrevue, in der Akrobatenstückchen, prall-blonde Lautersee-Nixen und Reiseimpressionen einer Autofahrt durch deutsche Ferienlandschaften zwanglos gemischt wurden mit BV-Reklame, die in der Darstellung von Herstellungsverfahren synthetischen Benzins auf Kohlebasis gipfelte.

Wie zufällig ergab sich da die Frage: »*Was würde geschehen, wenn uns heute der Kraftstoff abgeschnitten würde? Zahlreiche Maschinen würden stillstehen. Der Verkehr würde bis auf Eisenbahn und Elektrische völlig zum Erliegen kommen. Flugzeuge kämen nicht mehr aus dem Schuppen. Unsere Wehrmacht würde lahmgelegt. Wer kann die Folgen in ihrem ganzen Ausmaß übersehen?*«[20] Diese Schreckensvision abzuwenden, boten die Zechenbarone ihre Methode der Benzinsynthese an. Die Benzinwerke sollten nach der im Ruhrgebiet favorisierten Katalyse arbeiten, die nach ihrem Entdecker Fischer-Tropsch-Synthese benannt worden war. Der Plan hatte aber einen Fehler: Niemand wußte bis dahin, ob das Verfahren, fabrikmäßig angewandt, überhaupt funktionierte. Das war der entscheidende Unterschied zu der seit 1927 in Leuna durchgeführten Hydrierung.

Deren Erfolg bestehe »*nur in einer Großpropaganda ohne Wirtschaftlichkeitsberechnung*«,[21] geiferten die Kohleproduzenten. Die Methode, bei der Kohle unter Druck mit Was-

Qualitäten erwecken zu Leben und Kraft!

Vor uns liegt der Motor. Tot, gefühllos anscheinend, aber wenn er erwacht, ein Gigant in seiner Arbeit. Sein Leben, seine Leistungen sind bedingt durch seine Nahrung. Er verlangt geballte Energien, Qualitäten, wie die naturreinen, leistungsstarken und doch sparsamen

SHELL KRAFTSTOFFE

um dann aber auch das Letzte herzugeben. Mit SHELL gespeist, vollbringt er riesige Leistungen: Millionenmal in einem Betriebsjahr bewegen sich seine Kolben auf und ab, öffnen und schließen sich seine Ventile, dreht sich die Kurbelwelle. Derartige Beanspruchungen würden schon in kürzester Zeit zu völliger Abnutzung des Motors führen — wenn nicht seine einzelnen Teile sorgsam geschützt wären. Diesen unbedingt zuverlässigen Schutz gibt der zähe, reißfeste Schmierfilm der aus edlen Rohstoffen in deutschen Fabriken hergestellten

SHELL AUTOOELE

SHELL hat für jeden Motor den richtigen Kraft- und Schmierstoff

SHELL *führt durch den Motor* Nr. 6

Alle nur Rädchen in einer großen Maschine? Werbung 1936

serstoff angereichert und so zu Benzin umgewandelt wird, ging zwar ins Geld, war aber offensichtlich praktikabel, und den Nationalsozialisten, der Wehrmacht und der Rüstungsindustrie konnte es nicht schnell genug gehen. Am 14. Dezember 1933 wurde zwischen IG-Farben und Wirtschaftsministerium ein »*Benzinvertrag*« abgeschlossen, der die Führungsrolle des Chemiemonopolisten beim Benzin bestätigte. Der Staat hatte sich zur Treibstoffabnahme verpflichtet, zu einem Preis, der alle bisherigen Investitionen rentabel machte.

»*Die deutsche Brennstoffversorgung ist nunmehr in schnellstem Tempo vorwärtszutreiben und binnen 18 Monaten zum restlosen Abschluß zu bringen. Diese Aufgabe ist mit derselben Entschlossenheit wie die Führung eines Krieges aufzufassen und durchzuführen: denn von ihrer Lösung hängt die kommende*

Kriegsführung ab und nicht von einer Bevorratung des Benzins«,[22] so Adolf Hitler nach Verkündung des *»4-Jahres-Planes«* im Frühjahr 1936. Die Bedeutung der Benzinfrage wird schon allein daran deutlich, daß der Anteil der Mineralölwirtschaft an den geplanten Gesamtinvestitionen ein Drittel ausmachte, allein im Jahre 1939 fast eine Milliarde Reichsmark. Insgesamt 19 Benzinfabriken wurden bis Kriegsende errichtet.

In der Phase wirtschaftlicher Depression, als die Menschen auf den Cent achten mußten, hatten Tankwarte viel Zeit. West Virginia 1935.

Doch die ausländischen Ölfirmen wollten nicht gänzlich abseits stehen. Shell und Standard setzten im Verein mit den IG-Farben ab 1938 bei Pölitz ein Hydrierwerk an den Ostseestrand. Dort investierten sie ihre angestauten Gewinne, die sie nach den deutschen Devisengesetzen nicht ins Ausland transferieren durften. Verarbeitet wurden über See importierte Rückstände aus der Erdölraffinierung. Mit einer geplanten Gesamtkapazität von rund einer halben Million Tonnen pro Jahr überflügelte Pölitz alle anderen Projekte und war Deutschlands größte Benzinfabrik. Doch eins hatte Pölitz mit anderen Standorten gemein. Obwohl ein bekannter Ferienort, war er auf

Landkarten nicht mehr zu finden, auch nicht auf denen des *»Shell-Reisedienstes«.* Der hätte doch stolz auf die technische Großtat der Firma hinweisen können. Hydrierwerke hingegen waren Rüstungsbetriebe. Deshalb kam Pölitz auf keiner Karte mehr vor, ebenso wie die Standorte der Konzentrationslager. Und ein KZ gab es später in Pölitz auch.

Obwohl es sich um eines der größten Bauprogramme der Nazizeit handelte, bei dem Politiker, Bürokraten und Unternehmer Hand in Hand arbeiteten, wurde das lautstark propagierte Ziel, Deutschlands Treibstoffautarkie, letztlich verfehlt. 1938 wurden mit den 2,3 Millionen Tonnen im Inland produzierter Mineralölprodukte nur zwei Drittel des Planziels erfüllt. Weit über die Hälfte des Bedarfs kam weiter aus dem Ausland.

Tankstellen von morgen

In den Vereinigten Staaten lag das Problem genau umgekehrt. Bei schrumpfender Nachfrage gab es zu viele Anbieter und viel zu viel Öl. Es herrschte immer noch Überschuß, aber niemand konnte ihn abschöpfen. Als neue ergiebige Funde in Texas den Markt vollends überfluteten, stürzte der Faßpreis bis auf zehn Cent. Dabei nahm die Zahl der Tankstellen nicht etwa ab, sondern stieg während der dreißiger Jahre um 90 000 auf fast eine Viertelmillion. *»Es war die Zeit«,* erinnert sich Jack Fuss, Fabrikant für Reklameschilder in Arizona, *»als die Schilder immer größer wurden und die Farben aussahen, als würden sie dich anspringen«*[23]. Im Südwesten stellten die Brüder Whiting für ihre Tankstellenkette schließlich Hinweisschilder auf, die drei Meter hoch und 100 Meter lang waren.

Die Menschen waren knapp bei Kasse und mußten auf jeden Cent achten. *»Trackside stations«,* die direkt vom Kesselwagen abzapften und den Vorteil des eingesparten Straßentransports weitergaben, zogen deshalb viel Kundschaft an, auch wenn sie schwer zu finden waren, weil sie ihr Geschäft meist

Verlassene Tankstelle. Washington
State 1992.

irgendwo hinter dem Güterbahnhof abwickelten. Dauerunterbieter, sogenannte »off brands«, wie die Fair Price Stations in Ohio, setzten den Majors mächtig zu. »Das, was wir durch billigen Großeinkauf sparen, geben wir bei unserer eigenen Marke an die Allgemeinheit weiter«, buchstabierte ihr Besitzer das ABC der freien Konkurrenz. Denn »der niedrigere Preis hat ein Ziel, mehr Kunden zu bekommen. Ebenso wie all die Werbung der Majors nur dasselbe Ziel hat, nämlich mehr Umsatz«[24].

Trackside-Service. Wo direkt vom Tanklager abgefüllt wurde, war das Benzin billiger. USA 1940.

Die Independents, die aggressiven Mittelständler, standen nun den Majors gegenüber, den großen integrierten Konzernen. Zu letzteren zählten längst auch Firmen wie Gulf oder Texaco, die selbst einmal als Independents angefangen hatten, aber inzwischen längst zu den ganz Großen gehörten. Um die neuen Independents abzuwehren, ließen sich alte und neue Majors etwas einfallen. Sparbenzine minderer Qualität wie das »blue streak« der (neu formierten) Richfield Corporation gehörten nun zum Standardprogramm aller Markenfirmen – die Nation tankte Depressionsbenzin. Einige Majors gründeten sogar heimlich »concubine companies«, verdeckte Billigmarken, deren Abstammung tunlichst verschwiegen wurde.

»Als Firmengeschäft mußten die Preise gehalten werden, obwohl Konkurrenten sie ständig unterboten«,[25] jammerte ein Vertreter von Socony. Tatsächlich war allein von 1931 bis 1932 der Jahresgewinn pro Tankstelle um mehr als die Hälfte gesunken. Die Situation spitzte sich zu, als in einigen Staaten die Lobby der kleinen Shops Steuern für Kettenläden durchsetzte. Diese Steuern betrafen auch die Tankstellenketten. Socony hatte bis 1934 ihre 2500 Stationen fast ausnahmslos in Eigenregie betrieben, jetzt durften Pächter das unsichere Geschäft übernehmen. Andere große Gesellschaften taten es ihr gleich.

Eine Folge der Massenvermietung war das »multibranding«: Einige Pächter boten nicht mehr nur eine, sondern gleich mehrere Benzinmarken nebeneinander an. Fast jede Raffinerie hatte inzwischen ihre eigene Marke und stellte gerne eine Säule zur Verfügung. 1935 zählte man in New York 77 Benzinmarken, in Pennsylvania sogar 146. Dort konnte man sich an einer Tankstelle zwischen dem seriösen »Correctoleene«-, dem muskulösen »Tarzan«- und dem glückbringenden »Bingo«-Benzin entscheiden.

Vielleicht wäre der Benzinhandel vollends im Chaos versunken, hätte Washington in den Jahren 1934 und 1935 nicht die Notbremse gezogen. Die Roosevelt-Administration diktierte der Industrie einen – allerdings später für verfassungswidrig erklärten – Code für fairen Wettbewerb, legte Förderquoten fest und schränkte den Benzintransport zwischen den Staaten ein. In der Interstate Oil Compact Commission kontrollierte sich nun eine Industrie selber, die langsam wieder Aufwind spürte. Von 1935 bis 1941 nahm der Benzinverbrauch um mehr als ein Drittel zu. Am meisten profitierten die Majors. Die Top-Vier, Socony, Standard Indiana, Texaco und Shell, teilten sich ein Drittel des US-Benzinmarktes. Zwanzig Ölriesen, allesamt integrierte Konzerne, besaßen zusammen 75 Prozent der Raffinerie- und Vertriebskapazitäten, und sie waren erfinderisch in der Entwicklung von Fitnessprogrammen für den Tankstellenmarkt.

»Achten Sie auf den Umzugswagen!«,[26] mahnten Marketingexperten. Zugezogene wurden per Telefon, Hausbesuch oder Postkarte – mit Stadtplan! – umgehend an die Treibstoffsta-

tion gelockt. Beim Straßenkampf der Zapfsäulen-Bataillone ging es um jeden einzelnen Autofahrer. In den dreißiger Jahren wurde der Kundenfang zur Profession. In amerikanischen Berufsschulen standen erstmals Kurse für »Service Station Management« und »Öl-Verkauf« auf dem Stundenplan. Fensterputzen konnte jeder, jetzt aber lernte man, wie eine Windschutzscheibe so fachgerecht gewienert wurde, daß der Fahrer daran auch seine Freude hatte. Keine Mühe schien zu groß und keine zu klein, um den Kunden zufriedenzustellen. Es wurden Wassereimer geschwenkt, Reifendruck geprüft und Ölstände gecheckt und bei all dem auch noch gewinnbringend gelächelt.

Die Bühne war immer noch dieselbe, aber die Tankstelle erhielt jetzt eine professionelle Choreographie. »Wenn ein Autofahrer vorfährt, warten wir nicht, bis er anhält, um ihn zu fragen, was er will«, erklärte Mister Fred Taylor aus Ottawa seinen ganz speziellen Service. »Drei Mann laufen ihm entgegen, die ihn alle erreichen, während er noch einbiegt. Ein Mann füllt den Kühler, ein anderer prüft das Öl und zeigt dem Fahrer den Ölstand. Und der dritte füllt den Tank. Wenn der Kühler- und der Ölmann fertig sind, putzen sie Fenster und Windschutzscheibe, bis der dritte das Wechselgeld zurückgegeben hat und der Kunde mit seinem Auto wieder auf die Straße zurückkehren kann.«[27] – Überfall auf König Kunde.

Mal als weiß gekleideter Barmann mit Fliege und Brillantine im Haar, mal im schick geschnittenen Overall, mal als hilfsbereiter Polizist mit Schirmmütze und Koppel – die eifrigen Männer an der Zapfsäule trugen passende Kostüme, und sogar die Zapfsäulen selbst standen jetzt Spalier, als würden sie salutieren. Hostessen hatten ihren großen Auftritt, junge, mit Vorliebe weiß gekleidete Frauen, die selbst kein Benzin verkauften, aber die Kunden dazu animieren sollten. »Ihr Job ist vor allem die Begrüßung des Kunden und das Freundlichsein, das Überreichen von Werbezetteln und Straßenkarten, mit kurzer Erläuterung über deren Vorzüge, und, last but not least, das Erscheinungsbild zu verschönern.«[28] Die adretten Tankstellen-Modelle wurden über Agenturen gebucht. Wichtigste Berufsvoraussetzung: »Bühnenausstrahlung«.

Es änderte sich nicht nur die Show, die gesamte Verkaufsmaschine wurde neu geölt. Unter dem Druck der Krise wurden alle Funktionen der Tankstelle einer Inspektion unterzogen und auch das Warensortiment erweitert. »Tires, batteries and accessories« (Reifen, Batterien und Zubehör) hieß das Stichwort. Unter dem Kürzel TBA wurden seit längerem Nebengeschäfte zusammengefaßt, die den Umsatz steigern sollten. Nun geriet der Weg zur Kasse zum Zickzack-Kurs zwischen Dosen- und Reifenstapeln. Eine Tankstelle in Chicago mutierte gar zum Fachgeschäft für Motorenöl. In langen Supermarkt-Regalen standen nicht weniger als 120 verschiedene Ölmarken. An jeder x-beliebigen Station gab es bald auch Schokoriegel, Kaugummi und kalte Drinks auf die Hand, Sandwiches und Lunch wurden serviert. Und eine Station in der Nähe von Cleveland kombinierte den Benzinverkauf mit einem vollem Menü. Der Clou: Zapfsäulen und Diner waren rund um die Uhr geöffnet.

Die »Schönheit: das neue Verkaufsmittel«[29] war zwar längst entdeckt. Nun, in der großen Flaute, wurde dieses Mittel aber systematisch angewandt. Um den Konsum anzukur-

Stationen für das saubere Amerika. Auch die Toiletten gehörten zum Kundendienst. USA 1938.

beln, bekamen mehr und mehr Produkte eine ansprechende Aufmachung. Die Schaufenster des Kapitalismus wurden umdekoriert.

Stars der neuen Designbranche wie Norman Bel Geddes, Henry Dreyfuss, Raymond Loewy oder Walter Dorwin Teague arbeiteten für die High-Society der US-Industrie. Egal ob Bleistiftanspitzer, Toaster oder Auto, sie verpaßten den Dingen des Alltags eine dynamische Hülle. Die neuen Zapfsäulen sahen aus wie Wolkenkratzer. Styling oder auch Streamlining nannte man das.

Industrie-Ausstellungen wie Century of Progress 1933 in Chicago oder die New Yorker World's Fair im Jahre 1939 wurden zu Werbeveranstaltungen für diese Art der Selbstdarstellung.

Sie zeigten der Nation nicht ihre triste Gegenwart, sondern gewährten Einblick in eine phantastische stromlinienförmige Zukunft. Auf der Weltausstellung, auf der sich auch die Ölkonzerne in einem eigenen Pavillion präsentierten, wurden Teagues »Road of tomorrow« und Bel Geddes »Futurama« zu Publikumsrennern. Beides waren optimistische Szenarien einer vollmotorisierten Welt, Ideale zukünftiger Megastädte, in denen die Technik triumphierte und die nur von der Großindustrie zu verwirklichen waren.

Bel Geddes hatte von Shell den Auftrag für eine Werbekampagne erhalten, die die Idee einer effizienten Verkehrssteuerung populär machen sollte. Daraufhin entwickelte er ein kühnes System innerstädtischer und weltumspannender Verkehrsfließbänder. Das fast einen Kilometer lange »Futurama«, eines der größten jemals realisierten Dioramen mit einer halben Million Haus- und 50 000 Automodellen, setzte die Vision plastisch um – ein Fenster in eine optimierte Zukunftswelt der Wolkenkratzer und Autoströme. Draußen auf der Straße vermittelten barocke Kotflügel, verchromte Stoßstangen und »Torpedo«-Karosserien eine vergleichbare Illusion des Fortschritts.

Selbst Kühlschränke sahen nun aus wie Straßenkreuzer. Der Erfolg sprach für sich. Als der Kaufhauskonzern Sears 1932 Raymond Loewy anheuerte, um seine Eisschränke zu stylen, verdoppelten sich die Verkaufszahlen der neuen »Super Six«-Serie – ein Begriff, der auch aus der Auto- oder Benzinbranche hätte stammen können – im darauffolgenden Jahr. Die geglätteten Objekte der Begierde standen für eine heile Welt ohne Ecken und Kanten, ein komfortables Konsumparadies made in America.

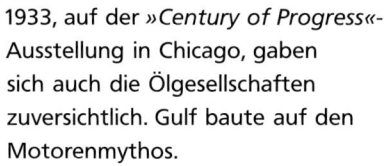

1933, auf der »Century of Progress«-Ausstellung in Chicago, gaben sich auch die Ölgesellschaften zuversichtlich. Gulf baute auf den Motorenmythos.

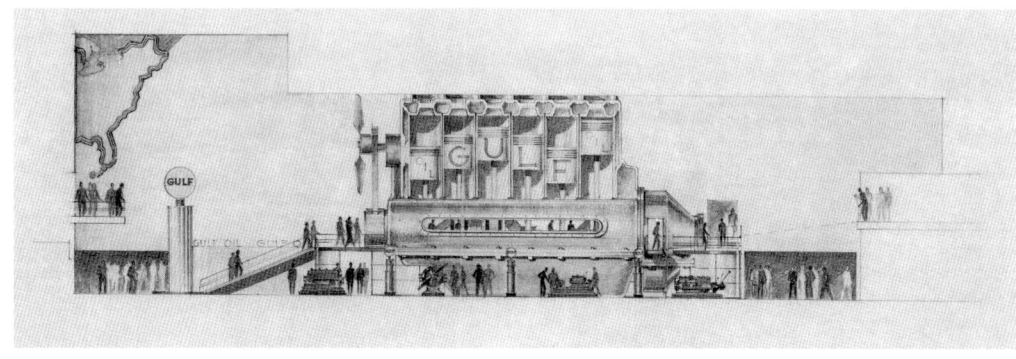

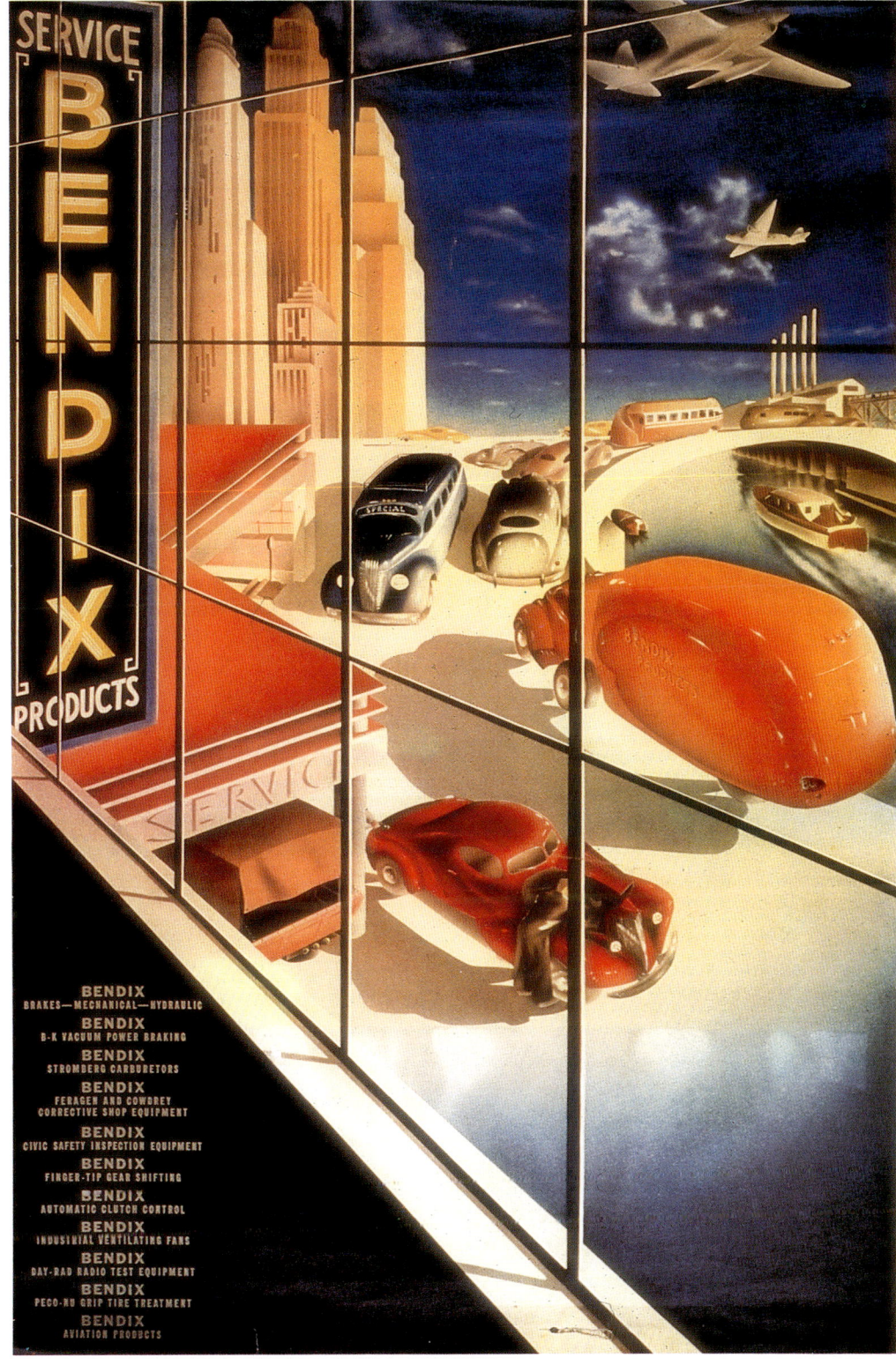

Zur Vorstellung von der stromlinien-
förmigen Science-fiction-Welt von
morgen gehörte auch die Service-
Station. Amerikanische Werbung für
Autoersatzteile um 1940.

Auch die Ölbranche mußte nun nicht länger
auf ihren Kühlschrank warten.

 1934 war Kodaks Hausdesigner Walter
Teague von Texaco engagiert worden. Nach drei
Jahren, in denen Kunden und Tankstellenhalter
intensiv befragt worden waren, stellte Teagues
Designfirma ein revolutionäres Tankstellenkon-
zept vor. Die auffälligsten Merkmale des neuen
Stationstyps waren die einfache Quaderform,
die großzügige Glasfront und die leuchtend

weiße Fassade. Wegen des unterkühlten
Designs nannte man die neuen Texaco-Tankstel-
len im Volksmund »Icebox«, also Kühlschrank,
woran die monolithischen Stationsgebäude
auch tatsächlich erinnerten. Sie waren Symbol
für die Perfektion und den Komfort einer Konsu-
mentenwelt, in der an alles gedacht wurde.

 Für das Publikum bedeuteten die blitzwei-
ßen »Kühlboxen«, die jetzt überall in der Landschaft standen, einen Lichtblick in düsteren

Rechts: Die Stationsschwester. Frauen wurden zur Reinhaltung der Tankstellentoiletten auf Tour geschickt.

Jahren der Depression. Die wahre Innovation lag in der »*Konzentration auf den Kaufanreiz*«,[30] das heißt in den perfektionierten Verkaufsabläufen. So waren die großen Fenster keine modernistische Reminiszenz, sondern erfüllten zwei wichtige Funktionen: Sie machten den Verkaufsraum zu einem kleinen Supermarkt und gaben umgekehrt den Blick auf die Zapfsäulen frei. Zur Standardausstattung gehörten getrennte, jedoch in den Baukörper integrierte Wasch- und Wartungshallen. Da es fünf unterschiedliche Bautypen gab, jeweils mit oder ohne Vordach lieferbar, fand sich für jede Grundstücksform eine Lösung. Dieses Modulprinzip war nichts anderes als die Umsetzung des amerikanischen Systems der Massenproduktion, das hier erstmals konsequent auf ein serielles Gebäude übertragen wurde.

Die Stromlinienstationen wurden zum Roadsideklassiker. Texaco hat sie, bis die »*Icebox*« 1964 auslief, über 10 000mal gebaut.

Auf das saubere Kachelimage wollten auch andere Firmen nicht verzichten. Socony konterte beispielsweise mit einer runden Variante, dem »*Drum*«-Design. Selbst Pure stieg auf das neue Outfit ein. Bis 1940 hatte jede zweite Tankstelle in Amerika eine weiße Weste.

Ein Klassiker. Die Grundversion von Walter Teagues »*Icebox*«-Station, wirkt fast so klar wie ein Bauhaus-Entwurf. USA 1937.

Die Anlagen waren effektiv und modern. Schmutz und Schmiere schienen eliminiert in einer geradezu keimfrei wirkenden Tankzone – eine abwaschbare Konsumwelt, so sauber wie Bad und Waschbecken zu Hause. Wie wichtig gerade dieser Aspekt war, zeigte die Antischmutzkampagne, der sich kaum eine Gesellschaft entziehen konnte: Texaco machte mit registrierten WCs Werbung, bei Phillips bekam jedes Örtchen ein Zertifikat, und an Humble-Tankstellen konnten Kunden ihre Sanitärbeschwerden auf »*Service Check Cards*« loswerden. Hostessen betraten abermals die Szene: Ganz in Weiß gekleidet, diesmal mit Kittel und Spitzenhäubchen, waren sie als Putzbrigaden unterwegs und sorgten für saubere Toiletten. Der Kunde wurde zum Pflegefall. Und die Tankstellenschwestern arbeiteten für den Traum vom sauberen Amerika.

Stars, Stripes und Hakenkreuze

1935 waren mehr als die Hälfte der in Deutschland gezeigten Filme aus dem Ausland. Den Löwenanteil daran hielten Hollywood-Produktionen, und wer nach dem Kino in einer Kneipe einkehrte, konnte sich dort höchstwahrscheinlich stilgerecht eine Coca-Cola bestellen. Im deutschen Katalog der Plattenfirma Odeon konnte man sich 1939 zwischen »Micky Maus auf Wanderschaft« und »Milch Maus als Jazzkönig« entscheiden. Die Präsenz angloamerikanischer Firmen und ihrer Produkte nahm im

Deutschland der dreißiger Jahre nicht ab, sondern stetig zu. Mit sicherem Gespür für die Erfordernisse des Augenblicks regermanisierten einige Produzenten allerdings ihre Namen. Aus Shell wurde Rhenania, aus BP Olex.

Niemand wunderte sich, wenn zur Eröffnung einer Olex-BP-Tankstelle SA Spalier stand. Kaum jemand empfand einen Gegensatz zwischen Braunhemden und dem Blau-Weiß-Rot der mit Stars und Stripes geschmückten Standard-Stationen. Daß die Demokratie abgeschafft wurde, hatte auch die DAPG nicht dazu veranlaßt, ihre Stationen abzubrechen. Ganz im Gegenteil: Sie baute sogar ein neues repräsentatives Verwaltungsgebäude an der Hamburger Innenalster, im konservativen Stil der Zeit, inklusive Flakturm. Es herrschte »business as usual«. Denn die Standard-Tochter war nach wie vor der führende Benzinkonzern, dessen weit über 20 000 Zapfstellen vorbildlich waren und weiter ausgebaut wurden. Wie paßten moderne, die Konsummentalität anheizende Methoden und der totalitäre Staat zusammen?

Die Nazis machten aus Deutschland einen Exerzierplatz. Auch in Schulen und Betrieben wurde jetzt strammgestanden. Es herrschte Kasernenton. Statt Gewerkschaften gab es nun die Deutsche Arbeitsfront (DAF), die sich nicht um Tarife, wohl aber um die »Schönheit der Arbeit« kümmerte. Eingriffe, die den privatwirtschaftlichen Charakter des Systems verändert hätten, fanden nicht statt, nicht einmal das Versprechen, kleine Gewerbetreibende gegen wirtschaftliche Konzentrationen zu schützen, wurde eingehalten.

Im Sommer 1933 erfolgte eine Zwangskartellisierung der Wirtschaft, die auch eine Neuformierung der Betriebsstoffkonvention der deutschen Benzinwirtschaft nach sich zog. Die nun durch ein Reichskommissariat überwachten Märkte und Preise waren auf die Konzerne zugeschnitten. Der Konkurrenzkampf war zusätzlich eingeschränkt worden. Eine Sperrverordnung machte Tankstellenneueröffnungen nur in Ausnahmefällen möglich. Damit waren die alten Marktanteile eingefroren.

Als direkte Folge dieser Politik entstanden vorwiegend »Gemeinschaftstankstellen«, an denen der Autofahrer zwar die Auswahl zwischen mehreren Benzinmarken hatte, die Ben-

zinkonzerne aber unter sich blieben. Schließlich war jede sechste Station auf Gemischtbetrieb umgestellt. Für die Lieferfirmen hatte das System einen großen Vorteil. An jeder einzelnen Zapfsäule war nämlich der Absatz relativ niedrig, es brauchte also nur der unterste Satz in der Provisionsstaffelung an die Betreiber gezahlt zu werden. Die drehten aber ihrerseits den Spieß um, indem sie wechselweise den Absatz einer Marke sinken ließen, um später Sonderprovisionen für ihre Bemühungen um bessere Verkaufsergebnisse zu fordern. So standen die Säulen traut nebeneinander, meist in ihrer jeweils firmentypischen Gestalt, als Sinnbild einer merkwürdigen Gemeinschaft.

Was wirklich einte, drückte die Olex-BP in der ersten Nummer ihrer Vertriebszeitschrift so aus: »Die gesamte nationale Wirtschaft hat, dank vorbildlicher Staatsführung, einen beachtlichen Auftrieb erfahren, und es befriedigt uns sehr, daß unser Tankstellengeschäft an dieser Aufwärtsentwicklung stark beteiligt ist.«[31] In den fünf Jahren zwischen 1933 und 1938 stieg der Benzinverbrauch um mehr als das Doppelte. Beim Geschäft mit Diesel und Flugbenzin war der Zuwachs noch größer. Da die klassischen Wettbewerbsmechanismen verstellt waren, konnten die vorhandenen Tankstellen risikolos ausgebaut werden. Vorreiter waren die Tochterfirmen von Standard und Shell, die ihre USA-Erfahrungen einbringen konnten.

Obwohl Tankstellen immer noch nebenbei betrieben wurden – nur eine von 100 war für ihren Pächter die Haupteinnahmequelle – begannen die Angloamerikaner während der Nazizeit vorsichtig damit, neue Vermarktungsmethoden einzuführen. In einem Bericht, den drei Mitarbeiter der Verkaufsabteilung von Olex-BP im Herbst 1936 nach einer »Studienfahrt« durch die deutsche Tankstellenlandschaft verfaßten, gestanden sie neidlos ein: »Vorbildlich ist auch hier wieder die DAPG, die sich sowohl bei ihren Vorsignalen als auch in Bezug auf ihre Emailleschilder am Ort der eigenen Leistung und bei ihren Transparenten stets ein und desselben Zeichens – das Wort Standard im weißen Kreis auf viereckigem roten Felde – sowie auch stets desselben Formats (Quadrat) und derselben Größe bedient.«[32] Im Gegensatz zum »uneinheitlichen Gepräge« der eige-

Historische Ironie. Braunhemden stehen vor einer BP-Tankstelle Spalier.

Ölgesellschaften unter sich. Jede sechste Station in Deutschland wurde eine »Gemeinschaftstankstelle«, an der es Benzin verschiedener Marken gab.

Ende der dreißiger Jahre wurden in Deutschland elektrische Zapfsäulen eingeführt. Ein Firmenprospekt.

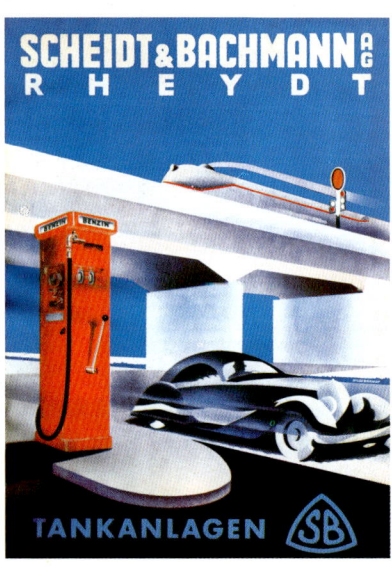

nen Tankstellen, mache Standard seinem Namen alle Ehre. An Olex-Tankstellen zählten die Inspekteure neun verschiedene Zapfsäulen-Typen, bei Standard nur zwei.

Die Benzinfirmen, die ihre Stationen am gründlichsten systematisierten, waren Standard und Shell. Bei ihnen gab es Tankstellengrundausstattungen, zu denen die Benzinpumpe, der Ölschrank, Werbeschilder, Gemisch- und Wasserkannen, eine Nachtglocke, Landkarten, fahrbare Luftkompressoren, Peiltabellen und manchmal auch ein Vordach gehörten. Die Basisstation, zusätzlich auf eine erhöhte Tankinsel gesetzt, bot den Autofahrern nicht nur eine prägnante Silhouette, sondern signalisierte mit der immer gleichen Anordnung der Apparaturen auch ein genormtes Serviceangebot. Das in den USA bereits erprobte Marketing-Know-how wurde so den europäischen Verhältnissen angepaßt.

Die deutschen Konzerne IG und BV überzogen das Pumpengestänge und das Innere der Zapfsäule mit Silberbronze, um einen technisch-soliden Eindruck zu vermitteln. Die schimmernde Tankstellentechnik sollte die Leistungsstärke der deutschen Großindustrie vor Augen führen. Weil viele dem synthetischen Benzin gegenüber noch skeptisch waren, wurde auch

dies als »rein deutsch« deklariert, woraufhin Shell seinen Treibstoff als »naturrein« verkaufte.

Dabei war klar, »daß jede noch so gute Ausstattung einer Zapfstelle wirkungslos bleibt, wenn nicht wirkliche Liebe des Zapfstellenverwalters vorhanden ist«[33]. Sie zu wecken, war die vornehmste Aufgabe des Unternehmens. Um Defizite auszugleichen, wurde man lyrisch: »Händewaschen stets erfrischt / Wenn man weit gefahren ist. / Darum halte auch bereit / eine Waschgelegenheit.«[34] In einer Broschüre zur »Erziehung unserer Tankstellenhalter«[35] wurde Punkt für Punkt erklärt, was Kundendienst bedeutet.

Beispiel: »Haben Sie schon einmal das zweifelhafte Vergnügen gehabt, als Fremder in einer unbekannten Stadt bei nächtlicher Finsternis auf schlecht beleuchteter Straße eine Hausnummer suchen zu müssen?«, fragten die einfühlsamen Benzinpädagogen. Viele Tankwarte vergaßen offenbar, abends das Licht einzuschalten. Die »Nichtausnutzung der Werbekraft infolge zu schwacher Birnen« wurde dementsprechend in der Olex-Broschüre scharf kritisiert. Denn »vielleicht späht das helle Auge des Wagens nach einer Stelle, die dem unermüdlich arbeitenden Motor den nötigen

Brennstoff spenden soll. Wenn die Tankstelle unbeleuchtet ist, kann sie nicht gesehen werden, und es läßt auch darauf schließen, daß die Bedienung nicht rasch zur Stelle ist.«[36] Es war die Zeit, als man das Licht ausknipste, wenn man vom Wohnzimmer in die Küche ging. Damit es mit der Beleuchtung wenigstens einmal stimmte, baute Olex-BP zur Ansicht eine lichtdurchflutete Mustertankstelle auf dem Berliner Alexanderplatz.

Die mythische Welt der Immaterialität diente keineswegs der Verherrlichung der totalitären Staatsidee, sondern war das sichere Anzeichen eines bruchlos weiterwirkenden Amerikanismus. Blinkende Benzinpumpen und glanzlackierte Ölflaschen waren die Fetische, zu deren konsumgerechter Präsentation sich welterfahrene Verkaufsexperten der Ölfirmen um die Zapfsäulen Schritt für Schritt herum einen regelrecht labormäßig kontrollierten Bereich schufen. In das NS-Gewaltsystem war eine Sphäre des Privatkonsums eingelagert, die den Absatzinteressen der Unternehmen ebenso entgegenkam wie den Zerstreuungssehnsüchten derjenigen, die den Terror drumherum nicht zu erleiden hatten.

Wenn es beim Kundendienst gelegentlich auch haperte, die Erziehung der Kraftfahrer hatte jedenfalls geklappt. Hatte sich Ende der zwanziger Jahre noch kaum ein Sechstel des Treibstoffs über die Zapfsäulen absetzen lassen, so lag dieser Anteil Ende der dreißiger Jahre viermal höher. Ende der dreißiger Jahre war das Netz auf 60 000 Stationen angewachsen, eine Versorgungsdichte, die in Deutschland nie wieder erreicht wurde. Dreiviertel aller Tankstellen gehörten den angloamerikanischen Mineralölfirmen (DAPG 34 Prozent, Shell 28 Prozent, Olex 12 Prozent), der Rest den deutschen Kohle- und Chemiekonzernen (BV 16 Prozent, Gasolin 6 Prozent). In anderen europäischen Ländern waren die Verhältnisse ähnlich, in England beispielsweise, wo den Kunden sogar 100 000 Zapfsäulen zur Verfügung standen, gehörten neun von zehn Säulen den Multinationalen.

Die Benzingesellschaften schufen sich mit den Tankstellen durchkalkulierte Absatzinstrumente, und Versuche, eine mehr *»deutsche Baugesinnung und anständige Gestaltung der Betriebsanlagen des deutschen Kraftfahrers«*[37]

zu erzwingen, führten nicht allzuweit. In einem 1940 erschienenen Buch des Deutschen Heimatbundes wird beklagt, daß *»eine Reise über unsere schönen deutschen Straßen jeden, der überhaupt ein Auge für das Gestaltete hat, belehren (wird), daß die seitherige Entwicklung in den allermeisten Fällen mehr als eigenwillig war. Anstatt der Einordnung in das bereits Gegebene löst sie sich sozusagen los mit der Absicht ›aus dem Rahmen zu fallen‹, um gesehen zu werden. Darüberhinaus versucht die Werbung, das mit dem Bau Begonnene noch zu unterstreichen und zu steigern.«*[38]

Die Tankstellenunternehmen durften weitermachen. Bereits 1934 war zwar angeordnet worden, daß beim Tankstellenbau *»auch an sich berechtigte Bedenken ästhetischer Art hier und da zurücktreten müssen«*[39]. Eine Einschränkung bestand darin, daß Stahl und Eisen für die Rüstung reserviert waren. Also wurde vorwiegend in Holz gebaut. Schließlich ging es um Höheres, wie man bei Olex-BP erkannte:

Licht an! Da die meisten Tankstellen im Nebenerwerb geführt wurden, waren sie abends selten geöffnet.

Der Nachschub rollt. Kesselwagen bringen Benzin aus einer texanischen Raffinerie 1942 an die Küste.

»Uns alle haben die großen Geschehnisse mitten hineingestellt in dieses gewaltige Brausen der Motoren aller Art. Die Zeit selbst gibt uns ein Vorbild an Leistung und Kraftwirkung und fordert logischerweise, daß auch wir uns ihr anpassen und auf unserem Platz Leistung und Kraft einsetzen. Kleinliche Erwägungen müssen vor großen Zielen zurücktreten.«[40]

Krieg der Motoren

»Wenn ich nur irgendwo Benzin stehlen könnte, dann könnte ich diesen Krieg gewinnen«,[41] fluchte US-Kommandant George Patton am 31. August 1944, als seine Truppen so schnell vorstießen, daß die Tankwagenkolonnen nicht mehr folgen konnten. Zu diesem Zeitpunkt hatte die US Airforce eine neue Dringlichkeitsliste für die Einsätze ihrer Bombergeschwa-

der aufgestellt. Ganz oben standen nun, noch vor der Kugellager- und Panzerindustrie, die deutschen Raffinerien und Hydrieranlagen. Umgekehrt hatten die Deutschen die Sicherung ihrer Treibstoffversorgung an die Spitze aller ihrer Rüstungsanstrengungen gesetzt. Der Benzinkrieg war ausgebrochen.

Darüber, daß der Öl- und Treibstoffnachschub im Krieg eine entscheidende Rolle spielen würde, bestand bei Militärs auf allen Seiten keinerlei Zweifel. Nur hatte sich das wahre Ausmaß des Bedarfs vorher niemand vorstellen können. »Wir wußten, daß wir keine Treibstoffe hatten, also haben wir die Fabriken gebaut, die uns den erforderlichen Treibstoff liefern. Schon jetzt haben die ersten Hydrierwerke mit der Großproduktion begonnen. Mit jedem Jahr werden wir stärker und widerstandsfähiger«,[42] tönte Hermann Göring, Luftwaffenchef und selbsternannter »Treibstoffdiktator« bei Kriegsbeginn.

Schon ein Jahr zuvor, Deutschland hatte sich gerade Österreich und das Sudetenland einverleibt, wurde in London vorausschauend das Petroleum Board gegründet, in dem Vertreter der Mineralölindustrie die Branche auf einen kommenden Krieg vorbereiten sollten. In Großbritannien, wo nur drei Gesellschaften über 80 Prozent aller Raffinerien und Tankstellen verfügten, war es kein Problem, solch ein »riesiges Monopol«[43] zu schmieden. Die Probleme begannen erst, als das Petroleum Board dann tatsächlich zu einer überlebenswichtigen Institution wurde.

»Wenn ein Bomber drei Stunden braucht, um mit seiner tödlichen Last nach Berlin zu fliegen und drei Stunden zurück, hat dieser eine Bomber 1200 Gallonen Benzin verbraucht. Wenn aber tausend Bomber einen Angriff fliegen, verbraucht dieser eine Schlag gegen den Feind 1 200 000 Gallonen Benzin«,[44] rechnete Socony den Lesern der Hauszeitschrift vor. Für einen einzigen großen Luftangriff mußte Treibstoff für den Jahresverbrauch von umgerechnet 2000 PKWs herangeschafft werden. Insgesamt war der Benzinverbrauch im Zweiten Weltkrieg 100mal höher als im Ersten Weltkrieg, was nicht sonderlich verwundert, wenn man berücksichtigt, daß 1914–1918 eine durchschnittliche Division mit nur 4000 PS an die Front fuhr, während es 1939–1945 fast 200 000 PS waren. Und die verlangten nach einer Viertelmillion Liter Treibstoff pro Tag. Der militärische Verlauf des Zweiten Weltkriegs war maßgeblich eine Frage der Ressourcen und der Logistik. »Dies ist ein Krieg der Motoren und der Oktanzahl. Ich erhebe mein Glas auf die amerikanische Auto industrie und die amerikanische Ölindustrie«,[45] soll Stalin, einer der es wissen mußte, als der Krieg noch tobte bei einem Bankett als Toast ausgebracht haben.

Die kriegsentscheidende Rolle der US-Ölmultis, die die Hauptlast der alliierten Versorgung trugen, ist unzweifelhaft. Doch auch historische Medaillen haben ihre zwei Seiten: Angloamerikanische Firmen waren eben auch auf der Gegenseite vertreten, und nicht zuletzt in Deutschland. »Vom Bohrturm bis zur Zapfstelle steht jeder deutsche Erdölfachmann treu zum Führer«,[46] hieß die Devise. Die deutsche Standard-Filiale DAPG richtete 1939 vorsichtshalber eine Sterbekasse ein, und ihr treudeutsch in »Der Arbeitskamerad« umbenanntes Hausblatt

legte die Hände an die Hosennaht. »Die DAPG setzt ihre ganze Kraft ein im Dienste der Kriegsversorgung des Heeres und der Wirtschaft«, gelobte darin die Firma. Und »die Aufgabe eines Groß-Unternehmens in Zeiten wie der jetzigen kann sich keinesfalls allein auf wirtschaftliche Dinge beschränken, sondern es erwachsen der Betriebsführung auch ideelle Aufgaben in der Führung und Betreuung aller Mitarbeiter in der Heimat und an der Front«[47] Aufgeklärt wurde unter anderem auch über das »Verhalten bei Begegnung mit ausländischen Spionen«[48].

Es blieb nicht nur bei markigen Worten. Als das Tankstellengeschäft bei Kriegsbeginn auf ein Minimum zurückging, wurden die Treibstoffkonzerne keineswegs arbeitslos, sondern bildeten gemeinsam das Zentralbüro für Mineralöl GmbH, eine der wichtigsten Agenturen der deutschen Kriegsmaschinerie, in die auch das Know-how der Konzerntöchter einging. Von Vorbehalten seitens der Zentralen in London und New York ist nichts bekannt. Auch von Protest gegen NS-Terror kann nicht berichtet werden. Vielmehr dehnte die englische Olex-BP

Landungsboote transportieren Ölfässer für ein Schiff der US-Marine. Treibstofflogistik war ein kriegsentscheidender Faktor.

84

in vorauseilendem Gehorsam gegenüber den Machthabern die Arisierung ihres Personals bis in die Geschäftsleitung aus und entließ neben anderen auch den Firmengründer der Olex, Carl Adler. In der Firmengeschichte der deutschen BP heißt es erstaunlich offen: »*Die Bedeutung des Öls für jede Armee, Marine und Luftwaffe war aus den Erfahrungen des Ersten Weltkriegs bekannt; und es ermangelte nicht der historischen Ironie, daß die Olex, Tochter der Anglo-Persian-Oil Company, zur Aufrüstung in Deutschland beitrug.*«[49]

Die internationalen Ölgesellschaften waren an der Verwertung ihres in Deutschland steckenden Kapitals interessiert. Zu einer Ausweitung ihres Betätigungsfeldes bereit, waren sie »*in die Kriegsorganisation voll integriert*«[50]. Der Krieg bot den multinationalen Gesellschaften Gelegenheit, sich national zu profilieren. Auch in Großbritannien konnte man sich nützlich machen, lieferte zum Beispiel den Rohstoff für jene legendären, aber nie in Aktion getretenen »*beach flame barrages*«, schwimmende Ölinseln vor Englands Küste, die, zu Feuerwänden entflammt, jeden Invasionsversuch zum Scheitern verurteilen sollten.

Die deutsche »*blitz can*« wurde von der US Army übernommen. In den Treibstoff-Depots mußten GIs rund um die Uhr nachfüllen.

Mit dem Eintritt Amerikas in den Zweiten Weltkrieg entspannte sich das immer noch gestörte Verhältnis zwischen Washington und der Ölindustrie, die den Apparat besaß, ein militärisches Vorhaben derartigen Ausmaßes operativ zu bewältigen. Weltkrieg und Weltkonzerne, das war kompatibel. Die amerikanischen Ölgiganten verfügten über gewaltige Ressourcen, waren gewöhnt, global zu agieren und als Amerikas Mobilmacher wie geschaffen für den ersten »*Krieg der Mobilität*«[51]. Um den mechanisierten Krieg in Gang zu halten, mußten Millionen von Fässern, dem wogenden Schlachtenglück folgend, zum richtigen Zeitpunkt an der richtigen Stelle sein.

1943 hatte die US Army einen Ölkonzern beauftragt, eine geheime Faßfabrik zu errichten. Fast über Nacht entstand ein Betrieb in Pittsburg, Kalifornien, der fast 5000 Faß pro Tag abfüllte, fast eine Million bis Kriegsende. Von den rund sieben Milliarden Fässern Erdöl, die die Alliierten im Zweiten Weltkrieg verbrauchten, lieferten die US-Konzerne sechs Milliarden. Die zwingende Überlegenheit der Massenfabrikationsmethoden der US-Industrie, die von den Deutschen völlig unterschätzt wurde, machte den Sieg der Alliierten letztlich erst möglich. Allein fünf Millionen Militärfahrzeuge rollten zwischen 1942 und 1945 aus amerikanischen Fabrikhallen.

Ein sehr wichtiges Werkzeug des motorisierten Krieges war allerdings made in Germany. Jene 20-Liter-Kanister, ohne die bald auf beiden Seiten der Front nichts mehr lief, waren eine Entwicklung der Wehrmacht. Nachdem die US Army einige der ebenso kompakten wie stabilen Behälter erbeutet hatte, wurden sie als »*blitz cans*« auch zur portablen Fronttankstelle der West-Alliierten. Sogar die besonders haltbaren Exportkanister der Ölfirmen waren »*für militärische Zwecke nicht haltbar genug. Als Beispiel für die Cleverness mit der die Ausrüstung des Soldaten gestaltet ist und die Erfordernisse der heutigen Kriegführung erfüllt, nimm die ›blitz-can‹.*«[52]

Als die deutschen Truppen immer größere Gebiete Osteuropas besetzt hielten, wurden koloniale Begehrlichkeiten immer konkreter, und das Fachblatt des Benzinhandels vermeldete: »*Der Wunsch, nach dem Krieg oder am*

Der tödliche Unterschied. Durch ihr klopffesteres Flugbenzin waren die alliierten Maschinen den deutschen überlegen. Werbung, USA 1943.

liebsten schon jetzt in den östlichen Gauen einen Tankstellen- oder Garagenbetrieb zu übernehmen, ist allenthalben groß.« Leider könne jedoch, so wünschenswert dies sei, an eine reibungslose Übernahme verlassener Betriebe nicht gedacht werden, da sich eben auch in puncto Tankstelle die Überlegenheit der Herrenrasse erweise. In den eroberten Gebieten sei das Netz »außerordentlich dürftig ausgebaut«. Selbst in »größeren Städten begegnet man lediglich primitivsten Versorgungsarten. Mehrere Pfähle tragen ein einfaches Brett, auf dem Benzin- und Gasölfässer aufgestellt werden. Daneben stehen, und zwar meist in verwahrlostem Zustand, einige Abfüllgeräte, wie Eimer, Trichter und Kannen. Den Gegensatz dazu bilden die großen Kraftstofflager der Wehrmacht.«[53]

Bevor »von Grund auf neu aufgebaut« werden konnte, ging erst einmal der Vernichtungsfeldzug weiter, mit Stoßrichtung auf das Kaspische Meer. Dabei ging es weder um den Sieg im Kampf der Weltanschauungen noch um die Eroberung von »Lebensraum«, sondern um die reichen sowjetischen Erdölfelder des Kaukasus. Weit über eine halbe Millionen motorisierter Fahrzeuge überrollten Rußland, und zwar schneller als geplant. Dann stockte der Nachschub. Man hatte sich verschätzt, auch in Hinsicht auf die Benzinversorgung. Auf den schlechten Straßen verbrauchten die Fahrzeuge weit mehr als geplant. Die erste motorisierte Armee blieb auf der Jagd nach Öl unter anderem auch deshalb stecken, weil ihr das Öl ausging. Die kaukasischen Ölfelder hat sie niemals erreicht, denn vor Baku lag Stalingrad. Im Winter 1942/43 begann der Rückzug der geschlagenen Deutschen. Die Tankstellenpläne hatten sich damit erledigt.

»Die Nachthimmel entlang der Ostküste der Vereinigten Staaten waren von den Flammen brennender Tanker erleuchtet.«[54] Deutsche Torpedos, die amerikanische Öltanker versenkten, schnitten England den Nachschub ab. Seit 1940 nahmen Luftwaffe und U-Boot-Flotte die britischen Inseln in die Zange. Das »Schiffeschlachten« brachte den transatlantischen Verkehr beinah zum erliegen. Die Luftwaffe war der Royal Air Force anfangs überlegen und flog Angriffe gegen Englands Industriestandorte. Am 19. August fielen Bomben auf das Öllager der Royal Navy in Pembroke Dock, Süd-Wales. Es wurde so stark getroffen, daß das Feuer über zwei Wochen brannte. Die Londoner Raffinerien von Shell und Standard, die größten der Insel, waren Anfang September Ziel schwerer Luftangriffe. Die Deutschen dachten, die »Battle of England« sei bereits gewonnen.

Nachdem 1940 Roosevelt zum zweitenmal wiedergewählt wurde, begann sich die Politik des immer noch neutralen Amerikas jedoch gegen Nazi-Deutschland zu wenden. Im Frühjahr 1941 veränderte das Leih- und Pachtgesetz, das Hilfslieferungen an Großbritannien erleichterte, das Kräfteverhältnis. Die amerikanischen und britischen Versorgungssysteme wurden miteinander verschränkt, dafür sorgte in Washington nun ein Petroleum Coordinator for National Defense. Im Dezember 1941 traten die USA in den Krieg ein, hatten ihm aber schon vorher eine entscheidende Wende gegeben.

Im Gefühl der Überlegenheit und die Ölbeute vor Augen, hatte sich das deutsche Rüstungsprogramm immer mehr auf die Waffenproduktion konzentriert, während sich der Ausbau der Hydrieranlagen hinschleppte. Sogar die Entwicklung von Flugbenzin war vernachlässigt worden. Ganz anders die USA, wo das Projekt »super fuel« zu einer der logistischen Meisterleistungen des gesamten Krieges wurde. Seit Mitte der dreißiger Jahre waren amerikanische Firmen in der Lage, der US-Luftwaffe den Supertreibstoff Isooktan zu liefern, der die Leistungsfähigkeit der Flugzeuge entscheidend verbesserte. Nun wurden innerhalb kürzester Zeit gewaltige Crack-Anlagen errichtet, zum Teil so hoch wie 20-stöckige Wolkenkratzer. Die Produktion kletterte von 40 000 auf über eine halbe Million Barrel pro Tag. Über 90 Prozent des alliierten Isooktans kamen aus den USA.

Noch 1943 konnte, weil es an entsprechenden Produktionsanlagen fehlte, nur ein Viertel der deutschen Bomber mit Isooktan betankt werden. In den Luftgefechten über England fehlte es den Wehrmachtsflugzeugen deshalb an Beschleunigung und Steigfähigkeit gegenüber den britischen Spitfires. Deren Rolls-Royce-Motoren waren auf das 100-Oktan-Benzin ausgelegt. Deutschland hatte also nicht nur weniger, sondern auch schlechteres Benzin. Ein

86

Das Hamburger Esso-Haus wurde
1938 eingeweiht. Das flache
Dach war als Flakturm geplant.
Firmenzeitschrift.

Erdölexperte gab folgende Prognose: »Nicht
die Kanonen Frankreichs, Großbritanniens oder
Polens, sondern das Klopfen seiner Flugmoto-
ren wird Deutschlands Untergang einläuten.«[55]

Ölziele

»Viele Tankstellen sind gezwungen, vor und
nach Einbruch der Dunkelheit offenzuhalten.
Bei der durch den Krieg bedingten Verdunk-
lung ist die Frau an der Tankstelle Gefahren
ausgesetzt«,[56] warnte das Fachblatt des Benzinhandels. Als nach und nach die Tankstellenhalter eingezogen wurden, mußten »Kriegerehe-
frauen« die Zapfarbeit übernehmen. Benzin
wurde zur begehrten Kostbarkeit und war ausschließlich für Militär und arrivierte Parteigänger
verfügbar. Auf den gar nicht so seltenen Versuch, auch ohne »Tankausweis« an den begehrten Treibstoff zu kommen, standen drastische
Strafen.

Mit Kriegsbeginn wurden fast 50 000
Tankstellen über Nacht geschlossen, an den
übrig gebliebenen gingen die Umsätze dramati-
sch zurück. Obwohl neun von zehn PKWs aus
dem Zivilverkehr gezogen wurden, reichten die
Rationen trotzdem hinten und vorne nicht. Also
wurde gepanscht, und der Schwarzhandel
blühte. Im Juni 1942 wurden schließlich alle
»mit Zapfsäulen verbundenen Lagerbehälter
(Erdtanks) beschlagnahmt«, um zu verhindern,
daß sie weiterhin als »Eigenbedarfstankstel-
len«[57] genutzt wurden.

Als auch in den USA das Benzin ratio-
niert wurde, bildeten sich lange Schlangen vor
den Tankstellen. Die verunsicherten Autofahrer
hamsterten Treibstoff. Doch während in

Deutschland private Wagenbesitzer auf Nulldiät
gesetzt wurden, bekam jeder Amerikaner
anfangs noch 55 Liter pro Woche auf Bezugsschein, eine üppige Ration, die später auf
18 Liter reduziert wurde. Trotz schrumpfender
Benzinvorräte, versuchte man es mit Goodwill-
Aktionen. Die Regierung ließ Aufkleber mit dem
Bekenntnis »Ich verbrauche ein Drittel weniger
Benzin« drucken, ein heroischer Verzicht, zu
dem sich nur die wenigsten durchringen
konnten.

Erst als auch ein Aufruf für autofreie
Sonntage überhört wurde, kürzte man die Treib-
stofflieferungen der Tankstellen um bis zu
15 Prozent. Zwar machte die eine oder andere
Station dicht, weil ihr Besitzer vorübergehend in
Europa zu tun hatte, aber selbst 1944 lagen die
Umsätze immer noch bei 70 Prozent der Vor-
kriegszeit. Nebenbei wurden die Tankstellen zu
Sammelstellen umfunktioniert. Patriotisch
gesinnte Bürger brachten ihren Schrott und
abgefahrene Reifen dorthin, denn Gummi und
Eisen waren auch in Amerika knapp.

In Deutschland wurde sogar die seit 1910
existierende und erst 1934 aufgehobene
Geschwindigkeitsbegrenzung 1939 wieder eingeführt. Für Ortschaften galt eine Höchstgeschwindigkeit von 40 km/h, für Autobahnen
80 km/h, um Benzin und Reifen zu sparen. Ab
1942 waren ausnahmslos alle flüssigen Kraftstoffe nur noch für die Front bestimmt. Bis
dahin wurde alles mögliche gefahren, egal ob
reines Benzol oder mit Spiritus gestrecktes Benzin. Nun war aber auch damit Schluß. Wer sich
dennoch mit einem Automobil fortbewegte, tat
dies entweder mit schwarzer Ware oder mit
Ersatztreibstoff.

Schon Mitte der dreißiger Jahre machten
Generatorfahrzeuge, deren Kraftstoff schier
unbegrenzt zur Verfügung stand, ihre ersten
Probefahrten. Die mit Gasgeneratoren ausgerü-
steten ziemlich unförmigen Vehikel brauchten
gar nicht zu tanken. Sie liefen nämlich mit Holz
aus deutschen Wäldern, der Fahrer mußte nur
rechtzeitig nachlegen. In Sachsen gab es bereits
seit 1935 Zuschüsse für die Umstellung von
Benzin- auf Generatorbetrieb, pro Auto bis zu
600 Reichsmark.

Auffälligstes Merkmal war der hohe Meiler, der das verbilligt abgegebene Tankholz auf-

Anstehen nach Schuh- und Benzinmarken. Auch in Amerika wurden die Rohstoffe wie Öl und Gummi knapp. New Orleans 1943.

nahm. Später, als Holzgasgeneratoren schon in Serie gingen, kümmerte sich die Gesellschaft für Tankholzgewinnung und Holzabfallverwertung um die Treibstoffversorgung. Zehn Kilo Tankholz kosteten 51 Pfennig. Die holzgasbetriebenen Autos mußten um Benzin-Tankstellen jedoch einen großen Bogen machen, weil es vorkam, daß aus der Ansaugklappe Flammen schlugen. Auch Autofahrer, die versuchten, ihren streikenden Generator mit Benzin zu zünden, machten äußerst schlechte Erfahrungen. Der benötigte Holzvorrat war kaum genau zu berechnen, wenn er ausging, half die Betriebsanleitung weiter: *»In diesem Falle müssen Sie meilern. Öffnen Sie die Schnüffelklappe, klemmen Sie ein Stück Holz dazwischen, damit Luft ungehindert eintreten kann. 30 bis 40 Minuten warten. Dann neuen Kraftstoff auffüllen.*

Deckel schließen und wie gewöhnlich anfachen und starten.«[58]

»Um nun schnellstens der Not abzuhelfen, bitte ich Sie, sehr geehrter Herr Stadtrat, aus ihrem Strafgefangenenlager Kölnstr. mir ab sofort 30 Mann für Holzspalt-Arbeiten zur Verfügung zu stellen«,[59] ging ein Herr Hans Pakleppa, Leiter eines *»Tankholzwerkes«*, die Stadt Bonn um Zwangsarbeiter an. Zuletzt gab es einige tausend Verkaufsstellen, die sogenannten Holztankstellen. Selbst 24 Autobahntankstellen stellten auf Beil und Säge um und verwandelten sich in Lagerplätze, wo man generatorengerecht zu Würfeln gesägtes Holz stapelte. 1942 wurden so 85 000 Tonnen Benzin ersetzt. Allerdings erlaubte der *»feste Treibstoff«* nur eine Reichweite von maximal 60 Kilometern, vorausgesetzt man fuhr durch mög-

Chaos aus Stein, Schlamm und Eisen.
Im Hydrierwerk Auschwitz legen
KZ-Häftlinge eine Werkstraße an.

lichst viele Schlaglöcher, um den Meiler gut durchzurütteln. Dann brachte das Fahrzeug immerhin 40 Prozent der normalen Motorkraft, wenngleich es entsetzlich nach faulen Eiern stank.

Auf dem Höhepunkt ihrer Auslastung im Jahre 1943 produzierten alle auf Hydrierbasis arbeitenden Benzinwerke zusammen über drei Millionen Tonnen Benzin. Jede fünfte Tonne kam aus Leuna. Für den gestiegenen Bedarf reichten auch diese Mengen nicht. Aber auf den Baustellen der Hydrierwerke herrschten wegen der zunehmenden Materialknappheit chaotische Zustände. Als Retter in der Not wurde der IG-Direktor Carl Krauch zum »Bevollmächtigten für die Erzeugung von Mineralöl, Kautschuk und Leichtmetallen, von Schieß- und Sprengstoffen und deren Vorprodukten und Hilfsstoffen sowie die Erzeugung von chemischen Kampfmitteln«, zum Beispiel Giftgas, ernannt.

Krauch war der »Chemiker, der sein Feldbett mitten auf der Montagestätte aufgeschlagen hatte«,[60] als der Bau des Leuna-Werkes im Ersten Weltkrieg in aller Eile durchgeführt wurde. Nun war er für ein noch folgenreicheres Projekt verantwortlich. Als 1940 der Angriff auf die Sowjetunion bevorstand, sollten weitere Hydrierwerke die Versorgung der Armee sichern. Als geeigneter Standort erschien Krauch Oberschlesien, wo Kohlegruben nah

waren und die SS sich gerade mit Vergrößerungsplänen für ein KZ befaßte. Hier, wo Aussicht auf Nachschub von Zwangsarbeitern bestand, sollten die Anlagen zur Herstellung von synthetischem Buna-Gummi und die bis dahin größte Benzinfabrik für annähernd eine Milliarde Mark entstehen.

Das polnische Dorf, das sich Krauch als Standort ausgesucht hatte, hieß Oświecim, zu deutsch Auschwitz, der dort entstehende Betrieb IG-Auschwitz. Am 1. März 1941 traf sich dort der Reichsführer SS, Heinrich Himmler, mit wichtigen Persönlichkeiten der IG-Farben zu einer Inspektion des Konzentrationslagers. KZ-Kommandant Höss erhielt den Auftrag, das Lager auf 100 000 Häftlinge aufzustocken. Später besuchte er Leuna, um »zu sehen, wie ein solcher Betrieb arbeitet«[61]. Direktor des Treibstoffwerkes wurde Heinrich Bütefisch, der schon vor 1933 den Kontakt mit den Nazis hergestellt hatte und nach dem Krieg im Aufsichtsrat der Gasolin AG saß.

Die SS bekam von der IG drei Mark pro Tag und Person, für Kinder die Hälfte. 300 000 Häftlinge durchschritten die Pforten der IG-Auschwitz. Einer von ihnen war der italienische Schriftsteller Primo Levi, für den das Werk eine »ausgedehnte Wirrnis von Eisen, Zement, Schlamm und Qualm« war, »die Erde getränkt mit den giftigen Säften von Kohle und Petroleum«[62]. Vom Werk aus konnte man die rauchenden Schlote der Krematorien des Hauptlagers sehen. Dort wurden diejenigen verbrannt, die nicht einmal mehr drei Mark wert waren. Schon während der Bauarbeiten war den Häftlingen ein im wörtlichen Sinn mörderisches Arbeitstempo abverlangt worden. Alles, auch das Tragen schwerster Bauteile, mußte im Laufschritt erledigt werden. Die Zwangsarbeiter kamen in 500er-Kolonnen auf den Bauplatz und mußten hinterher die Leichen derer, die sich totgearbeitet hatten, wieder mit zurückschleppen. Minuziös wurden endlose Sterbelisten geführt. In Auschwitz vollzog sich industrieller Massenmord, nicht ohne ihn zugleich kommerziell auszubeuten.

Was waren schon Menschenleben gegen den deutschen Traum der Benzinautarkie? Das KZ-Fabrik-System erschien Naziführern als effiziente »Endlösung« auf dem Weg zum zukünftigen germanischen Imperium. Auch in der Nähe anderer Hydrierwerke, wie zum Beispiel Pölitz, gab es Konzentrationslager, und Krauch plante bereits weiter. Noch bei seiner Vernehmung vor dem Nürnberger Kriegsverbrecher-Tribunal pries er sie als effiziente Lösung des Arbeitskräfteproblems an – Krauch erhielt schließlich sechs Jahre Gefängnis, danach einen Aufsichtsratsposten in einer Gummifabrik. Die Buna-Anlagen in Auschwitz liefen trotz »bester« Voraussetzungen nie an. Auch das Hydrierwerk wurde nicht fertig. Es diente lediglich zur Herstellung von Flug- und Spezialbenzin in geringen Mengen.

Am 12. Mai 1944 eröffneten alliierte Fliegerverbände die entscheidende Benzinschlacht. Am hellichten Tag flogen 935 schwere Bomber die mitteldeutschen Hydrierwerke Leuna, Bohlen, Zeitz und Lützkendorf an. Deutsche Jäger konnten gegen diese Übermacht nichts entscheidendes ausrichten, alle Anlagen mußten zeitweilig stillgelegt werden. Der Produktionsausfall aufgrund dieses ersten geballten Angriffs wurde auf 600 000 Tonnen geschätzt, davon mehr als die Hälfte Flugbenzin. Allein beim Kampf um das Leuna-Werk, der als »battle of Leuna« in die amerikanische Kriegsgeschichte einging, warfen 6500 Bomber in 22 über ein Jahr verteilten Einsatzwellen mehr als 18 000 Tonnen Bomben ab. Zwischendurch wurde das verwüstete Werk jedesmal wieder angefahren.

Ersatzteilbeschaffung und Reparatur der Hydrierwerke hatten jetzt »Vorrang vor allen übrigen« Rüstungsaufgaben. Göring beschwerte sich bei Krauch über Leunas kriegstaktisch »blödsinnige Bauweise«, bei der die »zwölf 120 m hohen Schornsteine geradezu herausfordernd sind«[63].

Einen kriegsmäßigen Ausbau hatte man Jahre zuvor verworfen, um das sehr viel teurere synthetische Benzin nicht noch durch fünf- bis sechsfach höhere Baukosten vollends konkurrenzunfähig zu machen. Verstärkung der Flakabwehr, ständige Einnebelung der Fabriken, schließlich Errichtung ganzer Scheinanlagen, die feindliche Flieger irreführen sollten – alle verzweifelten Versuche konnten das absehbare Ende nur hinauszögern. Bei den Hydrieranlagen in Scholven wurde alles, selbst die Zufahrtsstraßen, mit riesigen Matten überzogen und

nördlich des Werkes eine große Attrappenfabrik gebaut. Trotzdem wurden die Anlagen im Juni 1944 zerstört.

Im September sank die deutsche Benzinerzeugung auf acht Prozent ihres Vorkriegsstandes ab. Verbissen wurde die Instandsetzung betrieben. Bis zu 350 000 Menschen gleichzeitig wurden zur Beseitigung der Schäden herangezogen, darunter viele Häftlinge, die oft in die noch brennenden Benzinfabriken getrieben wurden. Englische und amerikanische Flugzeuge, die bald radargeleitete Nachtangriffe fliegen konnten, warfen fast jede zehnte Bombe auf deutsche Ölziele.

Albert Speer, Minister für Bewaffnung und Munition, sagte zur militärischen Lage vor dem Nürnberger Militärgerichtshof: »Alle Anstrengungen waren erfolglos, da die Treibstoffwerke schwerpunktmäßig angegriffen wurden. Mit dem Gelingen dieser Angriffe war der Krieg produktionstechnisch verloren, denn auch die neuen Panzer und Strahljäger nützten mir nichts ohne Treibstoff.«[64]

1

2

3

4

5

8

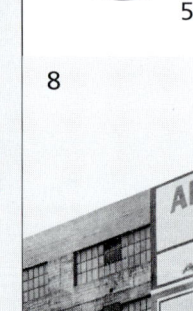

An der Tankstelle kommt es auf Signalwirkung an. Deshalb benutzten vor allem die Majors seit jeher prägnante Markenzeichen und -farben (weshalb man sie auch »Farbengesellschaften« nannte). Gegen dieses Branchen-Einmaleins wurde jedoch häufig verstoßen, was unter anderem an den verworrenen Marktverhältnissen lag. Exemplarisch ist der Fall von Standard Jersey. Seit 1911, als der Trust zerschlagen wurde, nannten sich viele Firmen Standard Oil. Deshalb mußte der Konzern sein Benzin statt als »Esso« (lautmalerisches Kürzel für Standard Oil) in vielen US-Bundesstaaten unter Marken wie »Enco« oder »Humble« verkaufen. Anfang der siebziger Jahre ließen die entnervten Manager deshalb per EDV die sinnlose, aber einprägsame Buchstabenreihe Exxon als neuen Konzernnamen fabrizieren (Raymond Loewy entwarf das Logo). Das elektronische Roulette war nicht neu: Ein paar Jahre zuvor hatte in Paris ein mit Letternsalat gefütterter Firmencomputer den Namen »Elf« ausgespuckt.

Frühe Markenzeichen basierten häufig auf bildhaften Darstellungen. Es gab fliegende Ölkanister, Feuerräder, gekreuzte Hämmer, Indianerköpfe und einen nahezu vollständigen zoologischen Garten. In Amerika hatte man zudem eine Vorliebe für nationale Symbole wie Adler, Wappen oder Stars & Stripes. Beispiele für gelungene moderne Logos sind die (ebenfalls von Loewy) stilisierte Shell-Muschel, der Aral-Rhombus, der (von Chermayeff & Geismar stammende) Mobil-Schriftzug und ein Entwurf des Ex-Bauhäuslers Herbert Bayer: Er strich den Bandwurmnamen der Atlantic-Richfield Company auf »Arco« zusammen und verband ihn mit einem grafischen Signet. Bayer prägte den Begriff der »visuellen Kommunikation«.

6

7

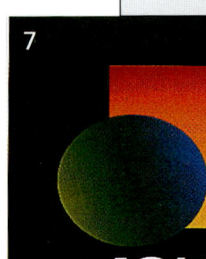

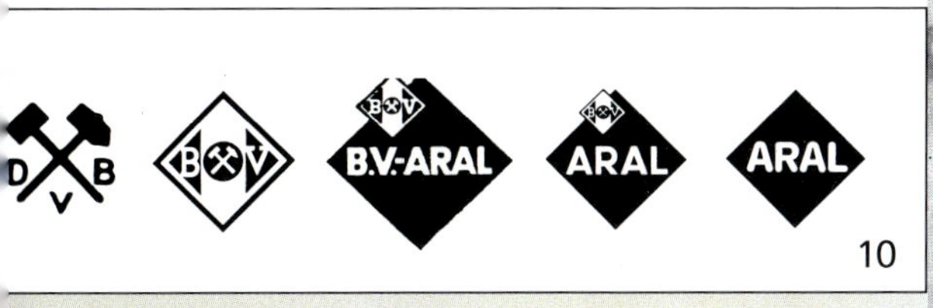

D V B
B V
B.V.-ARAL
ARAL
ARAL

10

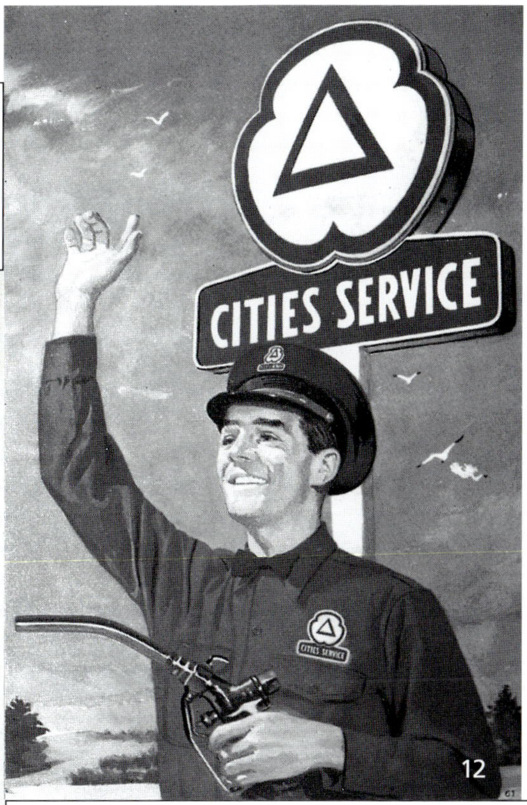

CITIES SERVICE

12

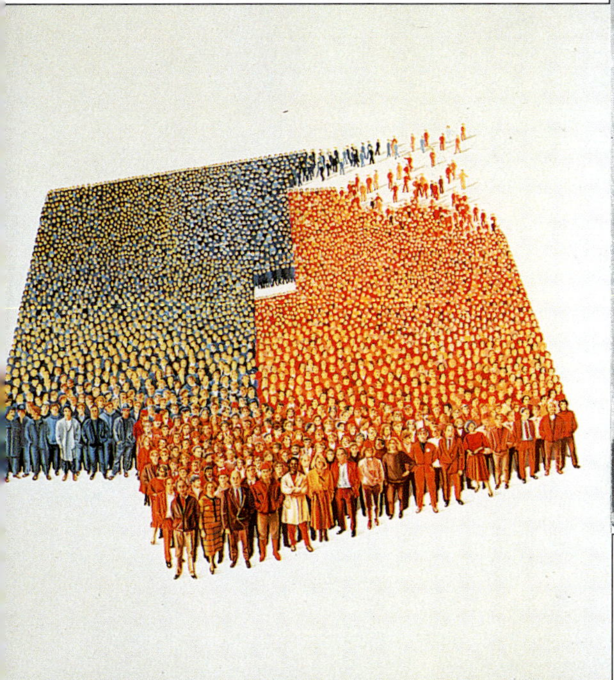
11

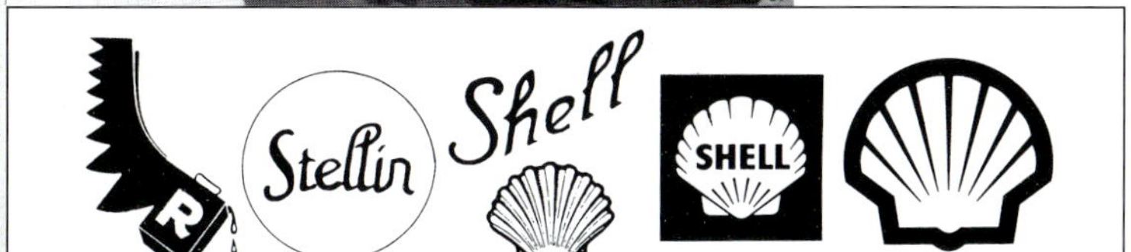

R
Stellin
Shell
SHELL

13

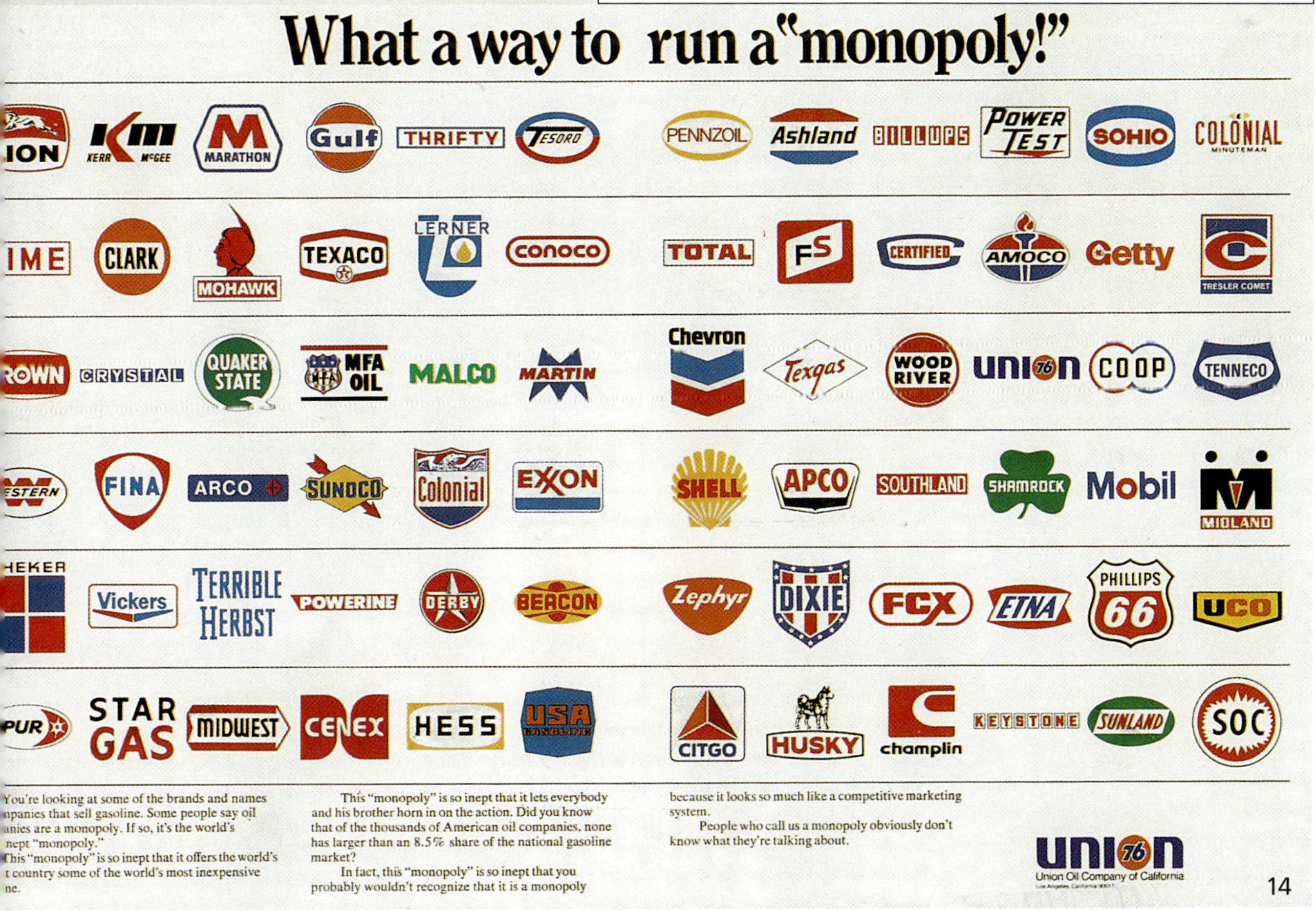

What a way to run a "monopoly!"
ION KERR McGEE MARATHON Gulf THRIFTY TESORO PENNZOIL Ashland BILLUPS POWER TEST SOHIO COLONIAL MINUTEMAN
IME CLARK MOHAWK TEXACO LERNER CONOCO TOTAL FS CERTIFIED AMOCO Getty TRESLER COMET
ROWN CRYSTAL QUAKER STATE MFA OIL MALCO MARTIN Chevron Texgas WOOD RIVER union 76 COOP TENNECO
ESTERN FINA ARCO SUNOCO Colonial EXXON SHELL APCO SOUTHLAND SHAMROCK Mobil MIDLAND
HEKER Vickers TERRIBLE HERBST POWERINE DERBY BEACON Zephyr DIXIE FCX ETNA PHILLIPS 66 UCO
PUR STAR GAS MIDWEST CENEX HESS USA GASOLINE CITGO HUSKY champlin KEYSTONE SUNLAND SOC
You're looking at some of the brands and names
npanies that sell gasoline. Some people say oil
anies are a monopoly. If so, it's the world's
nept "monopoly."
This "monopoly" is so inept that it offers the world's
t country some of the world's most inexpensive
ne.
This "monopoly" is so inept that it lets everybody and his brother horn in on the action. Did you know that of the thousands of American oil companies, none has larger than an 8.5% share of the national gasoline market?
In fact, this "monopoly" is so inept that you probably wouldn't recognize that it is a monopoly because it looks so much like a competitive marketing system.
People who call us a monopoly obviously don't know what they're talking about.
union 76
Union Oil Company of California

14

1 Atlantic-Markenzeichen, USA vor 1968.
2 Richfield-Markenzeichen, USA vor 1968.
3 Arco-Markenzeichen, USA 1968.
4 Esso-Markenzeichen, Deutschland 1890 bis 1990.
5 White-Rose-Markenzeichen, USA um 1935.
6 Signal-Markenzeichen, USA um 1935.
7 Jomo-Markenzeichen, Japan 1994.
8 Union Wandwerbung, USA 1933.
9 Gulf-Markenzeichen, USA 1959.
10 Aral-Markenzeichen, Deutschland ab 1906.
11 Elf-Markenzeichen, Frankreich 1967.
12 Cities Service, USA 1960.
13 Shell-Markenzeichen, Deutschland ab 1902.
14 Image-Werbung, USA 1977.
15 Mobil-Markenzeichen, USA 1900 bis 1965.
16 BP-Markenzeichen, Deutschland ab 1910.

Big Lift

24. Juni 1948 – die Sowjets blockieren den Verkehr nach Berlin und schneiden die Inselstadt von der Versorgung ab. Nur zwei Tage später starten Douglas-Maschinen der US Airforce mit Hilfsgütern vom Frankfurter Flughafen. *»Als man erkannte, daß die Luftbrückenaktion nicht nur eine Improvisation für ein paar Wochen sein würde, wurde das Personal vermehrt. 15 neue Tankfahrer und Beifahrer wurden sofort ausgebildet. Sehr viele sind ihnen seitdem gefolgt. Die Zusammenarbeit ist so exakt, daß alle 50 Sekunden eine Maschine in Berlin-Tempelhof landen kann. Um die Tankzeit herabzusetzen, wurde jedes Flugzeug von zwei Tankwagen mit je zwei Schläuchen betankt«*,[1] berichtete die neue Hauszeitschrift der nun in Esso AG umbenannten DAPG in einer ihrer ersten Nummern.

Der Stolz war verständlich angesichts der logistischen Leistung des Tankmarathons und des politischen Erfolgs. *»Big Lift«* tauften die Amerikaner das Unternehmen, mit dem die Befreiung aus kommunistischer Umklammerung gelang. Schon im Frühjahr 1949, während die Luftbrücke noch stand, landete in Hamburg die Atlas Sky Merchant. Die New Yorker Zentrale hatte das Flugzeug herübergeschickt. Atlas war der Markenname der Produkte, die Standard of New Jersey in den Staaten an ihren Tankstellen vertrieb, von der Chromglanzcreme bis zum Ölfilter. Doch der fliegende Musterkoffer war etwas zu früh gestartet. Noch gab es in Mangeldeutschland nicht genügend verchromte Stoßstangen.

Wo die Wohnung kalt und der Magen leer war, zählte Treibstoff zu den Luxusgütern. 1946 stagnierte der Benzinverbrauch in Deutschland bei zehn Prozent der Vorkriegsmenge. Ein Großteil der Tankstellen war zerstört oder stand leer.

Doch bereits 1947, als der Kriegsschutt immer noch nicht beiseite geräumt war und die Menschen damit beschäftigt waren, ihre tägliche Mahlzeit zu organisieren, schmiedeten Treibstoffkonzerne bereits Pläne für eine grundlegende Modernisierung des Vertriebs. Während die Menschen in den zerbombten Städten noch jede Freifläche zum Kartoffelanbau nutzten, debattierten weitsichtige Experten bereits über die asphaltierten Zufahrten einer neuen Tankstellengeneration. Architekten zückten ihre Zeichenstifte. Esso hatte die Vorlagen für eine Typenreihe bereits in der Schublade. Das in den Staaten bewährte Kühlschrankschema wurde auf deutsche Verhältnisse übertragen. Es war das erste Mal, daß ein Stationskonzept komplett exportiert wurde. Daß *»das typische Merkmal der amerikanischen Stationen vor allem in der einladenden Großzügigkeit besteht«*[2], konnte jeder nachvollziehen, und im grauen Nachkriegsdeutschland, wo Mauerstümpfe und tote Fenster noch überall an das Inferno erinnerten, wirkten die strahlend weißen Esso-Stationen wie frische Implantate in einem kranken Körper.

»Der Wettlauf hat begonnen!«, bemerkte auch der Benzolverband. *»Trümmerbeschauer und Importkaufleute, alles strömt wieder in Deutschland ein. Das Ausland tankt wieder an deutschen Tankstellen. Viele von ihnen wissen noch, eine wie große Rolle das blau-weiße Zapfstellennetz im Vorkriegsdeutschland gespielt hat.«* Und nicht zu vergessen die bekannten *»Tugenden der Deutschen: Sauberkeit, Ordnung, Gründlichkeit!«*[3]

Die Tankstellenhalter, durch jahrelange Rationierung geschult, wußten längst, wie man

Links: Die dunkle Zeit hinter sich gelassen. An den illuminierten Tankstellen, die in den Nachkriegsjahrzehnten neu errichtet wurden, leuchtete die Zukunft.

Trümmertankstelle. Mainzer Landstraße, Frankfurt 1947.

Implantate aus den USA. Essos seit 1949 eingeführte Mustertankstellen.

die Schwarzhandelsbekämpfungsstelle täuschen konnte, die regelmäßig die Tanks anpeilte. Manch einer hatte sein Peilrohr zugeschweißt und soviel hineingegossen, daß der Stand wieder stimmte. Ein Tankwart verwaltete damals einen Schatz, den er statt gegen Gutscheine gegen die halbe Welt hätte eintauschen können. Die Prüfer wunderten sich indes, denn »während der Konsum von Schwarzware auf den übrigen Gebieten nicht in Erscheinung trat, ist die Benutzung des KFZ zu Vergnügungs- bzw. Luxuszwecken für die Allgemeinheit auffällig. Das Parken von Privatfahrzeugen vor Vergnügungsstätten, Familienfahrten zur Erholung und Sonntagsfahrten sind der öffentlichen Einsichtnahme ausgesetzt. Das ist der Hauptgrund dafür, daß diese Erscheinungen besonders unangenehm aufgefallen sind.«[4]

Kurz nach der »Stunde Null« gab es schon wieder feine Unterschiede. Die Wirtschaftslage war miserabel, und zwar bei Siegern wie Besiegten. »Selbst in den besten Hotels ist man froh, wenn es einmal die Woche Fleisch gibt«,[5] meldete ein US-Journalist aus England, wo nicht nur Lebensmittel, sondern auch Geld und Benzin knapp waren. Dort mußte drei Jahre nach dem Sieg über Nazi-Deutschland immer noch »jeder bei der Rationierungsstelle vorsprechen, um die Gründe darzulegen, warum er Benzin braucht«[6]. Um den Schwarzhandel zu bekämpfen, wurde das einheitliche »Pool«-Benzin unterschiedlich eingefärbt, rot für Lastwagen, weiß für PKWs.

In einer Studie zur Entwicklung der deutschen Mineralölwirtschaft, die sie der Regierung in London überbrachte, hatte die BP die Stilllegung der Hydrierwerke verlangt, an denen sie als einzige der Kartellunternehmen nicht beteiligt war. Und tatsächlich wurde damit begonnen, die Werke zu demontieren. Bis zum Sommer 1946 betrieben alle Alliierten Reparationspolitik.

Nach Roosevelts Tod im April 1945 war dessen Vize Harry S. Truman Präsident geworden. Die nach ihm benannte Doktrin teilte den Globus in Gut und Böse. Aus Deutschland sollte nun kein deindustrialisiertes Ackerland mehr werden, sondern ein antisowjetisches Bollwerk. Das hatte seine Gründe: Die Produktionskapazitäten der USA hatten sich während des Krieges

glatt verdoppelt und das, obwohl über zehn Millionen Männer in der Army dienten. Nach der Hochkonjunktur des Krieges drohte nun eine Friedensflaute. Amerika fürchtete nicht nur die kommunistische Weltherrschaft, sondern auch eine neue Depression.

Zwar hatte die Autoproduktion 1949 erstmals die magische Marke von 1929 wieder erreicht, und der Benzinverbrauch lag ein Viertel über Vorkriegsniveau. Als aber ein Marketingspezialist 1950 auf der Oil Industry TBA Convention in St. Louis den versammelten Tankstellenmanagern versprach, daß die heimgekehrten Boys und der zwangsläufig folgende Babyboom nicht nur für »mehr Autos, mehr LKWs und Busse, mehr Reifen, Batterien und Ersatzteile«,[7] sondern auch für einen stetig steigenden Lebensstandard sorgen würden, hielten das nicht wenige der Anwesenden für puren Berufsoptimismus.

Sie wußten nicht, daß zu dieser Zeit bereits eine Phalanx aus Auto-, Öl- und Reifenproduzenten zielstrebig auf das hinarbeitete, was sie als Voraussetzung für die kommende Wirtschaftsblüte ansahen, die totale Umstellung aller Transportsysteme auf den Autoverkehr. Renommierte Konzerne, wie General Motors, Jersey-Standard, Phillips, Mack Truck und Firestone Tire, nahmen die Sache selber in die Hand. Eine gemeinsame Tochterfirma, der sie den Namen National City Lines gaben, hatte damit begonnen, öffentliche Verkehrsbetriebe aufzukaufen, nicht etwa um sie zu übernehmen, sondern um sie stillzulegen. 1949 wurden die millionenschweren Verschwörer deshalb vor einer Bundeskommission wegen Kartellbildung und Konspiration verurteilt. Der Strafbescheid, der allen beteiligten Firmen zuging, betrug je 5000 Dollar.

Truman, der noch in den Kategorien des New Deal dachte, setzte auf ein globales Wirtschaftsprogramm, für das sein Außenminister George Marshall später den Friedensnobelpreis erhielt. Damals kamen zwei Drittel aller Industrieprodukte aus den USA, und acht von zehn Raffinerien standen in Nordamerika. Das European Recovery Program (ERP), der sogenannte Marshall-Plan, pumpte Dollars in Westeuropas erlahmte Volkswirtschaften, um den US-Firmen neue Märkte zu schaffen.

Schon bald legten wichtige Verbände der deutschen Verkehrswirtschaft eine Benzinstudie vor, in der es klipp und klar hieß: *»Die flüssigen Kraftstoffe bilden in jeder Wirtschaft einen bestimmenden Faktor. Jeder Mangel auf diesem Gebiet macht sich nicht nur bei den Öl- und Kraftstoffverbrauchern bemerkbar, sondern wirkt darüber hinaus auf die gesamte Wirtschaft ein.«*[8] Und der Benzinverbrauch Westdeutschlands stehe zu dem seiner Nachbarländer im Verhältnis von eins zu fünf. *»Es ergibt sich, allein unter Berücksichtigung des KFZ-Bestands, ein erheblicher Nachholbedarf«*, ein Stichwort, das die Phantasien beflügelte. Bereits 1950 flossen 35 Millionen ERP-Mark in den Bau deutscher Raffinerien, und auch die Hydrierwerke durften nun wieder produzieren.

Es wurde viel vom freien Markt und von freier Wirtschaft gesprochen, und die Tankstellenhalter wollten auch daran teilhaben. Als jedoch 1949 Vertreter ihres Fachverbandes die Besatzungsbehörden um die Abschaffung der verhaßten Ausschließlichkeitsklauseln (siehe S. 18) in ihren Tankstellenverträgen baten, wurden sie enttäuscht. Der für die Auslegung von Dekartellisierungsgesetzen zuständige amerikanische Wirtschaftsoffizier erklärte, ein Widerspruch zwischen freiem Wettbewerb und der festgeschriebenen Markenbindung sei nicht erkennbar.

Als Amerikaner und Engländer – während die Druckerpressen für die neue »D-Mark« schon liefen – ohne Rücksprache mit der UdSSR die Gründung eines westdeutschen Staates beschlossen, legte Moskau Protest ein und sperrte schließlich demonstrativ die Zufahrtswege nach Berlin. Die daraufhin organisierte Luftbrücke und die von der anderen Seite des Ozeans kommenden Care-Pakete wurden von den hungernden Menschen bejubelt.

Standard hatte an diesem logistischen Kraftakt seinen Anteil. Es ging um nicht weniger als eine halbe Million Tonnen Flugbenzin, die die Firma in Air-Force-Maschinen pumpte. Das entsprach dem westdeutschen Kraftstoffverbrauch eines ganzen Jahres. *»Ein Meer von Benzin wurde verflogen«*,[9] lautete die Überschrift des eingangs zitierten Esso-Artikels. Das Unternehmen konnte Imagepflege gebrauchen. In den USA hatte man die öffentliche Meinung mal wieder gegen sich. Gerade waren die Verträge aufgeflogen, die die Muttergesellschaft

Spielend ins Wirtschaftswunder. Zu den Symbolen des Aufschwungs zählten neben Autos und wiederaufgebauten Städten auch die neuen Tankstellen. Gesellschaftsspiel um 1950.

vor dem Krieg mit den IG-Farben geschlossen hatte, dem deutschen Konzern, von dem jeder wußte, daß er auch das Zyklon B für die Gaskammern der Konzentrationslager geliefert hatte.

Nach der Auflösung der IG-Farben (in die Chemiefirmen Bayer, BASF und Hoechst) gehörte auch die Gasolin AG zur Erbmasse, die durch den Verlust des in der DDR enteigneten Leuna-Werkes jedoch beträchtlich an Attraktivität eingebüßt hatte. Sie wurde schließlich von zwei deutschen Erdöl-Unternehmen übernommen, der Wintershall AG (die später ihrerseits von der BASF übernommen wurde) und der Deutschen Erdöl AG (DEA). Auf dem westdeutschen Tankstellenmarkt begann eine neue Ära. Die beiden heimischen Tankstellennetze betrieben Vergangenheitsbewältigung durch Namenstausch. Die ehemalige Leuna-Vertriebsfirma verwendete ihren Firmennamen als Benzinmarke:

»Gasolin« klang im Nachkriegswestdeutschland besonders gut. Umgekehrt machte der Benzolverband seine Benzinmarke »Aral« zum späteren Firmennamen.

Hinter der Begriffskosmetik verbargen sich aber auch wirkliche Veränderungen. Die deutsche Treibstoffwirtschaft stand wie nach dem Ersten Weltkrieg ohne Rohstoffbasis da. 1953 stieg Socony (später Mobil) als Öllieferant bei Aral ein, wobei die Amerikaner nach trickreichen Verhandlungen schließlich ihren Anteil auf 28 Prozent hochschraubten. Der vierte Major hatte damit einen Fuß im westdeutschen Tankstellengeschäft, allerdings ohne daß seine Marke an hiesigen Tankstellen auftauchte. Die drei anderen Majors holten ihre 1933 verschobene Namensänderung nach. Aus DAPG, Olex und Rhenania wurden Esso AG, Deutsche BP und Deutsche Shell. Auch das Benzin hieß ab sofort »Esso«, »BP« und »Shell«.

Das Zapfwunder

Im Oktober 1950 strahlte der Nordwestdeutsche Rundfunk eine aktuelle Sendung aus. Jungautor Peter von Zahn – bald erster Fernsehkorrespondent in den USA – ließ darin den deutschen Tankwart-Anlernling Willy erst von der »Ölgeschichte« und schließlich von einer »modernen Tankstelle träumen, die sauber und einladend an der Fernverkehrsstraße 172 auf ihre Kunden wartet«[10]. An den neuen Stationen, die nun überall aus dem Boden schossen, hielt sich der Andrang jedoch in Grenzen, solange man Benzin noch gar nicht kaufen konnte, sondern nur auf Bezugsschein erhielt.

1952, die Rationierung war inzwischen aufgehoben, bestaunten die Besucher der Frankfurter Frühjahrsmesse das »deutsche Tankstellenwunder«, eine Zapfsäule, deren Pumpe von einem Elektromotor getrieben wurde. Liter- und Preisziffern, die über ein Zahnräderwerk übertragen wurden, liefen automatisch mit und wurden, wie das Armaturenbrett eines Luxuswagens, indirekt beleuchtet. In den USA, wo man sie erfunden hatte, hießen diese Säulen

auch »*Lo-Boy*«, weil sie so niedrig waren, daß
der Fahrer Preis und Menge ohne auszusteigen
durchs Wagenfenster ablesen konnte. Sie wurden auch an deutschen Tankstellen zum Stan-
dardmodell, oft als lizensierter Nachbau.

»*Es gibt doch noch Märchen!*«, verriet ein
Tankstellenblatt. »*Nichts Besonderes, werden
Sie sagen. Eine junge Dame fährt an der Tankstelle vor, und der Tankwart ist vielleicht besonders liebenswürdig. Aber diese Geschichte
geht noch weiter. Der Tankwart hatte diese
Tankstelle gerade erst übernommen. Und diese
Dame war seine erste Kundin. Bald war sie
auch seine Frau. Seine Kundin war sie, seine
Frau ist sie, und nun wird sie seine gelehrige
Schülerin. Die Bedienung der elektrischen Zapfsäule ist kinderleicht – wenn man sie so liebevoll erklärt bekommt!*«[11]

Die blanken Konsummaschinen, die
selbst zählen konnten, erschienen Zeitgenossen
wie aus einer anderen Welt. Sie waren so faszi-
nierend, wie die Staubsauger und die Waschmaschinen, an deren Mechanismus man sich nicht
sattsehen konnte. Die Geräte, die den Alltag
motorisierten, wurden zu Fetischen, zumal die
meisten Menschen sie bislang nur aus dem
Schaufenster kannten. Ganz oben auf der
Wunschliste stand ein eigener fahrbarer Unter-
satz. 1957 kostete ein VW-Käfer mit 1200 ccm
und 30 PS 3800 Mark, ein Angestellter verdiente aber nur 500 Mark im Monat – noch
waren Zweiradbesitzer in der Mehrheit. Erst
1958 überstieg die Zahl der Autos die der
Roller und Motorräder.

Esso hielt es für angebracht, seine Tankwarte über einen neuen Kundentyp zu infor-
mieren. »*Wer rollert*«, hieß es da, »*ist meist
recht nahe am Auto dran. So ist es zum Beispiel fast immer verkehrt, wenn man Roller-
und Motorradfahrer in den gleichen Topf wer-
fen wollte. Bei Motorradfahrern darf man ein
gewisses technisches Verständnis und eine
sportliche Einstellung voraussetzen. Bei Roller-
fahrern, auch bei den männlichen, wird man
in der Regel weder das eine noch das andere
erwarten dürfen. Sie sind erfahrungsgemäß
dazu geneigt, ihre Fahrzeuge so komfortabel
wie möglich auszustaffieren.*«[12]

Als man die Kleider der schlechten Zeit
gegen ein vollwaschbares Pepitakostüm mit

Oben: Konsummaschinen. Schon in
der bloßen Zahl von sechs nebenein-
anderstehenden Zapfsäulen drückte
sich der plötzlich erreichte Grad des
Wohlstands aus. Nienburg 1953.

Unten: Signet des Fortschritts. Die
neuen Parkhäuser schmückten sich
häufig mit einer modernen Tankstelle.

Inyokern, Kalifornien 1990.

Highway, Oklahoma 1992.

Spitze. Das Spannbetondach der 1959 in Köln gebauten Tankstelle hat eine Spannweite von 20 mal 20 Metern (Architekt Herbert Baumann).

Typisches Interieur der Nierentischzeit.

Dauerfalte gewechselt und die erste Campingreise auf der Vespa hinter sich hatte, erhielt das Wort Lebensstandard erstmals Konturen. Optimismus machte sich breit. Neubausiedlungen waren das Ziel sonntäglicher Spaziergänge, und jede Tankstelleneröffnung wurde zum lokalen Ereignis, das mit Blümchen und Girladen gefeiert wurde. Als 1956 in Frankfurt an der Darmstädter Landstraße eine Tankstelle in neuartiger Fertigbauweise errichtet wurde, ließ es sich der Oberbürgermeister nicht nehmen, selbst den ersten Liter Treibstoff zu zapfen. Prominente Sportler, wie der Fußballnationalspieler Otmar Walter, krönten die Karriere mit der Eröffnung einer eigenen Tankstelle.

An den Tankstellen strahlte die Zukunft, besonders wenn abends das Licht eingeschaltet wurde. Der verschwenderische Umgang mit elektrischem Licht war für die aufs Sparen dressierten Deutschen eigentlich noch ein Tabu, doch die illuminierten Stationen erschienen zugleich wie Signale, daß man die dunkle Zeit hinter sich hatte. Bunte Neonreklamen selbst in der kleinsten Ortschaft, gleichmäßig ausgeleuchtete Supermärkte mit großflächigen Schaufenstern und Tankstellen, die ihren Schein weit in die Nacht warfen, das waren Fata Morganen Amerikas.

Seit 1948 stieg in den USA der Ölverbrauch schneller als die inländische Förderung. Amerika, nun Nettoimporteur, war vorbereitet. US-Konzerne hatten sich bereits während des Krieges den Zugriff auf das arabische Billigöl gesichert. Schon 1948 wurde in Hamburg der erste »Supertanker« mit saudischem Öl gelöscht.

Öl- und Dollarströme wurden umgelenkt, Alte und Neue Welt miteinander verknüpft, doch Europa mußte dafür erst kompatibel gemacht werden. Im Oktober 1960 versammelte sich westdeutsche Wirtschaftsprominenz zur Einweihung der Ruhr-Raffinerie bei Dinslaken. Festredner wie Wirtschaftsminister Ludwig Erhard priesen die Ölflut. Mit dem neuen Werk hatte sich die westdeutsche Raffineriekapazität in einem Jahrzehnt um das Achtfache auf nun über 40 Millionen Tonnen erhöht. Acht von zehn Tonnen kamen aus Nahost. Um deutlich zu machen, daß es um das Wohl der Verbraucher ging, ließ man beim anschließenden Rund-

gang einen Dressman in blütenweißer Tankwartsuniform voranspazieren.

Stuhlreihen und Blumenbuketts waren kaum beiseite geräumt, da begann schon die nächste Ausbaustufe mit einer Anlage zur Bitumengewinnung. Das Produktionsvolumen deutscher Ölanlagen sollte sich bis Ende der sechziger Jahre noch einmal verdreifachen. Der Anstieg seit 1950 betrug damit 2000 Prozent. In Europa wurde mittlerweile ein Drittel allen Erdöls verarbeitet, ebensoviel wie in den USA. Das geschah jetzt nicht mehr nur in den Seehäfen, sondern direkt in den Ballungszentren, wo die Verbraucher lebten.

Die Ölindustrie expandierte, aber vorerst schrumpfte das Tankstellennetz. Von den 60 000 Vorkriegsstationen hatten nur 16 000 wieder den Betrieb aufgenommen, von denen wiederum nur wenige überlebten. Dabei »darf nicht übersehen werden, daß die Verringerung der Tankstellenzahl gegenüber der Vorkriegszeit zugleich eine Verminderung der Transportkosten bedeutet. Denn während früher viele kleine Tankwagen die einzelnen Pumpen und Stationen mit relativ geringen Mengen wiederholt beliefern mußten, wird heute der Transport zu den großen Stationen im wesentlichen von Tankwagen zwischen 12 000 und 20 000 Litern Fassungsvermögen rationeller bewältigt. Die Fortschritte, die bisher im Dienste des Kraftfahrers erzielt worden sind, weisen den Weg, Diener der fortschreitenden Motorisierung und der Leistungssteigerung in der Volkswirtschaft zu sein.«[13]

So erläuterte Wolfgang Oehme, später Chef der Esso AG, den Trend zur großen Tankstation. Mit der Radikalkur – immerhin wurden drei von vier Zapfsäulen verschrottet – holte man nach, womit in Amerika bereits vor dem Krieg begonnen wurde, die systematische Einführung eines Tankstellentyps, der für den Umschlag großer Treibstoffmengen gerüstet war. Der Tankstellenkahlschlag und die Verlegung der Verarbeitungszentren dienten ein und demselben Zweck: der konsequenten Rationalisierung der Warenströme. Von der damit erreichten Kostensenkung bekamen die Autofahrer vorerst nichts mit.

In Deutschland fielen die Entscheidungen für den Netzumbau noch in dem 1939 eingerichteten Zentralbüro, das bis 1951 existierte. Dort saßen Vertreter der Kartellunternehmen friedlich beisammen. Was sie beschlossen, erfuhr die Öffentlichkeit 1950, als der Kommentator der Tönenden Wochenschau berichtete: *»Die Erhöhung des Benzinpreises löste bei den Unternehmen und den Chauffeuren des Kraftfahrgewerbes im gesamten Bundesgebiet zahlreiche Protestaktionen aus. In Düsseldorf, Frankfurt, Wiesbaden und anderen Orten versammelten sich Tausende von Fahrzeugen zu großen Kundgebungen. Die radikalen Preiserhöhungen bedeuten eine jährliche Mehrbelastung der Wirtschaft in Höhe von 400 Millionen Mark.«*[14] Der Aufschlag betrug glatte 50 Prozent, nämlich von 40 auf 60 Pfennig, ein Preissockel der bis Anfang der siebziger Jahre Bestand haben sollte.

Die Westdeutschen zahlten nun den höchsten Benzinpreis in Europa, bekamen dafür aber auch etwas geboten. Rund 50 Stationen kamen Woche für Woche zu den schon bestehenden neu hinzu. Ihre Zahl verdoppelte sich bis 1960 auf rund 34 000 und erreichte 1969 mit knapp 47 000 ihren Höchststand. Die genormten Bautypen der großen Marken kannte bald jeder, zum Beispiel Essos weiß gefliste Anbauschränke, Shells Glaskioske und Arals bodenständige *»Tankwartshäuser«*, die wie Kleinausgaben der alten Autobahntankstellen aussahen und mit schwarzer Dachpappe gedeckt waren. Von diesen soliden Stahlbetonstationen, die in großer Auflage nicht nur in Aral-Blau sondern auch in Gasolin-Rot entstanden, haben sich bis heute einige vorzugsweise dort gehalten, wo Immobilienspekulation nicht lohnt oder ein anderer Verwendungszweck gefunden wurde.

Da Gebäude und Grundstück häufig Eigentum des Tankstellenbetreibers waren, durfte dieser auch bei der Bauplanung mitreden. Das führte, im Zusammenspiel mit dem Ehrgeiz der Architekten, zu mancher originellen Idee. Es gab Vorfahr-, Durchfahr- und Rundumservice, kreisförmige Kioske, dreieckige, vierekkige und asymmetrische Tankinseln in Nierentischform, Dächer in Stahlblech oder Beton, flach oder geschwungen, gestützt von geraden Pfeilern oder von solchen, die abgespreizt waren, wie die Füße der neuen Wohnzimmerlampe.

Obwohl schon 1955 in Wolfsburg der millionste Volkswagen vom Band lief, ging das Volk immer noch zu Fuß. Erst drei von 100 Personen hatten einen eigenen PKW – Folge der immer noch zu hohen Anschaffungs- und Unterhaltungskosten.

Deshalb entwickelten gleich eine ganze Reihe von Herstellern preiswerte Kleinstwagen mit niedrigem Verbrauch, wie Messerschmidts dreirädrigen Kabinenroller und das berühmte Goggomobil von Glas. Selbst BMW brachte mit der zweisitzigen Isetta ein Vier-Liter-Auto auf den Markt und machte dafür mit der niedrigen Tankquittung Werbung. Die originellen Liliputautos waren nicht ganz ungefährlich – beim Goggo lag der Tank direkt über den Knien des Fahrers.

Mein Haus ist meine Tankstelle. Familienstation in Belgien, 1993.

Eine französische Station um 1955; im Hintergrund eine neu errichtete Erdölraffinerie.

Noch nie waren die Scheiben so sauber. Der organisierte Putzfimmel an der Tankstelle. Hamburg 1959.

Tanksprints im Servicecenter

Rund 50 Menschen waren mit der sechswöchigen Vorbereitung beschäftigt. Auf einem Meeting legten der Promotionmanager und der frischgebackene Stationär, der gerade einen Kurs auf der firmeneigenen Trainingsstation hinter sich hatte, gemeinsam den Countdown fest. In der darauffolgenden Zeit wurden Tausende von Briefen geschrieben, Geschenke eingekauft, Zeitungs- und Radiowerbung geschaltet und die Station geschmückt. Handzettel wurden verteilt und Einladungen verschickt. In einer Nacht vor der Eröffnung wurden alle Aktionspunkte noch einmal gecheckt. Der Erfolg lohnte die Mühe. Als am 10. Dezember 1950 die Firma Humble eine neue Station in Houston eröffnete, kamen über 2000 neugierige Autofahrer, die, obwohl es Bindfäden regnete, 95 033 Liter Benzin tankten. Die Firma meldete Weltrekord.

Es blieb nicht der einzige Rekord der Branche. Jersey-Standard, die während des Kriegsjahrzehnts ein mittleres Jahresplus von 200 Millionen Dollar verbucht hatte, konnte in der goldenen Ära der fünfziger und sechziger Jahre rund eine Milliarde Dollar pro Jahr erwirt-

schaften. Die Urmutter aller Multis machte von 1950 bis 1973 fast 23 Milliarden Dollar Reingewinn. Übertroffen wurde sie dabei jedoch noch von Mobil mit 28, von Socal mit 31, von Gulf mit 34, von Texaco mit 47, und von Shell mit 55 Milliarden.

Inzwischen gab es in Amerika Tankstellen, deren Grundstücke so groß waren wie Fußballfelder mit einer enormen Anzahl von Zapfsäulen. Dutzende von Pumpen in Reih und Glied standen auf weitläufigem Gelände. Der Verkaufskiosk hatte dagegen oft nur die Ausmaße einer Umkleidekabine. Der bauliche Aufwand wurde auf das absolute Minimum reduziert. Dafür machte man Umsatz, und zwar meist rund um die Uhr. Kaufanreiz waren eine flotte Abfertigung und ein deutlicher Preisnachlaß.

Die Logos der großen Unternehmen suchte man an solchen »Multipump«-Stationen vergeblich. Diese Privatketten, die meist lokalen Großhändlern gehörten, gaben sich Namen wie »U-Pump-it«, »Gas less«, »Payless«, »Serve 'ur self« oder »Flying Service«. Seit ein gewisser Frank Urich in Los Angeles 1947 die Selbstbedienung erstmals praktikabel gemacht hatte, indem er Frauen auf Rollschuhen an der Zapfsäule kassieren ließ, wuchsen die Stationen beständig. Urich, dem in Cafeterien aufgefallen war, daß die Kunden immer mehr auf ihre Teller packten, als sie essen konnten, nannte seine Tankstellen »Gaseteria«.

Hier konnten Treibstoff-, Geld- und Verkehrsströme ungehindert fließen. Das Tanken erreichte eine neue Qualität. Die Benzinsupermärkte fertigten am Tag bis zu 2000 Kunden ab und verkauften pro Monat bis zu einer halben Million Liter, damals das zehnfache einer normalen Station. Die dazu passende Erfindung war eine selbsttätig abschaltende Zapfpistole. Gleich mehrere Multipumps beanspruchten den Titel der »größten Station der Welt«.

»More Miles per Dollar« ließ Pat Griffin an seinen »Gas-a-mats« plakatieren. Dort war Benzin bis zu zehn Cent billiger als beim Major gegenüber. Bezahlt wurde mit Plastikchips, die man in die Säule steckte. »Mr. Self-Service«, der hundert »Gas-a-mats« in einem dutzend Staaten eröffnete, beschäftigte am liebsten pensionierte Offiziere und ältere Ehepaare, die auf der Station wohnten. »Es gibt Chevys und Cadil-

lacs«, lautete Griffins Verkaufsphilosophie. »*Deshalb gibt es Leute, die zu uns kommen und welche, die zu den Elfenbeintürmen fahren, auf die die Ölgesellschaften setzen.*«[15]

In den USA war der »*Self-Service*«-Markt ein Tummelplatz für Self-Made-Männer wie Griffin. Obwohl Selbstbedienung in einigen Staaten verboten war und die Majors nur einige Teststationen einrichteten, tankten die Amerikaner Ende der sechziger Jahre schon jede vierte Gallone an Sebstbedienungsstationen. Die Multipumps waren der Inbegriff für Überfluß, nicht nur weil der Massenkonsum hier so augenfällig wurde, sondern auch weil die Majors hier unauffällig ihre Überschüsse los wurden.

Die großen Gesellschaften, die die Discount-Tankstellen anfangs für einen Nebenschauplatz hielten, tauschten, um Transportwege einzusparen, ihre Ware auch untereinander aus. Mochten in einer Region auch dutzende von Benzinsorten miteinander konkurrieren, aus der Zapfpistole kam ein und derselbe Saft. Um so wichtiger wurden vermeintliche Markenunterschiede. »*I can block your knock off*« (Ich kann dein Klopfen abstelllen) versprach Texaco den Motoren, als man wieder einmal ein noch klopffesteres Normalbenzin auf den Markt brachte. Zwischen 1950 und 1968 wurde die Oktanzahl für Normalbenzin von 82 auf 93 hochgetrieben. Aber all das Sprücheklopfen nutzte nichts, weil die Konkurrenz jedesmal nachzog. Schließlich führte Sun Oil das »*blending*« ein: Man durfte sich an den »*Sunoco*«-Säulen seinen Kraftstoffcocktail selbst mixen, eine Wahlfreiheit – in Europa von BP übernommen –, die manchen Autofahrer überforderte.

Markeneigene Kreditkarten, eine ureigene Erfindung der Benzinbranche, förderten die Kauf-jetzt-zahl-später-Mentalität. Ende der fünfziger Jahre gab es keine große Gesellschaft mehr ohne eigene Papp- oder Plastikwährung. Zehn Jahre später waren bereits über 100 Millionen der praktischen Kärtchen in Umlauf. Weil sich kleinere Unternehmen die aufwendige Buchhaltung nicht leisten konnten – in den sechziger Jahren wurden elektronische Kassen eingeführt –, war auch die Kreditkarte eine Waffe gegen die lästigen Independents.

Eine geschickte, wenn auch nicht ganz neue Methode der Majors bestand darin, sich

für altbewährte Dienstleistungen, wie Wagenpflege und Kleinreparaturen, neue Namen einfallen zu lassen. Jersey-Standard benannte seine Tankstellen in »*Service Center*« um, Conoco verarztete die Autos in einer »*car clinic*«, und Humble versprach »*car care*«. Die Markenfirmen polierten ihren Kundendienst auf und erweiterten, zunächst noch etwas halbherzig, die hauseigene Produktpalette. Jede Benzinfirma, die etwas auf sich hielt, hatte, neben kühlen Drinks und dem klassischen Batterie-und-Reifen-Stapel, nun ein eigenes Warensortiment, vom Wischtuch bis zum Kunstdünger.

Mützenschwenkende und windschutzscheibenpolierende Belegschaften stürzten sich in Mannschaftsstärke auf die vorfahrende Kundschaft. In den überkorrekten Fünfzigern pflegte man Manieren so hingebungsvoll wie Kotflügel. Die dauerlächelnden Tankdiener gaben erst Ruhe, wenn auch »*der letzte ›tote Winkel‹ staubfrei*«[16] war. Auch weibliche Putzregimenter waren, wie in den dreißiger Jahren, nun wieder für die toten Winkel in den Toiletten zuständig.

Die Geschwindigkeit, die die Außenseiter mit ihrer Selbstbedienung vorlegten, mußte der Markentankwart in den Beinen haben. Alles wurde im Sauseschritt erledigt. Unocal kreierte den »*Minute Man*«, ein rasendes Tankmännchen als Comicfigur, das zum Sinnbild für prompte Bedienung wurde. Die Tanksprints waren im Service inbegriffen. Denn die Rennerei an der Tankstelle war auch ein Dauerlauf um Marktanteile. Bei der Erschließung neuer Absatzmärkte, auf denen man die überschießenden

»*Price war.*« Die Firma Mobil machte den Billiganbietern mit kopierten Multipump-Stationen Konkurrenz. USA 1962.

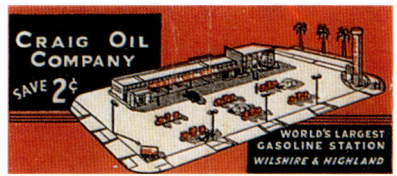

Kein Schmutz ist vor ihnen sicher. Putzbrigade der Firma Union Oil im Stewardessen-Look.

104

Treibstoffmengen loswerden wollte, kamen sich auch die Majors ins Gehege.

Phillips, dort anknüpfend wo man vor der Depression aufgehört hatte, baute wieder Tankstellen im Akkord, diesmal bis zu 3000 pro Jahr. Bei einer generalstabsmäßigen Invasion des Südwestens zogen 450 Phillips-Vertreter in die Schlacht, die Neulinge anwerben oder Tankstellenpächter anderer Marken dazu bringen sollten, die Farben zu wechseln. Auf dieser Tour wurde das Urlaubsparadies Florida im Handstreich genommen. Nur die Pazifikküste hat man nie erreicht. Die Übernahme der kalifornischen Union Oil im Jahre 1960 mißlang, obwohl Phillips schon anderthalb Millionen Aktien über Strohfirmen heimlich aufgekauft hatte.

Wie es an der Zapffront aussah, beschrieb ein Phillips-Direktor vor der Federal Trade Commission. Er unterschied die rund 20 000 Tankstellen seiner Gesellschaft in A-, B-, C- und D-Stationen, wobei die ersten beiden Kategorien gutem Standard entsprachen. Über 40 Prozent gehörten dagegen zur C- und D-Liga, die nur dritt- und viertklassigen Service boten und ihm aufgrund ihres geringen Umsatzes und den allgemein »chaotischen Bedingungen auf dem Benzinmarkt«[17] kaum überlebensfähig erschienen. Das war nicht verwunderlich, denn die Hälfte der Stationäre, die Phillips zum Beispiel in Florida angeworben hatte, waren unerfahrene Berufseinsteiger.

»Benzin-Schlucker«, Salt Lake City
1957.

Im Jahr 1965 hatten zehn der 20 führenden US-Benzinunternehmen Rekordgewinne zu vermelden. Auch Europäer wollten am größten Treibstoffmarkt der Welt teilhaben. Pionierarbeit leistete bereits 1954 Belgiens Petrofina. Vier Jahre später zog BP nach, die nach bescheidenen Anfängen 1969 auf einen Schlag ein 10 000-Stationen-Netz errichtete. Während ständig neue Benzinmarken auftauchten, vermißten Amerikas Autofahrer manchen altbekannten Namen. Als Sinclair und Richfield fusionierten, verschwand das Richfield-Logo von den Straßen, Pure verleibte sich die »Hi-Speed«-Kette ein, Union Oil verleibte sich Pure ein, Gulf schluckte Wilshire Oil und Socal schnappte Jersey-Standard »Kyso« vor der Nase weg.

1968 fuhren 100 Millionen Autos auf Amerikas Straßen. Tag für Tag wurden über eine Milliarde Liter Benzin durch den Auspuff geblasen, was achtmal so viel wie im Vorkriegsboomjahr 1929 war und einem bundesdeutschen Monatsverbrauch entsprach.

Dem Geldbeutel der Kunden tat es nicht weh, denn während der gesamten fünfziger und sechziger Jahre hielt sich der Benzinpreis bei etwa 30 Cent pro Gallone, während das Einkommen einer Durchschnittsfamilie sich in derselben Zeit verdoppelt hatte. Im Land der unbegrenzten Kilometer hatte Benzin keinen Preis. Die Zapfschläuche waren die längsten der Welt, um die Tanks der durstigsten Autos füllen zu können. Amerikas »gas guzzlers« (Benzinsäufer) brauchten durchschnittlich 16 Liter auf 100 Kilometer.

Die permanente Expansion, die in den westlichen Industrieländern ein Vierteljahrhundert anhalten sollte, erschien den Zeitgenossen wie der Anbruch eines Goldenen Zeitalters. Politiker und Soziologen wurden nicht müde, die klassenlose Wohlstandsgesellschaft auszurufen, eine Art Endzustand der Auto fahrenden und Nylon tragenden Menschheit. Das Tankstellennetz der USA war beständig gewachsen, zwischen 1950 und 1970 um ein Drittel. Schließlich gab es eine Viertelmillion Stationen, darunter waghalsige Konstruktionen mit Dächern, die den ewigen Aufschwung versprachen.

Die Alles-ist-möglich-Stimmung griff auch auf Europa über. Manche Tankstelle sah nun aus wie eine fliegende Untertasse. Mittelständ-

Versorgungsposten an der alten
Route 66. USA 1978.

ler, die ihre Station als Blickfang gestalten wollten, experimentierten mit Glas, Eisen und Beton.
Es entstanden moderne Tankpaläste selbst in
der Provinz, wie das 1954 errichtete Autohaus
Reinmold im niedersächsischen Nienburg. Dessen elegant geschwungenes Dach reckte sich
weit über eine nicht enden wollende Schaufen-
sterfront. 1959 wurde in Köln eine Tankstelle
eröffnet, deren rochenförmiges Dach 20 Meter
Spannweite besaß und so kühn wirkte, daß
sich bei der Einweihung niemand darunter stellen mochte.

Highway-Nostalgie

Bis Ende der sechziger Jahre wurden in Amerika mehr als 100 Straßenbahnlinien in über 40

Großstädten stillgelegt. Das öffentliche Ver-
kehrssystem war zerstört. Hatten nach dem
Krieg noch fast die Hälfte der Beschäftigten für
ihren Arbeitsweg Bus oder Bahn benutzt, war
es 1963 nur noch einer von sieben (heute einer
von 20).

Die Öl- und Autolobby hatte gute Arbeit
geleistet. Sie »benutzten ihre gewaltige wirtschaftliche Macht, um Amerika in ein Land der
großen Autos und Diesel-Lastwagen umzu-
wandeln«,[18] sollte ein Kongress-Hearing später
feststellen. War Amerikas so heftige Autoliaison
nur ein Komplott des Big Business?

Bis Ende der sechziger Jahre wurden in
Europa dutzende von Bergwerken stillgelegt.
Länder wie Frankreich, England und Deutsch-
land hatten traditionell von der Kohle abhän-
gige Ökonomien und verfügten über eigene
Ressourcen. Durch die steigende Benzinproduk-
tion fielen jedoch immer größere Mengen des
Kuppelprodukts Heizöl an, das als Brennstoff

106

Das »*Vendorama*« der sechziger Jahre war eine Kombination aus Tankstelle und Automatenimbiß.

can Way of Life« und die damit verbundenen Formen eines hedonistischen Konsumverhaltens, das zu einer bis heute noch nicht abgeschlossenen Kulturrevolution führte.

1962 stellte Phillips sein »*Vendorama*« vor, eine Tankstelle mit Automatenrestaurant. Dort konnte man Hot dogs, Pommes frites und Cola verzehren, während der Wagen an der Zapfsäule versorgt wurde. Etwa zur gleichen Zeit eröffnete »*Amerikas ungewöhnlichste Service-Station*«. Erickson, eine Independent-Kette mit etwa 100 Tankstellen, führte seine »*Holiday Stationstores*« ein. Dort warteten in schrägen Schaufenstern, die vom Boden bis zur Dachkante reichten, Lebensmittel, Kosmetik, Drogeriewaren und sogar Sportartikel auf ihre automobilen Verbraucher. Damals befand sich der Aufbau der Hamburger-Ketten noch in einem Anfangsstadium, und die Ölindustrie dachte noch nicht daran, mit Milch und Seife zu handeln. Das Fast-Food-»*Vendorama*« und die »*Holiday*«-Läden waren ihrer Zeit weit voraus, und deshalb war diesen Vorreitern der Drive-in-Kultur kein Erfolg beschieden.

Jetzt, da die Motorisierung und die Fernsehserienwelt der »*Mutter-ist-die-Allerbeste*«-Familien Realität waren, konnte ganz Amerika »*amerikanisiert*« beziehungsweise »*los-angelesiert*« werden. Um 1960 lebte jeder dritte Amerikaner in der Vorstadt, die immer weiter in die Landschaft wuchs. Die Benzinfirmen zogen nach. Die Verkehrswege, die nach Suburbia führten, verwandelten sich in Strips, an denen Schnellversorger wie Hamburger-Restaurants, Gebrauchtwagenhändler, Motels und Tankstellen die Pendler bedienten. Die Schilderindustrie tat ebenfalls ihr Allerbestes.

1950 eröffnete nördlich von Seattle das Northgate-Center. Es war die erste regionale Shopping Mall mit Tausenden von Plätzen für freies Parken, 80 Geschäften, einem Kino und einer Servicestation auf insgesamt 25 Hektar. In den darauffolgenden Jahren errichteten viele Provinzstädte an ihrer Peripherie solche Zentren. Amerikas Autofahrer gewöhnten sich daran, selbst für kleine Anlässe große Umwege zu fahren. Als 1956 im Interstate Highway Act beschlossen wurde, ein Netz von 44 000 Autobahnkilometern über die USA zu legen, war mit diesem größten Straßenprojekt der Geschichte

für Betriebe und Privatwohnungen vermarktet wurde. 1958 sank der Ölpreis unter den der Kohle. Stand es im Kohle-Erdöl-Vergleich Anfang der fünfziger Jahre in der Bundesrepublik noch 7:1, so hatte der Ölverbrauch 1960 bereits auf 3:1 aufgeholt, um dann innerhalb von nur zehn Jahren das Verhältnis umzudrehen. In Deutschlands Nachbarländern sahen die Zahlen ähnlich aus. War Europas energiepolitischer Salto mortale ein genialer Schachzug des internationalen Ölkapitals?

Die Menschen hatten es satt, staubige Kohlenkästen aus dunklen Kellern heraufzuschleppen. Sie bevorzugten den behaglichen Konsum, den der flüssige Brennstoff per Tank-, Pump- und Leitungssystem bietet. Der Ersatz der Kohlenschippe durch einen regulierenden Drehknopf entsprach der Umstellung vom Kanisterhandel zur Tankstelle. Die scheinbar beliebige Verfügbarkeit und universale Verwendbarkeit des Grundstoffs Erdöl ließ ihn in alle Lebensbereiche vordringen. Die bekannten Konsequenzen, die sich in den USA bereits vor dem Krieg angebahnt hatten, hießen Motorisierungswelle, Heizölboom und Plastikkultur. Nun übernahmen auch die Europäer diesen »*Ameri-*

der Sieg der Auto-Asphalt-Fraktion perfekt. Rollten 1950 noch 130 Millionen Tonnen Benzin in Tanklastern über Amerikas Straßen, war es Mitte der Sechziger schon die dreifache Menge.

Die Reaktion der Benzinbranche auf die neuen Express-Highways und ihr kompliziertes Bypass-System war eine Bauorgie, verbunden mit einer umfassenden Verlegung der Stationsstandorte. Allein 1964 wurden für über 750 Millionen Dollar 6000 Tankstellen gebaut, 4000 modernisiert und 5000 stillgelegt. Die neuen Stationen entstanden bevorzugt an den Highwayschnittpunkten. Dort wurden gigantische Hinweisschilder aufgestellt, Masten, die bis zu 30 Meter in den Himmel ragten, zeigten dem Autofahrer die Benzinmarken schon von weitem an.

Einige Unternehmen entwickelten in dieser Zeit besser lesbare Firmenlogos. Atlantic wurde zu »Arco«, Socony zu »Mobil«. Auch von den neuen Verkehrsadern abgekoppelte Tankstellen stellten in ihrer Not solche Giraffenhälse auf, doch viele von ihnen siechten dahin. Es starben aber nicht nur die alten abseits gelegenen Stationen, auch vom ursprünglichen Highwaymilieu blieb nur Nostalgie.

Hier öde, abwechslungslose Wohnstraßen, dort das Dickicht der marktschreierischen Großreklamen und Werbeschilder, die sich längst gegenseitig ad absurdum führten. Als 1964 ein Buch mit dem provokanten Titel »God's own Junkyard« (Gottes eigener Müllplatz) erschien, in dem Amerikas Highways »scheußliche Narben im Gesicht der Nation«[19] genannt wurden, sprach das vielen Menschen aus der Seele. Insbesondere der Präsidentengattin Ladybird Johnson, einer dezidierten Gegnerin des unkontrollierten Tankstellenausbaus, war die Situation ein Dorn im Auge, zumal mehr und mehr geschlossene Stationen am Straßenrand verrotteten.

Im Frühling 1966, ein Jahr nachdem der Highway Beautification Act das Aufstellen von Billboards, den riesigen Reklamewänden am Straßenrand, einschränkte, lud Mrs. Johnson zwei Dutzend Topmanager der Ölindustrie zu einem Smalltalk ins Weiße Haus. Während die Firmenchefs an ihren Teetassen nippten, dozierte die First Lady über die notwendige Verschönerung von Stationsgebäuden. Wie umstritten der Schönheitsbegriff allerdings sein

kann, offenbaren Plakate an den Highways mit der Aufforderung »Keep America beautiful« und dem Zusatz »Cut your hair«.

Bereits im Sommer desselben Jahres zeitigte das Gipfeltreffen Folgen. Insider beobachteten eine »Revolution im Tankstellen-Styling«,[20] die bei näherer Betrachtung etwas von einer Konterrevolution hatte. Vorbild für die Mode der nächsten Jahre wurde nämlich nicht die zurückhaltende und klare »Mobil«-Linie, ein zeitgemäßes Tankstellenkonzept, das der Ex-IBM-Designer Eliot Noyes gerade für Sonocy entworfen hatte. 40 Jahre nachdem Pure sich mit seinen Cottages an die bürgerliche Vorstadt angebiedert hatte, und 30 Jahre, nachdem Texaco den ersten eigenständigen Tankstellentyp zur Serienreife brachte, mußte der Stil wieder »residential« (wohnlich) sein. Beim rustikalen Ranch-Style, dem sich nun nach und nach alle wichtigen US-Benzinmarken anschlossen, sollten flache Satteldächer, Naturstein und vorgetäuschte Kamine für ein anheimelndes Ambiente sorgen. In diesen sogenannten »Nachbarschaftsstationen« feierte die rückwärtsgewandte Mimikry-Architektur ein Revival, das Europa erspart blieb.

Design für Asphaltcowboys. Die Tankstelle im »Ranch«-Stil blieb eine rein inneramerikanische Angelegenheit.

Newcomer

1956 wartete eine besondere Weihnachtsüberraschung auf die französischen Autofahrer. Als das Wirtschaftsministerium alle motorisierten Mitbürger zur Sparsamkeit aufforderte, reagierten die Autofahrer, indem sie so schnell wie möglich den nächsten Zapfhahn ansteuerten. An den Tankstellen bildeten sich lange Schlangen, und man rangelte um die vermeintlich letzten Liter. Mondpreise bestimmten bald das Bild – es herrschte Treibstoffanarchie. Noch schlimmer traf es die Engländer. Auf der Insel ließ die Regierung Benzinmarken ausgeben, die doch erst vor wenigen Jahren abgeschafft worden waren. Nun mußte ein Liter am Tag reichen. Schlimmste Erinnerungen an Kriegs- und Nachkriegszeiten wurden wach. Angesichts dieser Schmach erlitt Premierminister Eden einen Schwächeanfall und zog sich zur Genesung auf eine Karibikinsel zurück.

Die peinliche Affäre hatte damit begonnen, daß Ägyptens Regierung den Suez-Kanal nationalisierte. Für die Wasserstraße, inzwischen eine Schlagader der Weltölwirtschaft, strichen Frankreich und England in Kolonialmanier noch immer den Löwenanteil der Gebühren ein. Als sie ihre Truppen unter fadenscheinigen Vorwän-

den in Ägypten einmarschieren ließen und den Kanal besetzten, wurde er wegen der Kämpfe unpassierbar. Europa war von seiner Hauptölzufuhr abgeschnitten. Die Benzinblamage hatte Konsequenzen. Es wurden noch größere Supertanker gebaut, die so viel laden konnten, daß sich der Umweg um das Kap der guten Hoffnung lohnte. Die britische Autofirma Morris entwickelte, resultierend aus dem Benzintrauma, einen wirtschaftlichen und begriffsbildenden PKW: den Mini.

Vergleichbar der Berliner Luftbrücke planten die Amerikaner nun eine ähnliche Aktion: Eine gewaltige Tankerflotte sollte Öl ins trockengelegte Europa bringen. Oil-Lift hieß das Unternehmen. Einem dafür gegründeten Notstandsausschuß erteilte der Präsident Sondervollmachten, die das Anti-Trust-Gesetz aushebelten. 15 Ölkonzerne konnten nun die Organisation des Tankerpools angehen und zur Verteidigung der freien Welt Kartellabsprachen treffen.

Das komplizierte Gefüge zwischen unterentwickelten Exportländern, industrialisierten Importländern und Mineralölkonzernen war in Schieflage geraten. Nun traten Außenseiter auf, die die Gegensätze für sich nutzten. Amerikas Independents, die Patrioten mit dem Cowboyhut, setzten zum entscheidenden Sprung an. Als 1959 in Libyen Öl gefunden wurde, streute die Regierung die Ölkonzessionen erstmals auf eine große Anzahl von Gesellschaften, um den Einfluß einzelner Konzerne gering zu halten. Etwa die Hälfte der Bohrgenehmigungen ging an amerikanische Independents. Mit dem nordafrikanischen Öl wollte man sich ein Stück von jenem Filetstück sichern, um das es jetzt ging, den europäischen Markt.

Nun schlug auch die Stunde der nationalen europäischen Ölgesellschaften, jener Euromajors, die sich nach dem Vorbild der englischen BP seit der Zwischenkriegszeit gebildet hatten und nun ebenfalls an den neuen Quellen teilhatten. Furore machte Italiens ENI, die ihr Benzin unter der Marke »Agip« (Azienda Generale Italiana dei Petroli) vermarktete und von Enrico Mattei geführt wurde, einem charismatischen Mann, der die am Boden liegende Firma 1945 eigentlich liquidieren sollte, da Italien weder über eigene Quellen noch über Kolonien mit Ölvorkommen verfügte.

Please, Mister, darf's noch etwas mehr sein? Ab 1959 schockte der Mini alle Tankwarte.

Mattei verärgerte die gesamte etablierte Erdölbranche, und das sowohl auf den Bohrfeldern wie auf dem heimischen Benzinmarkt, wo Agip den Sprit unter dem einprägsamen Logo des sechsbeinigen Hundes billig verschleuderte. Der Italiener scheute sich nicht, zu einer Zeit als der Kalte Krieg gerade in seine verbissenste Phase getreten war, günstiges Öl aus der Sowjetunion zu beziehen. Ab 1959 tankten die Römer roten Naphta. Mattei flirtete auch mit den Unabhängigkeitsbewegungen, zum Beispiel in Algerien, was besonders die französische Regierung verstimmte.

Die Majors wollten sich die Pfennige, die sie Matteis wegen an den Tankstellen weniger verdienten, von den Ölstaaten rückerstatten lassen. Als sie deren Anteil kürzen wollten, war das Maß voll. In Kairo wurde ein Petroleum-Kongreß der Förderländer einberufen. Die Gründung der OPEC (Organisation of the Petroleum Exporting Countries) im Jahre 1960 war nur noch Formsache.

Die Zeiten, als man die Benzinmarken noch an einer Hand abzählen konnte, waren passé. Europas Autofahrer mußten umlernen. Immer neue Marken hofierten mit bunten Schildern den Kunden und sein Portemonnaie. Am unübersichtlichsten war die Tankstellenlandschaft in Westdeutschland, wo bald kaum noch jemand wußte, welche Firma ihm eigentlich unter welcher Phantasiebezeichnung ihr Benzin andrehen wollte. Es gab jetzt nicht nur »Fanto«, »Fina«, »Frisia« und »Fanal«, sondern auch »Agip«, »Avia« und »Aral«. Zu »Esso« gesellten sich »Elf« und »Eller«, zu »BP« »SVG« und »DEA«. »Varol« konkurrierte mit »Total«, »Oxy« mit »Ozo«, »Kraftin« mit »Gasolin«, »Gulf« mit »Minerva«, »Volkskraftstoff« mit »Rheinpreussen«.

Auf dem liberalsten und inzwischen auch größten europäischen Ölmarkt herrschten fast schon amerikanische Verhältnisse. Bis Mitte der fünfziger Jahre waren die fünf Unternehmen des Treibstoffkartells so ziemlich unter sich geblieben. Um 1960 gab es bereits über 20 verschiedene Benzinmarken, und ihre Zahl erhöhte sich im Laufe des Jahrzehnts noch einmal um das Doppelte. Amerikanisiert erschien die westdeutsche Tankstellenszene nicht allein wegen der Inflation der Marken, sondern auch wegen

deren Herkunft. Außer US-Independents, setzten nämlich auch Majors, die bislang noch nicht in Europa vertreten waren, nun ihren Fuß auf deutschen Boden.

Vorher kamen jedoch die europäischen Nachbarn, von denen wiederum die Belgier am schnellsten waren, deren Fina bereits 1956 ihre erste blau-rot-weiße Station eröffnete. Die Belgier, die seit den sechziger Jahren über eine eigene inländische Raffinerie in Duisburg (ERD) verfügten und bald auch in zahlreiche andere Länder expandierten, halten heute mit rund 4000 Tankstellen beim Bezinabsatz europaweit einen Marktanteil von über zwei Prozent. Führende Marke unter den Euromajors ist mittlerweile Agip mit 13 000 Tankstellen (Marktanteil um sieben Prozent), gefolgt von der französischen Firma Elf (7700 Tankstellen, um sechs Prozent), einer Spätstarterin, die erst Mitte der sechziger Jahre als Staatsgründung nach mehren Umgruppierungen aus einer Reihe von Gesellschaften hervorging und danach zu einer der erstaunlichsten Aufholjagden der Branche ansetzte. Durch Kauf von »Antar«, der damals zweitgrößten französischen Benzinmarke, und einigen kleinen Netzen war sie bereits am Ende des Jahrzehnts in der Grande Nation die Nummer zwei. Noch lag sie hinter der CFP, Frankreichs Ölkonzern der ersten Stunde, der seinen »Total«-Treibstoff seit den fünfziger Jahren nicht nur in der Bundesrepublik, sondern auch in einem halben Dutzend anderer Länder vertrieb, darunter England und Italien. Die Euromajors, längst integrierte Konzerne und in vielen Ländern der Welt aktiv, halten auf dem alten Kontinent heute etwa ein Viertel des Benzinmarktes.

Westdeutschland war auch eines der bevorzugten Betätigungsfelder der amerikanischen Independents, die sich in den sechziger Jahren transatlantisch orientierten, darunter Continental aus Oklahoma, Marathon aus Ohio und Tidewater aus New York, die zum Getty-Imperium gehörte. Doch nur der Continental Oil, kurz Conoco, gelang es, sich auf dem schwierigen Terrain zu behaupten. Als sie ihren 1960 angelaufenen »Sopi«-Vertrieb durch Ankauf einer weiteren Billigmarke erweiterte und die Stationen auf das »Jet«-Image umstellte, begann der Umsatz zu steigen. »Jet« profitierte

Der lange Weg von der Quelle bis zur Zapfsäule: Pipeline, Rheinkähne und dienstbare Tankhelfer.

Tankszenen aus den sechziger Jahren. Die »Adler«-Stationen verschwanden aus dem Straßenbild, als sie im Elf-Netz aufgingen.

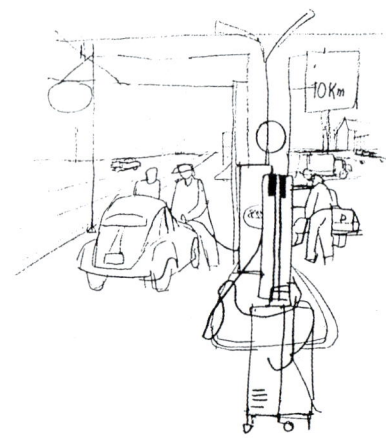

dabei auch von dem verbreiteten Irrtum unter Autofahrern, es handele sich um freie Tankstellen. Als einzige Überlebende der US-Independents in Europa, halten die 2500 gelben Stationen, die außer in Deutschland unter anderem auch in Großbritannien und Italien vertreten sind, etwa drei Prozent des Euromarktes.

Wieder von der Bildfläche verschwunden sind dagegen die »Adler«-Stationen der Standard of Indiana, ebenso wie die »Oxy«-Tankstellen der Occidental Oil, der Gesellschaft des legendären Öltycoons Armand Hammer. Sie gingen nacheinander im Elf-Netz auf. Obwohl beide Firmen ihre Wurzeln im Westen hatten, sahen ihre Tankstellen hierzulande recht unterschiedlich aus. »Da stand oft ein Ami-Schlitten auf dem Hof«, beschreibt ein Elf-Mitarbeiter jene »Oxy«-Händler, die zwar lässig den Ellbogen aus dem Seitenfenster baumeln ließen, doch an der Zapfsäule gern die schnelle Mark machten. An den oftmals recht betagten Säulen konnte man mit einem simplen Kugelschreiber das Meßwerk korrigieren, ein Umstand der es ratsam erscheinen ließ, manch einem genauer auf die Finger zu schauen.

An den mit liebevoll gepflegten Vorgärten versehenen »Adler«-Tankstellen dagegen war solche Vorsicht überflüssig. Sie waren in der Regel klein und solide geführt, warfen dafür aber auch wenig ab. Abenteurer ebenso wie Tante-Emma-Romantik mußten aber schließlich der harten Realität des Marktes weichen. War die Zahl der Elf-Tankstellen zeitweise auf knapp 1000 hochgeschnellt, pendelte sich deren Zahl später bei rund 500 ein und zählte damit zu den großen Regionalnetzen.

Marathon Oil hatte 1965 80 Tankstellen der Marke »Saarpetroleum« erworben, gab sie jedoch an Gulf Oil weiter, eine der sogenanten Sieben Schwestern, wie man damals das weltmarktbeherrschende Septett der Majors nannte. Doch obwohl die Texaner kurz darauf noch einmal 600 »Frisia«-Tankstellen hinzukauften, hielt es sie nicht lange im Bundestankstellengedränge, und sie stießen die frisch übernommenen Stationen schon Anfang der siebziger Jahre wieder ab. VEBA, Deutschlands größter Ölkonzern, konnte sie für sein »Fanal«-Netz gebrauchen, das später wiederum in den Besitz der BP überging.

Zwei andere amerikanische Gesellschaften waren schon vorher aktiv gewesen. Seit 1955 hatten Socal und Texaco im Duett die neue Marke »Caltex« eingeführt, die bis Mitte der sechziger Jahre allein in Deutschland über 1500 Tankstellen verfügten. 1967 trennten sich jedoch ihre Wege. Die Kalifornier verkauften fortan ihren Sprit als »Chevron«, denn ihr bisheriger Partner hatte einen großen Coup gelandet. Als es mit der Deutschen Erdöl AG (DEA), wegen deren fehlender Rohölbasis zusehends bergab ging, hatte zuerst Gulf zugreifen wollen, Texaco war jedoch schneller. 1966 war es soweit: Die größte deutsche Mineralölgesellschaft ging in texanischen Besitz über. Zu DEA gehörten auch 4000 Tankstellen, die der in Norddeutschland ansässige Konzern seit 1956 eingerichtet hatte. Texaco sicherte sich einen zweistelligen Marktanteil und stieß in den Klub des Vorkriegskartells vor.

Als der Deal perfekt war, erhob sich unter den deutschen Mitarbeitern ein Aufschrei gekränkten Nationalstolzes. Die fast 20 000 DEA-Mitarbeiter bangten um ihre Jobs. Als die Wellen der Erregung sich nicht legen wollten, versprachen die Amerikaner, wenigstens die Marke »DEA« zu erhalten. Nach zwei Jahren kam es dann doch wie es kommen mußte, und die Neufirmierung wurde nachgeholt. Angeblich sollen sich Zwischenhändler und Tankstellenhalter gegen das sechseckige Texaco-Schild hartnäckig gewehrt haben. Sie wollten lieber das runde DEA-Emblem mit dem Bohrturm behalten. Erst als sie merkten, daß sich am preußischen Schwarz-Weiß-Rot überhaupt nichts änderte, beruhigten sie sich. In einem Sitzungszimmer des Hamburger Texaco-Hauses soll noch lange das von DEA geerbte Bismarck-Portrait gehangen haben.

Trotz der Markenvielfalt nahm die wirtschaftliche Konzentration auch in der heißesten Expansionsphase noch zu. Esso und Mobil besaßen Ende der sechziger Jahre ein Viertel, die sechs in der BRD vertretenen Majors – Esso, Shell und BP plus Mobil, Texaco und Chevron – teilten sich schwesterlich zwei Drittel des Produktionsapparates. Beim Treibstoffgeschäft hielt das Oligopol zusammen mit der Aral-Gruppe durchgängig einen Dreiviertelanteil am westdeutschen Markt.

Litermillionäre

1957 eröffnete der gelernte Flugzeugmechaniker Erwin Böttcher in Linz am Rhein gemeinsam mit seiner Frau eine kleine Tankstelle. Die beiden Zapfsäulen standen direkt vor der eigenen Haustür. Hoffnungsvoller Umsatzstart waren 200 Liter pro Tag. Als am Rosenmontag die Festwagen des Karnevalsumzuges bei ihm tankten, war die Tausend-Liter-Marke erreicht, und es knallten die Sektkorken. Die Preise waren in der damaligen Zeit noch so verläßlich, daß Erwin Böttcher sie eigenhändig an die Gartenmauer pinselte.

Diese erstaunliche Stabilität erweckte auch Skepsis. Viele Autofahrer hielten den 1950 verordneten Preissockel von 60 Pfennig schlicht für Wucher, eine Ansicht, die Mitte der fünfziger Jahre neue Nahrung erhalten hatte, als ein UNO-Bericht über die Welterdölwirtschaft kartellähnliche Preismanipulationen anprangerte. Die angegriffenen Konzerne wehrten sich nach Kräften. Die Studie des Schweden Myrdal wurde, als man deren Veröffentlichung nicht verhindern konnte, öffentlich als kommunistisches Machwerk denunziert. Auch der damalige SPD-Verkehrsexperte und spätere Bundeskanzler Helmut Schmidt, der den Treibstoffmarkt als »Paradefall eines Oligopols« bezeichnet hatte, beschwerte sich im Bundestag, daß ihn Vertreter der Mineralölgesellschaften öffentlich zum »Helfershelfer der Kommunisten«[21] abstempelten.

Preissenkungen politisch zu fordern war eine Sache, Benzin billiger zu verkaufen eine andere. In Europa kamen die Schweizer als erste in diesen Genuß. Dort war das »Migrol« der Migros-Genossenschaft in jedem Kanton günstiger zu haben als der Treibstoff der ausländischen Konkurrenz. Neben jeder Migros-Station stand bald die einer »bunten« Marke, die ihren Nachbarn heftig unterbot. Das führte letztlich dazu, daß der Schweizer Benzinpreis 15 Pfennig unter dem deutschen lag.

1955 kam es in der Bundesrepublik zum ersten Versuch, durch eine Billigmarke die armen Autobesitzer aus dem Würgegriff der Tankstellenkonzerne zu befreien. Der moderne Robin Hood, der antrat, den Besitzenden Marktanteile streitig zu machen, war Georg von Opel,

der Enkel des Opel-Gründers. »Volkskraftstoff«, kurz »VK«, hieß programmatisch das von ihm vertriebene Benzin, das er bis zu acht Pfennig unter Normalpreis abgab. Die Kartellunternehmen, für die Konkurrenz damals noch ein Fremdwort war, witterten unlauteren Wettbewerb. Um Opels dunkle Bezugsquellen zu erforschen, schickte Shell Spione aus, die ausspähen sollten, woher die »VK«-Kesselwagen kamen. Schließlich wurde man fündig, und der Lieferant konnte anhand fotografierter Verladezettel dingfest gemacht werden: Das Opelsche Benzin wurde mit sowjetzonalen Güterzügen herangeschafft und im Volkseigenen Betrieb Walter Ulbricht produziert, wie das 1949 wieder instandgesetzte Leunawerk nun hieß. Wer der Zusammenarbeit mit den Roten offiziell überführt wurde, war erledigt. Opels Vertriebsnetz siechte noch einige Jahre dahin, bis er seine Tankstellen schließlich verkaufte.

Mit den »freien« Stationen ging es trotzdem bergauf, denn es gab auch genügend nichtkommunistischen Treibstoff. Was die Gesellschaften an ihren Markentankstellen nicht absetzen konnten, verramschten sie unter Preis weiter. Noch um 1960 hielten die traditionellen Farbenfirmen rund 90 Prozent des deutschen Kraftstoffmarktes und hatten niemand zu fürchten. Es war im Gegenteil so, daß die kleinen

Beeindruckende Neubauten. Kombination von Tankstelle und Wohnsilo. Frankfurt 1962.

Händler ihnen zwei Sorgen auf einmal abnahmen. Sie waren, wie in den USA, das Ventil für übervolle Tanklager, und ihre Existenz bannte die Gefahr, das Kartellamt könne vielleicht doch irgendwann einmal tätig werden.

Doch nun kamen auch hierzulande immer mehr clevere Gewerbetreibende auf die Idee, Sprit auf eigene Rechnung zu verkaufen, weil sie erkannt hatten, welche Gewinnspannen in dem Geschäft steckten. Udo Andrees, ein Mann der ersten Stunde, der Ende der fünfziger Jahre im Düsseldorfer Zooviertel begann, die Markentankstellen zu unterbieten, erinnert sich nur zu gern an diese Zeit, denn damals hat er »gelebt wie die Made im Speck«. Der Speck, das waren die reichlichen Kraftstoffmengen, die nur auf einen Käufer warteten, und auf die sich bald eine ganze Branche spezialisierte. Gekauft wurde unter anderem in den Niederlanden.

Gemeinsam mit dem nahen Antwerpen hatte sich Rotterdam zum größten Ölumschlagplatz der Welt entwickelt, ein Mekka für Spekulanten. Am Rheindelta hatte sich eine Unzahl von Handelsfirmen niedergelassen, darunter jede Menge Konzerntöchter der Mineralölindustrie, deren wichtigstes Inventar der Telefonhö-

rer war. So entstand der Rotterdamer Spotmarkt, wo auf undurchsichtige Weise die Preise entstanden und herrenlose Ware verramscht wurde.

In den sechziger Jahren brauchte man bloß zuzuschnappen, um eines der vielen Sonderangebote wahrzunehmen. Hollands Raffinerieausstoß erreichte zeitweise das Doppelte des Binnenverbrauchs. Westdeutsche Ölhändler deckten sich dort ein, und Benzinkrauter mit wenigen Tanksäulen kamen über Grossisten an den begehrten Stoff. Eine weitere Quelle der Freien waren inländische Raffinerien ohne eigenes Verteilernetz sowie die hiesigen Konzernraffinerien, die mehr produzierten, als die eigene Vertriebsorganisation aufnehmen konnte.

Die Preisdifferenzen resultierten aus den unterschiedlichen Quellen und Lieferwegen. Der Hamburger Verband Uniti, ein Zusammenschluß mittelständischer Mineralölunternehmer, der die »Avia«-Tankstellen betreibt, pflegt zum Beispiel gute Beziehungen zu den Konzernen. Ganz anders lag der Fall bei den Verbrauchermärkten auf der grünen Wiese, die seit den späten sechziger Jahren Treibstoff zu Lockvogelpreisen verschleuderten. Ganz seriös gibt sich dagegen der Bonner Bundesverband freier Tankstellen (BFT), der sein Büro nicht zufällig in die damalige Hauptstadt verlegte. Die BFT-Unternehmer verstehen sich als diejenigen, die rechtmäßig unter freier Flagge segeln. Um ihre Solidität optisch hervorzuheben, schufen sie als Erkennungszeichen ein Wappen in Schwarz-Orange mit dem in Deutschland traditionellen T für Tankstelle.

Die »markenfreie« Marke war auch eine Reaktion auf jene Meldungen, die immer wieder durch die Presse gingen, und besagten, Billigbenzin sei motorschädigend. Für das Auto war dem stolzen Besitzer das Beste gerade gut genug, im Normalhaushalt mußte gespart werden. Bis weit in die sechziger Jahre hinein brachte ein Angestellter unter 1000 Mark nach Hause. Ein Arbeiter erhielt noch weniger. Wollte er sich 1965 einen schicken Ford Taunus 12 M kaufen – mit 40 PS und 125 km/h Spitzengeschwindigkeit – mußte er dafür lange sparen, denn dieses Modell kostete 5500 DM plus Aufpreis für Zierfelgen und eine zweifarbige Version. Und der Kunde verlangte viel Auto für

Weiße Säule. Ehemalige freie Tankstelle mit selbstkonstruiertem Glasdach in Buschhoven.

sein knappes Geld: Der 12 M wog zwei Zentner mehr als ein Volkswagen und schluckte stattliche zehn Liter. Damit wies er allerdings noch günstige Werte auf, denn im Durchschnitt verbrauchten die PKWs damals vier Liter mehr. Die Anschaffung eines PKWs wollte gut überlegt sein, aber immer mehr Familien stellten solche Überlegungen an.

»Wenn junge Leute Pläne schmieden, gehört ein Auto mit dazu. Und zum Auto Shell. So eins, das nicht viel kostet. Aus zweiter Hand. Der nette Tankwart an der Ecke, der von Shell, weiß vielleicht eins. Mit ihm kann man über Autos reden und über alles, was dazugehört«, animierte eine Shell-Werbung aus dem Jahre 1964 zum Gebrauchtwagenkauf. Ein Auto aus zweiter Hand war eine überlegenswerte Alternative, denn die Haushaltsportemonnaies waren strapaziert. Bis 1969 stand schon in fast jeder Wohnung ein Kühlschrank und ein Fernsehapparat. 1958 saß erst jeder zwanzigste, 1969 schon jeder zweite Arbeitnehmer hinter dem Steuer einer Familienkutsche. Und die war nicht billig: 1970 machten die Kosten des fahrbaren Untersatzes mehr als ein Zehntel des Haushaltsbudgets einer Durchschnittsfamilie aus. 1960 war es erst ein Zwanzigstel gewesen und 1950, als der Privatverkehr noch kaum eine Rolle spielte, gar nur ein Fünfzigstel.

Freiheit hatte ihren Preis. An der freien Tankstelle war sie noch billig zu haben. Der 12-M-Fahrer konnte dort 2,50 Mark pro Tankfüllung sparen. Je niedriger die PS-Zahl, desto häufiger tankten die Besitzer markenfreies Benzin. An weißen Zapfsäulen wurde oft das Mehrfache abgesetzt als bei der bunten Konkurrenz. Unter Tankstellenbetreibern sprach sich schnell herum, daß man an freien Tankstellen nicht nur sein eigener Herr sein konnte, sondern auch besser verdiente als ein Markenstationär. Die meisten Freien hatten das passable Einkommen eines mittleren Angestellten, vorausgesetzt die Station lag günstig und stand auf eigenem Grund und Boden. Ein Drittel der Tankstelleninhaber der Benzinkonzerne hatte am Monatsende weniger als ein Industriearbeiter. Die Freien konnten selber kalkulieren – reich wurden trotzdem nur die wenigsten.

Soweit brachte man es nur, wenn man beispielsweise als Kraftstoffgroßhändler genug

Geld in ein lokales Netz investieren konnte, wie die Firma Rückwarth, die bis 1992 über 30 Jahre ein 100-Stationen-Netz in der Umgebung von Bielefeld betrieb. Zu den Etablierten gehörte auch der Düsseldorfer Unternehmer Andrees, der seine Tankwarte mit der Geldkatze vorm Bauch abkassieren ließ. Da die Kunden nicht mehr auszusteigen brauchten und alles noch fixer ging, wurde diese Methode später von einigen Supermarkt-Tankstellen kopiert.

Der Erfolg der Glücksritter des Wirtschaftswunders, die plötzlich Litermillionäre waren und mit freiem Benzin schnelles Geld machten, wirkte wie ein Sog. Der Kapitalismus zeigte

Oben: Schick der Fünfziger. Auf italienisch: Strandstation an der Adria.

Unten: Auf teutonisch: Vorzeigetankstelle von Aral in Bochum.

114

sein freundlichstes Gesicht. Der Anteil weißer Säulen stieg auf knapp zehn Prozent. Ende der sechziger Jahre gab es 5000 freie Tankstellen in der Bundesrepublik. Wie in den USA floß nun ein volles Viertel des Benzinabsatzes durch die Zapfschläuche der kleinen Konkurrenz.

Für die großen Treibstoffkonzerne war dies aber keine so dramatische Entwicklung. Denn durch die sich gleichzeitig in Bewegung setzende Autolawine wurde die relative Verdrängung vom Markt mehr als wettgemacht. Die Zahl der zugelassenen Kraftfahrzeuge in Westdeutschland kletterte von acht Millionen im Jahre 1960 auf über 16 Millionen im Jahre 1970. Der PKW-Bestand hatte sich in dieser Zeit verdreifacht, und auch der Benzinverbrauch stieg um das Dreifache. Der Kraftstoffverbrauch betrug am Ende des Jahrzehnts 22 Milliarden Liter pro Jahr. Blies 1960 ein Kraftfahrer in der Woche im Schnitt noch 19 Liter durch den Auspuff, waren es 10 Jahre später schon 27 Liter. 1965 prophezeite Esso seinen Tankwarten: »*In fünf Jahren wird es in Deutschland Wagen mit noch stärkeren Motoren geben, die noch mehr Benzin brauchen als heute.*«[22]

Benzin und Spiele

»*Sie springen uns entgegen aus der Verworrenheit überfüllter Straßen und heben sich selbstbewußt aus jedem Schilderwald ab*«,[23] triumphierte BP nach der Renovierung ihrer Tankstellen Ende der fünfziger Jahre. Nach der ungebremsten Expansion des Nachkriegsjahrzehnts boten selbst die Netze der Markengesellschaften kein einheitliches Bild mehr. Es war eine Frage der Zeit, wann sie dazu übergehen würden, das zu tun, was nur sie konnten, nämlich Millionenbeträge in die Vereinheitlichung ihrer Stationen zu investieren.

Der damals meistbeschäftige Designer, Raymond Loewy, der für die Topetage des corporate America gearbeitet hatte, bekam 1957 den Zuschlag für das erste internationale Corporate-Identity-Programm der Branche. »*Sauber, effektiv und freundlich*«, definierte Auftragge-

ber BP vorab seinen »*New Look*«. Loewys Pariser Dependence lieferte einen neuen Tankstellentyp in typisierter Bauweise, der zwar nicht revolutionär war, aber in Europa in Mode kam. Ein freistehendes Vordach mit einer Falte machte jetzt einen Knick vor dem Kunden. Zapfsäulen und Plexiglas-Preisschilder waren genauso eckig gestylt wie die Kleider und Autokarrosserien der Sixties.

Das Update hatte seinen ersten Test bestanden. In Frankfurt am Main, wo die Briten neun Stationen besaßen, rückte eine nach Loewys »*New Look*« umfrisierte Tankstelle, die bis dahin beim Umsatz auf den hinteren Rängen gelegen hatte, innerhalb von drei Monaten auf den internen Spitzenplatz vor. Die Tankstellenhalter erhielten eine neue Uniform im Einheitslook, denn »*einheitliches Aussehen der Station, einheitliche Service-Leistungen sind das Kennzeichen einer Markengesellschaft*«[24]. Selbst die letzte Kümmerstation bekam daraufhin ein neues Konfektionsgewand.

Nachdem BP auch noch die Farbe wechselte, reagierte die Konkurrenz. Bei Aral bekamen nun sämtliche Stationen einen helleren Anstrich. Die Majors setzten auf ihr Markenimage und warben mit qualitätsverbessernden Benzinzusätzen, den sogenannten Additiven. Man gab ihnen geheimnisvolle Namen: BP bot »*Plus 08*«, Esso parierte mit »*E 54*«, Aral mit »*AMR*«. Shell stellte ab 1960 sein »*Platformat*« groß heraus, das 1963 zum »*Superplatformat*« mutierte. In weltweiten Werbekampagnen konterte man den Preisvorteil der Freien mit dem Versprechen von »*mehr Kilometern*« (more mileage).

Wer Esso-Extra tankte, hatte nicht nur »*Tigerkräfte*« mit im Tank, sondern auch »*gesteigerte Energie, gesteigertes Temperament und gesteigerte Geschmeidigkeit*«. BP versprach gar einen »*5. Gang*«, als die meisten Autos noch mit vier auskommen mußten. Aral verkaufte nicht etwa Treibstoff, sondern »*Superkraft*«. »*Solo für Super-Shell*« hieß es in Anlehnung an den Titel einer erfolgreichen amerikanischen TV-Serie.

Mitte der fünfziger Jahre war der Begriff »*Super*« für das klopffeste Gemisch eingeführt worden. Der Anteil der hochgezüchteten Motoren stieg mit der Zeit von weniger als fünf auf

über 50 Prozent. Das brachte nicht nur einen erfreulichen Zugewinn, weil die Preisspanne technisch kaum zu rechtfertigen war. Noch erstaunlicher war, daß der Anteil getankten Superbenzins ständig um einige Prozent höher lag als der Prozentsatz der Autos, die den klopf- festeren Kraftstoff überhaupt verwerten konn- ten, ein auch aus Amerika bekanntes Phäno- men. Aus Liebe zum Auto gab man gerne ein paar Mark mehr aus.

Der Spiegel dokumentierte 1971 die inni- gen Bande, die sich mittlerweile zwischen PKW und Besitzer entwickelt hatte. Schon die im Rückfenster baumelnden Maskottchen verrieten die zärtlichen Neigungen, ebenso wie die Kose- namen, mit denen Autofahrer ihre Wagen bedachten. Aral und Esso verteilten kleine Männchen als Schlüsselanhänger (eine Reminis- zenz an »Die Drei von der Tankstelle«) – Tank- wartspüppchen zum Liebhaben. Der Wagen wurde mindestens einmal pro Woche gründlich gewaschen. Hochglanz kam aus der Tube.

Bis 1965 boten auch in Deutschland alle bekannten Benzinmarken ein komplettes Zube- hör-Programm samt Pflegemittel-Sortiment an. Auch das Image des Tankwarts sollte von der Liebe zum Auto profitieren. Er wurde kurzer- hand zum »Autowart« ernannt, die Tankstelle zum »Autofachgeschäft am Straßenrand«. An den Straßenzapfsäulen der zwanziger Jahre hatte sich das Folgegeschäft noch im Verkauf von Motorenöl erschöpft, das etwa ab 1930 nicht mehr verpackungslos oder in Einheits- flaschen, sondern in speziell gestalteten Dosen als Markenöl verkauft wurde. Zu dieser Zeit erhielt der Kunde auch schon Straßenkarten, die umsonst ausgegeben wurden.

Den entscheidenden Schritt über den rei- nen Treibstoffverkauf hinaus machten die Ben- zinfirmen in den fünfziger Jahren, indem sie ihre Tankstellen um Wasch- und Wartungshallen erweiterten. Doch wenngleich besonders Esso mit einem ziemlich breiten Angebot startete, handelte es sich dabei hauptsächlich um techni- sche Produkte, wie Batterien, Bremsflüssigkeit oder Frostschutzmittel. Das Zusatzgeschäft basierte auf der »Wagenpflege« und war im Grunde also immer noch der alte Kundendienst, nur etwas großzügiger aufgezogen. Zusätzlich gab es Werbegeschenke, wie Kronkorkenöffner,

Erfrischungstücher oder Picknicketuis. Später wurden auch so nützliche Dinge wie Briefmar- ken, Fußballbilder und Muscheln verteilt.

Esso gliederte den Kundendienst in zehn Einzeltätigkeiten und nannte das neudeutsch »Systempflege«. Es folgten die Gasolin-»Pflege- inspektion«, der Aral-»Wartungsdienst«, die DEA-»Wartung« usw. Weil die KFZ-Werkstätten die vielen Aufträge bald nicht mehr bewältigen konnten, wich mancher Autofahrer auf eine Tankstelle aus. Dort konnte er inzwischen über Ersatzteile, Reifen und Pflegemittel hinaus auch allerhand Zierrat erwerben, mit dem die Deut- schen allzugern ihr rollendes Heim schmückten.

Der Tankwart am Schaltpult: In den sechziger Jahren hält die Elektronik an der Tankstelle Einzug. USA 1969.

116

Green River, Wyoming 1992.

»Alles fürs Auto« wurde zum erklärten Esso-Motto. Noch beschränkte sich das ganze Zusatzgeschäft also auf Zubehör im weitesten Sinne, sieht man einmal von den in den fünfziger Jahren aufgestellten Coca-Cola-Automaten ab. Dabei hatte man sehr früh bahnbrechende Ideen: 1951 strengte der Verband des Hotel- und Gaststättengewerbes einen Prozeß gegen einen Tankstellenbetrieb an, der eine Ausschanklizenz für Alkohol erhalten hatte. Das Braunschweiger Landesverwaltungsgericht vertrat damals die Auffassung, »daß ein Fernfahrer, wie überhaupt jeder Autofahrer, auch einmal das Bedürfnis habe, einen Weinbrand, einen Likör oder andere alkoholische Getränke zu sich zu nehmen«. Der Tankstellenverband steuerte einen weitsichtigen Kommentar bei: »Die Entwicklung geht mit Riesenschritten vorwärts, und wir haben heute die gleiche Erscheinung wie vor 100 Jahren als mit dem Bau der Schienenwege zugleich der Bau der Gaststätten verbunden wurde. Heute geht das Bestreben dahin, die Tankstellen mit dem Ausschank von Getränken zu koppeln. Das ist nicht so einfach, weil erst der Widerstand des Gaststättengewerbes zu überwinden ist.«[25]

Die Treibstoffkonzerne waren ihrer Zeit weit voraus. 30 Jahre später griffen sie die Bahnhofsidee wieder auf, verwarfen das Gaststättenkonzept, weil dem Alkoholkonsum beim Autofahren sowieso Grenzen gesetzt sind, und gingen daran, auf dem Tankstellengelände Kioske einzurichten, denen sie flotte Namen verliehen. Nicht nur der »Mini-Markt« bei Aral, auch Elfs »Boutique«, der BP-»Autoshop«, der »Shell-Shop« und Agips »Big-Bon« spiegeln das Lebensgefühl der Swinging Sixties wider.

Kaum jemand wollte wissen, was ihn der Spaß auf Rädern kostet. Es wurde mit dem Herzen gefahren, nicht mit dem Verstand und das möglichst bei jeder sich bietenden Gelegenheit. Über 40 Prozent hatten sich überhaupt noch nie Gedanken über die Unterhaltskosten gemacht. Ebensoviele schätzten den Betrag, den sie monatlich ins Auto steckten, als viel zu niedrig ein. Esso ließ im Sommer 1967 seinen Werbe-Tiger über Kilometersteine »von Kilometer zu Kilometer« hüpfen, und das war keine Ironie, sondern längst Realität für Millionen Autourlauber.

Die Netz-Politik der Markenfirmen funktionierte nach dem »Hündchenprinzip«: Wo einer markiert, braucht man auf den nächsten nicht lange zu warten. Ausfallstraßen, an denen sich die Stationen drängelten, wurden zu deutschen Strips. Shell kreierte den »netten Tankwart an der Ecke« und Aral erfand einen Werbespruch, den heute, wo die wenigen Tankstellen weitestgehend an die Peripherie der Städte abgewandert sind, niemand mehr versteht: »Ein kurzer Weg, der sich lohnt« – der hemmungslose Ausbau des Vertriebsnetzes rangierte bei den Markenfirmen unter der Rubrik Verbrauchernähe, zogen sie dem Kunden doch sogar in dessen Wohnviertel hinterher. Das war auch der Grund, weshalb trotz gewaltiger Umsatzsteigerungen in der Branche insgesamt einzelne Tankstellen schlecht liefen.

Noch glaubten viele ängstliche Autofahrer die Mär vom minderwertigen Ostbenzin der freien Tankstellen. 1964 konnte es dann jeder in der Testzeitschrift DM Schwarz auf Weiß lesen: Benzin, das für 46 Pfennig aus einer weißen Säule strömte, war dieselbe Konzernware, für die einem nebenan bei Esso oder Aral 57 Pfennig abgeknöpft wurden. Da wurden selbst die eigenen Tankstellenhalter hellhörig und wollten es genau wissen: »Wir sind Anfang dieses Monats mal einem großen bunten Tankwagen hinterhergefahren, als er das Tanklager einer Mineralölgesellschaft verließ. Wir hatten Glück. Schon nach wenigen hundert Metern bog er von der Hauptstraße ab und hielt an einer unscheinbaren neutralen Zapfsäule. Der Tankwagen war in den gleichen auffallenden Farben der Gesellschaft gestrichen, deren Lager er verließ. An der unscheinbaren Zapfsäule wurden ca. 3000 Liter Benzin – auf dem Lieferschein heißt es dann 1a Vergaserkraftstoff – abgelassen«,[26] verriet ein Leserbrief die bis heute übliche Lieferpraxis.

Die Stationäre der Markenfirmen wurden noch ungehaltener, als 1967 zum Preiskampf gegen die Freien geblasen wurde. Der Rabatt, den sie Stammkunden bei Barzahlung gewähren sollten, wurde nämlich von ihrem Verdienst abgezogen. Bei der Esso AG gingen die Hälfte aller Tankstellenbetreiber dazu über. Lautstarke Empörung nützte in einer Branche, in der schon eine schlechte Geschäftslage als Kündigungs-

Krieg an der Bordsteinkante. Eine freie Tankstelle bietet die Gallone neun Cent billiger an. USA 1968.

grund reichte, nichts. Eine weitere einfallsreiche Neuerung stammt auch aus diesen stürmischen Zeiten und war made in USA: Um sich wenigstens optisch den Preisen der Self-Service-Jobber anzunähern, wurde dort die Preis-Staffelung nach Zehntel-Cents eingeführt – die Ziffer 9 hinter dem Pfennigbetrag ist seitdem auch hierzulande obligatorisch.

Optische Täuschungen nützten jedoch genauso wenig wie die Wimpel und Rosetten, die sich vor der Station im Wind drehten, um ewige Ferienstimmung zu verbreiten. Die Autofahrer ließen sich vom aufpolierten Gesicht der Markentankstellen nicht ablenken, sondern starrten statt dessen wie gebannt auf die in immer kürzeren Abständen ausgetauschten Preisschilder. Bis Mitte der sechziger Jahre hatte dort fast Stillstand geherrscht. Von Mai 1961 bis März 1966 war der Benzinpreis tatsächlich unverändert bei 56 Pfennig stehengeblieben.

Nach dieser Verschnaufpause bliesen die Marktführer zum Kampf gegen die »Unterpreistankstellen«, wie sie die Freien jetzt nannten, und senkten gemeinsam ihre Preise auf 48 Pfennig. Ein Jahr später, nach dem dritten Nahostkrieg, hoben sie sie wieder an. Der Preis-Gänsemarsch hatte funktioniert und sollte sich

von nun an unzählige Male wiederholen. Auch eine andere Taktik funktionierte schon recht gut: Das Kartellamt hatte die Synchronerhöhungen moniert, zog aber seine Klage sofort zurück, als die Markenfirmen daraufhin auch ihren synchronisierten Rückzieher vorführten.

Hektische Zeiten brachen an. Die Stationäre mußten ihre Zähluhren ständig umstellen, und ab und an brach nun auch auf deutschem Boden ein Benzinkrieg aus, über den sich die Autofahrer und die Lokalredakteure freuten. Stationen, die zufällig in der Kampfzone lagen, gerieten zwischen die Fronten, und wenn sie ihre Preise nicht rechtzeitig oder großzügig genug korrigierten, konnte es passieren, daß der Umsatz fast auf Null fiel.

Noch schienen die Freien auf dem Vormarsch zu sein. Als sich aber abzeichnete, daß eine Phase der Preiskämpfe in eine der Kampfpreise übergehen würde, war klar, daß es ums Überleben ging. Dem Tankkunden war das völlig egal, wenn er nur zwischen teurem und billigem Benzin wählen konnte. In der Presse wurden die weißen Zapfsäulen noch als »die Säulen der Freiheit« gepriesen, nicht ahnend, daß das Ende dieser Freiheit bereits nahte. Das Tankstellengewerbe, in dem Ende der sechziger

Der nette Tankwart an der Ecke – es gab viel zu viele Tankstellen, die oft in Sichtweite voneinander lagen und sich erbitterte Preisschlachten lieferten.

Jahre in Westdeutschland um die 200 000 Menschen beschäftigt waren, erschien wie ein riesiger Industriebetrieb ohne feste Belegschaft. Kündigungen aus heiterem Himmel waren immer möglich. Die betreffenden Pächter bekamen lediglich eine Abfindung. Die, die überlebten, hielten ihr geschundenes Standesbewußtsein hoch. Daß das Tankstellengewerbe »eben eine sehr besondere Art von Einzelhandel ist«,[27] sollte sich bald aufs neue bewahrheiten.

1965 lockte die US-Firma Tidewater ihre Tankkundschaft mit dem vollmundigen Versprechen »Win-A-Check« an ihre Stationen. Mit solchen Lotterien hatten Amerikas Supermärkte schon seit Jahren gute Erfahrungen gemacht. Nun lachte auch an der Tankstelle Bares. Wer seinen Wagen gefüllt hatte, konnte an der Kasse ein Los mitnehmen und auf einen Haupttreffer hoffen. Als der Pionier Tidewater in Kalifornien daraufhin seine Umsätze in nur einem Monat um sagenhafte 56 Prozent steigern konnte, war kein Halten mehr. Ob Sinclairs »Double-Dino-Dollars«, Unocals »Jumbo Jackpot«, Gulfs »Extra Kick Horseshoe Game« oder Suns »Sunny Dollara« – der Dollar rollte. Und die Zahl der Gewinnspiele stieg 1967 in den USA auf über 30.

Als es Shell 1968 in Kalifornien schließlich schaffte, mit ihren »Wiki-Wiki-Dollars« – Höchstgewinn 2500 Dollar – erstmals Socal, die mit ihren »Hula-Dollars« dagegen nichts ausrichten konnte, als größten Benzinhändler der Region abzulösen, brach der Krieg der Spiele aus. Er wurde erst 1969 durch die Federal Commission beendet, die das fröhliche Treiben zum unfairen Wettbewerb erklärte.

In Deutschland kopierte Aral die Amerikaner und löste hierzulande einen ähnlichen Spielrausch aus. Mit der konzertierten Spielaktion hoffte man, Autofahrer von den Freien zurückzuködern.

Beim »Rubbel die Mark«-Spiel der BP suchten Schlaufüchse bald per Zeitungsannonce die zweite passende Nummer, die man für den 10 000-Mark-Gewinn brauchte. Ganze Schulklassen holten sich stapelweise die Lose ab, weil inzwischen gerichtlich geklärt worden war, daß das Glücksspielen nicht ans Tanken gekoppelt werden durfte. Bei Esso befürchtete der Vorstand zwar, das so mühsam gepflegte »Farbenbewußtsein« würde leiden, weil Autofahrer auch bei der Konkurrenz mitzockten. Aber an den Tankstellen lachte wieder das Glück.

Wo sich das Leben um die Zapfsäule drehte. Die Tankwartsfamilie Lellmann aus Schildgen.

Cents, Dollars und das Glück – kaum vorstellbar, was man in den goldenen Jahren an der Tankstelle alles gewinnen konnte. USA 1969.

Tankwarte, Service, Souvenirs

Sie schwirrt durch diverse Wirtschaftskommentare in Zeitungskolumnen und TV-Talkrunden – die Behauptung, wir würden an der Schwelle zur »Dienstleistungsgesellschaft« stehen. Die Mineralölkonzerne scheinen von diesem Trend nichts mitbekommen zu haben. Sonst hätten sie ihren Service in den letzten 20 Jahren nicht komplett abgeschafft und ihre Stationen zu Do-it-yourself-Märkten umfunktioniert. Dort kann man selber tanken, womöglich selbst Öl (in umweltfreundliche, wiederverwendbare) Dosen schütten und mit dem Auto selbst in die Waschanlage einbiegen. Und man kann von dort belegte Brötchen oder eine Flasche Apfelsinensaft mit nach Hause nehmen.

Die Tankstelle an der nächsten Straßenecke, wo es auch im Büro noch nach Schmiere und Arbeit roch und deren Tankwart auch dann unter die Haube schaute, wenn vorher kein Termin telefonisch oder per Fax vereinbart war, sie steht dagegen schon seit Jahren leer. Den Tankwart, der dort zwölf Stunden am Tag auf den Beinen war, gibt es nur noch im Lexikon der verschwundenen Berufe. Er ist aus der Mode gekommen, ebenso wie sein freundliches Lächeln und die Hilfsbereitschaft, die man den Blaumännern jahrzehntelang eingebleut hatte.

Einst stand vor der »Groß-Tankstelle zum freundlichen Herrn« in Rolandseck am Rhein eben jener Herr in frisch gebügelter weißer Livree und grüßte mit der Hand an der Schläfe und in vorschriftsmäßig gestreckter Haltung sogar die vorbeifahrenden Autofahrer. Jene, die zum Tanken kamen, ein- und jene, die losfuhren, wieder auszuwinken, war Berufsehre. Wer erinnert sich noch an die schicken Schirmmützen und Stewart-Käppis, die sie auf dem Kopf trugen, all die bunten Hemden, Jacken und Krawatten in den Farben der Firma? Als Tankwarte noch den Schraubenschlüssel schwangen, waren sie Agenten der modernen, von Motoren angetriebenen Zeit, die schmutzige Spuren auf ihren Kitteln hinterließ. Heute, zu »Tankstellenpartnern« oder »Tankstellen-

managern« umgeschult, wird auch ihnen die Corporate Identity maßgerecht auf den Leib geschneidert.

Daß der Tankwart uns einst mit Namen begrüßte, daß er umsonst den Ölstand prüfte und die Scheiben wischte (und vorher höflich fragte, ob er das auch dürfe), daß man bei ihm den Wagen freitags abgeben und samstags rundum gereinigt wieder abholen konnte, daß er bunte Landkarten und kleine Figürchen von sich selbst (als Schlüsselanhänger) verschenkte, das alles klingt heute wie ein Märchen aus vergangenen Tagen.

1 Tankservice bei Flut, Holland 1935.
2 Reifenwechsel, USA 1957.
3 Werbeplakat, Deutschland 1951.
4 Tankwartpuppe, USA 1957.
5 Nächtlicher Kundendienst, USA 1928.
6 Service in Livree, Prag 1930.

1 »GAS«, USA 1935.
2 Straßenkarte, USA 1960.
3 Diplomierte Tankwarte, USA 1959.
4 »Super Service«, USA 1936.
5 Tankwunder, USA 1965.
6 Souvenirs von Minol, DDR 1975.
7 Tankmann, Deutschland 24.12.1962.

Geschocktes Schlaraffenland

Die Blechkarawane schiebt sich Stoßstange an Stoßstange kilometerweit durch die Straßen. Im Schneckentempo kriechen die Wagen auf die nächste Tankstelle zu. Eine gereizte Spannung liegt in der abgasgeschwängerten Luft. Je näher die Zapfsäulen kommen, desto nervöser werden die Ungeduldigen in ihren Fahrersitzen. Wenn dann noch Schilder auftauchen, auf denen »No Gas«, »Last customer to be served« (letzter Kunde, der bedient wird) oder »Today's allocation sold« (heutige Zuteilung ausverkauft) zu lesen ist, steigt der Blutdruck. Der Run auf den letzten Tropfen hat begonnen, mancher brave Autofahrer beginnt durchzudrehen.

»Die Menge war feindselig«, erinnert sich ein Ölmanager. »Sie waren sich sicher, daß wir irgendwo im Untergrund Benzin horteten und die Krise künstlich herbeiführten.«[1] 1973 hatten arabische Förderländer zuerst Produktionsdrosselungen und drastische Preiserhöhungen beschlossen, um dann ein Ölembargo gegen die USA zu verhängen, die damals ein Drittel ihres Erdöls aus dem Nahen Osten bezogen. Als daraufhin Engpässe in der Benzinversorgung auftraten, gerieten Amerikas Autofahrer in Tankpanik – die Vorstellung vom vermeintlich letzten Treibstofftropfen wurde zum Trauma.

»Wir Amerikaner sind ans Ende der billigen Energie angekommen und stehen am Anfang der Veränderung unseres Lebensstils.«[2] Nicht der Vertreter einer ökologischen Basisgruppe, sondern der Chef einer großen kalifornischen Ölgesellschaft brachte es mit diesen Worten unmißverständlich auf den Punkt. Tatsächlich gab es in den nächsten Jahren gravierende Veränderungen. Über die verunsicherte Nation brach eine wahre Gesetzesflut herein, die nicht nur Preiskontrollen für die Ölindustrie vorschrieb, sondern auch Einschränkungen im Autoverkehr. Nun galt landesweit die – erst jüngst in einigen Staaten wieder aufgehobene – Höchstgeschwindigkeit von 55 Meilen pro Stunde, was Tag für Tag mehr als 160 000 Faß Benzin einsparte.

Zwei Jahre nach dem Ölschock hatte sich der Benzinpreis auf fast 60 Cent verdoppelt, und die US-Bürger schätzten einer Umfrage zufolge den Ertrag der Ölgesellschaften pro investier-

tem Dollar fast zehn mal höher als er tatsächlich war. Immerhin lag der Gewinnanteil der Branche mit 7,2 Cent immer noch fast 50 Prozent über dem Durchschnitt der übrigen Industrie. Die Ölfirmen profitierten auch in der Krise. Volksvertreter im Kongress verurteilten die »obszönen Profite«.

Als das Embargo im Oktober 1973 verkündet wurde, waren noch viele Tanker auf See. Sie brauchten gut einen Monat vom Persischen Golf zu den Verarbeitungsstätten in Westeuropa. Aber schon wenige Tage nach der Boykotterklärung trat auch dort eine Ölverknappung ein. Am 1. November erhielten die Stationäre der BP ein Schreiben, in dem sie unterrichtet wurden, daß wegen nicht näher erklärter Probleme die Münzsäulen bis auf weiteres zu schließen seien – Hamsterer füllten sich an diesen Säulen seit kurzem ihre Reservekanister. Eine Woche später wiesen alle großen Marken ihre Stationäre an, bevorzugt Stammkundschaft zu bedienen, da fortan die Kraftstoffmengen gekürzt würden. Gleichzeitig schnellte der Benzinpreis bis Anfang 1974 um 20 Pfennig nach oben und fiel von da ab nie mehr unter 80 Pfennig.

Der arabische Lieferstop bescherte den Ölgesellschaften die Möglichkeit, Markt- und Preishoheit wieder in den Griff zu bekommen. Die Benzinkrise, die an amerikanischen Tank-

Links: Benzincowboy mit grauen Schläfen. Tankstellenbesitzer in Lind, Washington State.

Amerika ausverkauft. Station, die 1973 wegen Benzinmangels geschlossen hat.

Wilder Westen. Die Pfosten vor den Säulen einer Tankstelle in Los Angeles sollen sie vor motorisierten Rambos schützen.

stellen zu Wildwest-Szenen führte und Niederländern wie Deutschen ein paar ruhige, autofreie Sonntage und ein zeitlich begrenztes Tempolimit bescherte, war keineswegs darauf zurückzuführen, daß »die Scheichs uns den Ölhahn zugedreht« haben, wie es in griffigen Schlagzeilen kolportiert wurde.

In den USA war es schon vorher zu Verknappungen gekommen, was unter anderem Tausende freier Tankstellen die Existenz gekostet hatte. Die heimischen Ölgesellschaften hatten an der gesamten dichtbevölkerten Ostküste seit Ende der vierziger Jahre keine Raffinerie mehr gebaut. Jahrelang lag der Zuwachs beim US-Treibstoffabsatz über der Zunahme der Raffineriekapazitäten. Der Raffineriebau in Nordamerika kam schließlich ganz zum Erliegen. Nur ein Zwanzigstel der Weltbevölkerung lebte in den Vereinigten Staaten, aber über die Hälfte

allen Benzins wurde dort verfahren und ein Drittel der gesamten Energie verbraucht.

In den zwei Jahren nach der Ölkrise kauften Amerikaner zehn Prozent mehr kleine Wagen als vorher. Aber es dauerte nicht sehr lange, bis sie ihre alte Liebe zu den Benzinschluckern wiederentdeckten. 1976 meldeten Detroits Autofabriken Rekordgewinne. Die Verbrauchszwerge hingegen kamen fast ausnahmslos aus dem Ausland, wie der »Herbie«, der deutsche Volkswagen, der zum Lieblingsfahrzeug von Freaks und Hausfrauen wurde.

Als Ende 1975 die Preise an den Tankstellen leicht nachgaben, hielten das nicht wenige für eine Entwarnung. Ein Simulator, den eine Benzingesellschaft entwickelt hatte, um ökonomisches Fahrverhalten einzuüben – »Fahre effektiver und spare 150 Gallonen im Jahr!« –, wurde zum Ladenhüter.

Um 1977 importierten die USA nahezu die Hälfte ihres Öls – sie waren erneut reif für eine Krise. Sie sollte zwei Jahre später ausgelöst werden, als die iranische Revolution eine weitere Serie von Ölpreissprüngen auslöste. Der Preis pro Faß verdoppelte sich auf 34 Dollar. Gerade erst hatte Präsident Jimmy Carter das Department of Energy eingerichtet und die Beendigung aller Preiskontrollen angekündigt, da brach erneut eine Benzinhysterie aus. In Kalifornien schienen, als Gerüchte über neuerliche Rationierungen die Runde machten, alle zwölf Millionen Autofahrer gleichzeitig die nächste Zapfsäule anzusteuern.

Als manche Staaten, aus Angst die Vorräte völlig zu erschöpfen, Autofahrern verboten, für mehr als fünf Dollar zu tanken, war kein Halten mehr. Beim Run auf den begehrten Saft, der Kraft gibt, kam es diesmal jedoch um einiges schlimmer.

Zeitungen berichteten von aufgebrachten Autofahrern, die sich gegenseitig die Reifen zerstachen, und von Schießereien an Tankinseln. Das Absurde an der Situation war, daß alle mit laufendem Motor warteten und auf diese Art schätzungsweise zehn Millionen Liter pro Tag mehr verbrauchten, die Benzinebbe also künstlich verschärften. Trucker, die aus Protest gegen gestiegene Dieselpreise mit ihren Fahrzeugen Tankstellen blockierten, machten das Treibstoff-Armageddon komplett.

Die Erdölkonzerne waren wieder einmal der öffentliche Feind Nummer eins. Auf den Schock der zweiten Ölkrise folgte auch noch der Schock an der Zapfsäule. In den USA erreichte der Preis pro Gallone erstmals die Schmerzgrenze von einem Dollar. Als sich im Sommer 1979 auch in Deutschland der Literpreis der magischen 1-Mark-Schallmauer näherte, stand die Stimmung auf Sturm. Erfahrene Stationäre bezweifelten, daß sich die Bundesdeutschen das bieten lassen würden, katastrophale Geschäftseinbrüche wurden befürchtet. In dieser Situation trat der Leiter des BP-Tankstellengeschäfts vor die Hauptversammlung des Zentralverbandes des Tankstellengewerbes, um daran zu erinnern, daß »es eine Sache ist, zu sagen, daß man weniger fährt, wenn Benzin 1,50 DM kostet, aber eine andere Sache, es dann auch zu tun«[3].

Die Benzinkonzerne konnten darauf bauen, daß ein Leben ohne PKW für die Menschen undenkbar geworden war. Das Auto war zwar nach wie vor ein Objekt der Begierde, aber mittlerweile auch ein nicht mehr wegzudenkender Gebrauchsgegenstand, den man gedankenlos benutzte, wie den Fernsehapparat oder das Telefon. Auch die zeitweilige Rückbesinnung auf alte Spargewohnheiten war letztlich ein Indiz dafür. Es war der verzweifelte Versuch, auch in Krisenzeiten von liebgewordenen Gewohnheiten nicht Abschied nehmen zu müssen. Diese Mentalität war eine Melange aus Lamento und Starrsinn, die Esso noch schürte. Mit dem Werbespruch »Wir kennen den harten Auto-Alltag« klopfte der Konzern dem Autofahrer jovial auf die krisengebeugten Schultern.

In einer Großstadt brauchte ein Erwachsener schon damals durchschnittlich ein bis zwei Stunden täglich, um ins Büro, zur Fabrik, zur Schule und wieder zurück zu kommen. Um 1960 benutzte erst ein Fünftel der Erwerbstätigen den PKW, um zur Arbeit zu kommen. Anfang der siebziger Jahre waren es schon über 50 Prozent. Fast die Hälfte der Autofahrer tankte jetzt auf der Fahrt von oder zur Arbeit, ein wichtiges Kriterium für die Standortwahl der Tankstellen und ein Zeichen dafür, in welchem Maße des Leben bereits auf das Auto abgestimmt war.

Die Gefährdung der Automobilität rief heftige Angstreaktionen hervor. In dieser Situation, in der das konsumistische Sofort-und-überall-Prinzip nicht mehr funktionierte, kam es jedoch nicht etwa zur Treibstoffrevolte, die Autofahrer kehrten vielmehr zurück in die Obhut der Majors und fuhren mehrheitlich die Stationen der versorgungssicheren Markenkon-

Truck stop, USA 1980.

zerne an. Die Umsätze der in Nachschubschwierigkeiten geratenen freien Tankstellen fielen innerhalb kurzer Zeit um etwa die Hälfte.

Torsos und Tankbahnhöfe

Um 1970 tauchten zwei in Deutschland noch nie dagewesene Tankstellentypen auf, die zunächst noch völlig unbeachtet blieben, sich jedoch schnell verbreiteten. Sie sollten gegen Ende des Jahrzehnts das Bild der Tankstellenlandschaft beherrschen und alle bisherigen Stationen fast völlig verdrängt haben. Das Aussehen des einen Typs war äußerst ungewöhnlich und dabei völlig uneinheitlich. Mal war es mehr eine Gartenzwergidylle samt Blümchenrabatten und Jägerzaun, mal ein Müllplatz, wo aufgeschlitzte Autositze, abgefahrene Reifen und zerbeulte Öldosen wie auf einem Autofriedhof herumlagen.

Meist sprossen aus dem Asphalt oder an den Rändern der Tankinseln Grasbüschel. Geplündert und sorgsam entfärbt standen die Tankstellenüberreste da. Keine Tanksäule mahnte mehr zum Benzinkauf, nie mehr wurde nachts das Gelände in animierendes Flutlicht

getaucht. Kein Tankstellenpartner. Keine Systempflege. Aus dem windschutzscheibenputzenden Mann mit der Tankwartsmütze war längst ein womöglich immer noch freundlicher Verwaltungsangestellter, EDV-Bediener oder Arbeitsloser geworden. Sein ehemaliger Arbeitsplatz, das Tankgelände, lag derweil brach. Autos standen hier meist verloren herum, als könnten sie nicht begreifen.

Die Stationen wurden stillgelegt, die Zapfsäulen demontiert. Hier gab es kein Benzin mehr. Seitdem fristeten sie ein unauffälliges, im günstigsten Falle zweckentfremdetes Dasein als Imbißbude, Getränkehandel, Hundesalon oder Gebrauchtwagenmarkt.

Für kleine Gewerbetreibende erwiesen sich die Stationen als multifunktionell verwendbar. Selbst Galerien und Kleinkunstbühnen zogen ein und nutzten die Relikte der Konjunktur für ihre kulturellen Aktivitäten. Oft gegen den Widerstand örtlicher Behörden, die die Residuen der Benzingesellschaft am liebsten schleifen wollten, wurden diese zur Heimstatt einer neuen Subkultur. In mancher Ex-Tankstelle wird auch wieder gezapft – nachdem man sie zur Kneipe umgestaltet hat.

An den stillgelegten Tankstellen wurde durch die Entkleidung vom farbenfrohen Tand das funktionelle Gehäuse sichtbar. Vielleicht blieben sie deshalb entweder unbeachtet oder wurden so gründlich entsorgt, weil an den ausrangierten Wirtschaftswunderbauten auch die Trivialität des gerade bröckelnden Fortschrittsglaubens ablesbar war. Unter manchmal aberwitzigen Dachkonstruktionen, die einmal den scheinbar nicht enden wollenden Aufschwung vorgaukelten, herrschte Tankstille. Und wo früher ein kräftiges Rot, Blau, Grün oder Gelb geleuchtet hatte, herrschte nun Grau, wie es gewöhnlich dazu benutzt wird, um Schmierereien an Häuserwänden zu übertünchen.

Wieso war der Lack der Hochkonjunktur so schnell geblättert? Vor Führungskräften der Mobil Oil lüftete Werner Thurow, Arals stellvertretender Vorstandsvorsitzender, seinem Hauptaktionär das Geheimnis. Durch die Vielzahl der Mitbewerber, die während der sechziger Jahre auf den Markt gedrängt waren, seien »*für alle Gesellschaften einschneidende Maßnahmen zur Senkung der Betriebskosten pro Einheit*

Reibekuchen statt Super. Eine zum Imbiß umfunktionierte Tankstelle in Köln, 1981.

zwingend erforderlich geworden. Der Haupt-
ansatzpunkt lag in der Umgestaltung vor-
handener Tankstellen zu modernen, hochabsetzenden Anlagen bei gleichzeitiger Desinve-
stition von unrentablen Anlagen im Umfeld.
Ziel war es, durch größere Kundenfrequenz
mehr Absatz auf die einzelne Station zu bringen. Da dies nicht an allen Tankstellen möglich
war, bestand die ›Kunst‹ darin, den Absatz in
den lokalen Märkten auf die günstigen Ver-
kaufspunkte zu konzentrieren«.[4]

Die Ruinenromantik verlassener Stationen
war keineswegs Symptom einer kranken von
der Ölkrise geschüttelten Wirtschaft, sondern
im Gegenteil ein Zeichen ihrer Überlebenskraft.
Seit Standard Oil die Konkurrenz durch einen
perfekten Vertrieb das Fürchten gelehrt hatte,
erwies sich die Erdölwirtschaft immer wieder
als Musterbranche für den optimierten Warenfluß, den man ein ums andere mal durch
Beschleunigung und Verlagerung der Geschäfts-
aktivitäten erreichte. Das war so bei der Einführung des Straßentankens durch Zapf-
maschinen und Tankstellen oder auch – auf

globaler Ebene – bei der Verlagerung der
Verarbeitungszentren in die europäischen
Industrieländer nach dem Zweiten Welt-
krieg.

Die Geschichte der Ölwirtschaft ist eine
Geschichte der Rationalisierung, ein Prinzip, das
sie als erste auf den gesamten Warenfluß
übertrug bis hin zum Vertrieb durch die Tankstelle. Voraussetzung war einerseits die Bildung
integrierter Konzerne, aber auch die Eigenschaft
des Erdöls, allgemein verfügbar, leicht trans-

**Graffito auf der Rückwand einer
aufgegebenen Station. Köln 1979.**

**Der Verfall der Stationen war nur
eine Seite der Medaille. Die andere
war, daß sich die Ölgesellschaften
durch die Schließungen wirtschaft-
lich gesundschrumpften. Hamburg
1980.**

portierbar und transformierbar zu sein. Es stand
ein Medium zur Verfügung, das wie geschaffen
war als universaler Grundstoff für eine globale
Massenkonsumgesellschaft und sozusagen
auch eine gesellschaftliche Viskosität besaß.
Wer kennt eine andere Materie, »*die sich
pumpen und in hohlen Schiffskörpern oder in
endlos langen Rohrleitungen transportieren
läßt? Die in Autos, Traktoren und Kraftwerken
gleichermaßen einsetzbar ist. Die als Straßen-
belag und als Rohstoff für Fertigbauteile,
Kühlschränke, Plastikbeutel und Textilien aller
Art dient. Ist es überhaupt vorstellbar, dieses
Ersatz- oder Reserve-›Öl‹?*«[5]

Die ungeheure Vielseitigkeit des Erdöls,
die es ermöglichte, den Stoff in gewaltigen
Strömen in die Weltwirtschaft hineinzupumpen,
mit entsprechenden Kapitalströmen korrespondierend, machte es zum Energielieferanten des
Jahrhunderts. Würden seine Quellen versiegen,
stünden die Räder still. Denn, so die autoimmo-
bile Apokalypse, »*würde in einem Augenblick
der Bestand an Schmieröl sich in Nichts auflö-*

*sen, liefen sich Millionen und Abermillionen
von Kolben, Lagern, Wellen heiß. Die gewaltige
Maschinerie des Fortschritts wäre zerstört*«.[6]

1886 stach der erste Tankdampfer mit
2764 Tonnen (tdw) Petroleum in See. In den
dreißiger Jahren hatten große Schiffe bereits
ein Ladevermögen von 10 000 Tonnen, und als
1953 in Hamburg die »*Tina Onassis*« mit
48 000 Tonnen vom Stapel lief, sprach man von
einer Weltsensation. Heute sind Tanker mit einer
halben Million Tonnen Transportfähigkeit nichts
Ungewöhnliches.

Die wahre revolutionäre Innovation
besteht jedoch darin, daß solche Riesenpötte
weit weniger Besatzungsmitglieder benötigen
als ihre Vorgänger. Ein Supertanker mißt vom
Bug bis zum Heck einige hundert Meter, aber
nur wenige dutzend Seeleute arbeiten auf
solch einem schwimmenden Ungetüm. Wenn
solch ein Geisterschiff an der Ölpier in Wil-
helmshaven liegt, wird die Ladung durch eine
Pipeline bis ins Ruhrgebiet gepumpt. Dort
strömt das Öl in den Verarbeitungskreislauf

**Auf dem Weg zum Konsumenten.
Tanklaster in den USA.**

Alles im Fluß. Ölterminal in Frankreich.

einer Raffinerie ein, auf deren weitläufigem Areal die wenigen Beschäftigten oft recht verloren wirken.

Nach der Bearbeitung des Rohstoffs im Labyrinth des Mineralölwerks werden die entsprechenden Produkte in Lagertanks geleitet, dem weitaus größten Raffineriebereich. Benzin lagert dort nicht lange. An Befüllstationen, den Tankfarmen, warten Kesselwagen und Tanklaster darauf, die Ladung zu übernehmen. Die Tanks werden mit Hilfe einer elektronischen Prozeßsteuerung gefüllt. Auch die Logistik der Tankstellenbelieferung hat sich grundlegend verändert. Leer- und Doppelfahrten wurden zwar immer schon vermieden, aber heutzutage rollen die Tanklaster rund um die Uhr, im Akkord.

Mit der Belieferung einer »hochabsetzenden« Station ist der Kreislauf schließlich geschlossen. Die neuen weiträumigen Stationen der siebziger Jahre, ausgestattet mit großen unterirdischen Tanks, mehreren Tankinseln und Dutzenden von Säulen, ähnelten nicht nur vom äußeren Erscheinungsbild den amerikanischen Multipumps, die als erste eine dem Massenabsatz angepaßte Vertriebs- und Verkehrsform entwickelt hatten. Die Yankeemaschine Tankstelle wurde in Europa von den Majors erstmals flächendeckend optimiert.

In den USA verlief die Entwicklung synchron. Auch dort sank die Zahl der Stationen in den siebziger Jahren um ein Drittel auf etwa 150 000. Zugleich gingen Umsatz und Kundenzahl an den restlichen Stationen nach oben, die erneute Schließungswelle ließ die Allee der korrodierenden Tanktorsos noch länger werden. Das Tankstellennetz der Bundesrepublik wurde in dieser Zeit jedoch wesentlich radikaler, nämlich um mehr als die Hälfte ausgedünnt. Übrig blieben weniger als 20 000 Tankstellen, davon ein Großteil völlig neue Stationen, der Rest meist von Grund auf renoviert und erweitert. Die Presse sprach von »Tankbahnhöfen«. Während jedoch deutsche Bahnsteige immer menschenleerer wurden, herrschte an den neuen Tankstellen reger Verkehr.

Heute wird eine Tankstelle durchschnittlich von über 600 Kunden am Tag angesteuert. Die meisten lassen den Tank vollaufen. Pro Jahr macht dies rund zwei Millionen Liter, nicht wenige verkaufen ein Mehrfaches. An einer Station wird im statistischen Mittel heute sechsmal soviel Kraftstoff getankt wie 1970, zehnmal

Zapfsäulenverschluß. Mechaniker auf Guadeloupe.

132

Landtankstelle am Fuß von Burg
Hochosterwitz. Kärnten 1994.

soviel wie 1960 und zwanzigmal soviel wie
1950. Damals war ein jährlicher Absatz von
100 000 Litern Benzin normal. Der Tankwart
hatte noch einen auserwählten Kundenkreis.
Auf nur 50 Autobesitzer mußte er seine Freund-
lichkeit verteilen. Zehn Jahre später waren es
schon über 100 und 1970 300. Nach der noch
nicht beendeten Schließungswelle kommen
statistisch heute auf eine Station fast 2000
Autos. An einzelnen Megastationen werden
weitaus größere Kundenzahlen bewältigt –
an nur 15 Prozent der Tankstellen wird
inzwischen fast die Hälfte des Treibstoffes
abgesetzt.

Aus Tankstellen wurden Benzinsupermärkte, denen sie nun auch äußerlich mit ihrer
rechtwinkligen Fertigarchitektur glichen. Trotz
durchgängiger Standardisierung der Bautypen
liegen die Kosten für solch eine Anlage inzwischen bei zwei bis drei Millionen Mark.
Summen in dieser Größenordnung können nur
die Gesellschaften selber aufbringen. Verhielt
sich das Verhältnis von Tankstellenpächtern zu
Tankstellenbesitzern früher größenordnungs-
mäßig von 1:4, so hatte sich schon Anfang
der achtziger Jahre dieses Verhältnis umgekehrt.

Weil sie nun Konzerneigentum sind, achten die jeweiligen Benzinfirmen heute penibel
auf Rentabilität. Jede einzelne Station wird als
»profit system« betrachtet, ein Investitionsobjekt,
das mittelfristig entweder Gewinn abwirft oder
aufgegeben wird.

Damit sich das eingesetzte Kapital amorti-
siert, wird vorher genauestens in den Geldbeu-

tel der Nachbarschaft geschaut. Standort- bzw.
Netzanalysen sollen Auskunft geben über die
zu erwartende Tankfrequenz und das Kaufver-
halten der Kunden.

An den Tankbahnhöfen, resümierte man
bei Aral, »waren Absatzverdoppelungen keine
Seltenheit. Die Tankstellenpartnervergütung je
Liter konnte seit 1970 spürbar ermäßigt
werden. Der eingeräumte Preisnachlaß, der
3–4 Pf/l beträgt, konnte im wesentlichen
durch Provisionskürzungen ausgeglichen, die in
der Regel langfristigen Verträge mit hohen
Provisionen auf eine degressiv niedrige Ver-
gütungsstaffel umgestellt werden«[7]. Übersetzt
heißt das: Je besser eine Tankstelle läuft, desto
niedriger liegt die Verdienstspanne des Pächters.
So ist zu erklären, daß die Einkommen der Tankstellenhalter 1981 sanken, obwohl die durchschnittlich abgesetzte Litermenge weiter stieg.
Im Durchschnitt erzielten die »Tankstellenpartner« 1992 einen Jahresumsatz von rund einer
Million Mark, von denen rund 90 000 DM in
ihren Portemonnaies verblieben. Doch viele
Pächter verdienen wohl kaum mehr als 60 000
DM. Für eine Arbeitskraft mehr auf der Station
muß der Treibstoffumsatz um gut eine Million
Liter steigen. Viele Pächter schalten ihre Zapfsäulen kaum noch ab, stellen billige Gelegen-
heitskräfte ein oder schieben selber einen Tank-
dienst von bis zu 90 Stunden in der Woche. Ein
Blick in die Zeitung genügt, um zu verstehen,
wie die Lösung des Problems häufig aussieht.
Dort werden vornehmlich »Tankstellen-Ehe-
paare« gesucht – die Ehefrau ist eine zusätzliche lohnfreie Arbeitskraft.

Stumme Verkäufer

Stationsschließungen und Netzumbau waren Voraussetzungen für den Typ der »hochabsetzenden« Tankstelle. Ihr wichtigstes Instrument zur Umsatzsteigerung war jedoch die Selbstbedienung. Diese uramerikanische Erfindung war schon früher auch in Europa diskutiert worden. 1953, nach Einführung von Nachtautomaten, die anstatt Schokolade oder Brauseflaschen Benzinkanister enthielten, machte man sich Hoffnung, durch die »stummen Verkäufer« die Betriebskosten senken zu können.

Doch erst in den sechziger Jahren wurde die Idee planmäßig umgesetzt, als BP für seinen Münzautomaten massiv Werbung betrieb. Obwohl die Apparaturen häufig nicht funktionierten, weil sie gerade wieder einmal gewalttätig geleert worden waren oder die Münzen klemmten, setzten sie sich zeitweise durch. In Berlin hatte 1970 ein Drittel aller Tanksäulen Einwurfschlitze. Doch durch die anfälligen Apparate, für die man immer abgezähltes Geld parat haben mußte, ließ sich der Umsatz nicht ausreichend steigern.

Tankstille herrschte bald nicht nur an geschlossenen Stationen, denn an den geöffneten sollte fortan nicht nur nachts, sondern auch am Tag Tankpersonal zunehmend überflüssig werden. Auch an den geöffneten Zapfsäulen fiel nun kaum noch ein Wort. Die Elektronik machte es seit den sechziger Jahren möglich, daß jede Zapfsäule mit einem Schaltpult verbunden war, mit dem man sie von der Kasse aus freigeben und blockieren konnte. Darüber hinaus konnte der Tankstellenbetrieb mit einem zentralen Rechenzentrum ausgestattet werden. Selbsttanken war somit technisch also kein Problem mehr.

Durch die elektronische Revolution wurde schließlich auch der Informationsfluß rationalisierbar. Dies galt nicht nur für das Tanken und Kassieren, sondern auch für Buchhaltung und Bilanzen. Natürlich kann »die Mengensteuerung und -disposition durch die permanente elektronische Erfassung verbessert werden. Der Schwund wird perfekter überwacht. So kann der Betriebsablauf im Kraftstoffgeschäft an der Tankstelle weiter optimiert werden. Dadurch, daß die Verkaufsdaten an einem zentralen* Punkt elektronisch gesammelt werden, besteht die Möglichkeit, sie über eine Leitung direkt abzurufen«[8]. Es geht um die »permanente Erfassung« zwecks »perfekter Überwachung«, und zwar von einem »zentralen Punkt« aus. Totalvernetzte Online-Tankstellen lassen heutzutage auch differenzierte Leistungsvergleiche zwischen einzelnen Stationen auf Knopfdruck zu.

Gleichwohl dauerte es eine Weile, bis die Mikrochips den Treibstoffhandel in Schwung brachten. Immerhin hatten die Markenfirmen jahrzehntelang auf den notorisch hilfsbedürftigen Kunden gesetzt. Nun traute man ihm nicht zu, von heute auf morgen selbst Hand anzulegen. Die ökonomischen Fakten wogen jedoch schwerer. 50 Prozent der Stationskosten entfielen damals auf die Gehälter. Zum Testmarkt wurde schließlich Schweden, wo Gehälter und Innovationsbereitschaft besonders hoch waren. Dort hatte 1966 bereits jede zehnte Markenstation Selbstbedienung eingeführt, bei mancher Firma, wie der Shell-Tochter Koppartrans, sogar schon jede zweite.

1969 stellten Shell und Esso in Deutschland, ein wenig verschämt, ihre ersten SB-Säulen auf, die noch mit einem Notruf ausgerüstet waren, sollte sich der alleingelassene Autofahrer beim eigenhändigen Tanken verheddern. Die Vorsichtsmaßnahme erwies sich als überflüssig. Dazu trug sicherlich das positive Image der SB-Lebensmittelsupermärkte bei, die es seit Beginn der sechziger Jahre in der Bundesrepublik gab. Aus Ehrfurcht vor den riesigen Warenlagern übernahm die Kundschaft dort gern unbezahlt die Bedienung selbst und hielt das für eine große Errungenschaft der westlichen Zivilisation. Seitdem waren auch die Deutschen ständig auf der Jagd nach Sonderangeboten und freuten sich über den Preisvorteil, den die SB-Stationen der Markenfirmen gewährten, selbst wenn es sich dabei nur um Pfennigbeträge handelte.

Klang Selbstbedienung nicht nach Selbstbestimmung? Hatte, wer seine Säule selber auswählte und den Tankvorgang nun selbst in die Hand nahm, sich nicht auch ein wenig emanzipiert? Im Autofahrervolk fand sich jedenfalls kaum jemand, der die geräumigen hellen Stationen mit den vielen Tanksäulen nicht für den wahren zeitgemäßen Service hielt, der nur dem

134

Irgendwo in Oklahoma, 1992.

Indio, Kalifornien 1991.

Self serve >

Kunden zuliebe erfunden worden war. Dieses Gefühl wurde durch die technische Perfektion der Zapfapparate noch verstärkt. Man konnte jetzt eigenhändig spüren, wie exakt die Zapfpistolen reagierten, wie die Pumpe vibrierte und das Benzin durch den Schlauch jagte. Und die digitalen Anzeigen an den neuen Säulen vermittelten gar ein wenig High-Tech-Atmosphäre.

Gerade als die Benzinfirmen aus betriebswirtschaftlichen Gründen ihre Kunden sich selbst überließen, erschien paradoxerweise die schöne neue Tankwelt perfekt. Die Kosten pro verkauften Liter sanken, weshalb die Methode nach und nach auch in anderen Tankstellenbereichen eingeführt wurde. Bald tankten Mopedfahrer an der »Schlürfi«-Säule ebenfalls selbst. Autos rollten durch die SB-Waschanlage, ihr Fahrer nahm hinterher einen SB-Ölwechsel vor und reinigte das Wageninnere mit dem SB-Staubsauger. Schließlich griff er noch in die Auslagen des SB-Shops.

Die adäquate bargeldlose Zahlungsweise per Kredit- oder EC-Karte wurde in Europa allerdings erst Ende der achtziger Jahre eingeführt. Schon 1992 wurde in Deutschland jeder zehnte Liter mit Plastikgeld bezahlt. Während hier von Beginn an allgemeine Kredit- und EC-Karten der unterschiedlichen Geldinstitute akzeptiert wurden, führte man in den USA, wo bislang jede Benzinmarke ihre eigenen Karten vergab, diese Zahlweise flächendeckend erst 1994 ein. Vor der letzten Konsequenz, der Tanksäule mit Kreditkartenschlitz, in den USA schon länger im Einsatz, schreckt man in Europa zurück. Der Weg in den Shop wäre überflüssig, das Folgegeschäft würde darunter leiden. Aus demselben Grund werden womöglich auch jene Tankroboter, die den gesamten Tankvorgang automatisch abwickeln und deren Prototypen längst dabei sind, die Vision der vollautomatisierten personalfreien Tankzukunft an einigen Teststationen Realität werden zu lassen, beschäftigungslos bleiben.

Heute wird nur in dünnbesiedelten Gegenden wie dem Odenwald oder der Oberpfalz, wo es keine hochabsetzenden Standorte gibt, an einigen Dorftankstellen noch bedient. In keinem anderen der großen Industrieländer verschwand der altbewährte Kundendienst so radikal wie in der Bundesrepublik. Bis Ende der siebziger Jahre war zwar erst knapp die Hälfte der Tankstellen auf SB-Betrieb umgestellt, aber 80 Prozent des gesamten Benzins wurden bereits selbstgetankt. In den USA gab es zu diesem Zeitpunkt nur 14 Prozent reine Self-Serve-Stationen, und erst die Hälfte des Benzins wurde hier verkauft. Mitte der achtziger Jahre, als nur noch eine von zehn deutschen Tankstellen Service anbot, erhielt noch jeder dritte Amerikaner an seiner Tankstelle den gewohnten Service. Anfang der neunziger Jahre war die Bedienung an Deutschlands Tankstellen schließlich nur mehr Erinnerung, während in den USA 1994 noch jede dritte Station Service anbot (oft allerdings nur an einer einzelnen Tankinsel) und immerhin jede fünfte Gallone vom Tankwart verabreicht wurde.

Der durchschlagende Erfolg des Selbsttankens in der Bundesrepublik läßt sich auch an einem Vergleich mit den Nachbarländern ablesen, in denen der Strukturwandel wesentlich später einsetzte. An einer deutschen Tankstelle wurden 1991 im Schnitt mehr als 1700 Tonnen Kraftstoff abgesetzt. In England waren es dagegen 1200, in Frankreich 700 und in Italien, wo es noch über 30 000 Stationen gab, nur 500. Dort findet man noch die kleine Dorf-Tankstelle. Und die Spezies des Blaumannes, der sich beim Zapfen palavernd mit dem Ellbogen auf die Säule stützt, die bisweilen ebenso betagt ist wie ihr Besitzer, ist hier noch nicht ganz ausgestorben.

Die Tankbahnhöfe der siebziger Jahre erfüllten die Funktionen einer hochabsetzenden Verkaufsmaschine in idealer Weise, allerdings noch ohne eine überzeugende Gestaltung. Zu den typischen Merkmalen der neuen Tankstellengeneration gehörten das großflächige und von wenigen Stützen getragene Flachdach, das den Tankraum überspannte, sowie der davon getrennte, wesentlich kleinere Gebäudeblock. Die Designfirma Raymond Loewys hatte für Shell einen solchen Serientyp entwickelt und 1971 in Hamburg eine Musterstation gebaut.

In der Folgezeit paßten sich die übrigen Konzerne der Großdach-Version an, so daß die Stationen sich schließlich ebenso zum Verwechseln ähnlich sahen wie die im Windkanal gestylten Karosserien der neuen Autogenerationen.

Schilderwald. Das Drive-in-Geschäft gerät zur visuellen Wegelagerei.

Die rationellen aber optisch langweiligen Tankstationen unterschieden sich für den Vorbeifahrenden im wesentlichen nur durch die Farbbänder am Dachfries. Der erste Konzern, der auf die ästhetische Mangelsituation reagierte, war die inzwischen in Exxon umbenannte Standard-Jersey. Nach einer Vorstudie zur Tankstellensituation, die das grassierende visuelle Chaos der »handgemalten Schilder und flatternden Fähnlein«[9] weltweit dokumentierte, bekam Ende der siebziger Jahre die amerikanische Designfirma Bass/Yager Assoc. den Auftrag, ihr Netz neuzugestalten, damals weltweit 65 000 Tankstellen. Das völlig überarbeitete und 1983 eingeführte Design war grafisch gelungen, extrem variabel und dabei so kostengünstig, daß es zum Muster für den Rest der Branche wurde (das neue Konzept wird im Architekturkapitel ausführlich behandelt; siehe Seite 220).

Mehr oder weniger

1973, im Jahr der ersten Ölkrise, erschienen zwei Bücher, die auch als Abgesang auf den American Way of Life gelesen werden konnten. Unter dem Titel »Small is Beautiful«[10] wurde zur Abkehr von der herrschenden Maßlosigkeit aufgerufen, und als der Begriff der »Postmoderne«[11] auf einem Buchtitel auftauchte, wurde das Ende einer Ära eingeläutet. Die Moderne mit ihrer Fortschrittsbesessenheit schien plötz-

lich obsolet. Die kapitalistische Führungsmacht und mit ihr die gesamte westliche Welt steckte nicht nur in ökonomischen Schwierigkeiten, sondern auch in einer ernsten Identitätskrise. Die belagerten amerikanischen Tankstellen waren ein Symptom dafür.

In der Bundesrepublik setzten die Ölgesellschaften das Weniger-ist-mehr-Prinzip auf ihre Weise um. Hatte der Verband der deutschen Mineralölwirtschaft eben noch Umweltauflagen und »zeitraubende Genehmigungsverfahren« beim Bau neuer Raffinerien moniert, hieß nun die Devise »Ärmel aufkrempeln – Kapazitäten abkrempeln«.

Unauffällig wanderten Neubaupläne in den Papierkorb, statt dessen gaben die Konzerne nacheinander ihre Abwrackaktionen bekannt. Die Raffineriekapazitäten der alten Bundesrepublik wurden von 160 Millionen Tonnen, dem Höchststand von 1978, bis 1990 glatt halbiert. Von den 33 bundesdeutschen Raffinerien blieben nur 16 übrig (plus fünf Standorte in den neuen Bundesländern). Stillgelegt wurden vorrangig die Anlagen, in denen viel Heizöl hergestellt wurde, aber nur wenig Treibstoff. Durch zusätzliche Umrüstung erhöhten die deutschen Raffineriebetreiber den Treibstoffanteil an der Ölausbeute seit 1970 um über 70 Prozent auf annähernd die Hälfte aller Raffinate.

»Die Mineralölindustrie muß eine energiepolitisch und ökonomisch sinnvolle Reduzierung des Öleinsatzes unterstützen. Durch Appelle an die Vernunft allein ist allerdings nicht allzuviel erreichbar. Auch staatliche Maßnahmen zur Eindämmung des Energiever-

»Passport to profit.« Titel einer Broschüre für Tankstellenhalter. Großbritannien um 1975.

brauchs im Verkehr dürfen kein Tabu sein, wenn das Ziel der Energieeinsparung konsequent verfolgt werden soll«,[12] verkündete 1979 der Vorstandsvorsitzende der BP ganz im Tenor des gebotenen Krisenmanagements. »Nicht schnell, schneller, am schnellsten. Sondern sparsam, sparsamer, am sparsamsten. Das ist der Weltrekord, der unserer Zeit entspricht«, setzte Mercedes, die Schmiede schwerer Luxuskarossen, noch einen drauf. In Anzeigen des Stuttgarter Renommierunternehmens waren extrem leichte Experimentierautos zu bestaunen, die auf 100 Kilometern lediglich 0,078 Liter Diesel benötigten. Der Treibstoff für das Sparvehikel stammte von Shell. Der niederländisch-britische Ölkonzern wandte sich zur selben Zeit in einer eigenen Anzeigen-Serie zum »Thema Energieperspektiven« an die Bundesbürger: »Weiter denken! Sparwille und Ver-

zichtsgedanken erzwingen andere Forschungsansätze.« Doch was ist aus all den guten Ansätzen geworden?

Auf der Frankfurter Automobilmesse 1995 wurden die Besucher am Eingang von nagelneuen Automodellen deutscher Hersteller empfangen, auf deren Dächern Großplakate von Dinosauriern montiert waren, de unter lautem Grunezn Benzin aus einer riesigen symbolischen Tankstelle schlürften. Eine Musikband spielte dazu das Lied von den »Dinosauriern«, die immer trauriger« werden. Die Umweltorganisation Greenpeace wollte mit der Aktion darauf aufmerksam machen, daß sich die umweltpolitischen Bekenntnisse der Autoindustrie zwar in der Werbung, nicht aber in der Modellpolitik niederschlugen. Tatsächlich stagniert der mittlere Verbrauch deutscher Automobile seit 1970 bei etwa neun Litern. Konstruktive Fortschritte, erzielt durch effizientere Motoren und windschlüpfrige Karosserien, wurden durch immer voluminösere Fahrzeuge und höhere PS-Zahlen aufgehoben. Den Ölfirmen ist es recht. Denn in Europa herrscht, trotz der Raffinerieschließungen der letzten Jahrzehnte, wieder Benzinschwemme. Einer Kapazität von 670 Millionen Tonnen stand 1995 ein Verbrauch von »nur« 550 Millionen Tonnen gegenüber.

Zugleich gehen die Spardebatten weiter, zuletzt angeheizt durch Stichworte wie Smog, Waldsterben, Treibhauseffekt, Ozonloch sowie die drohende globale Klimakatastrophe. Auf das Umkippen der öffentlichen Meinung reagierte die Benzinbranche mit Werbekampagnen für »saubere« Treibstoffe, die im Motor besser verbrannt werden. Zugleich wurden jedoch weiterhin Abgase in die Luft geblasen, zum Beispiel das gefährliche Benzol, von dem im Benzin bis zu drei Prozent enthalten sind. Durch den Automobilverkehr gelangten alljährlich etwa 50 000 Tonnen dieser farblosen, krebserregenden Substanz in die Luft, eine mittlere Tankerfracht. Besonders gefährdet sind Stadtkinder und – nach neueren Untersuchungen – auch die Autofahrer selbst, denn im Innenraum der Fahrzeuge konzentrieren sich die Gifte.

Derweil stritt man in Deutschland darum, wie die Industrie dazu gebracht werden könnte, endlich ein Drei-Liter-Auto zu bauen. Selbst der Bundespräsident fand auf der IAA 1995 ein

paar lobende Worte für ein solches Sparmodell. Die Hersteller kündigten schließlich – für das nächste Jahrtausend – ein solches Öko-Gefährt an. Und BMWs Chefkonstrukteur versprach den vom Ökogewissen geplagten Deutschen in Zukunft Fahr-»Genuß ohne Reue«[13]. Derweil kommen jedoch ständig neue benzinfressende Off-road- und Lifestyle-Modelle wie Vans und Jeeps auf den Markt.

Die ebenso schlichte wie alte Einsicht, daß »der beste Anreiz zum Sparen ein hoher Preis«[14] ist, hat bisher keine politischen Konsequenzen gezeitigt. In Amerika kostet die Gallone Benzin immer noch kaum mehr als einen Dollar, halb so viel wie dieselbe Menge Coca-Cola – umgerechnet auf die Einkommensentwicklung ein historischer Tiefstand und die Einladung zu einer fatalen Haltung, die auf ein Weiter-so-wie-bisher hinausläuft. Und dies gilt auch für Länder wie Deutschland, Großbritannien oder Japan, wo das Benzin zwar etwa dreimal so teuer ist wie in den USA, der Preis aber die gesamtökonomischen Folgekosten nach wie vor nicht berücksichtigt. Der müßte, wenn die tatsächlichen Aufwendungen für Straßenbau, Umweltfolgen, Gesundheitssystem und Militär (zur Sicherstellung des Zugangs zu den Rohstoffquellen) mit einbezogen würden, um ein Vielfaches höher liegen.[15]

In den USA stieg der Treibstoffverbrauch von 1978, dem Jahr vor der zweiten Ölkrise, bis 1993 noch einmal um 20 Prozent auf fast 520 Millionen Tonnen. In derselben Zeitspanne hatte sich der Fahrzeugbestand auf knapp 200 Millionen nahezu verdoppelt. Amerikaner legen jährlich über drei Trillionen Kilometer im Autositz zurück, eine Strecke, die 10 000mal zur Sonne und zurück reicht. Obwohl in den USA nur fünf Prozent der Erdbevölkerung leben, legt man dort ebensoviele Kilometer motorisiert zurück wie im gesamten Rest der Welt. Von 1994 bis 1995 stieg der tägliche Treibstoffverbrauch in den USA um über 30 Millionen Liter. »Benzinausgaben spielen heutzutage beim Autokauf keine Rolle mehr«,[16] erklärte ein Vertreter der American Automobile Association im Frühjahr 1996.

In der Bundesrepublik war 1981 der Benzinverbrauch leicht zurückgegangen. Doch zuvor, von 1970 bis 1980, war er um die Hälfte gestiegen. Nach der Schrecksekunde von 1974

(als die Benzinpreise sprunghaft um ein Drittel auf 80 Pfennig in die Höhe schnellten) stieg der Jahresabsatz in der zweiten Jahrzehnthälfte um mehr als fünf Millionen Tonnen – in etwa der Gesamtverbrauch von 1960 – und legte bis zu einem leichten, rezessionsbedingten Rückgang im Jahre 1994 noch einmal um acht Millionen Tonnen zu. Allein um diese zusätzliche Menge zu transportieren, wären Tanklastwagen nötig, die, hintereinandergestellt, rund um den Globus reichen würden.

Noch Ende der siebziger Jahre vermuteten Experten, eine bevorstehende Ölknappheit würde die Energiekrise verschärfen. No-Future-Stimmung hing über der Nordhalbkugel. Zugleich entwickelte sich jedoch, angetrieben durch die verlockend hohen Ölpreise und die damit verbundenen »Windfall-Profits«, in den USA ein nie dagewesener Boom in der Ölbranche. Treibende Kraft waren diesmal die Independents, die Geldsummen investierten, die alles bisher Dagewesene in den Schatten stellten. In Gestalt des TV-Bösewichts »J. R.« aus der Seifenoper »Dallas« wurde damals einer ihrer texanischen Vertreter auch dem gemeinen TV-Volk bekannt. Allein im Jahre 1977 wurden 14 300 Suchbohrungen niedergebracht, davon nur 100 im Nahen Osten, jedoch 13 000 in Nordamerika (wo nur sechs Prozent der nachgewiesenen Welterdölreserven zu finden waren). Schließlich gelang tatsächlich die »Rückverlagerung« der Erdölförderung in die westliche Hemisphäre. »Es gibt viel zu tun. Packen wir's an«, brachte Esso die neue Aufbruchstimmung in einer griffigen Werbezeile auf den Punkt.

Alaska- und Nordseeöl, gepaart mit einer permanenten Überproduktion der OPEC, deren Mitglieder sich häufig nicht an die festgelegten Förderquoten hielten, ließen die Macht des Förderkartells erodieren und die Preise wieder sinken. In den achtziger Jahren, der Ära der Reaganomics, der Yuppies und des postmodernen Alles-ist-möglich, kam der Überfluß zurück. Als sich 1985 die Führer der sieben führenden Industrienationen zu ihrem jährlichen Weltwirtschaftsgipfel in Bonn trafen, standen erstmals zwei Hauptthemen vorangegangener Meetings gar nicht mehr auf der Tagesordnung: Öl und Energie. 1986 sollte sich die deutsche Ölrechnung halbieren (und seitdem etwa auf dem

140

Tankwart, South Dakota 1993.

Stand von 1974 bleiben). Mercedes sah den Zeitpunkt gekommen, seine schwere S-Klasse ins Feld zu schicken.

Wohlfeile Argumente, wie man das Gute tut, das Böse aber nicht lassen muß, lieferte die Industrie gleich mit. Der Verbrauchswert der Autos sei keine feste Größe, erklärte Mobil 1980. Der lasse sich nämlich schon mit etwas Fußspitzengefühl um bis zu einem Drittel senken. 50 Journalisten wurde dies mit einer Fahrt durch Hamburg demonstriert. Voraussetzung: weitsichtige Fahrweise und »zügig Gas geben«!

Der ADAC entdeckte den Störfall Fußgänger. Gefordert wurde »Mehr Grün!« – natürlich für Autos. »Vermeiden Sie falsche Höflichkeit. Wer bei zügig fließendem Verkehr anhält, bringt den Verkehr so durcheinander«,[17] erkannte der Auto-Club. Durch perfekte Ampelschaltung und stures Durchtreten des Pedals ließen sich, so die Behauptung, vier Liter auf 100 Kilometer einsparen. Damals klebten Sticker mit der Aufschrift »Energiesparer« selbst auf dem Heck großer Limousinen.

Ende der achtziger Jahre, als die täglichen Staumeldungen im Radio begannen länger zu werden als die Nachrichten, lancierte Mercedes, just zum Technologiekonzern mutiert, »Prometheus«, ein umfassendes und ehrgeiziges Forschungsprogramm zur elektronischen Steuerung der Autoströme. Durch den gezielten Einsatz von Satelliten und Sensoren sollten Verkehrs- und Energieprobleme gleichzeitig gelöst werden.

Was aussah wie die virtuelle Wiederkehr von Bel Geddes »Futurama« von 1939, war tatsächlich der Versuch, das altbekannte Konzept der autogerechten Gesellschaft mit neuen digitalen Mitteln umzusetzen. Doch der Traum vom fließenden Verkehr ist bis jetzt Vision geblieben.

Mittlerweile hat die Abhängigkeit vom Auto noch zugenommen. Durch kein anderes Verkehrsmittel wird annähernd so viel Raum, Zeit und Energie verbraucht. In Amerika, wo außer dem Flugzeug kaum noch andere nennenswerte Massenverkehrsmittel zum Einsatz kommen, sind in den Städten bis zu 50 Prozent der Fläche für Autos bestimmt. Dreiviertel aller Fahrten führen dort zur Arbeit oder zum Shopping – bei einer Durchschnittsgeschwindigkeit,

Kassenraum, New Mexico 1991.

die in Metropolen, wie etwa London, kaum mehr 10 km/h erreicht und insgesamt – Parkzeiten eingerechnet – weit darunter liegt.

Niemals zuvor schob sich die Fortbewegung derart in den Vordergrund einer Kultur. In den westlichen Industriestaaten nimmt sie etwa ein Drittel der gesamten Zeit in Anspruch. Selbst ein Nomadenvolk wie die Tuareg verbringt lediglich drei Zehntel seiner Zeit damit umherzuziehen. Wenn alle Menschen auf dieser Welt so leben würden wie wir, bräuchten wir – wie Ökonomen bilanziert haben – fünf weitere Planeten Erde.

Eine Untersuchung von Wissenschaftlern der Oxford University aus dem Jahr 1995 kommt zu dem Schluß, der autoorientierte Lebenstil sei mittlerweile auch ein Suchtphänomen.[18] Anders als pathologisch sei es beispielsweise kaum erklärbar, daß selbst für Fahrten unter einem Kilometer immer häufiger das Auto benutzt wird. In fast allen industrialisierten Ländern nimmt, laut dieser Untersuchung, die Zahl der Auto-Junkies zu.

Eine Ausnahme stellen lediglich die fahrradfahrenden Niederlande und die USA dar, wo bereits 98 Prozent aller Fahrten mit dem PKW unternommen werden. Die Entwicklung ist auch in Deutschland nicht stehengeblieben. Auf der Hälfte aller ihrer Wege sitzen Deutsche, Ost wie West, hinter dem Steuer und nähern sich, häufig im Schritttempo, auch hier amerikanischen Verhältnissen. Doch es gibt auch Gegenmodelle wie zum Beispiel die Studie des Wuppertaler Instituts für Klima, Umwelt und Energie aus dem Jahr 1995, in der erstmals detailliert beschrieben wird, wie eine ökologisch verantwortungsvoll wirtschaftende Bundesrepublik aussehen könnte, in der die motorisierte Hypermobilität auf ein ökologisch und psychologisch vertretbares Maß zurückgeschraubt würde.[19]

142

Tankwart, Mississippi 1992.

Chaoten-Chris, Sekunden schindender Simon

Der »Aral-Mini-Markt-Partner« bot Ende der Siebziger einen Schirmständer aus massiver Eiche, ein rustikales Spinnrad, ein Schachspiel aus mexikanischem Onyx, einen 31 cm langen ferngesteuerten Kadett, einen Solar-Rechner mit Wurzelautomatik und einen hochwertigen Wendegürtel an. Ein »Knüller der Woche« (Shell) jagte den nächsten. In den siebziger Jahren setzten die neuen Tankstellenshops, ähnlich wie die Kaffee-Ketten Tchibo und Eduscho, auf preisgünstige Lockangebote. Bei BP gab es im Sommer einen »Beach-Ball« für 11,90 DM, im Winter ein »Breitwandpuzzle« für 8,95 DM und zum Super-Benzin bald auch die passende Super-Musik.

Ein BP-Pächter in Eckernförde schwärmte: »Nach dem großen Verkaufserfolg mit den Cassetten der 24 Superhits habe ich jetzt mit Cassetten der höheren Preisklasse angefangen. Meine Messe-Order waren 49 Cassetten aus den Programmen Stars, Autofahrer und Unterhaltung. Spätestens in einem Monat müssen die verkauft sein.«[20] Das war auch bitter nötig, denn vom Benzinverkauf allein konnte ein Pächter mittlerweile nicht mehr leben. Seit der Ein-

führung der hochabsetzenden Tankstelle hing seine Existenz am Nebengeschäft. Aber freier Unternehmer war er auch auf diesem »Folgemarkt« nicht. Denn er hatte keine Kredit- und Finanzierungsfunktion, nichts mit dem Transport zu tun, war gegenüber der Gesellschaft informationspflichtig, benutzte im Geschäftsverkehr deren Formulare und unterlag der von ihr festgesetzten Preisbindung. Was blieb, war lediglich die Werbe- und Beratungsfunktion, das heißt sein Bemühen um die Umsatzsteigerung.

Das Folgegeschäft wird von den Gesellschaften bis heute gern als Goodwill-Aktion gegenüber ihren Pächtern dargestellt. Wenngleich mancher gestandene KFZ-Mechaniker anfangs seine Schwierigkeiten hatte, sich als Schokoladen-, Schnaps- und Zigarettendiscounter zu profilieren (was würde ein Gastwirt sagen, dem seine Brauerei vorschlägt, neben der Theke Autoreifen zu verkaufen?), konnten viele Tankstellenpächter sich meist nur noch mit dem anfangs als branchenfremd empfundenen Angebot über Wasser halten. Daß die Benzingesellschaften von Anfang an auch daran kräftig mitverdienten, versteht sich von selbst.

Vorbild für das Shop-Konzept waren die sogenannten Convenience-Stores, kurz C-Stores, ein Konzept, wie sollte es anders sein, aus den USA. Diese C-Stores, ursprünglich kleine Kramläden für jeden Bedarf, hatten sich dort zu einem regelrechten Industriezweig entwickelt. Ein Branchenreport von 1995 zählte landesweit nicht weniger als 346 C-Store-Ketten und insgesamt über 90 000 Läden, die mehr als die Hälfte ihres 132-Milliarden-Dollar-Umsatzes mit dem Verkauf von Benzin machten und dabei über drei Milliarden Dollar Gewinn erzielten.

Wie so vieles in der Geschichte des automobilen Amerikas begann alles in den zwanziger Jahren, als der Kühleis-Händler Johnny Green in der Gegend von Dallas während der Wintermonate – wenn das Eisgeschäft stagnierte – nebenbei Lebensmittel verkaufte. Aus diesen bescheidenen Anfängen ging später die bekannte Southland-7-Eleven-Kette hervor, heute mit 6000 Filialen (und 2400 Tankstellen) die größte C-Store-Gesellschaft.

Der Aufstieg solcher Ladenketten setzte in den fünfziger Jahren ein, als mehr und mehr

Amerikaner in die Vororte zogen und der C-Store eine Alternative dazu war, entweder im weit entfernten Supermarkt in der Schlange oder beim Lädchen nebenan vor verschlossener Ladentür zu stehen.

Die »Holiday Stationstores« der Firma Erickson verbanden bereits Ende der fünfziger Jahre das Butter-, Bier- und Bügelbrettgeschäft mit dem Benzinhandel. 1963 öffnete der erste C-Store mit Tag-und-Nacht-Service in Las Vegas. Die neue Shop-Industrie wuchs mit dem Angebot eisgekühlter Getränke, die Namen trugen wie »Slurpee« oder »Icee« und zu Kultdrinks der Teenager wurden. In den siebziger Jahren, als Amerikas Autofahrer immer mehr die Preisnachlässe an den Self-Serve-Stationen dem vollen Kundendienst vorzogen, stiegen zahlreiche regionale C-Store-Ketten in den Benzinmarkt ein.

Auf dem Höhepunkt des Store-Booms während der achtziger Jahre kaufte Southland die Citgo Petroleum, einen integrierten Ölkonzern und eine der größten Tankstellen-Ketten des Landes. Southland hatte sich damit aber deutlich übernommen und wurde später selbst von einer japanischen Gesellschaft aufgekauft. In den achtziger Jahren sprangen die Majors dann auf den Konsum-Zug auf, indem sie ihre Tankstellengebäude zu Allroundmärkten ausbauten. Mittlerweile gehören zu den acht größten Betreibern von C-Store-Ketten fünf Ölgesellschaften. Ende der Achtziger floß schon ein Drittel des US-Benzins durch C-Store-Schläuche. Seitdem haben sich dort die Umsätze noch einmal verdoppelt.

Was die C-Store-Story für Amerika, war der Erfolg der Einkaufszentren für Europa. Supermärkte auf der grünen Wiese, wie Leclerc

Shopping up to date. Modern gestylter Laden einer Teststation, die 1994 in East-London entstand (Konzept: Designstudio 20/20).

144

Gesellschaft auf Rädern. Eine
amerikanische Highway-Kreuzung.

und Intermarché in Frankreich oder Sainsbury's
und Tesco's in Großbritannien, lehrten die etablierten Benzinmarken das Fürchten. Bereits
1992 hatten die französischen Hypermarchés
einen Anteil von fast 40 Prozent am nationalen
Benzinabsatz (die beiden größten immerhin
etwa drei Prozent am gesamten europäischen
Benzinabsatz). Ihre britischen Pendants sind
dabei, es ihnen gleich zu tun. Die Handelsket-
ten auf der Insel setzten seit den achtziger Jahren Dutzende neuer Lebensmittelmärkte in die
Peripherien der Städte. Sie beschäftigten für
diese Aufgabe sogar Architekten, und so entstanden bisweilen recht ansehnliche Gebäude –
mal im säulengesäumten englischen Revival-Stil,
mal als flott-futuristischer Entwurf –, die nicht
nur ästhetisch mit der neuen Tankstellen-Gene-
ration der Majors mithalten können, sondern
auch sieben Tage in der Woche geöffnet sind.

In Deutschland müssen fast alle
Geschäfte abends und am Wochenende schließen. Die Tankstellen profitieren von dieser büro-
kratischen Beschränkung. In jeder Kleinstadt
gibt es mittlerweile Stationen, die rund um die
Uhr geöffnet haben. Unter Berufung auf das
strenge Ladenschlußgesetz wurde der absatz-
trächtige Abendverkauf anfangs vom Einzelhandel bekämpft. Nach 18 Uhr, so bestätigten die
Gerichte, sollte nur noch das Auto betankt und
Reisebedarf verkauft werden. Esso empfahl seinen Pächtern daraufhin sogar, nach dem verordneten Ladenschluß mit Rollos die Auslagen zu
verhüllen. Doch nach einer kurzen Schamfrist
fielen diese Hüllen – die 24-Stunden-Tankstellen
mit ihren komfortabel ausgestatteten Shops
stellen heute so etwas wie die Musterstationen
der Zukunft dar.

Täglich machen hier rund 1000 Menschen Station, es herrscht reger Durchgangsver-
kehr. Wenn die Nacht anbricht und die Neon-
röhren den Ort in ein unwirkliches Licht tauchen, werden die Nonstop-Tankstellen zur
neuen Heimat einer bisweilen skurrilen Kunden-
mixtur aus der schlaflosen Großstadt. Vom Dau-
ertanz ausgelaugte Raver besorgen sich hier
den Koffeinkick. Polizisten und Prostituierte
brauchen Zigarettennachschub. Man trägt
Abendgarderobe oder Streetstyle. Und wo die
Mikrowelle auch nachts läuft, stehen Spätheim-
kehrer mit schweren Augenlidern an halogen-
bestrahlten Bistrotischen und verdrücken ihre
Snacks.

Für den, der hier arbeitet, ist die Bezeichnung Tankwart mittlerweile unzutreffend. Der
Mann hinter dem Tresen ist Kassierer, Zeitschrif-
tenhändler, Experte für Sonnenbrillen, Wach-
mann und manchmal auch Aushilfspsychologe.
Und wenn die Station einen Backshop hat, ist
er auch noch Bäcker. Die Gesellschaften haben
ihren neuen Stationen den Garagengeruch aus-
getrieben, sie wirken vielmehr wie ein Mittel-
ding aus Flugterminal, Schnell-Restaurant und
gepflegter Kaufhausetage, sie sind mithin zu
einer umfassenden Konsum- und Servicezone
geworden, die man aus vielerlei Gründen
anfährt.

Für den Pächter ist dies ausschlagge-
bend: Der Shop-Umsatz machte 1992 zwar nur
ein Sechstel der Benzinverkäufe aus, aber etwa
Dreiviertel seines Gewinns (mit Kraftstoff und
klassischen Dienstleistungen zusammen ließ
sich nur noch ein Viertel der Einnahmen erwirt-
schaften). Dabei werden 80 von 100 Mark, die
über den Shoptresen gingen, ausschließlich mit
den 15 umsatzstärksten Artikeln gemacht. An
der Spitze liegen Tabakwaren, gefolgt von
Getränken mit und ohne Alkohol, Süßigkeiten
und Zeitschriften. Das klassische Autozubehör,
wie Batterien und Scheibenwischer, rutschte an
die vierte Stelle. Der Umsatz der Shops hat sich
in Deutschland während der achtziger Jahre
insgesamt auf geschätzte acht Milliarden Mark
vervierfacht.

30 Sekunden braucht der Käufer durchschnittlich von der gläsernen Eingangstür bis an
die Kasse, eine kurze Phase, in der aber viel
passiert. Denn viele Tankkunden lassen sich,

wenn sie den wohltemperierten Shop betreten, gerne dazu hinreißen, in die Regale zu greifen. Jeder zweite Käufer frönt so der spontanen Konsumfreude. Es verwundert also kaum, daß zwei Drittel aller Waren in der Kassenzone gekauft werden. Der Grund für den Umsatzerfolg von Nachtstationen ist besonders auf die veränderten Lebens- und Konsumgewohnheiten der Single- und Yuppiegesellschaft zurückzuführen.

Einer britischen Untersuchung zufolge wird der Großeinkauf immer mehr durch den Gelegenheitskonsum ergänzt, für den der Kunde nicht viel Zeit aufwenden will, aber dennoch eine große Auswahl und Qualität verlangt. Marktforscher reden von der sogenannten »Top-Up-Society«[21]. Für Nebeneinkäufe bieten sich Tankstellen geradezu an. Die Studie erwies, daß neun von zehn Befragten regelmäßig Shoppen, Dreiviertel den Großeinkauf als Streß empfinden und zwei Drittel der 25- bis 34jährigen Workaholics oft bis in den Abend hineinarbeiten, also wenig Zeit zum Einkaufen haben. Mehr als ein Drittel bekommt regelmäßig abendliche Kaufgelüste. Die Konsumforscher unterschieden dabei Einkaufstypen, wie die Service-suchende Sue (haßt Schlangen und Mühe), den Chaoten-Chris (plant seine Einkäufe nie) oder den Sekunden schindenden Simon (kommt am Tag nicht zum Einkaufen), die vermutlich so auch in Deutschland anzutreffen sind. Für die modernen Stadtneurotiker sind die durchgehend geöffneten Benzin-Paläste der großen Markengesellschaften wie geschaffen.

Tankstellenshops sind heute in der Convenience-Store-Branche nicht nur der am stärksten expandierende Vertriebsweg, dort werden auch die höchsten Umsätze pro Quadratmeter erzielt. Die Benzingesellschaften haben ihre strategischen Vorteile erkannt, die schon allein darin bestehen, daß es an der Tankstelle keine Parkprobleme gibt. Auch in der banalen Tatsache, daß in einer vollmotorisierten Gesellschaft jeder tanken muß, steckt ein ungeheures Marktpotential, das nun auch via Datenautobahn ausgeschöpft werden soll. Die multimediale Tankstelle, bei der man über einen Monitor virtuellen Zugang zu theoretisch unbegrenzten Warenwelten hat, ist schon Realität. Das Rollback gegen die Warenhausketten, die im Markt der

Ölgesellschaften wildern, hat bereits begonnen. An einigen Teststationen hat zum Beispiel BP in Zusammenarbeit mit deutschen Großanbietern der Versand- und Medienbranche sein »Electronic Shopping« eingeführt. Das heißt, die Ware, die man heute am Schirm bestellt, kommt morgen per Botendienst ins Haus. Ob der Verbraucher das virtuelle Gemüse der Frischware wirklich vorziehen wird, bleibt abzuwarten. Andererseits sind völlig neue Vertriebsformen vorstellbar. Beispielsweise könnten elektronische Bild- und Tonträger, die in der Zentrale eines Medienkonzerns gespeichert sind, direkt am Tresen angefordert und »ausgedruckt« werden. Die Tankstelle würde zur Medienzentrale. Die Film-, Pop- und Unterhaltungsbranche hätte auf einen Schlag ein dichtmaschiges Vertriebsnetz. Wer bedenkt, daß die Benzingesellschaften zu den größten Einzelhändlern der Welt gehören, die mit der Zahl ihrer Shops selbst Ketten wie McDonald's in den Schatten stellen, ahnt die Dimensionen. Ähnlich wie in der Kommunikationsbranche, wo ein Ex-Schwerindustrie-Konzern wie Mannesmann Karriere machte und selbst die Bundesbahn bald eigene Informationsnetze anbieten wird, könnten auch die Benzingesellschaften in neue Bereiche expandieren. Die Grenzen zwischen den traditionellen Branchen verschwimmen zunehmend.

Kaufen und Tanken. Supermarkttankstelle in Großbritannien.

Agips frecher Werbespruch, »*Bei uns kann man auch tanken*«, zeigt den Trend. Daß demnächst Stationen mit Geldautomaten, Telefon- und Faxgeräten ausgestattet sein werden, ist nur der Anfang. Die Tankstellen der gar nicht mehr so fernen Zukunft könnten sich zu Märkten für Waren und Informationen aller Art entwickeln. Welche Rolle die Tankstellen in der deindustrialisierten Informations- und Dienstleistungsgesellschaft tatsächlich spielen, wird auch davon abhängen, ob die Ölkonzerne sie weiterhin als profane Abfüllstationen behandeln oder sie so umgestalten, daß man dort auch Wohlbefinden tanken kann.

System 2000

In den Nachwehen der Ölkrise kam es in den USA zu einer Folge von Elefantenhochzeiten und -scheidungen. Es begann damit, daß Shell 1979 Beldridge übernahm, eine kalifornische Fördergesellschaft. Der Preis betrug dreieinhalb Milliarden Dollar. Damit war die bis dahin teuerste Firmenübernahme Amerikas besiegelt. Doch der Rekord sollte nicht lange halten. Als Conoco zwei Jahre später dem Chemieriesen DuPont einverleibt wurde, waren fast acht Milliarden fällig. Jeweils sechs Milliarden Dollar mußten U. S. Steel für Marathon und Mobil für Superior (den damals größten amerikanischen Independent) berappen. Die eine Milliarde, die Phillips für General American hinlegte, wirkte dagegen fast wie ein Sonderangebot.

Eine der aufsehenerregendsten Branchennachrichten in den an Sensationen gewiß nicht armen achtziger Jahren war der Kollaps von Gulf, lange eine der mächtigen sieben Schwestern, die 1983 in Chevron aufging. Es war die erste feindliche Übernahme eines Majors durch einen anderen Major.

Fast noch spektakulärer endete 1985 ein Prozeß, den die große Texaco gegen den Nobody Pennzoil vor einem texanischen Gericht verlor. Der Major hatte Pennzoil beim Kauf von Getty Oil übervorteilt. Die Richter sprachen der kleineren Gesellschaft 10 Milliarden Dollar zu,

eine Schadenersatzsumme in noch nie dagewesener Höhe.

Auch auf dem Treibstoffmarkt wurden die Karten neu gemischt. 1994 lagen sieben Marktführer – angeführt von Shell und Mobil (beide um neun Prozent Marktanteil), dahinter Citgo, Exxon, Chevron, Texaco und Amoco (alle um acht Prozent) – dicht gedrängt zusammen. An den Tankstellen des Spitzenseptetts wurden zwei Drittel des gesamten Benzingeschäfts abgewickelt. Aus den Tanks der 15 führenden Gesellschaften flossen neun von zehn Gallonen, und das bei insgesamt über 230 Benzinmarken (Stand 1995). Independents spielen an amerikanischen Zapfpistolen demnach nur noch eine Statistenrolle.

Die Entwicklung der Majors sieht allerdings in den letzten Jahren sehr unterschiedlich aus. Arco, deren Marktanteil (etwa drei Prozent) sich seit 1985 halbierte und die seitdem vom siebten auf den zwölften Platz abrutschte, hat beispielsweise Einbußen hinnehmen müssen. Aufsteiger sind dagegen Shell, Mobil und vor allem Citgo, die vom achten Platz im Jahre 1991 auf Platz drei im Jahre 1995 kletterte und dabei den Marktanteil verdoppelte. Ein Blick auf die Tankstellennetze zeigt, daß die Umsätze mit sehr unterschiedlichem Aufwand erreicht wurden. So schaffte Mobil (7705 Stationen) mit fast der Hälfte der Tankstellen einen höheren Marktanteil als Citgo (13 116 Stationen). BP (6750 Stationen) hat fast dreimal so viele Tankstellen wie Marathon (2365) aber etwa denselben Marktanteil (beide bei fünf Prozent). Die durchschnittliche Menge an Kraftstoff, die an einer US-Tankstelle im Jahr verkauft wurde, überstieg (nach den Daten der National Petroleum News vom Juni 1995) mit fast vier Millionen Litern den Absatz deutscher Tankstellen um das doppelte.

In Europa standen 1993 Shell (12,4 Prozent) und Esso (10,2 Prozent) beim Kraftstoffabsatz mit gehörigem Abstand an der Spitze. Die beiden klassischen Majors haben ihre Position also fast ein Jahrhundert lang gehalten. Dahinter folgen Agip, BP, Elf und die spanisch-staatliche Repsol (alle sechs bis sieben Prozent), schließlich Aral, Total und Mobil (vier bis fünf Prozent). Auf dem alten Kontinent haben also auch die Großen den Markt noch im Griff,

California Dreaming. Hollywood-inspiriertes Tankstellenambiente, USA 1990.

wenngleich die ersten sieben der Absatzliga hier nur jeden zweiten Liter verkaufen. Die ersten 15 beherrschen immerhin etwa Dreiviertel des Euromarktes. Auf nationaler Ebene sieht es allerdings etwas anders aus. In der Bundesrepublik strömt allein aus den blauen Aral-Säulen jeder fünfte Liter, und die Big Five – Aral, DEA, Shell, Esso und BP – teilen zwei Drittel des Marktes unter sich auf.

Als das Texaco-Management nach dem Prozeßdebakel in den USA ein Notprogramm entwickeln mußte, wurden auch Tochterfirmen verkauft, unter anderen auch die kanadische und die deutsche. Texaco Hamburg ging für 1,2 Milliarden Dollar an die Rheinisch-Westfälischen Elektrizitätswerke, die die Tankstellen ab 1990 in »DEA« umfirmierten, eine späte Wiederkehr des allerersten deutschen Erdölkonzerns als völlig neugestylte Marke. Der Markt steht nicht still. Waren die »Sieben Schwestern« durch den Abgang von Gulf kurzzeitig reduziert worden, waren sie Anfang der neunziger Jahre durch einen Neuzugang wieder vollständig. Elf Aquitaine hatte sich auf Platz fünf der umsatzstärksten Ölmultis vorgeschoben. Im Frühjahr 1996 war die Branche um einen weiteren Clou reicher: BP und Mobil verkündeten, daß sie ihre Raffinerie- und Tankstellengeschäfte in Europa

148

Der Markt verändert sich mit Überschallgeschwindigkeit. Eine Concorde wird aufgetankt.

zusammenlegen wollen. Das pankontinentale Joint-Venture-Unternehmen würde einen Umsatz von 20 Milliarden Dollar haben. Das gemeinsame Netz umfaßt etwa 9000 Tankstellen (die zukünftig das BP-Logo tragen). Was die Konkurrenz fürchten muß, ist der Rationalisierungseffekt. Kostensenkungen von über 20 Prozent werden erwartet. Die Auswirkungen, die der Coup auf Aral haben wird (Mobil ist an Deutschlands größter Benzingesellschaft beteiligt und würde nun zu einem ihrer Konkurrenten), ist ungewiß.

Auch einige Gesellschaften aus Förderländern stießen seit Mitte der achtziger Jahre auf den europäischen Markt, wie die norwegische Statoil (etwa 2000 Stationen), die lybische Tamoil (2700 Stationen) und die kuwaitische Q8 (5400 Stationen), die in Großbritannien am stärksten vertreten ist. Schließlich wurde man nach der politischen Wende auch im Osten aktiv, wie bei der Neuformierung der slowenischen Petrol und der tschechischen Benzina.

Als der Eiserne Vorhang 1989 fiel, schienen sich völlig neue Märkte zu öffnen. Vor allem die ehemalige DDR, über Nacht nicht nur zum D-Mark-Land sondern auch zur Autorepublik geworden, weckte Hoffnungen bei Investoren. Als der französische Elf-Konzern den Ex-DDR-Monopolbetrieb, die Minol, übernahm, wußte kaum jemand etwas von der Vorgeschichte des neuen Juniorpartners, außer Veteranen wie zum Beispiel Kurt Koch, ein »Minoler« der ersten Stunde und außerdem waschechter Berliner. Ende der zwanziger Jahre war der Jungkommunist Büroangestellter bei der Deutschen Vertriebsgesellschaft für russi-

sche Oelprodukte, kurz Derop. Nach Hitlers Machtergreifung verlor er seine Stellung. Es war selbstverständlich, daß der Parteigenosse nach dem Zweiten Weltkrieg wieder einen Posten bei der Derop bekam, deren »Derunapht«-Stationsschilder in der sowjetischen Besatzungszone nach und nach am Straßenrand aufgestellt wurden. Leute mit passender Gesinnung waren den Herren von der russischen Direktion nur recht, denn nach der Enteignung der alten Mineralölkonzerne hatten sich schon viele ehemalige Mitarbeiter in den Westen abgesetzt.

In ganz Ostdeutschland wurde damals gehämmert und gesichelt. Das Konzept der plangelenkten Wirtschaft nach Sowjetvorbild bezog natürlich auch die Mineralölwirtschaft mit ein. Daß das Volk nur wenig davon profitierte (um 1950 kostete ein Liter Benzin drei Mark, d.h. eine Tankfüllung fast so viel wie ein ganzer Monatslohn), war zum einen Folge der allgemein schlechten Zeit, in der die Menschen froh waren, wenn sie ein Dach über dem Kopf und genug zu essen hatten. Es lag aber auch durchaus im Sinne der neuen Machthaber. Aufgebaut wurde vor allem die Großindustrie. Private Wünsche waren ideologisch zweitrangig. Die harte Knute der Partei trug viel zum Aufstand im Jahre 1953 bei, bei dem auch im Derunapht-Gebäude ein paar Scheiben klirrten.

Ab 1954 firmierte der für Benzinverteilung zuständige Staatsbetrieb als VEB Minol und wurde wieder von Deutschen geleitet. Von der wiederaufgebauten Zentrale am Alexanderplatz aus betrieb man die Instandsetzung der kriegszerstörten Tankstellen, deren Pumpenschwengel noch mit Muskelkraft bedient werden mußten. Aktivist Koch war seinerzeit ständig auf Achse, besuchte sogar Anfang der fünfziger Jahre eine kapitalistische Messe im Westen, um das neueste elektrische Zapfsäulenmodell zu erwerben, das dann ein paar Jahre später in der DDR nachgebaut wurde. In dieser Zeit gab es noch eine weitere revolutionäre Neuerung: Damit Vielfahrer auch nach Feierabend noch Sprit erhielten, ließ man aluminiumbeschichtete »Minol-Tüten« in Nacht-Tank-Boxen deponieren, das Pendant zum westlichen Tankautomaten. Doch da die Nachttanker häufig nur aufgebrochene und vor allem leere Boxen vorfanden, wurde dieser Service wieder eingestellt.

In der Nähe des Hauptbahnhofs im ehemaligen Ostteil Berlins leuchtet seit 1993 eine der größten und modernsten Tankstellen der Stadt in den neuen lila-gelben Minol-Farben. Gegenüber einem übrig gebliebenen Stück Mauer (das der Senat als Denkmal stehengelassen hatte) auf der anderen Straßenseite hatte hier die Zukunft begonnen. In der blitzneuen »Boutique« duftete es nach frisch gebackenen Schrippen, die an jeden, ob er nun tankte oder nicht, verkauft wurden. Das Ehepaar Krause, das die Station gemeinsam betrieb, hatte schon verstanden, daß mit Kraftstoff allein keine Geschäfte mehr zu machen waren.
Dabei hatte Peter Krause beruflich eigentlich stets nur mit Benzin und Schmiere zu tun ge-

**Der Brikett- und Benzinhändler.
Vorkriegstankstelle in Berlin.
Prenzlauer Berg 1979.**

habt. Er erinnert sich noch gut daran, wie er – lange vor dem Mauerbau – bei einer winzigen Ecktankstelle als Tankwartslehrling anfing. Am aufregendsten war es für den jungen Tankwart jedesmal, wenn die Schieber aus dem Westen mit ihren amerikanischen Straßenkreuzern vorfuhren. Später war Krause jahrelang mit einem Tanklastzug über die DDR-Landstraßen geholpert, arbeitete an nicht weniger als 15 Tankstellen, bevor er hierher an den Hauptbahnhof kam, an eine Station, die 1969 als »Schaufenster von Minol« zu einer hochmodernen Anlage umgebaut wurde. Das zukunftsträchtige, säulenlose Tanksystem, bei dem die Schläuche von der Decke hingen, war allerdings made in Japan. Ersatzteile mußten in harten Devisen bezahlt werden, der Grund, weshalb schon fünf Jahre später wieder auf altbewährte Pumpen umgerüstet wurde.

Seit Erich Honecker 1971 die Führung in Partei und Staat übernommen hatte, nahm der Druck von oben zu. Privatinitiative paßte nicht ins kollektive Weltbild. Immer mehr Tankstellen, die bis dahin noch von Pächtern in Eigenregie geführt wurden, übernahm der Staatskonzern.

Der Zustand der Stationen wurde dadurch nicht besser. Noch Mitte der Siebziger stammte die Mehrzahl aus grauen Vorkriegszeiten, von den rund 1500 bestehenden Tankstellen der DDR waren nur 200 Neubauten. Dabei zeigte die Entwicklung des Tankstellennetzes auf den ersten Blick eine ähnliche Tendenz wie im Westen. Von anfangs etwa 2000 Stationen ging deren Zahl bis zur Wende auf etwa 1000 zurück.

Konnten die Erfurter Autofahrer um 1950 noch an 18 Stationen tanken, war dies 1989 nur noch an sechs möglich. Der Grund lag jedoch nicht in einer bewußt durchgeführten Netzpolitik, sondern einfach darin, daß überalterte Anlagen ausfielen und nicht genügend neue fertiggestellt wurden. Aus den unterschiedlichsten Gründen hinkte die »Ostzone« den reichen Verwandten im Westen allein statistisch ungefähr zehn Jahre hinterher, obwohl auch im »Arbeiter-und-Bauern-Staat« bereits Ende der fünfziger Jahre die Verkehrsdichte längst höher war als zuvor im Deutschen Reich. Den Stand der Bundesrepublik von 1958, als dort jeder 18. ein Auto besaß, erreichte die DDR erst 1969.

Relikte aus deutscher Vergangenheit. Tankstelle in Sachsen. Schlettau 1993.

Minol-Nachwuchs. Tankwartslehr-
linge begutachten einen Wartburg
aus volkseigener Produktion. Berlin
um 1970.

Nach der Wende. Wenn der Trabbi
streikt, weiß der Tankwart auch
heute noch Rat.

Ende der sechziger Jahre erlebte schließlich auch die DDR-Bevölkerung ihr eigenes
bescheidenes Wirtschaftswunder, das sich unter
anderem im Anteil des Privatverkehrs am Treibstoffverbrauch widerspiegelte, der von 50 Prozent auf über 80 Prozent stieg und damit fast
Westniveau erreichte. Der sündhaft teure PKW,
sei es ein Trabi oder ein Wartburg, mit dem die
Ostdeutschen freitagnachmittags geschlossen
ins Familien-Wochenende tuckerte, war auch
der Ostdeutschen liebstes Kind. 1988 nahm
Minol von ihrer Privatkundschaft über fünf
Milliarden Ostmark ein, was bedeutet, daß die
DDR-Bürger zehn Prozent ihrer gesamten
Nettoeinkünfte für Benzin ausgegeben
hatten.

Dafür mußte man lange Schlange stehen.
An den Zapfsäulen herrschte stets großer
Andrang, speziell donnerstags, wegen des
besagten Wochenendausflugs. Das wiederum
führte zu einer besonderen, im Westen unbekannten Variante des Tankstellengrundrisses. In
weiser Voraussicht der Dauerstaus wurden die

Versuchsstation unterm Zuckerhut. Shell testete sein neues 1993 einge-führtes Design zuerst in Brasilien.

Stationen mit extrem langen Zufahrtswegen ausgestattet. Dieses Detail erleichterte später den großzügigen Umbau in hochabsetzende SB-Tankstellen – wenn die geduldigen Trabi-Fahrer gewußt hätten!

1987, Gorbatschow hatte bereits die »Perestroika« ausgerufen, erschien in der DDR das »Buch der Kraft- und Schmierstoffe« mit dem vielsagenden Untertitel »Wachsender Bedarf – Begrenzte Verfügbarkeit«. Gleich in Kapitel zwei wurden darin »Möglichkeiten zur Verringerung des Kraftstoffverbrauchs« vor-gestellt – Mangelwirtschaft im »real existieren-den Sozialismus«.

Während per West-TV täglich der kapitali-stische Überfluß in ostdeutsche Wohnzimmer schwappte, schien sich das eigene Land zurück-zuentwickeln. Verständlich, daß nach der Wende ein neuer PKW für viele ganz oben auf der Wunschliste stand.

Kann man der Hinterlassenschaft des Sozialismus überhaupt noch etwas Positives abgewinnen? Wer durch die neuen Bundeslän-der fährt, sieht zumindest vieles, was es im durchrationalisierten Westen längst nicht mehr gibt, manche Idylle, an die der Westler sich sehnsüchtig zurückerinnert. Dies gilt auch für ostdeutsche Straßenränder, an denen nicht nur die schönsten Allee-Bäume stehen, sondern auch jede Menge historische Tankstellen-Raritä-ten, Stationen der Vergangenheit, und zwar in einer Vielfalt, die ihresgleichen sucht – von der Gartenzaun-Zapfstelle in Bad Saarow am Schar-mützelsee mit ihrem kleinen Holzdach und ver-träumten Vorgarten, bis zur ehemals repräsenta-

tiven Raststätte Fürstenwalde, einer Original-Sta-tion der Reichsautobahn, die mit ihren elegan-ten Dachflügeln schon über 60 Jahre lang den Autofahrern entgegenwinkt. Einige dieser Tank-saurier wurden mittlerweile sogar unter Denk-malschutz gestellt.

Betriebswirtschaftlich betrachtet waren die DDR- und Vorkriegsstationen Altlasten. Zwar zahlte sich die Auto-Manie der neuen Bundes-bürger an der Tankstellenkasse aus. Als eines der wenigen Ex-DDR-Unternehmen konnte die Minol ihre Schulden aus eigener Kraft beglei-chen und schon 1990 ihrem neuen Besitzer, der Treuhand, Gewinne melden. Aber für den gesuchten Investor ergaben sich auch Risiken, die unter anderem darin bestanden, ein Tank-stellen-Freilichtmuseum in kurzer Frist in ein attraktives und konkurrenzfähiges Netz zu ver-wandeln. Als Minol von Elf übernommen wurde, begann ein Rennen gegen die Zeit. Nach gewaltigen Investitionen hielten die Franzosen und ihr Juniorpartner 1995 mit 20 Prozent Marktanteil im Osten immer noch Platz eins, jedoch dicht gefolgt von Aral.

Wer Anfang der neunziger Jahre durch Ostdeutschland fuhr, dem fielen zuerst die riesi-gen Einkaufsburgen auf, die wie Wahrzeichen der neuen Zeit auf kahlem Neuland aus dem Boden schossen, aber auch die schnell wach-senden urbanen »Speckgürtel«, die Ost-Strips mit ihren Baumärkten, McDrives und SB-Tank-stellen aller Couleur, deren keimfreie Sauberkeit und illuminierte Farbenfrische sich in der Regel noch grell vom sozialistischen Einheitsputz der Nachbarschaft abhob. Daß ihre gigantischen Dimensionen die der westlichen Vorbilder noch bei weitem zu übertreffen schienen, war keine optische Täuschung.

Im ostdeutschen Tankstellennetz, dem wahrscheinlich altmodischsten und modernsten zugleich, stehen die historischen Ruinen manch-mal vis-à-vis zu den größten und umsatzstärk-sten Stationen. Die Durchschnittsumsätze der Markentankstellen liegen 50 Prozent über denen der westdeutschen. Doch damit nicht genug: »Las Vegas in Leipzig« titelte der Spie-gel in einer Geschichte über die ostdeutschen Einkaufszentren, die alles in den Schatten stel-len, was es bis dato in Europa gab. Die vier dut-zend Einkaufscenter-Tankstellen erzielten 1994 gemittelt traumhafte 15 Millionen Liter Absatz im Jahr. Kein Wunder, daß man selbst sonntags beobachten kann, wie Tausende aus der Leipziger Region zum Schaufensterbummel in den Saalepark pilgern, Deutschlands gigantischstem Konsumtempel mit einer Einkaufsfläche, die so groß wie zwanzig Fußballfelder ist.

Berlin, 14. März 1991. In der Starkower Straße am S-Bahnhof Leninallee wird eine hypermoderne Tankstelle eröffnet, die erste Großstation im neuen Minol-Design. Die Tankstellen trugen von nun ab ein lila-gelbes Outfit. Die Berliner waren allerdings keineswegs die einzigen, die sich eine völlig neu entwickelte Corporate Identity zulegten. Seit BP 1989 einen Entwurf von Bass/Yager mit durchschlagendem Erfolg umgesetzt hatte, kam es in Europa und Amerika zu einer wahren Imageoffensive. Nicht nur große internationale Marken wie British Petroleum oder Elf Aquitaine, auch nationale

Gesellschaften wie die spanische Repsol, Q8 in Großbritannien (ein kuwaitischer Konzern), die DEA in Deutschland und OMV in Österreich ließen ihre Stationen liften. Daß einige der CI-Programme die Zielrichtung der Jahrtausendwende schon im Namen tragen wie »*System 2000*« (Texaco), »*Tankstelle 2000*« (Aral) oder »*Petrol 2000*« (Slovene Oil), zeigte hingegen nur, daß sie alle gern gewußt hätten, wie die Tankstelle des Jahres 2000 wirklich aussehen wird.

In München ist man in Sachen Tankstellentrend schon einen entscheidenden Schritt weiter. Dort ließ man im Sommer 1995 an einer der 24-Stunden-Stationen eine »*Crazy Carwash Party*« steigen. Bei diesem postmodernen Benzin-Event sorgte zunächst die weibliche Tanzgruppe »*Carwash Babes*« für überschäumende Stimmung. Später hopste eine aufgekratzte Menge zum hämmernden Techno-Beat um die Tankinseln herum. Die Tankstelle goes Lifestyle.

Ist Tanken trendy? Carwash-Party, München 1995.

1

Warum kleine Jungs so gerne mit Tanklastern spielen, ist zwar noch nicht erforscht worden. Aber es liegt sicher auch an der knallbunten Beschriftung, die sie von anderen LKWs unterscheidet und sie (auch im Kinderzimmer) zu mobilen Werbeträgern macht. Die großen Jungs aus der Old-Newtimer-Szene, die ansonsten alles sammeln und liebevoll restaurieren, was Räder und Motor hat, ignorieren die Benzinbrummis dagegen, was mit deren Unhandlichkeit zu tun haben mag.

Am 24. März 1995 verlor der Fahrer eines Tanklastzugs auf der Autobahn bei Gummersbach »infolge überhöhter Geschwindigkeit« die Kontrolle über sein Fahrzeug. Der 38-Tonner-Sattelauflieger stürzte beim Abbiegen auf die Landstraße um und platzte auf. Es ergossen sich rund 10 000 Liter (bleifreien) Supertreibstoffs auf Straße und Böschung, wobei ein Großteil über die Kanalisation in die Flüsse Agger und Wiehl gelangte, die daraufhin biologisch so gut wie tot waren. Ein nahegelegener Kindergarten wurde wegen Explosionsgefahr geschlossen.

Tanklaster sind rollende Benzinbomben, als die sie sich im Actionkino, aber leider auch hin und wieder auf der Straße, erweisen. Daß ausgerechnet der High-Tech-Sicherheitstanker »Topas« (entwickelt von Mercedes und der Fahrzeugbaufirma Haller) vor einigen Jahren – weil die komplizierte Elektronik versagte oder der Fahrer überfordert war – in eine deutsche Kleinstadt hineinraste, wobei es Tote gab und ein halbes Dutzend Häuser niederbrannten, offenbarte auf dramatische Weise das Dilemma zwischen Technik und Ökonomie. Was nützt der beste Laster, wenn der Arbeitsstreß dem Fahrer die Konzentration raubt?

Fahrzeugtechnisch ist jeder Tanklaster ein Kompromiß. »Viele Transportmanager vollführen einen Drahtseilakt zwischen Gewichtsreduktion und Festigkeit der Fahrzeugstruktur«, stellten die National Petroleum News fest (Ausgabe Oktober 1990), das Fachblatt der Treibstoffbranche in den USA. Transport ist Big Business. Auf den

3

Highways waren bereits Ende der achtziger Jahre 42 Millionen Lastwagen auf Achse (die 5 Prozent des amerikanischen Bruttosozialprodukts einfuhren). Amerikanische Tanklaster fahren mit leichten, silbrig blitzenden Aluminiumkesseln. Um noch mehr Gewicht – und das heißt Dollars – einzusparen, bauen manche Fahrer sogar Batterien aus.

Die Mammute der Landstraße mit ihren Mack-, Ford-, Freightliner-, Volvo- oder MAN-Marken auf den gewaltigen Schnauzen, hinter denen bis zu 400 PS schlummern, machen immer noch mächtig Eindruck. Daß die Tank-Trucks auch Imageträger sind, weiß man spätestens seit den dreißiger Jahren. In der Stromlinienära ließ man Führerhaus und Tankkessel zu einer keilförmigen Einheit verschmelzen.

1 Tanklaster, Großbritannien um 1900.
2 Straßentankwagen, Deutschland 1926.
3 Tankpferdewagen, USA 1905.
4 Tank-Truck, USA 1994.
5 Tank-Truck, USA 1924.
6 Puzzle, Deutschland 1958.

1

2

5

6

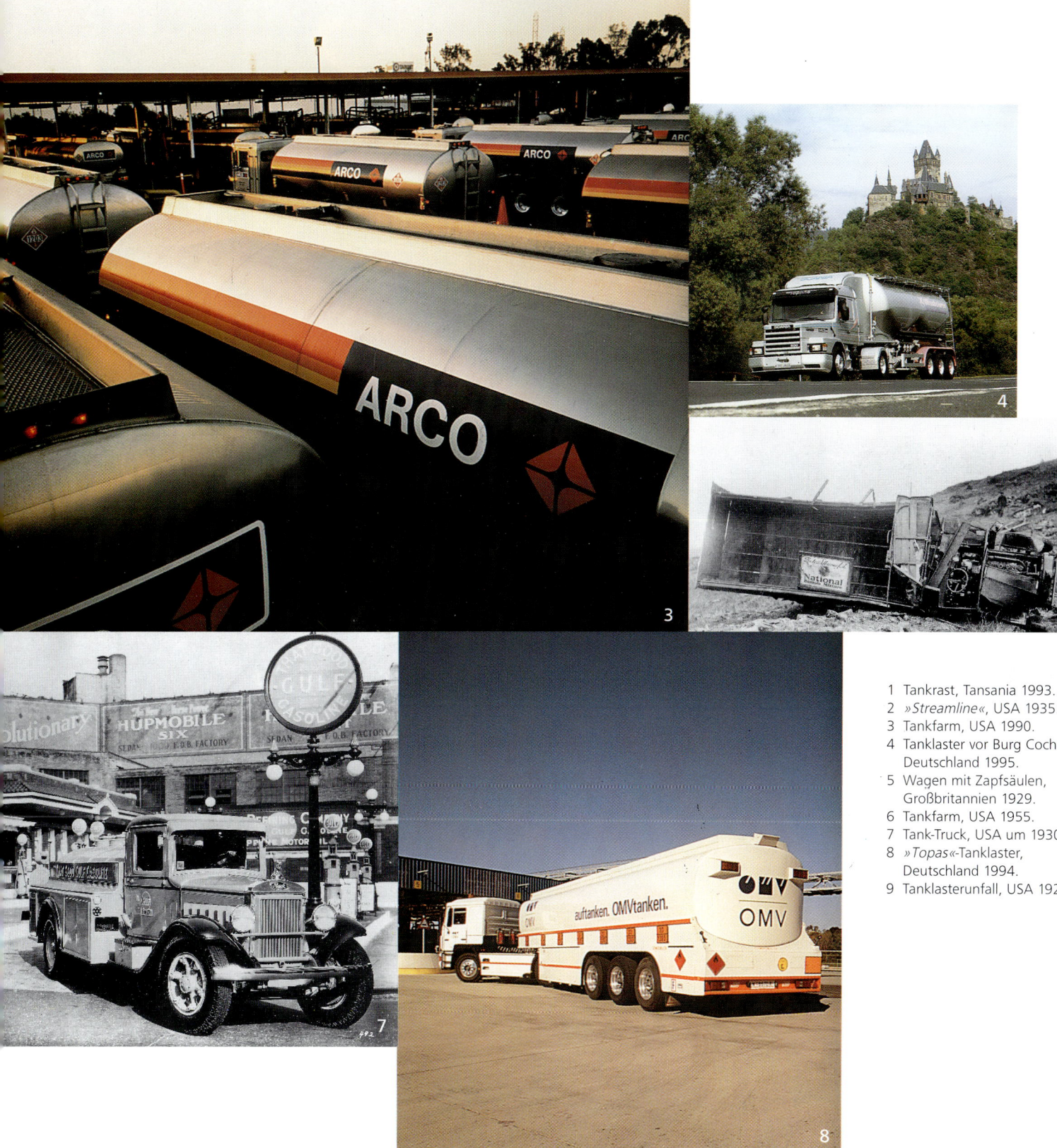

1 Tankrast, Tansania 1993.
2 *»Streamline«*, USA 1935.
3 Tankfarm, USA 1990.
4 Tanklaster vor Burg Cochem,
   Deutschland 1995.
5 Wagen mit Zapfsäulen,
   Großbritannien 1929.
6 Tankfarm, USA 1955.
7 Tank-Truck, USA um 1930.
8 *»Topas«*-Tanklaster,
   Deutschland 1994.
9 Tanklasterunfall, USA 1926.

PS-Monumente

Montag, 11. März 1996. Normaler Betrieb an einer Lüdenscheider Tankstelle. Draußen ist es schon dunkel. Aus dem Fernsehapparat, der neben der Shopkasse steht, plärrt die Tages-schaumelodie. Da öffnet sich die gläserne Schiebetür und ein junges Pärchen mit Kind kommt herein. »Säule vier?«, fragt der Kassierer. Während die Frau im roten Ledermantel ihr Por-temonnaie zückt, versucht ihr Begleiter, im Nebenraum Handys zu stehlen. Als er erwischt wird, zieht die Frau plötzlich einen Revolver. Sie läßt sich den Kasseninhalt herausgeben, bevor die drei fluchtartig den Raum verlassen und mit einem kleinen Lieferwagen davonfahren. Das Paar mit dem Jungen wird am nächsten Mor-gen nach einer wilden Verfolgungsjagd in einem Taxi auf der Autobahn verhaftet.

»Bonnie and Clyde« made in Germany: Auch das amerikanische Vorbild – schießwütige Desperados, die Anfang der dreißiger Jahre in den USA zu »Staatsfeinden« erklärt und schließ-lich von der Polizei niedergestreckt wurden – schlug sich mit Tankstellen-Überfällen durch, seit den »Roaring Twenties« eine neuartige Vari-ante des Raubüberfalls. Tankstellen, die für den schnellen Dienst am Kunden erfunden wurden, boten ideale Bedingungen für Kriminelle, die mit vorgehaltener Knarre abkassierten. Die motorisierten Straßenräuber konnten an der Zapfsäule optimal parken und flüchten. Tankstel-len beschleunigten also auch das Stehlen, und sei es nur der gemeine Benzinklau, bei dem jemand ohne zu zahlen davonbraust.

»Gesättigt mit rotem Benzin / Scharrend / Zitternd / Ich mache mich frei / Ich öffne die Säulen der Atmosphäre / Türen der Freiheit / Die Straßen – berauschte Blutsauger / Sie sau-gen mich auf / Saugen mich / Von den Hak-ken her / Die Kadaver der Meilen / Verzehrt von einem kannibalischen Motor.«[1] Futuristen, wie Auro d'Alba in »Herzschläge eines Autos«, schrieben vor dem Ersten Weltkrieg ekstatische Gedichte auf Geschwindigkeit und Fortschritt. In ihren Hymnen auf die Mobilität priesen sie auch deren stofflichen Träger, das »rote Benzin«. Kraftstoff war für sie der Lebenssaft des Moto-renzeitalters, »strömendes Blut-Benzin«[2] der Maschine.

»Die Erde gibt endlich ihren ganzen Ertrag«, schrieb Filippo Tommaso Marinetti: »Unter dem Druck der großen elektrischen Hand des Menschen gibt sie den ganzen Saft ihres Reichtums her, eine schöne Apfelsine, die so lange unserem Durst versprochen war. (Es) verbreiten sich die Energien ferner Winde und die Revolten des Meeres, die das Genie des Menschen in mehrere Millionen Watt verwan-delt hat, überall hin, mit einer befruchtenden Fülle, die die von Ingenieuren bedienten Tasta-turen regulieren.«[3] Der Globus eine Apfelsine zum Ausquetschen und die ganze Menschheit angeschlossen an scheinbar nie versiegende Energieströme: Nach dem Ersten Weltkrieg begann diese Vision Wirklichkeit zu werden, mit der Verbreitung der Elektrizität und des Auto-mobils. Die Tankstellennetze machten Benzin zu einer universal verfügbaren Flüssigkeit. Die motorisierte Gesellschaft hing am Tropf der Ölindustrie.

Auf einem Selbstbildnis von Georg Scholz aus dem Jahre 1926, gemalt im Stil der Neuen Sachlichkeit, sieht man im Hintergrund Versatz-stücke modernen Stadtlebens: eine Litfaßsäule mit Plakaten, auf denen unter anderem für eine Tanzveranstaltung und ein Fußballspiel gewor-ben wird, eine Limousine im Schaufenster, davor auf dem Bordstein eine schlanke Zapf-säule mit der Aufschrift »Stellin« (damals Shells Benzinmarke in Deutschland). Automobile, die in jenen Tagen schon das Straßenbild der Groß-städte bestimmten, und Zapfsäulen, eine in Europa gerade eingeführte Novität, repräsentie-ren den Anbruch der mechanisierten Epoche. Im Bildaufbau treten Mensch und Maschine zueinander in Beziehung. Die eiserne Säule stellt den Gegenpol zur Person im Vordergrund dar. Durch die Sterilität des Malstils wirkt sie wie ein starres PS-Monument, ein Totempfahl der Autoära.

Ein paar Jahre später wird der Freuden-tanz um die Zapfsäule inszeniert: in »Die Drei von der Tankstelle« von 1930, dem ersten Film-musical. Die Handlung des ulkigen Ufa-Streifens beginnt damit, daß drei Bankrotteure auf einer Straße liegenbleiben, weil ihnen das Benzin aus-gegangen ist, und endet mit ihrem glorreichen Einstieg in die KUTAG, der »Kuckuck Tank-Aktiengesellschaft«. Dazwischen spielen, singen

»Tank«-Avantgarde. Titelblatt der gleichnamigen slowenischen Künstler-Zeitschrift von 1927.

Links: Vorturner für das Tankwunder. Germaine Damar und Walter Giller im Remake von »Die Drei von der Tankstelle«, 1955.

160

Georg Scholz: Selbstbildnis vor Litfaßsäule, 1926.

Rechts: Filmplakat, 1930.

und tanzen sich die immervergnügten Tankwarte mit viel Spott auf das Genre und die
schlimme Zeit durch diesen Klassiker des Unterhaltungskinos (dessen Titel Bestandteil der All-
tagssprache wurde). Das Zapfmilieu – dargestellt an einer funktionalistischen Studio-Tank-
stelle – wird auf unterschiedliche Weise in die
Handlung eingewoben: durch Flirten beim Tanken (Tankwart Oskar Karlweis behält am Ende
den Tankdeckel als Souvenir), durch eine Parodie auf schlechten Service (der Schichtdienst
der drei Faulenzer funktioniert nicht) und durch
eine Liebesszene zwischen Lilian Harvey und
Willy Fritsch, bald das Traumpaar des deutschen
Kinos, bei dem ein Globe als Mondersatz fungiert. Beim Tête-à-tête im Zapfsäulenschein handelt es sich wahrscheinlich um das erste romantische Tankstellen-Motiv. In der Kraftstoffrevue
kamen auch moderne Filmtechniken zur
Anwendung, wie sie etwa Walter Ruttmann
1927 in seinem Montagefilm *»Berlin. Sympho-
nie einer Großstadt«* eingesetzt hatte. In einer
kurzen Passage werden zum Beispiel technische Details des Tankvorgangs, wie die 5-Liter-
Glaszylinder der Säule, Benzintrichter und Tank-

hebel überblendet und rhythmisch mit der wie-
derholten Kundendienstphrase *»Womit kann
ich Ihnen dienen? Bitte sehr! Bitte gleich!«*
unterlegt.

Nach dem Zweiten Weltkrieg verwiesen
Tankstellen im zerstörten Deutschland auf eine
bessere Welt. In einem der ersten Nachkriegs-
filme – *»Irgendwo in Berlin«* von 1946 – steht
eine Tankstellenruine im Mittelpunkt. In der
DEFA-Produktion wird um die ausgeglühten
Zapfsäulen herum eine Heimkehrergeschichte
erzählt. Die Säulengerippe sind Spielplatz für
Trümmerkinder und zugleich Symbol für ein
Land, das in Totenstarre lag. Zum guten Schluß
wird die Tankstellenruine wiederaufgebaut.
*»Wenn die Garagen wieder stehen, kauf' ich
mir auch ein Auto«,* erahnte einer der Ärmel-
aufkrempler schon die goldene Zukunft.

Bereits 1955 kamen *»Die Drei von der
Tankstelle«* als Neuverfilmung in die bundesdeutschen Kinos. In dem seichten Remake
wurde diesmal sogar auf der Säule geturnt.
Kaum ein deutscher Film der fünfziger Jahre
wollte darauf verzichten, eine der funkelnagel-
neuen Tankstellen ins rechte Bild zu rücken, die

162

Vorbild Amerika. Ministraßenkreuzer made in Germany, 1954.

überall im Wirtschaftswunderland errichtet worden waren. Zapfsäulen wurden zum obligatorischen Filmrequisit, eine Kulisse, die, ähnlich wie Flughäfen und Jazzkneipen, ein Flair von Modernität und Neuanfang verbreitete. Gutsituierte und frisierte Schwiegersöhne, wie Eric Schumann (als Sohn eines Tankstellenbesitzers) im Heinz-Ehrhardt-Schwank »Natürlich die Autofahrer« von 1959, oder charmante Gauner von Welt, wie Peter van Eyck in der Skandalgeschichte »Das Mädchen Rosemarie« von 1958, fuhren dort bevorzugt im offenen, weißwandbereiften Sportwagen vor. Das Vorbild war Amerika. Wie Hochhäuser, Ampeln und Autos wurden auch Tankstellen zum Symbol des westlichen Lebensstils. In »Zwei unter Millionen«, einer Berliner Ost-West-Liebesgeschichte von 1961 (mit Loni von Friedl und Hardy Krüger in den Hauptrollen), bekommt Flüchtling Christine ihren ersten Job in einer Parkhaus-Tankstelle. Ihr Freund »Kalle« wartet zwischen den »Supermix«-Säulen auf sie und wirft dabei einen bewundernden Blick auf den weißen amerikanischen Straßenkreuzer, der quer durchs Bild fährt.

Auch andere Länder erlebten ihr Tankstellenwunder. In Federico Fellinis »Dolce Vita« von 1959, einer Persiflage auf Roms bessere Gesellschaft, macht der Klatschreporter (Marcello Mastroianni) mit einer amerikanischen »Sexbombe« (Anita Ekberg) im offenen Sportcoupé eine nächtliche Spritztour zu einer Autobahntankstelle. Die ultramoderne Station, deren Silhouette magisch im Dunkel der Nacht leuchtet, dient als kühle Kulisse für die im Wagen wartende laszive Blondine. Die Szene ist das Vorspiel für das berühmte Bad im Fontana di Trevi. Kunstvoll zelebriert werden die Tankgeschäfte dagegen in Jaques Demys Film »Les Parapluies de Cherbourg« (Die Regenschirme von Cherbourg) von 1963, einer melancholischen – von Anfang bis Ende gesungenen –

Romanze zwischen einem Teenager (Cathérine Deneuve) und einem Automechaniker (Nino Castelnuovo). In der Eingangsszene wird beim Tanken Treue geschworen. Und auch am Ende bestreiten die Hauptdarsteller ein ausgiebiges, als Tankarie inszeniertes Liebesduett, bei dem, als sei es auch ein Abgesang auf das Glück an der Tankstelle, die Station nach und nach einschneit.

Tanktrivialitäten

Der erste Maler, der immer wieder Tankstellen darstellte, war der Amerikaner Stuart Davis. Er war durch die New Yorker International Exhibition of Modern Art von 1913 – bekannt als »Armory Show« – zur Moderne bekehrt worden und pflegte einen eigenständigen, kubistisch beeinflußten Stil. Davis war einer der ersten, der alltäglichen Dingen aus der Konsumsphäre, wie Zigarettenpackungen, Glühbirnen und Tankstellen, künstlerische Weihen verlieh. Mit seinem »Lucky Strike«-Stilleben von 1921 gilt er als ein Urahn der Pop-art. Formen und Inhalte fand er in Amerikas urbaner Landschaft sowie in den plakativen Farben und Schriftzeichen der Werbung.

Mit den anthropomorphen Zapfsäulengestalten, seit den frühen zwanziger Jahren in so vielen seiner Bilder bevorzugt in der kleinstädtischen Atmosphäre der Provinz angesiedelt, schuf Davis eine uramerikanische Ikonographie. »Es war schon tiefer Sommer auf den Dächern am Straßenrand und vor den Tankstellen am Wege, wo neue rote Benzin-Pumpen in Lichtseen herausgestellt wurden«,[4] beschreibt Francis S. K. Fitzgerald in seinem 1922 erschienenen Roman »Der große Gatsby« die Impressionen einer Autofahrt, die wie ein literarisches Gegenstück zu den Bildern von Stuart Davis wirken.

Davis wählte das Triviale als Motiv, ein anderer amerikanischer Künstler machte es zum Mythos. Edward Hopper, Maler des Gegenständlichen, der zwischen der sozialkritischen Ausrichtung der »Ashcan School« (Mülltonnen-Schule) und den einfachen Genres der »Ameri-

can Scene« seinen eigenen Weg ging, empfand Amerika nach seiner Rückkehr aus Europa als »entsetzlich grob und ungeschliffen«[5]. Diese Empfindungen setzte er künstlerisch um. Der Meister der harten Lichtkontraste und der extremen, fotografisch wirkenden Bildanschnitte bevorzugte triste Alltagssujets, in denen die wenigen abgebildeten Menschen meist starre Figuren sind, die traurig schauen und nie miteinander reden.

Hopper fuhr gerne mit dem Auto ziellos durch die Gegend. Die »Roadside« wurde dabei automatisch zu einem seiner Hauptthemen. Tankstellen malte er mehrfach (zum Beispiel »Portrait of Orleans« von 1950 oder »Four Lane Road« von 1956). Das bekannteste dieser Bilder ist »Gas« aus dem Jahre 1940. Hopper und dessen Frau, die in New York lebten, verbrachten damals ihre Sommerferien regelmäßig auf der Halbinsel Cape Cod. Ihre Nachbarn waren die Smiths, eine Tankwartsfamilie, deren noch heute existierende Station zwischen Wallfleet und Truro Hopper auf dem berühmten Bild verewigt hat.

Im New Yorker Whitney Museum, das 1995 eine Hopper-Retrospektive zeigte, standen um das »Gas«-Gemälde Stühle im Halbkreis wie um einen Altar. Dessen Farben erscheinen selbst nach Hopperschen Maßstäben ungewöhnlich intensiv, als würden sie »wie radioaktives«[6] strahlen. Die unscheinbare Station wirkt

Stuart Davis: Gasoline Tank, 1930.

164

Edward Hopper: Gas, 1940.

dadurch wie eine Lichtoase vor einem dunklen, eintönig verwaschenen Hintergrund aus Straße und Wald, der beinah die gesamte linke Bildhälfte einnimmt. Auch hier bestimmt das Ensemble aus Tankhaus, Pumpen und Markenschild das Bild weit mehr als die einzige abgebildete Person in der Bildmitte: der Tankwart, der sich an den Zapfsäulen zu schaffen macht, hinter denen er nahezu verschwindet.

Hoppers künstlerisches Desinteresse für Menschen prädestinierte ihn paradoxerweise dafür, deren Befindlichkeit einzufangen. Er war ein Maler der Depressionszeit, einer Epoche der Hoffnungslosigkeit und Entwurzelung. Die einsame Tankstelle und ihr Tankwart waren Teil dieser trostlosen Welt der Entfremdung. Edward Hopper, der Meister des Banalen, wurde zum Portaitisten der Leere und der beiläufigen Beziehungslosigkeit, wie sie für Tankstellen typisch sind. In solchen wehmütigen Szenen erkennen sich die Menschen des 20. Jahrhunderts offenbar wieder. Denn seine Eckcafés, Motels und Tankstellen wurden zu Kultbildern der »American Imagination«[7] – so der Titel der Ausstellung im Whitney Museum – und rund um die Welt zu Bestsellern in Postkarten- und Postershops.

Hopper war nicht der einzige, der damals aus den Fragmenten der amerikanischen »Roadside« eigene visuelle Welten schuf. Zwischen 1935 und 1943 entstanden beispielsweise umfangreiche staatlich geförderte Fotodokumentationen.[8] Erstklassige Fotografen, wie Walker Evans, Dorothea Lange, Russel Lee, Arthur Rothstein oder John Vachon, um nur einige zu nennen, fuhren mit Auto und Kamera durch die USA, um die prekäre Lage der Nation unverfälscht im Bild zu dokumentieren. Sie machten nicht nur beeindruckende Aufnahmen des herrschenden Elends, sondern hielten das gesamte Spektrum des Alltagslebens fotografisch fest. Zu den bevorzugten Motiven gehörten Tankstellen, deren Ästhetik sich auch dank dieser Fotos tief im Bildgedächtnis der amerikanischen Gesellschaft eingrub.

1939 erschien John Steinbecks sozialkritischer Roman »Grapes of Wrath« (Früchte des Zorns), in dem die Joads, eine Farmerfamilie, sich aus der Armut Oklahomas auf den großen Treck nach Westen macht. »Ich könnte Ihnen hinten das ganze Zeug zeigen, was sie mir als Bezahlung für Benzin und Öl gegeben haben«, erzählt ihnen unterwegs ein Tankstellenbesitzer. »Einer hat mir seine Schuhe geben wollen für 'ne Gallone.«[9]

Woody Guthry schrieb eine Folkballade auf die motorisierte Völkerwanderung, in der es heißt: »I traded my farm for a Ford machine / Poured it full of this gas-i-line / And started rockin' and a-rollin' / Derserts and mountains - to California.«[10] (Ich gab meine Farm für einen Ford / Und schüttete ihn voll Benzin / Und bin losgeschaukelt und -gerollt / Durch Wüsten und Gebirge – nach Kalifornien).

In John Fords Filmfassung von »Grapes of Wrath« aus dem Jahre 1940, der die Joads zeigt, wie sie sich mit ihrem uralten und völlig überladenen Lastwagen durchschlagen, werden Tankstellen auch zu Haltepunkten der Handlung: zum Beispiel an der letzten Station vor der Wüste oder am scheinbar rettenden Ziel, wenn sie, endlich in Kalifornien, ihre Klapperkiste, weil der Tank leer ist, zur Zapfsäule schieben müssen. Eine Tankszene zeigt die soziale Diskriminierung der »Okis«: »Das sind keine Menschen. So wie die leben keine Menschen«,

Pumpe ohne Bürgersteig. Countrystore, USA 1940.

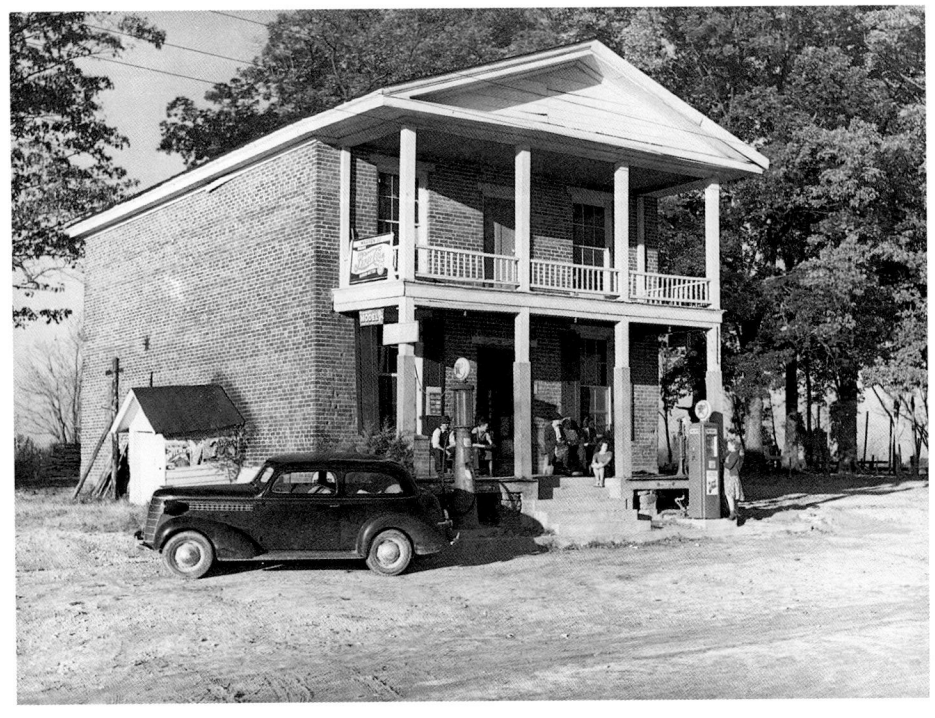

sagt ein Tankwart mit verächtlicher Miene zu seinem ebenfalls in strahlendes Weiß gekleideten Kollegen. Deren nächtliche, in helles Licht getauchte Station mit ihren mächtigen glänzenden Säulen wirkt im Kontrast zu den armseligen Tramps wider Willen wie eine Insel des Wohlstands und erinnert an Hoppers zur selben Zeit entstandenes »Gas«-Gemälde.

Eine verwandte Thematik behandelt ein Spielfilm, in dem eine Tankstelle zum Hauptschauplatz wurde: »Ossessione« (Besessenheit), Luchino Viscontis Erstlingswerk von 1942, in dem ein Wanderarbeiter in der Po-Ebene an einer Tankstelle Unterkunft und Beschäftigung findet, sich in die junge hübsche Ehefrau des Tankstellenbesitzers verliebt, den sie schließlich gemeinsam umbringen, gilt als Beginn des stark sozialkritischen »Neorealismus«. Der Plot geht zurück auf James M. Cains Kriminalroman »The Postman Always Rings Twice« (Wenn der Postmann zweimal klingelt) von 1934. Die ursprünglich im amerikanischen Highwaymilieu angesiedelte Rezessionsstory, die fünfmal verfilmt wurde, ist eine Parabel auf die, die am Rand der Straße stranden.

In Vladimir Nabokovs 1955 erschienenem (und 1961 verfilmten) Roman »Lolita« reist der pädophile »H.H.« mit seiner minderjährigen Geliebten kreuz und quer durch die Staaten. Auf ihrer Flucht von Motel zu Motel, immer in Angst, im sittenstrengen Amerika entdeckt zu werden, sinniert der aus Europa stammende Gehetzte an einer Tankstelle über »diese überall gleichen Trivialitäten« und beschreibt »den grünen Mülleimer, die sehr schwarzen, sehr weißwandigen Reifen im Sonderangebot, die leuchtenden Dosen mit Motoröl, den roten Kühlschrank mit seinem Sortiment von Getränken, die vier, fünf, sieben abgestellten Flaschen im ungelösten Kreuzworträtsel ihrer hölzernen Zellen«[11]. Die Schilderung gleicht in erstaunlicher Weise dem Environment »Gas Station« von George Segal, das 1963 entstand. Der Pop-Künstler, der seine einsamen gesichtslosen Gipsfiguren in konkreten Situationen plaziert, übertrug Hoppers stumme Stimmungsbilder in die dritte Dimension, wobei seine Assemblagen durch die Verwendung von Ready-Mades, also realen Alltagsdingen wie Reifen oder Cola-Kästen, noch weit banaler wirken.

Tristesse mit Tram und Tankstelle in Pennsylvania. Pittsburgh 1941.

»Einer / Stellt die Dose in Reihen auf / So daß sie sanft sagen / Esso … so … so … so / Zu ungeduldigen Autos«,[12] persiflierte die Amerikanerin Elizabeth Bishop in ihrem Gedicht »Filling station« lautmalerisch die Produktparade in der Tankstelle. Im Boom der »goldenen« Nachkriegsjahrzehnte wurde sie zum Symbol der standardisierten Umwelt einer Massenkonsumgesellschaft, deren profane Insignien die Pop-art nun künstlerisch überhöhte. 1962 erschien ein dünnes Bändchen mit dem Titel »Twenty-Six Gasoline Stations«, in dem der in Los Angeles lebende Künstler Edward Ruscha ausdruckslose Fotografien von Allerweltstankstellen aneinanderreihte. Bevorzugtes Bildmotiv des Malers Ruscha wurden »Standard«-Tankstellen, wobei der Markenschriftzug das hervorstechendste Bildelement war. Er malte die Stationen mit solch steriler Präzision, daß sie heute an Computergrafiken erinnern.

»Rote Quadrat Schilder aufgeklappt, Texaco Shell / Harvey House geneigt über den Superhighway«[13] gehörte zu Allan Ginsbergs »Hiway Poesy« Ende der sechziger Jahre. Auch die eintönigen neuen Interstate-Autobahnen mit ihrer genormten Beschilderung weckten die Aufmerksamkeit von Pop-Künstlern. Die Highways Alan D'Arcangelos, stilisierte Ansichten aus der Perspektive des Fahrers, dem Benzinlogos und Highwaymarkierungen entgegenkommen, gehörten zu den neuen »amerikanischen Landschaften«, die, auch wenn sie heutzutage längst als Klassiker gelten, damals aufgrund ihrer banalen Botschaften in Europa schockierend wirkten.

168

Alex Colville: Truck Stop, 1966.

Trivial und unspektakulär erschienen auch die Motive des kanadischen »Hyperrealisten« Alex Colville, der 1966 auf dem Bild »Truck-Stop« eine Tankszene im Morgenlicht malte. Hier kehrte die von Hopper bekannte wehmütige Stimmung wieder: über dem Fahrzeugtank im Vordergrund des Bildes ein Wirrwarr von Schläuchen, ein Schäferhund schnüffelt am Reifen. Die Technik der Zapfsäule und des Lastwagens wird durch präzise gesetzte Zwielichter romantisiert. Die Zeit scheint eingefroren, der (teils verdeckte) Mann an der Säule so taubstumm wie ein Fisch. Über der Szene liegt Frostigkeit, Stille und Melancholie. Bei aller kühlen Beiläufigkeit der Situation haftet ihr jedoch auch etwas Geheimnisvolles an. Die dichte Atmosphäre zieht den Betrachter förmlich ins Bild hinein, läßt ihn an der Tankstellenlegende teilhaben.

Ganz unten

Ein verärgerter Kunde attackiert einen Tankwart, dem seine Kollegen sofort zu Hilfe eilen. Ein Handgemenge steigert sich zu einer wüsten Keilerei, in deren Verlauf der Kunde die Station nach und nach demoliert. Am Ende fällt die Bruchbude wie ein Kartenhaus in sich zusammen. Mit der Kömödie »It's a mad, mad, mad world« (Eine total, total verrückte Welt) von 1962, in der ein Haufen wildgewordener Autofahrer einem Batzen Geld hinterherrast, lieferte Hollywood eine Parodie auf die durchgedrehte Gesellschaft auf Rädern. Bei der hektischen Dollar-Jagd wird ganz nebenbei auch eine Tankstelle dem Wüstenboden gleichgemacht. Das Abräumen der Station ist ein Gag. Sie bricht zusammen wie eine Kirmesbude aus Pappmaché, die man hier oder auch woanders schnell wieder aufbauen könnte.

Tankstellen sind Ex-und-hopp-Gebäude, die je nach Konjunkturlage eröffnet werden und wieder verschwinden. Wirtschaftsgeschichtlich ist die Tankstelle ein Kind der »zweiten industriellen Revolution«,[14] durch die seit Ende des 19. Jahrhunderts ein urbaner, auf Massenkonsum und Massenkommunikation abge-

stimmter Kapitalismus entstand. Dabei nahm die Tankstelle eine Zwitterstellung ein, stellte einerseits ein Stück Industriearchitektur dar, gehörte als privatwirtschaftlich betriebene Versorgungsagentur des Individualverkehrs aber auch zur Konsumsphäre. Dieses Janusgesicht zeigte sich in der architektonischen Unentschiedenheit, die die Tankstelle zum wahrscheinlich meistvariierten Gebäudetyp des 20. Jahrhunderts machte. Sie ist ein Drive-in-Laden und zugleich eine moderne dezentralisierte Version des Bahnhofs, dessen Baustruktur in der Zweiteilung in das den Verkehr schützende Hallendach und den Servicetrakt wiederkehrt. Vom Bahnhof erbte die Tankstelle auch das »Stigma des Industriellen«,[15] das, als die Netze entstanden, eine Weile von der Faszination des Neuen überlagert wurde, und das man lange Zeit (ähnlich wie bei den Bahnhofsfassaden) zu kaschieren versuchte.[16]

Zu den störenden Öl- und Benzingerüchen gesellte sich das Stigma des Kapitals, der Rockefeller-Effekt (siehe erstes Kapitel, Seite 17), der sie als Instrument riesiger Konzerne erscheinen ließ, über die man bis heute wenig weiß, denen man aber vieles zutraut. Vor allem die zentrale Preisgestaltung erweckte großes Mißtrauen. Tankstellen waren die ersten flächendeckend errichteten, von der Großindustrie betriebenen Filialläden (und sind bis heute die weltweit größten Einzelhandelsketten). Mit ihrer billigen Fertigbauweise, der überall gleichen Ausstattung und jenem perfektionierten System der beschleunigten Abfertigung, in dem die Kommunikation auf das Nötigste reduziert ist, wurden sie als jene Verkaufsmaschinen empfunden, als die sie konzipiert waren. Im schlimmsten Fall werden sie, zumal ihr Standort

Eine Station wird ruiniert. Szene aus »It's a mad, mad, mad world«, USA 1962 (dt.: Eine total, total verrückte Welt).

Klaus Staeck: Weltregierung, 1981.

Die Tankstelle, ein lästiges Geschäft?

queen« (Sie kam in die Stadt / Und spielte die Dumme. / Sie mußte einen weiten Weg gehen. / Sie servierte an Tischen und pumpte Benzin. / Nun ist sie ein Filmstar), so wärmte Popsängerin Donna Summer in ihrer Discofassung von »Livin' in America« aus dem Jahre 1984 den amerikanischen Tellerwäschertraum auf, der in ihrem Song vom Zapfschlauch direkt ins Hollywoodstudio führt.

Da die Tankstelle (anders als der Bahnhof) kein Reiseziel und gewöhnlich nicht einmal ein Treffpunkt ist, kommen hier nähere Kontakte nur selten zustande. Kommunikation findet im Vorübergehen statt. Diese Flüchtigkeit der Begegnungen, die Tankstellen zu einer Art sozialem Niemandsland machen, aber auch dem Zufall Tür und Tor öffnen, ist ein idealer Nährboden für dramaturgische Raffinessen. Besonders scheinen sich die einsamen Stationen in den verlorenen Nestern des amerikanischen Westens zu eignen. In John Sturges »Bad Day at Black Rock« (Stadt in Angst) von 1954 wird ein Fremder (Spencer Tracy) von Einheimischen bedroht, die den rassistischen Mord an einem japanischstämmigen Rancher vertuschen wollen. An der Dorftankstelle, deren weiblicher Tankwart dem Fremden hilft, kommt es zu dramatischen Begegnungen. Die alten Zapfsäulen, von denen der rote Lack blättert, stehen bild-

häufig nicht der feinste ist, ähnlich wie öffentliche Toiletten betrachtet: als ein notwendiges Übel – hier erledigt man lästige Geschäfte, bei denen man sich schmutzig machen kann und die man möglichst rasch erledigt.

Tankstelle, das ist ganz unten. »She came into town, acting like a clown. / She had a long, long way to go. / Waiting at the tables and pumping gasoline. / Now she's a movie

Zu wenig Öl? Spencer Tracy und Anne Francis in »Bad Day at Black Rock«, USA 1954 (dt.: Stadt in Angst).

Tankszene in Absurdistan. Aus:
»Leningrad Cowboys meet Moses«
von Aki Kaurismäki, Finnland 1994.

haft für die Verlassenheit des Wüstenkaffs, aber auch für die Möglichkeit zur Flucht.

1964 drehte Billy Wilder mit *»Kiss Me, Stupid«* (Küss mich, Dummkopf) eine zynische, perfekt inszenierte Komödie, in der die Tankstelle zum Gelegenheitsbordell wird. Ein Schlagersänger und Schürzenjäger (Dean Martin, der vor seiner Schauspieler-Karriere auch als Tankwart gearbeitet hatte) will in einem Wüstennest in Nevada eigentlich nur tanken, bleibt dort aber hängen, weil der Tankwart, der erfolglos Schlager textet, ihn jedoch um so erfolgreicher mit einer Prostituierten verkuppelt.

Im Januar 1996 wurde vor dem Ingolstädter Landgericht ein Mann wegen Vergewaltigung einer Anhalterin verurteilt. Er hatte die junge Frau an einer Tankstelle mitgenommen, war dann aber in ein Waldstück abgebogen. Der Täter wurde nur durch Zufall gefaßt, da zu jener Zeit häufig Benzin gestohlen wurde und der Tankwart sich die Kunden an diesem Tag besonders gründlich angesehen hatte. Tankstellen sind anonym und deshalb auch für Kriminalgeschichten geeignet. In *»Es geschah am hellichten Tage«*, 1958 nach einer Vorlage von Friedrich Dürrenmatt verfilmt, findet der Kommissar (Heinz Rühmann) den Mörder eines kleinen Mädchens, indem er getarnt als Tankwart einer ländlichen Tankstelle nach ihm fahndet. In der 1996 gezeigten ZDF-Mafia-Serie *»Der Schattenmann«* von Dieter Wedel diente eine Großstadt-Tankstelle als geheime Kontaktstelle der Polizei für den in die Frankfurter Szene eingeschleusten Undercover-Beamten.

Obwohl Stationen als handlungsverknüpfende Orte immer wieder auftauchen, avancierte der Tankstellenkrimi nicht zur eigenen Gattung. Im Gegensatz dazu kann eine Vorliebe deutscher Regisseure für heruntergekommene Tankstellen, die irgendwo in der Weite des amerikanischen Westens liegen, unterstellt werden. 1982 drehte Vadim Glowna *»Dies rigorose Leben«*, ein an einer gottverlassenen texanischen Tankstelle angesiedeltes Melodram, in dem sich die Nachfahren deutsch-jüdischer Auswanderer so lange lieben und quälen, bis die ganze Station in die Luft fliegt. In dem Kinofilm *»Out of Rosenheim«* von 1987, einem liebevoll inszenierten Emanzipationsmärchen, bringt die bayrische Jasmin (Marianne Sägebrecht) ein in der kalifornischen Mojavewüste gelegenes Motel mit einer Tankstelle, an der nie getankt wird, in Schwung.

Die Silhouetten der rostigen, mal von der Morgen-, mal von der Abendsonne beleuchteten Zapfsäulen tauchen ein ums andere Mal

Route 66, Kalifornien 1991.

Delano, Kalifornien 1989.

auf, Abziehbilder der Go-West-Romantik irgendwo zwischen Hopper und Marlboro-Mann. Dieses wehmütige Genre, das in jüngster Zeit in der Werbung ebenfalls ausgiebig Verwendung fand, wurde auch in einigen Filmen von Wim Wenders, wie in »Paris, Texas« aus dem Jahre 1984, zugleich zum Zitat des amerikanischen Kinos wie auch des amerikanischen Traums.

Dieser Traum hatte in den fünfziger Jahren neue Nahrung erhalten, als der zur »Beat-Generation« zählende Jack Kerouac seinen Roman »On the Road«[17] (Unterwegs) veröffentlichte, in dem er – meist per Mitfahrgelegenheit gegen »Benzinkostenbeteiligung« – durch die Staaten trampte und dabei ein Land entdeckte, das auf den Landkarten der biederen Erfolgsmoral nicht vorkam. Als 1958 der Bildband »The Americans«[18] des Schweizer Fotografen Robert Frank erschien, wirkte diese harsche Bestandsaufnahme des amerikanischen Alltags wie die visuelle Übersetzung von Kerouacs Werk, der das Vorwort zur amerikanischen Ausgabe schrieb. Darin spricht er unter anderem von den »Benzinmonstern«. Gemeint ist eine Fotografie von Zapfsäulen in der Nähe von Santa Fe, die darauf so unheimlich aussehen wie eine steinzeitliche Kultstätte.

Mittlerweile ist die Tankstelle längst auch ein Symbol für den ausgeträumten amerikanischen Traum. »Stranger Than Paradise«, Jim Jarmuschs in Schwarzweiß gedrehter Kultfilm von 1984, ist ein Roadmovie voller amerikanischer Tristesse. In der Eröffnungsszene wird der Zuschauer in die graue Vorstadtatmosphäre eingeführt, indem die Kamera einer Spaziergängerin folgt, die langsam an tristen Mietskasernen, heruntergelassenen und besprühten Schaufensterläden, Mülltonnen und schließlich auch einer Eck-Tankstelle (Aufschrift: »Quality You Can Trust«) entlangstreift, auf der Autos und, kaum zu erkennen, ein einsamer Tankwart stehen. Die Station in ihrer nackten Banalität entspricht den Tankstellenportraits von Edward Ruscha aus den sechziger Jahren.

Showdown

Mitten in der Wüste, zu der die Erde verkommen ist, kreist eine Horde motorisierter Freaks drohend um eine Wagenburg herum, die ein Häufchen von Siedlern mit der Hilfe eines Ex-Polizisten tapfer verteidigt. Den Angreifern geht es weder ums Geld noch um die Frauen. Sie kämpfen um ein riesiges Benzindepot und eine Raffinerie, die die Umzingelten besitzen. Denn ohne Kraftstoff fahren ihre bizarren Metallkarossen nicht, auf denen sie ruhelos umherziehen. »Mad Max 2«, eine australische Science-fiction-Story von 1981, malte die Treibstoff-Apokalypse an die Filmleinwand: der Kampf um die letzte Tankstelle als martialische Selbstzerstörungsorgie der Menschheit.

Zu dem im Kino inszenierten Benzinkrieg gab es damals die passende »No future«-Musik, zum Beispiel von der britischen Independent-Punkband Newtown Neurotics, die für ihr Cover vor einer abgewrackten Tankstelle posierte und sich Sorgen machte: »What are you gonna do / When the oil runs out / Think about the record industry and the people it's use / It will be far more drastic no more 12" plastic because / What are you gonna do ...« (Was machst du eigentlich, wenn das Öl zu Ende geht / Denk an die Plattenindustrie und all die Leute, die sie ausgenutzt hat / Die Folgen werden weit drastischer sein als nur, daß es keine LPs mehr gibt, weil / Was machst du ...).

Newtown Neurotics (Plattencover), Großbritannien 1980.

Tankstellen-Crash. Alain Delon springt in Sicherheit. Aus: »*Trois hommes a battre*«, Frankreich 1980 (dt.: Killer stellen sich nicht vor).

Die Ölkrise herrschte auch in den Köpfen. Aber zugleich entdeckte man die Lust am Untergang. »*Eine Benzinträne schwimmt in deinen Augen, und die Handbremse durchbohrt mein Bein./Komm, lieben wir uns noch einmal, während der explodierende Benzintank den Plastikbezug der Autositze in unsere Wunden schmelzen läßt*«,[19] hauchte Grace Jones, Expertin für den Discotanz auf dem Vulkan, 1980 in ihrem Song »*Warm Leatherette*«. Bands, wie die Esoterik-New-Waver Cabaret Voltaire schworen derweil auf »*Drinking Gasoline*«, so der Name ihrer Langspielplatte von 1985.

Zum modernen Weltuntergangsszenario gehört der brennende Benzintank. Alfred Hitchcock, der Altmeister des Horrors, hatte 1963 in seinem Film »*The Birds*« (Die Vögel), einer Endzeitparabel, die auf einer Novelle Daphne du Mauriers beruht, eine beklemmende Tankstellenszene eingefügt. Die während eines Angriffs der Vögel in einem Café eingeschlossenen Menschen entdecken, daß aus einem Zapfschlauch Benzin ausläuft. Sie versuchen verzweifelt, die Gefährdeten zu warnen, bis die Tankstelle doch in Flammen aufgeht. In Steven Spielbergs Erstlingswerk »*Duell*« von 1971, in dem ein Geschäftsreisender permanent von einem Tanklaster bedrängt wird, dessen Fahrer den ganzen Film über anonym bleibt und der bei einem seiner Attacken auch eine Tankstelle niederwalzt, steigert sich die Angst des Bedrohten zur Panik. Showdown an der Tankstelle: In »*Trois hommes á abattre*« (Killer stellen sich nicht vor) von 1980 wird ein von Gangstern der Rüstungsmafia Gejagter selbst zum Jäger (in der Hauptrolle Alain Delon). Eine wilde Ver-

folgungsfahrt durch Paris endet mit einer Karambolage an einer Vororttankstelle, deren Schaufenster zerbersten und deren Tanks schließlich detonieren.

Spektakuläre Treibstoffexplosionen gehören seit den achtziger Jahren zum Standardrepertoire des mit Actionszenen überladenen Unterhaltungskinos, ob als vielbejubelte Befreiungstat, wie in dem Frauen-Roadmovie »*Thelma and Louise*« von 1991, in dem die Hauptdarstellerinnen den Tanklaster eines Chauvi-Truckers in die Luft gehen lassen, oder als strereotyper »*Special Effect*«, wie in dem Film »*Terminator 2*« von 1990, in dem ebenfalls ein Tankwagen dran glauben muß, oder in »*Superman 3*« von 1983, in dem gleich eine ganze Raffinerie abgefackelt wird.

Auch die letzten Überlebenden der Klimakatastrophe, die Bewohner einer provisorischen Insel, dem letzten trockenen Fleck auf einer überfluteten Erde, haben noch Benzin an Bord. In Hollywoods Sintflut-Version »*Waterworld*« von 1995 fliegt den Insulanern, als die Tanks explodieren, ihre moderne Arche Noah um die Ohren. Wie dicht Heiliges und Profanes beieinander liegen, zeigte Federico Fellini in seinen Filmen. »*Fellinis Roma*« von 1971 beginnt mit dem Einzug in die »*Heilige Stadt*« – einer abendlichen, traumhaft-alptraumhaften Fahrt auf der Autobahn, vorbei an Neubauruinen, qualmenden Fabriken, einem Unfall und einem Bus voll grölender Fußballfans. Direkt hinter dem Straßenstrich, an dem gerade ein Tanklaster vorbeifährt, steht, als legale Form der Prostitution, das überdimensionierte Markenschild einer Tankstelle. Jean-Luc Godard drehte 1983

»*Maria und Joseph*«. Er inszenierte das Thema des Neuen Testaments als moderne Beziehungskiste, versetzt mit philosphischen Reflexionen über die Natur und das menschliche Leben, und verlegte die biblische Handlung an den profansten Ort der Gegenwart: Maria arbeitet an einer Tankstelle.

Die wahre Religion ist der Konsum. Bereits 1980 hat der Schlagersänger Markus dazu die hedonistische Hymne beigesteuert. In seinem »*Neue-Deutsche-Welle*«-Lied »*Ich will Spaß*« heißt es: »*Ich will nicht sparen, nicht vernünftig sein, / kommt nur das gute Super rein. / Ich will Spaß, ich geb Gas. / Und kostet Benzin auch 3 Mark 10, / scheißegal, es wird schon geh'n. / Ich will fahr'n, ich will Spaß. / Der Tankwart ist mein bester Freund. / Hui, wenn ich komm, wie der sich freut.*«

Einen filmischen Kommentar zur verschwendungsfreudigen »*Fill-up-society*« und ihren veränderten Konsumgewohnheiten lieferte Hollywood 1993 mit »*Reality Bites*« (Voll das Leben; Regie: Ben Stiller), in der vom Leben abgeturnte amerikanische Jungakademiker der ominösen »*Generation X*« ihre innere Leere auch mit Kartoffelchips und Prosecco aus dem Tankstellenshop zuschütten. In der Go-East-

Komödie »*Wir können auch anders*«, die Detlev Buck 1992 in den neuen Bundesländern drehte, herrscht dagegen fröhliche Aufbruchsstimmung. Und das obwohl die Ostabenteurer (gespielt von Joachim Król und Horst Krause) an einer der neuen Glittertankstellen erst einmal über den Kassentisch gezogen werden.

Gar nichts mehr zu kaufen gibt es dagegen in einer Berliner, im Bezirk Treptow gelegenen stillgelegten Tankstelle, die 1995 zu neuem Leben erwachte, indem sie zu einer Drive-in-Galerie und einem offenen Studio umfunktioniert wurde. Zwischen Frühjahr und Herbst realisierten junge Aktionisten dort ihre Tankstellen-Environments. Die Eröffnungsausstellung »*VK 88*« (benannt nach dem Zweitakter-Trabi-Kraftstoff, nach dem einst die halbe Stadt stank) präsentierte die Tankstelle als »*vergessenen Ort*«. Dabei kam es unter den hundertjährigen Platanen der Puschkinallee zur Umarmung zwischen Party- und Künstlerszene. JazzHop- und HipHop-DJs steuerten den Sound für die begehbaren Kunstwerke bei. Der Künstler Dag Pzrybilla, der die Station als Lichtbox arrangierte und mit technoider Ornamentik versah, machte aus dem ausrangierten Tanktempel ein gleißendes Signal.

Neonimpressionen 1982.

Die Tankstelle als Lichtblock, inszeniert von Dag Pzrybilla (1995), an der
Berliner Galerie im Parkhaus.

Dächer, Stützen, Inseln

Daß das Dach der »obere Abschluß eines Gebäudes« sei, wie der Duden und andere Nachschlagewerke behaupten, ist im Fall der Tankstelle nur die halbe Wahrheit. »Tankhäuser« (wie die Cottage-Stationen oder die Reichsautobahntankstellen) blieben Ausnahmen. In den USA unterschied man deshalb präzise »roof«, womit das Dach der Service- und Kassenräume gemeint ist, und »canopy«, die Überdachung zum Schutz der tankenden Kunden und der Zapfsäulen. Das zusätzliche Schutzdach (wie man es schon von Bahnhöfen kannte) entwickelte ein Eigenleben und ist der maßgebliche Grund, daß die Tankstelle zu den meistvariierten Bautypen dieses Jahrhunderts gehört.

Bis zum Zweiten Weltkrieg war das mit dem Servicetrakt verbundene Vordach die am weitesten verbreitete Form. Zu dessen architektonischen Vorbildern zählen Arkaden und Markisen. Solche Vordächer, die wie ein Mützenschirm hervorragen, machten die Tankstelle zu einer Art Schaukasten. Eine radikale Version, die ohne Dachstützen auskommt, ist die von Frank Lloyd Wright realisierte Station.

Schon früh gab es vereinzelt Dächer, die sich vom Gebäude lossagten. Dazu gehörten zum Beispiel Baldachine, die als Überdachung der Tankinseln fungierten und nur die Zapfsäulen beschirmten. Seit den fünfziger Jahren gab es kleine freistehende, oft massenproduzierte Dächer, die auf ein oder zwei Stützen standen. Eine besonders gelungene Variante waren die freistehenden Dach-Pilze, die Eliot Noyes für Mobil entwarf (siehe S. 219). In den fünfziger Jahren kamen »organische« Überdachungen in Mode, Phantasiegebilde aus Spannbeton, die sich an Vorbildern wie der Berliner Kongreßhalle von 1957 orientierten. In diesen meist schwingenartigen Konstruktionen, deren Schutzfunktion häufig zweifelhaft war, kündigte sich an, daß Tankstellendächer bald die Präsentation als zweite wesentliche Aufgabe übernehmen würden.

Zur »Halle« (ohne Wände) ausgewachsen, geriet das Schutzdach zum Schauobjekt. Das von punktartigen Stützen getragene flache Hallendach – eine funktionalisti-

sche Konzeption, die der Hamburger Architekt Karl Schneider bereits 1931 in einem Prototyp umgesetzt hatte (siehe S. 210) – ist heute Standard. Solche Konstruktionen, die riesige Spannweiten ermöglichten, waren nach dem Zweiten Weltkrieg bei Museen und Sporthallen wegen der großen Ausstellungs- und Spielflächen angewandt worden (zum Beispiel bei Arne Jacobsens Sporthalle von 1962 in Landskrona und Mies van der Rohes Berliner Nationalgalerie von 1963). Einer der ersten, die das Prinzip systematisch auf Tankstellen übertrugen, war Jean Prouvé. Seine Autobahntankstellen von 1968 bestanden aus variablen Dachkonfigurationen, die von Stahlstützen getragen wurden.

1 Spannbetondach, Frankreich um 1960.
2 Spitzdach, Kanada 1958.
3 »Ballondach«, Bonn 1949 (erbaut 1925).
4 Leuchtdächer, Frankreich um 1975.
5 Säulendach, USA um 1915.
6 Baldachin, Deutschland 1937.

1 Transportable Tankstelle, Frankreich 1993.
2 Dachpilze, Dänemark 1955.
3 Trockenes Brennholz, USA 1994.
4 Bespanntes Dach, Berlin 1928.
5 Dachwaben, USA 1968.
6 Taubenlandeplatz, Italien 1961.
7 Postmodernes Dach, Deutschland 1992.
8 Dachwelle, USA 1993.
9 Air-Force-Dach, USA 1992.

Kilometerfresser

Der Vorhang hob sich. Auf der Bühne standen die vier von der Texaco-Tankstelle und begannen zu singen. Erster Tankwart: »*I wipe the pipe, I pump the gas / I rub the hub, I scrub the glass.*« (Ich wische den Schlauch, ich tanke Benzin / Ich schrubbe die Felgen, ich rubbel die Scheiben.) Zweiter Tankwart: »*I touch the clutch, I poke the choke.*« (Ich fummel an der Kupplung, ich stoß' den Choke.) Dritter Tankwart: »*I clear the gear, I block the knock. / I jack the back, I set the clock.*« (Ich hau den Gang raus, ich stoppe das Klopfen. / Ich bock' den Wagen auf, ich stelle die Uhr.) Vierter Tankwart: »*So join the ranks of those who know / And fill your tanks with Texaco.*« (Deshalb gehör' zu denen, die wissen wie's läuft / und füll deine Tanks mit Texaco.)[1]

Der NBC-Kanal in den USA präsentierte Ende der vierziger Jahre das wöchentliche »*Texaco Star Theater*«, eine einstündige, von Texaco finanzierte TV-Unterhaltungssendung, die zum Straßenfeger wurde. Der Sponsor durfte der versammelten Fernsehnation sechs Minuten mit seinen Tankwart-Songs auf die Nerven gehen und den Firmennamen im Titel unterbringen. Auch andere Firmen mixten Benzin erfolgreich mit Showbiz, um ihren Markennamen unter die Leute zu bringen. Pure und City Services schafften sich eigene Big Bands an, die auf der Bühne stets von Zapfsäulen umrahmt waren. Beliebte Hilfskräfte der Benzinwirtschaft waren auch Komiker, wie Buster Keaton oder Bob Hope. Weitere Hollywoodstars gaben ihr Tankdebut: Mickey Mouse griff schon während der dreißiger Jahre für Sunoco zum Schlauch, und die junge Marilyn Monroe drückte vor laufender Kamera ihre Vorliebe für Union-Treibstoff aus.

Szenenwechsel: Ein verschneiter Wald. Klirrende Kälte. Schneewehen. Finstere Dunkelheit. Am Straßenrand steht ein einsamer Wagen, um den ein Rudel Wölfe herumstreicht. Eine Stimme aus dem Off flüstert: »*Nacht. Europa. Hungrige Wölfe. Dieses rote Auto blieb nach 70 Meilen stehen, weil es mit Treibstoff fuhr, der kein komplettes Benzin war.*« Nahaufnahme: Der Fahrer des Unglückswagens blickt sich ängstlich um. Da flitzt ein heller PKW an ihm vorbei. »*Der gelbe Wagen kam mit derselben Menge Benzin noch 11½ Meilen weiter und erreichte sicher sein Ziel*«, erklärt die Männerstimme, während das Auto am Grandhotel vorfährt. Dieser Shell-Reklamespot von 1969, ein frühes Beispiel für gekonnt eingesetzte Ironie in der britischen Werbung, nimmt auch das eigene Genre auf den Arm.

Bangemachen galt in der Benzinbranche schon immer als probates Mittel. »*Wer fürchtet sich vorm bösen Wolf?*«, fragte Phillips Mitte der dreißiger Jahre in einer Anzeigenserie und erinnerte damit die geplagten Autobesitzer an die Startschwierigkeiten ihres Wagens, die sie regelmäßig im Winter erwarteten. Der Wolf-Spot von Shell war auch Bestandteil einer Angstkampagne, die der Konzern Mitte der sechziger Jahre als TV-Krimi in mehreren Folgen inszenierte. Inzwischen saß auch Europa vor dem Bildschirm. Shells Reklamefeldzug war eine der ersten weltweit ausgestrahlten Fernsehwerbungen.

1966 begannen in der arabischen Wüste die Dreharbeiten zu einer Reihe von Werbespots mit dem Titel »*The Great Mileage Test*« (Durchbruch zu mehr Kilometern), die aber erst ein Jahr später unter veränderten Startbedingungen einen besonderen Kick erhielt. An einer stillgelegten Bahnstrecke, irgendwo in der ame-

Links: Highway-Happening. In Portland, Oregon, legten sich 1969 Hunderte von Menschen auf die Fahrbahn, um gegen die hohe Zahl der Unfalltoten zu demonstrieren, eine von Mobil initiierte Aktion für mehr Verkehrssicherheit.

Mobiles Markenzeichen. USA, dreißiger Jahre.

184

rikanischen Prärie, wurde ein Auto auf Schienen gesetzt, um objektive experimentelle Bedingungen vorzutäuschen: »*Keine Steigung, kein Verkehr, kein Fahrer*«. Wissenschaftler machten ernste Mienen zum wissenschaftlichen Spiel und schütteten aus großen Glasbehältern, wie man sie in chemischen Labors benutzt, zweimal je eine Gallone Benzin in den Tank, erst ohne »*mileage ingredients*« (Meilen-Zusätze), dann mit. Die Stelle, bis zu der sich das Auto ohne Powerzusatz hinschleppte, wurde mit einer Papierwand markiert, die im zweiten Durchgang dank Shells Wundermittel beim Durchfahren in tausend Fetzen zerriß.

In einem der letzten Mileage-Spots aus dem Jahre 1970 flogen zwei von je einem Auto gezogene Drachenflieger so lange über einen Sandstrand, bis der Ärmste, dessen Zug-

maschine keinen Zusatz im Tank hatte, abstürzte und unsanft auf den Boden klatschte. Wer die Wirkung solcher Bilder abschätzen will, muß berücksichtigen, daß der durchschnittliche Autobesitzer damals knapp bei Kasse und die Angst vor dem letzten Tropfen weit verbreitet war. Wie sonst ließe sich erklären, daß Millionen Autofahrer sich einreden ließen, einen mit Treibstoff gefüllten Plastik-»*Reservekanister*« im Kofferraum deponieren zu müssen, zu einer Zeit als es noch an jeder dritten Straßenecke eine Tankstelle gab.

Die Mileage-Idee war eigentlich uralt. Atlantic verkaufte bereits 1915 »*More Miles to a Gallon*« und versprach 1937: »*Your car will eat up the miles*« (Ihr Wagen wird zum Kilometerfesser). Socony hatte 1945 sogar »*More Smile per Gallon*« im Angebot. Das Sensatio-

Die Nacht als Werbeträger. Neonreklame für Phillips-Treibstoff, Oklahoma City 1949.

Friction—the Unseen Enemy of Power

Your Economy LOSS in using
High LOW Quality Lubrication

Are you allowing Friction to cause a breakdown?

Perhaps you have never realized to what extent lubrication governs the successful operation of your car.

Loss of power and undue wear and consequent repair bills all follow the use of unsuitable oils.

Since you cannot watch from day to day the internal parts of your engine, you cannot know accurately the effects of different oils. So far, you may have been fortunate enough to avoid troubles, but is it wise to allow Friction, the unseen enemy of power, to rob you of what you are paying for?

Correct Lubrication is the Master of Friction. Is it not worth while then to ensure Correct Lubrication by insisting always on the grade of Gargoyle Mobiloil which is scientifically correct for your particular car?

If you would know more about what is happening inside your engine, and to other moving parts of your car, write to-day for a post free copy of "Correct Lubrication," an illustrated booklet which contains over sixty pages of instructive information on the subject. It is the work of lubrication specialists, and will help you to keep your car in perfect running condition with a minimum of expense.

The 1924 Chart of Recommendations now exhibited at all garages in the Kingdom, places the motoring world in possession of the most up-to-date, accurate and authoritative advice on the Correct Lubrication of the Engine and Transmission of all models marketed since 1920 inclusive.

Remember:

Ask for Gargoyle Mobiloil by the full title. It is not sufficient to say, "Give me a gallon of 'A' or 'BB'." Demand Gargoyle Mobiloil "A" or Gargoyle Mobiloil "BB" or whichever grade is specified for your car in the Chart of Recommendations

Mobiloil
Make the Chart your Guide

BRANCH OFFICES:

Belfast	Dublin
Birmingham	Glasgow
Bradford	Liverpool
Bristol	Manchester
Cardiff	Sheffield
	Newcastle-on-Tyne

HEAD OFFICE: *Caxton House, London, S.W.1*   WORKS: *Birkenhead and Wandsworth*

VACUUM OIL COMPANY, Ltd.

Teuflischer Fehler. Auch die Methode, vor der minderwertigen Ware der Konkurrenz zu warnen, stammt aus der Mottenkiste der Werbetricks. Großbritannien 1924.

nelle an Shells Mileage-Aktionen war die spannende Inszenierung als »Test«, bei dem der Zuschauer wie bei einem Sportereignis die vermeintliche Entscheidung miterleben konnte. Dazu hörte man Krimimusik, was ebenso unfreiwillig komisch wirkte wie der verbissene Versuch, Seriosität zu suggerieren. Neben Männern in Weiß liefen bei einigen »Tests« Polizisten als »Schiedsrichter« durchs Bild und schwenkten

die Startfahne. Aber mit der Kombination aus Experimental- und Wettbewerbssituation hatte man eine fernsehgerechte Form gefunden. In dieser Zeit erlangten die ersten TV-Detektivserien, wie zum Beispiel »77 Sunset Strip«, Kultstatus. Die Shell-Spots beschränkten sich nicht mehr nur darauf, positive Eigenschaften des Produkts zu verkünden. Werbung wurde zum Ereignis und Teil des Entertainments.

Super oder Normal?

1916 war in Dayton, Ohio, ein Forschungsinstitut gegründet worden, das bald darauf von General Motors übernommen wurde und sich zunächst mit dem auch heute noch jedem Laien bekannten Klopfen beschäftigte. Dort wurde 1921 das Antiklopfmittel Bleitetraethyl entdeckt, das erste »Additiv«, wie man die leistungssteigernden Zusätze später nannte. Die meisten Verbesserungen der Treibstoffe kamen seitdem aus den USA, bis hin zu den in jüngster Zeit eingeführten Verfahren, bei denen die Klopffestigkeit der nun bleifreien Kraftstoffe nicht mehr durch Zusätze, sondern durch die Zusammensetzung ihrer Komponenten erreicht wird. In Amerika nannte man klopffesten Kraftstoff anfangs nach seinem wichtigsten chemischen Bestandteil »Ethyl«, in Deutschland »Gemisch«.

»No Nox« (kein Klopfen). USA 1941.

Die Wahl zwischen *»Super«*[2] oder *»Normal«* (in Amerika *»Premium«* oder *»Regular«*) hat der Autofahrer dagegen erst seit den fünfziger Jahren. Das Wort tauchte schon vor dem Krieg auf, zum Beispiel in *»Super Shell«*, dessen Einführung vor allem dem Stabreim geschuldet sein dürfte (vergleichbar mit *»Esso Extra«*). Es eroberte sich später einen festen Platz in der Alltags- und Jugendsprache.

Sobald ein Mittelchen entdeckt wurde, das die Oktanzahl steigerte, dauerte es nicht lange, bis jede Benzinmarke den neuen Kraftstoff anbot, auch an der letzten Provinztankstelle. Beim Benzin handelt es sich also um einen klassischen Fall von *»objektiver Produktparität«*,[3] das heißt die verschiedenen Marken unterscheiden sich gar nicht oder nur äußerst minimal. (Selbst wenn sie sich unterscheiden würden, könnte der Kunde dies nicht feststel-

Die dreimalgescheiten »three little men« waren bekannte Comicfiguren. USA 1937.

len.) Dennoch – oder gerade deswegen – wurde die vermeintliche Überlegenheit des jeweiligen Produkts immer wieder groß herausgestellt. Kraftmeierei gehörte von Anfang an zum Repertoire der Benzinwerbung. »*Don't be a traffic turtle*« (sei keine Schildkröte im Verkehr), mahnte Phillips 1930 zum Kauf seines Superkraftstoffs. Und Atlantic ließ seine »*Three Little Men*«, drei Zylinder tragende Comic-Figuren, 1937 (als viele Amerikaner sich keinen neuen PKW leisten konnten) auf Schildkröten durch die Stadt jagen. Dem Schutzmann flog dabei der Hut weg.

Beliebt waren auch Darstellungen, auf denen kleine Wagen dank dieses oder jenes Benzins große Limousinen abhängten. Das Schema war international. »*Das hätte ich früher nicht wagen dürfen*«, freute sich »*Heinz Tonn, Kaufmann aus Berlin-Westend*«, der, wie die Abbildung der BV-Werbung von 1937 zeigt, nun auch bei Gegenverkehr überholte (wegen des »*Kalorienreichtums*« von Aral). Ähnlich gewagte Überholmanöver waren später immer wieder in Werbefilmen zu bestaunen, zum Beispiel in den sechziger Jahren, als Shell gemeinsam mit Porsche warb, als man bei BP den »*5. Gang*« tanken konnte und Mobil die »*Autobahn-Rallye*« ausrief. Anfang der achtziger Jahre drehte Mobil Spots mit Stuntmen aus Hollywood. »*Manchmal fühlst du dich wirklich wohl, wenn du weißt, daß dein Auto seine Leistung bringen wird*«, murmelte da der Kommentator, während ein Stuntdriver mit dem Auto in hohem Bogen halsbrecherisch von einem Wolkenkratzerdach aufs andere hüpfte. In einer anderen Version von Mobils 1983 gedrehten

Hollywood-Stunts waren die Flugnummern so aneinander geschnitten, daß man die Fahrzeuge nur noch in der Luft sah. Diese Parade schwebender Autos hatte Tradition. Phillips hatte mit seinem »*Phill-up-and-fly*«-Slogan bereits in den zwanziger Jahren den Zusammenhang zwischen Fahren und Fliegen hergestellt und verkaufte jahrzehntelang sein »*Flite Fuel*« (»*Das einzige Benzin mit Super-Flugbenzin-Komponente*«). »*Wie oft hast du schon angehalten, um einem Lastwagen zuzuschauen, der mit seiner schweren Ladung eine lange steile Steigung erklimmt? Lebendig sieht er aus! Pochen – Schnauben – sich beim Ziehen ins Zeug legend wie das Pferd eines Riesen*«, beschreibt eine Anzeige von 1925 »*das Wunder des Benzins*«.

Ein Riesenpferd wurde tatsächlich einer der größten Renner der Benzinwerbung: Mobils Pegasus hatte »*Flying Horsepower*« (fliegende Pferdestärke). Das geflügelte Roß aus der griechischen Mythologie machte seit den zwanziger Jahren vor, wie man abhebt, und wurde zu einer Ikone des motorisierten Amerika. Pegasus war nicht die einzige Fabelfigur an der Zapfsäule. Dort taten auch antike Marathonläufer und Indianerhäuptlinge Dienst. Außerdem tummelte sich eine artenreiche Tierwelt an Amerikas Tankstellen. Grizzlybären, Bisons, Hunde, Raubkatzen, Pferde, verschiedenste Vogelarten und sogar Dinosaurier erwarteten die Kundschaft auf Markenzeichen und Reklameschildern. Die Botschaft: übermenschliche Energien stecken im »*Kraftstoff*«, einem Phantomprodukt, das unsichtbar blieb und mit dem niemand mehr in Berührung kam. Seine Wirksamkeit ließ

188

Schon in der Vorkriegszeit wurden Hauswände als Reklameflächen genutzt. Ein Entwurf des Bauhaus-Künstlers Robert Michel für die DAPG. Frankfurt 1926.

sich weder spüren noch nachprüfen. Was lag näher, als sich ins Reich der Metaphern und Mythen zu flüchten?

1929 hatte auch die deutsche Standard (DAPG) eine Figur erfunden, um ihre neue *»überkräftige«* Marke einzuführen – den *»Esso«*-Giganten, einen in römische Uniform gekleideten Merkur des Kraftverkehrs. In Anzeigen schob der aus der Götterwelt entliehene Kraftprotz Fahrzeuge die Hügel hoch. Im Text hieß es: *»Ein Riese fährt mit Ihnen! Wenn Sie Gebirgstouren vorhaben, wenn Ihr Wagen*

schnell und sicher trotz aller Schwierigkeiten pünktlich ans Ziel kommen soll. Der neue, riesenkräftige Betriebsstoff ist Ihre zuverlässigste Hilfe. Achten Sie auf die rote Farbe, dann fahren Sie zuverlässig und – mit Riesenkraft!«[4] Im Bild der Ware als mythischer Muskelmann steckte zweierlei: Es war eine Allegorie für die Leistungskraft des Treibstoffs, aber auch für die des Konzerns.

»Die Leute sahen die Schönheit und Anmut des Tigers gerne und verbanden damit Eigenschaften, die zur Führerschaft und Ziel-

1931 schaltete die deutsche Standard-Tochter eine Anzeigenserie, in der ein römisch gekleideter Riese die Hauptarbeit übernahm.

strebigkeit der Esso-Gesellschaft paßten«,[5] resümierte die britische Standard-Filiale (mittlerweile Esso) über ein halbes Jahrhundert nach dem Auftauchen des – inzwischen längst verschollenen – Reklameriesen, der auf der Insel ein starkes Pendant hatte, den »Esso«-Tiger, eines der erfolgreichsten Warenwesen aller Zeiten. In Großbritannien war die aggressive Großkatze bereits vor dem Zweiten Weltkrieg in der Standard-Werbung aufgetaucht und wurde 1953 nach Aufhebung der Rationierung wiederbelebt (als Anknüpfung an die durch das Ein-

heitsbenzin verdrängte Markenidentität), um bereits Ende der fünfziger Jahre wieder verschwunden zu sein.

Es war die Zeit, als man versuchte, die Kundschaft mit einer Fülle magischer Formeln, Chevron mit seinem »FT 310«, Shell mit »ICA« oder Esso mit »E 54«, von der Einmaligkeit der jeweiligen Treibstoffmixtur zu überzeugen. Für seinen Alkoholzusatz erfand Aral die launige Werbezeile: *»Ein goldener Tropfen für alle, die öfter einen tanken.«* Man merkte jedoch, daß die allzu wissenschaftlich anmutende Produkt-

190

Delano, Kalifornien 1989.

Groom, Texas 1991.

192

Essos Parole »*Pack den Tiger in den Tank*« war nicht die geistreichste, aber die Kampagne eine der erfolgreichsten der sechziger Jahre.

werbung die Autofahrer nur verwirrte und die abstrakten aus dem chemischen Labor entlehnten Zahlen-Buchstaben-Kombinationen – bei aller Technikgläubigkeit – wenig zur Markentreue beitrugen.

Wie Identifikation funktionierte zeigte sich, als der Tiger 1964 in den USA seine zweite Wiederauferstehung feierte. Zwar war auch die neue Tigerwerbung mit Pseudoinformationen überladen. Aber das minderte nicht die Wirkung der gesamten Kampagne, deren durchschlagender Erfolg andere Gründe hatte. Da war zum einen die Figur des freundlichen Comic-Tigers mit der Statur eines amerikanischen Football-Spielers, der den Eindruck vermittelte, daß ihm eine Collegeausbildung durchaus gut tun würde, und dem dazu passenden unbedarft-frechen Gesichtsausdruck, kombiniert mit dem Slogan, der keine Frage mehr zuließ:

»*Put a Tiger in Your Tank!*« (Pack den Tiger in den Tank!) wurde 1965 auch in Europa zu einer Art Schlachtruf für die Autofahrer und bescherte Esso binnen kurzem einen steilen Anstieg der Marktanteile.

Dabei war die Tiger-Werbung gar nicht so überzeugend, abgesehen von technischen Raffinessen, wie den Fernsehspots, in denen Trick- und Realfilm geschickt kombiniert wurden. Es lag am Gesamtkonzept, das vom Geist der Zeit profitierte. Mitte der sechziger Jahre ließen sich junge Männer Beatlemähnen stehen, und die Rocksäume der Frauen rutschten dem Po entgegen. Von anderen Benzinmarken, die noch mit so aufregenden Sprüchen wie »*Mein Benzin Gasolin*« oder »*Aral immer eine gute Wahl*« hausieren gingen, hob sich Essos tierische Aktion deutlich ab. Eine wahre Flut von Tiger-Nippes, darunter Tiger-Laternen, Tiger-

Schallplatten, Tiger-Bierdosen und Tiger-Riesen-poster *»für den Partykeller oder die Garagen-rückwand«*, ergoß sich – teils umsonst, teils gegen Bares – über die Kunden. Der Tiger-schwanz, den man auch am Tankstutzen anbrin-gen konnte, wurde allein in Großbritannien zweieinhalb Millionen mal verkauft. Noch nie war in der Benzinbranche ein so umfangreiches Promotion-Paket geschnürt worden. Das Pelztier wurde Teil der populären Kultur. *»Ich kann deine Motorhaube öffnen, ich kann deine Spi-ralen reinigen. / Ich kann dein Getriebe prüfen und dir Öl geben. / Mich interessiert nicht, was die Leute denken. / Ich möchte einen Tiger, du weißt schon, in deinen Tank packen«*, kalauerte Muddy Waters, Altmeister der Bluesmusik, ganz im *»Fill'er up«* – Chauvinslang, in einem Song.

Im Tiger-Taumel wurde das Publikum zum Mitspieler. Darin lag das eigentliche Geheimnis. Es war eben nicht nur der Tiger-Tinnef, der die Menschen animierte. Das Tier von der Tankstelle wurde Teil der Alltagskultur. Man erzählte sich auf der Straße Tigerwitze und erfand Wortspiele. Der griffige Slogan, den man allein in Europa in acht Sprachen übertrug, wurde zum Schlagwort in vielen Lebenslagen. Schließlich konnte Esso, schon 1968 seines nützlichen Maskottchens überdrüssig, selbst dessen Abgang publikums-wirksam inszenieren, als (wiederum zeittypi-sche) Protestaktion eines fiktiven *»Komitees ›Rettet den Tiger‹«* gegen den *»Werbeleiter«*, der ihm dann doch den Garaus machte.

Katzen haben bekanntlich viele Leben: 1986, auf der Suche nach der Idee für eine Wer-bekampagne, die Essos (beziehungsweise nun Exxons) Corporate Identity transportieren sollte, wurde der Tiger zum dritten Mal recycelt. Er erlebte sein Comeback nun nicht mehr als Trick-figur, sondern als reale Raubkatze, die wie Flip-per oder der Daktari-Löwe Clarence nach Holly-wood-Manier in Szene gesetzt wurde. Das majestätische Tier war schön anzuschauen und prädestiniert, *»das Image von Kraft und Dyna-mik«*[6] zu verkörpern. Doch offenbar ein wenig zu gut: Anfang der neunziger Jahre distanzierte sich der Konzern vom Power-Image des Tiger-patriarchen, indem man ihn zum sorgenden Familienvater machte (dessen Kinder sich nun im Esso-Shop Windeln oder Baked Beans holen).

Von 1961 stammt die eingängige Gasolin-Zeile.

Werbekunst

»Tiger-Kräfte« einzusetzen, war wohl die effek-tivste, aber kaum die originellste Werbestrategie der sechziger Jahre. Nach dem kreativen Still-stand der Nachkriegszeit waren vor allem in den USA junge Werbeagenturen entstanden, die Werbung als Kunst der Kommunikation neu definierten, allen voran die Agentur Bill Bern-bachs. *»Deine Aufgabe ist es, zu vereinfachen, zu dramatisieren und dein ganzes Talent dar-auf zu verwenden, die Botschaft kristallklar und erinnerbar zu vermitteln«*,[7] war ein Credo Bernbachs, der bahnbrechende Kampagnen konzipierte, unter anderem für VW (*»Er läuft und läuft und läuft …«*). 1966 wurde der Neue-rer von Mobil (vormals Socony) engagiert,

194

Ulk und Presente. Kostümierte Clowns sollten um 1960 die Kids der Baby-Boom-Eltern der fünfziger Jahre an die Phillips-Tankstellen locken.

einem Konzern, der sich – zu seinem 100. Jubiläum – ein neues Namensschild an die Tür schrauben und dazu ein neues Tankstellendesign sowie ein passendes Image entwickeln ließ. Mitte der sechziger Jahre, das Tiger-Fieber grassierte, war auch die Zeit, als »Yogi Bär« und die »Familie Feuerstein« Groß und Klein vor dem Fernsehschirm vereinte. Einige Benzinfirmen fühlten sich animiert, eigene Comic-Figuren ins Rennen zu schicken. Union Oil beeilte sich mit seinem »Minute Man«. Phillips präsen-

tierte »The gasoline that won the West« und ließ dazu die Colts und die Indianer rauchen. Sinclair machte seinem »Dino« Beine, dem tankenden Dinosaurier, der vom »realen« Urtier zur disneyhaften Trickfigur mutierte.

Mobil hatte bis dahin seinen freundlichen Service in einer eher biederen Werbung angepriesen und gehofft, daß Amerikas Mittelklassefamilien auch »ihren neuen Wagen einem alten Freund vorstellen« würden, nämlich dem Mobil-Tankwart. Bernbachs Agentur schlug nun

IN MEMORY OF THE 1,700,000 AMERICANS WHO DIED FOR NOTHING

Here, at a time of remembrance, is our monument to the monumental folly of automobile drivers. Dead in a massacre that has taken 1,700,000 lives since 1900, and continues unabated today.

Think about it: The body count of Americans killed in action in all of America's wars since 1775 stands at 638,000. And in 69 short years, motorists have surpassed that stunning figure by over a million, men, women and children.

All of them dead.

Violently dead.

Agonizingly dead.

And for what?

For the sake of an extra martini?

For the thrill of passing a car on a blind curve at 67 miles an hour?

To save 15 seconds by jumping a light?

Before this year is over, one out of four cars in this country will be involved in an accident.

The lucky occupants will get a scare and go through the infuriating process of filling out all the insurance forms, getting repair estimates, and putting their cars up in a body shop for a few days.

They also won't get to where they were going in such a hurry.

All the other rich/poor/old/young people will be dead (or wishing they were dead). It doesn't have to happen to you.

But your protection won't start until you realize that it can happen to you. That, in less than a second, your car can be turned into a smoking hulk of broken glass and twisted steel.

That men with acetylene torches may have to cut your wife or kids out of it.

That flashing red lights and wailing sirens can come for you. Or yours.

That all you cherish (your life, or theirs; your well being, or theirs) can be lost in that single instant.

Some people simply don't have the guts to imagine themselves in such anguish. Yet we're asking you to imagine it every time you get into your car. (If that sounds morbid, it's nothing compared to the possible alternative.) Because without a certain amount of healthy fear, there's no reason to do any of the things that can prevent the tragedy.

Like using your seatbelts. (They really do save lives, not to mention eyes, noses, and other personal possessions.)

Like the simple act of keeping a rag in the car for cleaning your windows and headlights. ("I never even saw him, officer.")

And having your brakes checked regularly, and replacing worn tires. And doing all the other little things you know about and don't bother about.

Aren't you worth the bother?

Please drive safely.

Mobil. We want you to live.

Mit einem Denkmal für die Verkehrstoten setzte Mobil 1969 seine aggressive Sicherheitskampagne fort.

einen völlig neuen Weg ein: In den Mittelpunkt stellte man ein relevantes Thema, das die Öffentlichkeit tatsächlich interessierte, die Verkehrssicherheit. Das machten zwar auch andere, aber bislang nur als Alibi (»Drive with care and buy Sinclair«). Bereits 1960 war das Buch »The Waste Makers« (Die große Verschwendung) von Vance Packard erschienen, das Detroits Autokonzernen unter anderem »kalkulierten Verschleiß« nachwies, also eingebaute Konstruktionsfehler, die auch daran Schuld waren, daß Amerikaner im Durchschnitt alle 2½ Jahre ein neues Auto kauften. 1965 kam das Buch »Unsafe at any Speed« (Unsicher bei jeder Geschwindigkeit) heraus, in dem der Verbraucherschutz-Pionier Ralph Nader die amerikanischen Autos als lebensgefährlich kritisierte. Die Öffentlichkeit war alarmiert. Bernbachs Kampagne brach mit einem weiteren Tabu, indem sie den Blutzoll der »Wegwerfgesellschaft« bloß-

Mit einem poppigen Punkt, der auf Postern, T-Shirts und Anzeigen erschien, ohne daß jemand wußte, was dahinter steckte, führte die Firma Elf 1967 ihre Marke ein.

legte. In einer der Anzeigen wurde darauf hingewiesen, daß das Massaker auf Amerikas Straßen dreimal mehr Tote gekostet hatte wie alle Schlachten der US-Geschichte – über die TV-Bildschirme flimmerten damals täglich Bilder aus dem Vietnamkrieg.

Die Magazin-Werbung von Mobil war von der grafischen Struktur und vom Schriftbild her sehr einfach, der Anzeigenaufbau immer gleich: Unter einem journalistisch fotografierten Schwarzweiß-Bild war eine kurze irritierende Überschrift plaziert, auf die ein längerer, sachlich gehaltener Text folgte. Unter dem Motiv eines knutschenden Pärchens stand beispielsweise in fetten Lettern: »Bis daß der Tod uns scheidet.« Im Text hieß es: »In der Poesie mag es wunderschön sein, für die Liebe zu sterben. Aber es ist widerlich und dumm, in einem Auto für die Liebe zu sterben.« Schließlich wurden Möglichkeiten erwogen, wie man die Zahl der jugendlichen Unfalltoten (jährlich annähernd 15 000) reduzieren könnte. Der Text endete jeweils mit dem Mobil-Logo und dem Slogan: »We want you to live.« (Wir wollen, daß Sie leben.) Völlig neu war die Attitüde, mit den Kunden per Werbeanzeige in einen ernsthaften Dialog einzutreten. Tenor: »Wir von Mobil sind weder Priester noch Oberlehrer. Wir

verkaufen Benzin und Öl, um Geld zu verdienen, und wir wollen uns jeden als möglichen Kunden erhalten.« Neu war auch, daß Bernbachs Team sich experimenteller Kunstformen bediente. Ein für die Verkehrstoten errichtetes Denkmal mit der Aufschrift »In Gedenken an die 1 700 000 Amerikaner, die für nichts starben«, bestand aus einem Sockel, auf dem ein Autowrack stand, und entsprach damit dem Stil der Junk-art (Schrott-Kunst). Auch Happenings, eine Form der Aktionskunst, die sich um 1960 in New York entwickelt hatte, wurden in Mobils Kampagne einbezogen. 1969 legten sich in Portland eines Morgens 700 Menschen in Dreierreihen auf eine Autobahnbrücke. Die Zahl entsprach den Verkehrstoten des Staates Oregon im vorangegangenen Jahr. Das Lahmlegen des Highways war wohl die erste Kunstaktion für einen Mineralölkonzern.

Die Methode, Benzinwerbung und Image mit Kunst aufzuwerten, war bekannt. Shell hatte sie bereits vor dem Krieg praktiziert, allerdings in recht konventioneller Form (namhafte Maler und Grafiker entwarfen Anzeigen). Mobils Kampagne, in der Superkraft und Kilometerfresser überhaupt nicht vorkamen und die sich gelegentlich sogar eines gewissen Zynismus befleißigte, ist nur aus der besonderen

Offshore-Romantik in der Werbung bedeutet: Wir krempeln bei Wind und Wellen die Ärmel auf. PR-Foto der Elf Aquitaine.

Umbruchsituation der sechziger Jahre zu verstehen, hatte aber darüber hinausgehende Bedeutung. Der direkte Stil der Kommunikation, damals Teil einer umfassenden Selbstdarstellungsstrategie des Konzerns (dem es nicht mehr genügte, allein durch Farb- und Markensymbolik aufzufallen), war eine Bereicherung des PR-Repertoires, an der sich andere Gesellschaften ein Beispiel nehmen konnten. Denn die ganze Branche hatte bald ihre guten Absichten zu beweisen.

Wir kümmern uns

Heiterkeit und Experimentierfreude der Swinging Sixties waren nach der Ölkrise wie weggefegt. Eben noch aktuelle Werbepläne wanderten in den Papierkorb. Die Mineralölkonzerne, die weiterhin gute Gewinne machten, sahen sich unter Erklärungsdruck. Es begann die Ära der Image-Kampagnen: Die großen Gesellschaften mußten einer skeptisch gewordenen Öffentlichkeit zeigen, wozu sie nütze sind. »*Exports as well all going well / everything goes better with Shell*«, trällerte es 1976 im britischen Fernsehen zu Bildern sturmumbrandeter Bohrinseln in der Nordsee.

Großbritanniens Wirtschaft steckte im schlimmsten Nachkriegstief, und das Nordseeöl erschien als eine Art Rettungsanker. In der Werbung der Ölindustrie hörte man wieder patriotische Töne. Anfang der achtziger Jahre war das Thema immer noch dasselbe, die filmischen Mittel inzwischen aber ungleich besser. In einem Spot von 1983 schwebten unter Sphärenklängen raumschiffartige Fahrzeuge wie aus Hollywoods »*Krieg der Sterne*« durch ein bläulich-zwielichtiges Bild, das sich erst nach und nach als Unterwasseraufnahme entpuppte. Tiefe See, hohe Wellen, harte Arbeit in Wind und Wetter, Bohrinseln im Gegenlicht, hinter denen ein Sonnenball das Meer in Rotorange tunkt. Die Off-Shore-Romantik stand für Pioniergeist. Kommentar: »*Die Ressourcen der Nordsee zu erschließen, hat genau so viel gekostet, wie den ersten Menschen auf den Mond zu*

schicken.*« Dazu paßte ein alter, schon aus der Vorkriegszeit wohlbekannter Slogan: »*You can be sure of Shell*« (Auf Shell kannst du dich verlassen).

Überall wurden die Ärmel aufgekrempelt und den Bürgern dabei die Abhängigkeit vom Erdöl vor Augen geführt. Ein BP-Forscher mit sanftem Augenaufschlag hinter der Hornbrille tröstete: »*Die Lösung der Energieprobleme liegt in unseren Köpfen.*« Die deutsche Esso erfand ihr zweitbestes Motto: »*Es gibt viel zu tun. Packen wir's an*«, eine markige Werbezeile, mit der von 1974 an zehn Jahre lang Stimmung gemacht wurde und die zur stehenden Redewendung wurde (meist allerdings mit spöttischem Unterton). In ihr spiegelte sich auch die Trotzreaktion der konsumverwöhnten Menschen in der westlichen Welt, die ihre Wohlstandsprivilegien gefährdet sahen. Da wurden ordinäre Bohrplattformen zu den »*Vereinigten*

High noon. Benzinwerbung, USA 1966.

We're exterminating one of the nation's most destructive pests.

Potholes are to cars what gopher holes are to horses. Yet for many years, these sudden, violent little boobytraps have been a part of our streets and highways as familiar as the white center line. Because lasting repairs just cost too much. Until Phillips invented Petromat® fabric, a tough underliner for roads that reduces damage from cracks and holes. Makes roads easier on cars, safer for the drivers. And cuts taxes spent on road repair to a fraction of former costs. That's a big bump taxpayers will be happy to miss. Phillips Petroleum. Good things for cars—and the people who drive them. **The Performance Company** PHILLIPS 66

This advertisement appears in:
Newsweek, June 25/July 2, 1979; Reader's Digest, August, 1979 Wall St. Journal, June 1, 1979.
PHR-340-350

Kreuzzug gegen Schlaglöcher.
Imagekampagne, USA 1979.

1966 konnte man mit der Abholzung der Regenwälder noch etwas für das eigene Ansehen tun. Magazinwerbung 1966.

Inseln Europas«, die nicht etwa Öl, sondern »unsere Unabhängigkeit fördern«.

Auch in den USA verstanden die Ölgesellschaften, sich ins rechte Licht zu rücken: Phillips, eine Firma, die eben noch Cowboyhut-schwenkend für ihr »two-gun gasoline« zu Markte geritten war, präsentierte sich nun vertrauenerweckend als »The Performance Company«, die das Land (mit ihrem Spezialasphalt) von Schlaglöchern befreite und bedrohten Vogelarten (mit ihren Ersatznestern aus Kunststoff) das Überleben sicherte. Der Imagekampagne, die bis in die neunziger Jahre hinein lief, konnte man aber noch mehr entnehmen: Außer Benzin, Plastik und Straßenbelägen lieferte die Firma

der Nation auch Goldmedaillen (durch Sponsoring amerikanischer Schwimmasse) und Zukunft (Phillips finanzierte das Studium junger »Africanamericans«). Der Konzern präsentierte sich als Samariter in einer harmonischen Welt ohne wirkliche Konflikte, eine Strategie, mit der man immer Gefahr läuft, in einen offensichtlichen Gegensatz zur Realität zu geraten.

Wie man mit einer noch so gut gemeinten Kommunikationsoffensive Schiffbruch erleiden kann, mußte die deutsche Shell 1995 erfahren. »Wir kümmern uns um mehr als Autos«, hatte das Unternehmen noch im März auf doppelseitigen Anzeigen und in TV-Spots versprochen, in denen sie für Kinder, Alte und Behinderte und gegen Müllhalden Stellung bezog. Doch schon drei Monate später war die sorgfältig eingefädelte Kampagne nur noch Makulatur. »Eine gedemütigte Shell ist unsicher«,[8] war der verheerende Eindruck. Während sich die deutsche Shell-Filiale gerade bei den Autofahrern als Unternehmen mit Herz einschmeicheln wollte, hatte die Zentrale in London versucht, die alte Bohrplattform »Brent Spar« in der Nordsee zu versenken. Nach Aktionen der Umweltorganisation Greenpeace vor Ort und Boykottaufrufen (in Deutschland kam es zu 30prozentigen Absatzeinbußen und zu einem Brandbombenanschlag auf eine Shell-Tankstelle) gab der Ölriese schließlich nach.

Satisfying the lumber industry's appetite for oil…
CALTEX
… Caltex serves all consumer needs for petroleum products in more than 70 countries of Europe, Asia, Africa, Australia and New Zealand… you're never far from the Caltex Star.

Als man daraufhin das »*Brent Spar*«-Desaster durch die Einführung benzolarmen Benzins vergessen machen wollte, kam es noch schlimmer. Im Herbst desselben Jahres wurde der nigerianische Dichter Ken Saro-Wiwa hingerichtet. Er hatte gegen die Zerstörung des Niger-Deltas und die Verdrängung des dort lebenden Ogoni-Volkes durch internationale Ölgesellschaften gekämpft und war deswegen ein erbitterter Gegner des Shell-Konzerns, von dem er Wiedergutmachung in Milliardenhöhe gefordert hatte. Keine Hand rührte sich für den Verfolgten. Selbst nach seiner Exekution hielt es Shell nicht für nötig, die enge Zusammenarbeit mit Nigerias Diktatur zu überdenken. Der Vertrauensverlust war enorm, wie eine von der Branche selbst in Auftrag gegebene Umfrage offenbarte. Von Wirtschaftskolossen wie den Ölmajors – von denen die größten täglich mehr Ölprodukte verkaufen als Länder wie Deutschland oder Großbritannien verbrauchen – verlangen kritische und immer schneller informierte Verbraucher (wie neuere Image-Analysen zeigen) zunehmend auch soziale und ökologische Verantwortung.

IF WE'RE INVESTING IN NIGERIA YOU HAVE THE RIGHT TO KNOW WHY.

Shell plans to invest in the Nigerian Liquefied Natural Gas Project. Some say we should pull out. And we understand why. But if we do so now, the project will collapse. Maybe for ever.

So let's be clear about who we'd be hurting. Not the present Nigerian government, if that's the intention. The plant will take four years to build. The revenues won't start flowing until early next century. Of course the government of that time would suffer, but why should anyone want that?

The people of the Niger Delta would certainly suffer - the thousands who will work on the project, and thousands more who will benefit in the local economy.

And the environment would be hurt, because this plant will bring real benefits, with a great reduction in the need for gas flaring by the oil industry.

Whatever you think of the Nigerian situation today, we know you wouldn't want us to hurt the Nigerian people. Or jeopardise their future.

After Brent Spar, Greenpeace apologised for feeding the public false facts. This time, we thought you deserved to hear the truth.

Shell

Nach dem Tod des nigerianischen Schriftstellers Ken Saro-Wiwa unter Rechtfertigungszwang geraten, sah sich Shell gezwungen, öffentlich die Fakten zu verdrehen. Anzeige in britischen Zeitungen 1995.

Born to be wild

Die Goldmedaille des deutschen Art Directors Club für TV-Spots des Jahres 1995 gewann ein Sportschuhproduzent: mit »*Horst*«, dem Mann aus dem Kohlenpott, der mit seinen Fußballweisheiten den Fans mitten in die Seele traf. 1974, nachdem die deutsche Fußball-Nationalmannschaft Weltmeister geworden war, produzierte die Esso AG einen Werbefilm, in dem die Helden des grünen Rasens nacheinander tankten. Der Gag: Dandy Günther Netzer fuhr im schicken Sportwagen vor, Torwart und Mannschaftsclown Sepp Maier in einer »*Ente*«, Kapitän Franz Beckenbauer in einer dicken Limousine – und so weiter. Die Wagentypen standen dabei nicht nur für die Charaktere (und die Spielweisen) der Nationalfußballer, sondern ordneten sie auch einem gesellschaftlichen Status zu. Der Film war ein frühes Beispiel für die Thematisierung subkultureller Milieus in der Werbung, ein Ansatz, der in den engstirnigen Jahren der Energiekrise wieder verloren ging.

In der zweiten Hälfte der achtziger Jahre war der Endzeitblues zwar überwunden, aber ein Zurück zu alten Werbeleisten, über die man die Konsumenten einst geschlagen hatte, gab es nicht mehr. In den westlichen Ländern, deren traditionelle Industrien starben und die von Konsummoden und neuen Medien überrollt wurden, zerfiel die Gesellschaft in ein unübersichtliches Muster nicht klar definierter Subkulturen, eine »*multioptionale Gesellschaft*«,[9] in der unterschiedlichste Lebensentwürfe nebeneinander existieren. 1994 produzierte Mobil in Ame-

200

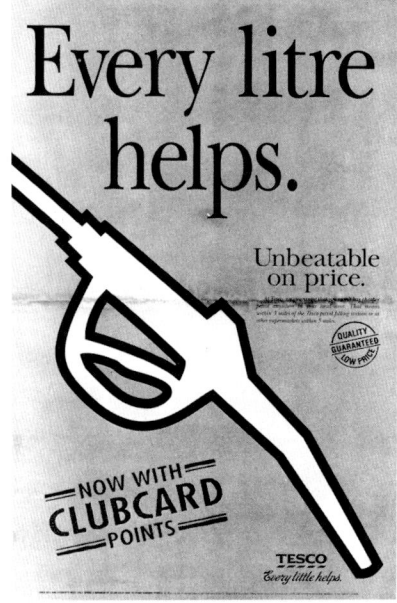

Angebot an die Haushaltskasse. Ein britischer Supermarkt garantiert Niedrigstpreise im Umkreis von fünf Kilometern. Zeitungsanzeige 1996.

rika Spots, in denen das Tanken mit verschiedenen Lebensstilen verknüpft wurde. In einem der Filme betankt ein afroamerikanischer Familienvater seinen Van, während die Kinder auf der Hinterbank herumtoben. Vater: »*In diesem Auto ist mehr Unordnung als in eurem Zimmer. Versucht doch mal, eure Sachen sauber zu halten.*« Sohn: »*Wieso?*« Vater: »*Weil man das eben macht.*« In diesem Moment sieht man, daß dem Vater ein großer runder roter Lutscher an der Hose klebt, sozusagen ein Mobil-Lolli, auf den die Kamera zufährt. In schwarzen Familien, so das Stereotyp, gelten lockere Umgangsformen. Ein ähnlich unbefangener Umgang mit ethnischen Klischees scheint in Deutschland bis heute kaum denkbar.

Kein milieuspezifisches, sondern ein ganz allgemeines Phänomen ist die Werbemüdigkeit. Anzeigen werden überblättert, Fernsehspots weggezappt. Selbst humorvolle Werbung (wie zum Beispiel einige Tanksketche von Aral) wirkt nach einer Weile etwa so erheiternd wie ein zum x-ten Mal gehörter Witz. Mit der zunehmenden Bedeutung der Online-Medien, in denen Benutzer nicht mehr berieselt werden, sondern sich ihre Informationen selber auswählen, wird sich dieses Problem noch verschärfen. Also sind Themen gefragt, die die Zuschauer wirklich interessieren. Die anglo-amerikanische

Benzinbranche fährt zum Beispiel auf der Öko- und Fitneßschiene: 1992 machte Mobil mit Aufnahmen aus einem Aerobic-Studio Benzinwerbung. Gestählte Körper. Disco-»*Power*«-Gesang. Moral: »*You are what you eat.*« Auch das Auto braucht also ein Fitneß-Programm, das heißt ein »*sauberes*« Benzin. In einem anderen Spot, der auf Öko- und Gesundheitsfans abzielte, hieß es: »*Wie Sie braucht auch Ihr Auto die richtige Diät.*« Dazu wurde reichlich Salat gezeigt – Mobil-Treibstoff, die Rohkost für den Motor. Abschließend wird das O im Mobil-Logo zum Bullauge einer Waschmaschine. Shell zeigte in einem Spot mit gleicher Aussage eine Zapfsäule, die sich in eine Waschmaschine verwandelt, ein Bild hart an der Grenze zwischen Ironie und Lächerlichkeit.

Bereits in den achtziger Jahren hatten Fluglinien damit begonnen, das Flugerlebnis zum zentralen Inhalt ihrer Werbung zu machen, eine auf das Gefühl zielende Methode, die kurz darauf von der Autoindustrie kopiert wurde. Die Benzinbranche reagierte dagegen kaum auf den neuen Trend, weil die Ölkonzerne ihre Stationen, im Gegensatz zur Ölförderung, wie eh und je als zweitrangigen Geschäftsbereich ansahen, den sie auch mit derselben industriellen Mentalität – eben als reine Verkaufsmaschinen – behandeln. Auf die Idee, daß Tankstellen

MODA AL DENTE.   CINQUE

Zapfambiente für die Toscana-Fraktion. Modeanzeige 1994.

ein besonderes Ambiente haben, daß sie sogar hip sein können, darauf kamen zunächst Branchenfremde, wie zum Beispiel Modefirmen, die ihre Modelle gerne vor dem Hintergrund »schöner« Zapfsäulen ablichten ließen. Zu einem eigenen Werbegenre wurde die einsame Tankstelle im amerikanischen Westen, sei es als Kulisse für Jeep-, Jeans-, Eiskrem- oder Telekom-Reklame.

Daß Tankstellen wie Bahnsteige sind, an denen sich Menschen begegnen oder einander verpassen, auch das scheint anderen mehr aufzufallen als denen, die sie betreiben. Branchennachbar VW warb 1996 für ein sparsames Dieselmodell mit einer einfachen Story: Junge hübsche Frau tankt. Junger Mann entdeckt sie, wirft eindeutige Blicke über das Autodach und traut sich, die Schöne anzusprechen. *»Kommen Sie bald mal wieder hierher?«* Was sie ob der Sparsamkeit ihres Automobils lachend verneint. Eine Begegnung der anderen Art: Phillips zeigte Ende der achtziger Jahre einen Spot, in dem eine Rasselbande von Kindern einen Tankstellen-Shop stürmt und leerkauft.

Und wo bleibt das On-the-Road-Feeling, die Romantik einsamer Stationen, die fernen Lichter einer Tankstelle über einer nächtlichen Straße? Wie hätte Edward Hopper es gemacht, der Maler eindringlicher Highway- und Tankstellenszenen, wenn er einen Reklamefilm für Benzin gedreht hätte? An seine Bilder erinnern jene atmosphärisch dichten Spots, die Shell im Jahre 1984 drehen ließ und die wie Roadmovies in Kurzform wirken. Einer beginnt beispielsweise mit trüber Morgenstimmung. Eine leere nasse Autobahn, der Wind heult, Vögel kreischen. Schnelle Zwischenschnitte: ein Fahrer hinterm Steuer, eine einsame Tankstelle auf einem Hügel. Stille, nur Originalgeräusche: Anhalten, Aussteigen, das Öffnen des Tankdeckels, das Surren der Benzinpumpe. Der Fahrer geht in den Shop, bezahlt, nimmt eine Musikkassette mit. Kurzer Blickkontakt mit dem nikkenden Tankwart. Zuklappen der Autotür. Der Wagen fährt an, der Fahrer legt die Kassette ein. Plötzlich hämmern die Lautsprecher. Während das Auto über die Autobahn huscht, lehrt uns der Rocksong: Wir sind *»Born to be wild«*.

Loch im Smog? Werbung für besser verbrennenden Kraftstoff. USA 1990.

HOW DO YOU ELIMINATE 100 MILLION POUNDS OF AIR POLLUTION?

202

Sir Edwin Lutyens – die Wahl des Architekten war Programm. Als die expandierende BP Anfang der zwanziger Jahre eine neue Firmenzentrale benötigte, ging der Auftrag an Lutyens, einen Vertreter des Empire, der bis dahin vor allem durch seine Landschlösser für den englischen Adel aufgefallen war. Sein grandioses Londoner »Britannic House«, in das die Hauptverwaltung 1925 einziehen konnte, sah aus, als stehe es im falschen Jahrhundert, ein klassizistischer Klotz, der jüngst hinter seiner imperialen Fassade postmodern renoviert wurde.

Als die »Roaring Twenties« auf Hochtouren liefen und die Bilanzen der Richfield Oil Company Purzelbäume schlugen, ließ sich die Firmenleitung ihren Erfolg vom Architekturbüro Morgan, Walls und Clements vergolden. Die Terrakottahaut ihres neuen 1929 eingeweihten Headquarters, eine prunkvolle Pyramide des Ölzeitalters, wurde, um den Reichtum sichtbar zu machen, mit pulverisierten Goldpartikeln glasiert. Der schimmernde Richfield-Tower wurde 1970 abgerissen.

Die in Hamburg ansässige deutsche Shell-Tochter plante Ende der zwanziger Jahre eine Dependance in der Hauptstadt Berlin. Das zehngeschossige vom Architekten Emil Fahrenkamp auf einem Eckgrundstück gebaute Shell-Haus, das 1931 fertiggestellt wurde, ist ein moderner Stahlskelettbau, der treppenartig an Höhe abnimmt und dessen abgerundete Kanten eine Wellenbewegung ergeben. Fensterbänder verstärken den Rhythmus des Baukörpers. Das elegante Gebäude paßte ins progressive Bild, das die Firma damals von sich verbreitete.

Firmenzentralen sind Statussymbole, in denen der Kompromiß zwischen Tradition und Zeitgeist zu Stein geworden ist. Die Ergebnisse dieser Identitätssuche lassen sich in den Ölmetropolen besichtigen – in Houston, Dallas und Los Angeles, deren Himmel von den Machtdemonstrationen der Ölbranche beherrscht werden, aber zum Beispiel auch in Paris, wo die zum Mineralölriesen aufgestiegene Elf Aquitaine

ihrem Wachstum ein Denkmal setzte. »La Tour«, ein 48stöckiger Glasfinger aus den achtziger Jahren, ist das höchste Gebäude der Stadt. Nur aus Manhattan, wo einst die Weltölgeschäfte gelenkt wurden, hat sich das Big-Oil-Business zurückgezogen, weil die New Yorker Immobilienpreise mittlerweile zu hoch sind.

1 Image-Werbung, USA 1956.
2 Shell-Haus, Berlin 1931.
3 Richfield-Tower, Los Angeles 1929.
4 Arco-Tower, Los Angeles 1972.
5 Standard-Zentrale 26 Broadway, New York um 1890.
6 Board Room im Arco-Tower (gestaltet von Herbert Bayer), Los Angeles 1972.
7 La Tour, Paris 1985.
8 Britannic House, London 1925.

Formvollendung

Tankstellenarchitektur ist Chefsache. Stationsprototypen sind während ihrer Entwicklungsphase top-secret. Auf einsamen Fabrikgeländen oder stillgelegten Flughäfen werden die neuen Tankstellenmodelle wie die Erlkönige der Autofirmen eifersüchtig vor den neugierigen Augen der Öffentlichkeit und der Konkurrenz abgeschirmt. Als Exxon Anfang der achtziger Jahre sein neues Design entwickeln ließ, wurden die Alternativstationen zur Begutachtung zuerst weitab von jeder Zivilisation in der Wüste aufgebaut, wie Wildwestfilmkulissen im Maßstab eins zu eins. Häufig tauchen die ersten Teststationen der Majors zunächst irgendwo in der Dritten Welt auf. Französische Benzingesesellschaften bevorzugen dafür zum Beispiel ihre kleinen Inseldepartements in der Karibik.

Tankstellenarchitektur ist Wegwerfware. Kein Bauwerk wird so schnell verändert, aufgegeben und zweckentfremdet wie die Zapfstationen. Weil sie sich an die Mode, den Markt und den Stand der Technik anpassen müssen, können Benzingesellschaften sich keine Sentimentalitäten leisten. In der Regel wird das Netz alle 10–15 Jahre runderneuert. Alte Stationen werden aufgemöbelt oder müssen weichen. Vielleicht liegt es an der geringen Halbwertzeit der Ex-und-Hopp-Bauten, daß man sie bislang so geringschätzte.

In Kassel ließen Stadtplaner nach langem Tauziehen mit Denkmalschützern Anfang der neunziger Jahre eine Tankstelle abreißen, die als »eine der weltweit besten Leistungen auf diesem Gebiet«[1] galt. Es handelte sich dabei um eine Anlage im lupenreinen Bauhaus-Stil, die der Architekt Hans Borkowsky, damals selbst Angestellter im Kasseler Bauamt, 1930 für die DAPG, die deutsche Tochter der Standard Oil, auf der Wilhelmshöhe realisiert hatte. Sie wurde 1932 in der viel beachteten New Yorker Ausstellung »The International Style« gezeigt, in der Europas konstruktivistische Moderne sich erstmals in den USA präsentierte, was sie aber nicht davor schützte, 60 Jahre später demontiert zu werden.

Moderne Architektur war in den zwanziger Jahren selten. Sie existierte mehr in der Utopie als auf dem Bauplatz. Noch bestimmten

konservative Architekten die Richtung, insbesondere in Amerika, das nach innovativen Ansätzen seit der World's Columbian Exhibition im Jahre 1893 eine traditionalistische Trendwende erlebte. Pioniere, wie Louis Sullivan, der den Lehrsatz »form follows function« (die Funktion bestimmt die Form) formuliert hatte, galten im eigenen Lande nichts mehr. Neben der Majestät purer Baumassen, die sich zu Skylines auftürmten, herrschte die »verlogene Romantik der Vorstädte«[2]. Rückwärtsgewandter Historismus und dekorativer Modernismus auf der einen, die Herrschaft der Massenproduktion und des Hard-sell (aggressives Marketing) auf der anderen Seite – zwischen diesen Extremen schwankte auch die Tankstellenarchitektur, die sich seit Beginn der zwanziger Jahre als architektonische Aufgabe völlig neu gestellt hatte.

Einerseits wurde der »offizielle« Stil Washingtons mit seinen klassizistischen Tanktempeln und die Vorortidylle der Wohlhabenden mit ihren heimeligen englischen Cottages reproduziert, andererseits bediente man sich billiger Wegwerfstationen (wie Shells Crackerbox). Visionäre Konzepte, wie die »Rush City Reformed« des in Kalifornien lebenden Architekten Richard Neutra, der in den zwanziger Jahren funktionalistische Autosalons, Tankstellen und Drive-in-Gebäude entwarf, wurden nie rea-

Stillgelegte Tankstelle. Johnson Corners, Kalifornien 1986.

Links: Wegwerfarchitektur. Tankstellenruine in New Mexico. 1987.

»Stationette«, eine Fertigtankstelle, die man an einem Tag errichten konnte. USA um 1925.

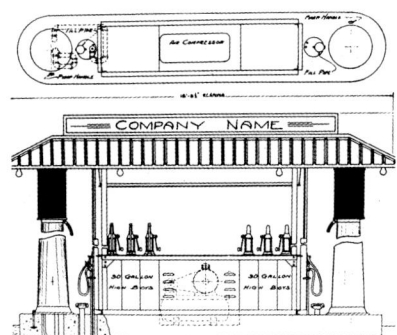

Tankkiosk, USA 1925.

Im Stil des bürgerlichen Umfelds.
Tankstellen-Interieur, USA um 1925.

lisiert. In Amerika, wo die Tankstelle erfunden wurde und sich der Ärger über deren allgemeine Verbreitung »bis zum empörten Protest steigerte«,[3] wollte man sie am liebsten verstecken. Auch in Vorzeigesiedlungen wie Radburn, New Jersey, der »Stadt für das Motor-Zeitalter« und Amerikas Antwort auf Englands Gardencitys, bekam das Standard-Tankhäuschen eine Natursteinverkleidung, selbst die Tankinsel hatte ein schindelgedecktes Spitzdach und war somit eine wahre »Freude für das Auge«[4] des bürgerlichen Publikums.

»Ich wurde zu meiner Meinung über Tankstellen gefragt«, meinte der Präsident des Londoner Royal Automobile Club 1930. »Das ist nicht schwer. Beinah alle existierenden Tankstellen sind häßlich.«[5] In England hatte die Zahl der Stationen ebenfalls ständig zugenommen. Da der am meisten verbreitete Typ die Garage war, nicht selten improvisierte Schuppen aus Wellblech, machte sich bald Unbehagen breit. Als die britische Incorporated Association of Architects 1931 einen Wettbewerb für Tankstellen ausschrieb, fiel das Ergebnis eindeutig aus: Fast alle Einsender wollten die neue Aufgabe mit den Mitteln von gestern lösen. Neben Windmühlen und Bahnwärterhäuschen war

sogar ein Entwurf für eine riedgedeckte Tudor-Gastwirtschaft mit als Wasserpumpen getarnten Zapfsäulen eingereicht worden.

Auch in deutschen Rathäusern war man Anfang der zwanziger Jahre wegen der Verschandelung des Stadtbildes durch die neuen Tankanlagen besorgt, zumal die Benzinfirmen natürlich daran interessiert waren, daß diese möglichst zentral lagen. Um Baugenehmigungen an exponierter Stelle zu erhalten, wie zum Beispiel vor den Hauptbahnhöfen in Leipzig und Hannover, verbarg die Firma Olex ihre Tankstellen in Kiosken, die sich im Baustil ihrer jeweiligen Umgebung anpaßten. Das Versteckspiel ging so weit, daß man sogar die Tankapparatur im Innenraum unterbrachte. Die Werbung beschränkte sich auf den Firmennamen am Dach. Auf diese Weise entstanden eine Reihe sehr unterschiedlicher »Tankhäuser«, vom einfachen Holzkiosk bis hin zu expressionistisch angehauchter Architektur.

»Die Räume eines Hauses müssen wie ein Motor die bestmögliche Leistung bringen«,[6] verlangte der Italiener Umberto Boccioni 1914 im futuristischen Manifest der Architektur. Wie Italiens Futuristen bejubelten auch andere Vertreter der europäischen Avantgarde das beginnende Maschinenzeitalter. Als Walter Gropius 1926 in Dessau die Grundsätze der Bauhausproduktion formulierte, ging auch er wie selbstverständlich von der »entschlossenen Bejahung der lebendigen Umwelt der Maschinen und Fahrzeuge« aus. Ziel sei »die Schaffung von Typen für die nützlichen Gegenstände des täglichen Gebrauchs«[7].

Die von Gropius vertretenen Prinzipien lesen sich wie eine Bauanleitung für eine nur wenige Jahre später entstandene Tankstelle. Der Kasseler Architekt Hans Borkowsky hatte 1931 für die DAPG eine Station entworfen. Kurz darauf kam noch eine ähnliche Station für Leuna hinzu. Beide gibt es heute leider nicht mehr. Technikfan und U-Bootkapitän Borkowsky, der für den ersten Tankstellen-Auftrag 300 Mark erhielt (was in etwa seinem Monatsgehalt entsprach), hatte 1928 in Berlin sein Examen gemacht und war dort auch mit den Bauhaus-Ideen in Berührung gekommen. In Kassel wurden um 1930 noch weitere funktionalistische Bauprojekte realisiert, unter anderem eine

Tankkiosk, Barmen 1924.

Wohnsiedlung des Architekten Otto Haesler. Die von Gropius postulierte »*Beschränkung auf typische, jedem verständliche Grundformen und -farben*« ist an Borkowskys DAPG-Station unmittelbar ersichtlich: Mit einem hufeisenförmigen Grundriß wurde hier eine harmonische und funktionelle Einheit von erstaunlicher Geschlossenheit zwischen Gebäude und unterirdischer Anlage (einer öffentlichen Toilette) erzielt. Der leuchtende, rot-weiße Anstrich garantierte die nötige Signalwirkung. Dem »*Ziel, typische Modelle zu schaffen, die alle wirtschaftlichen, technischen und formalen Forderungen erfüllen*«,[8] wurde auf diese Weise ebenfalls entsprochen.

Die Station war der Gegenentwurf zu den bis dahin üblichen gemauerten, bodenständig anmutenden Tankhäusern. Das dünne, großzügig überstehende Betondach ruhte auf neun schmalen Eisenstützen, die durch Unterzüge miteinander verbunden waren. Die Außenwände des Gebäudes bestanden aus einer leichten Eisenkonstruktion mit eingesetzten Glasplatten. So entstand ein lichter, von allen Seiten einsehbarer gläserner Raum. Auch die von Gropius verlangte »*Preiswürdigkeit*« war damit erreicht, denn es wäre ein leichtes gewesen, diese überaus einfache Konstruktion zu standardisieren. Ganz im Sinne der Bauhaus-Grundsätze war hier also ein »*typisches Modell*« entstanden, ein zeitgemäßer, mit den Mitteln der modernen Architektur realisierter Tankstellentypus. Daß es ein Prototyp blieb, lag an der Wirtschaftskrise, die schließlich in die Diktatur der Nationalsozialisten mündete (durch die auch zahlreiche Bauhäusler aus dem Land

getrieben wurden). Die fortschrittliche Linie paßte nicht mehr in die veränderte politische Situation.

Anfang der dreißiger Jahre war die Tankstelle in Deutschland als eigenständiger Bautypus entwickelt, eine Folge der konstruktivistischen Schule, die deren funktionellen und maschinellen Charakter herausgearbeitet hatte. Nicht die Bauhaus-Lehrer, sondern eine Schülergeneration entwickelte auf regionaler Ebene die neuen Stationsformen. Die Tankstelle als Verkaufsmaschine und kommerzielles Schaustück war ein dankbares Objekt der Rationalisierung und Ästhetisierung. Voraussetzung für die Umsetzung der neuen Ideen war dabei die Aufgeschlossenheit der Benzinkonzerne, die damals um ein modernes Erscheinungsbild bemüht waren.

Bereits 1926 war noch unabhängig von der Ölindustrie im Rahmen des »*Neuen Frankfurt*« – ein Zentrum des funktionalistischen Bauens in Deutschland – auch eine Tankstelle entstanden. Ferdinand Kramer, der am Weimarer Bauhaus studiert hatte, ab 1925 im Hochbauamt in Frankfurt am Main unter Ernst May arbeitete und dort unter anderem die »*Wohnungen für das Existenzminimum*« mit entwickelte, baute damals eine Großgarage für ein Taxiunternehmen. Es war ein flaches Gebäude aus Beton, Eisen und Glas, unter »*knappster Erscheinung des Technischen, ohne Verschönerungsabsicht*«[9]. Entsprechend minimalistisch fiel auch die dazugehörige Zapfanlage aus: eine rechtwinklige Konstruktion, bestehend aus zwei in Eisenschränken untergebrachten Pumpen. Über der spartanisch gestalteten Zapfstelle

208

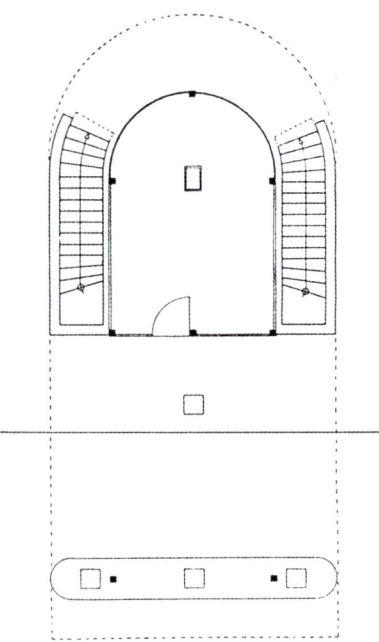

Gegenentwurf zu den Tankhäusern.
Hans Borkowskys Dapolin-Tankstelle
im Bauhausstil, Kassel 1931.

zeigte eine quadratische, ziffernlose Uhr den
Fortschritt der Zeit an.

In Frankfurt, damals ein kreatives Pflaster
und Anziehungspunkt für Künstler und Architekten, wurde 1927 auch eine moderne DAPG-
Tankstelle gebaut. Sie war das Werk der Architektin Lucy Hillebrand und des Werbegrafikers
Robert Michel, die das Projekt gemeinsam konzipiert hatten. Michel, Pilot im Ersten Weltkrieg,
der 1917 einen Absturz überlebt hatte und
noch während seiner Rekonvaleszenz in einem
Weimarer Lazarett engen Kontakt zu dem
gerade gegründeten Bauhaus aufnahm (er
stellte dort unter anderem seine Collagen aus),
malte später bevorzugt technische Motive, so
1926 auch ein »PS-Bild«, die stilisierte Darstellung eines Motorzylinders in blauer Tusche und
mit verschiedenen collagierten Materialien. Zu
jener Zeit begann er für die Frankfurter Filiale
der DAPG zu arbeiten. Michel, der seit 1920 in
Frankfurt lebte und in der avantgardistischen
Szene mit zahlreichen Künstlern befreundet war,
verdiente sein Geld mit Reklameentwürfen. Für
die DAPG gestaltete er etliche Häuserwände.

Die Architektin Lucy Hillebrand war 1928
nach Frankfurt gekommen und hatte Michel
über Kurt Schwitters kennengelernt. Die DAPG
ließ dem Duo bei der »Musterstation« weitest-
gehende gestalterische Freiheit. Sie lag an der
Hanauer Landstraße und war bereits für einen
Nonstop-Service gedacht, das heißt für den Tag-
und-Nacht-Schichtdienst. Hillebrand hatte deshalb auf dem Kassenraum noch eine Tank-

wartswohnung bauen lassen, die über eine
rückwärtige Außentreppe erreichbar war. Das
die Zapfsäulen schützende Dach wies insofern
eine Besonderheit auf, als es auf vier Stützen
ruhte und somit auch unabhängig vom
Gebäude hätte frei stehen können. Es stieß
zwar noch mit der Hinterkante an das
Gebäude (und zwar an die Wohneinheit im
ersten Stock), die Verbindung erscheint jedoch
eher als stilistisches Mittel. Das Tankstellendach
ist hier eigentlich kein Vordach mehr, sondern
ein funktional unabhängiges Element.

Michel gestaltete die Werbeflächen. Dazu
gehörten auch freistehende eckige Lichtsäulen,
die die Einfahrten markierten und stark an die
Zeichensysteme heutiger Tankstellen erinnern.
Dieses trifft um so mehr für das Schriftband
aus Glas zu, wohl eines der ersten leuchtenden
Dachfriese, wie sie erst Jahrzehnte später üblich
wurden (in den USA verwendete man damals
Neonschrift). »Breite Glasstreifen bilden die Vor-
derseite der als Blockschrift Antiqua zu wäh-
lenden Buchstaben. Vorzug: Sehr gutes Aussehen bei Tag wie bei Nacht, keine nachteili-
gen perspektivischen Verschiebungen bei seit-
licher Ansicht«, stellte die Zeitschrift »Der Baumeister« Michels Neuerung positiv heraus.
Kurzum: »Nachteile sind nicht bekannt.«[10]

Die DAPG übernahm dieses leuchtende
und werbewirksame Prinzip. An einigen ihrer
neuen Servicetankstellen wurde Lichtreklame
effektvoll eingesetzt. Mit dem neu entwickelten
Glasschriftband von Michel wurde ein großer

Leuchtwürfel auf dem Dach kombiniert– der Gesamteindruck erinnerte an kubistische Collagen, aber auch an Bauhaus-Entwürfe wie Herbert Bayers berühmter Zeitungskiosk. Auch das klare Schriftbild, das die DAPG – übrigens ebenso wie Shell und die »Leuna«-Marke der IG-Farben – verwendete, verweist auf die Intention der Betreiber, sich möglichst in einem progressiven Licht zu zeigen.

Im selben Jahr, in dem Hans Borkowsky in Kassel die erste Tankstelle aus einem Guß realisiert hatte, entstand ein weiteres »typisches Modell«, das die Funktionen der Tankstelle strukturell und visuell noch radikaler umsetzte. In Hamburg hatte der Architekt Karl Schneider 1931 ebenfalls für die DAPG (deren Benzinmarke mittlerweile von »Dapolin« in »Standard« umgetauft worden war) eine Station an der Rothenbaumchaussee gebaut, die in vielfacher Hinsicht bahnbrechend war. Völlig neu war unter anderem, daß die beiden baulichen Hauptelemente der Tankstelle endgültig voneinander getrennt wurden, was sich bei Hillebrand und Michel schon angedeutet hatte. Ein freistehender Kassenraum und ein davon getrenntes Dach traten dadurch in räumliche Beziehung. Große, gänzlich freistehende Dachkonstruk-

Station für das Tankminimum, entstanden 1926 im Rahmen des »Neuen Frankfurt« (Architekt Ferdinand Kramer).

tionen gab es zwar schon seit den zwanziger Jahren, zum Beispiel in Kalifornien, wo das Verkehrsaufkommen großzügige Raumlösungen erforderte. Solche Drive-through-Stationen waren aber durchweg noch traditionelle, von gemauerten Rundbögen getragene Hallen, in die auch meist der Kassenraum integriert war.

Schneider folgte mit seiner »Hamburger Tankstelle« der Idee, Arbeitsbereiche in ihre funktionalen Bestandteile aufzulösen, wie es auch in anderen Lebensbereichen bereits geschah, zum Beispiel in der sogenannten

Lichtsäulen von Robert Michel, Frankfurt 1927.

Tankstellentypus mit zeitgemäßen Mitteln. Kassel, Wilhelmshöhe 1931 (Architekt Hans Borkowsky).

Auch durch die Dualität in Schneiders Hallen-Tankstelle wurden Möglichkeiten eröffnet, den Verkehrs- und Warenfluß zu verbessern. Der Bau sah so modern aus, daß die damaligen noch handbetriebenen Zapfsäulen geradezu deplaziert wirkten.

Karl Schneider, der vor dem Ersten Weltkrieg unter anderem bei Walter Gropius in Berlin studiert hatte, leitete während der zwanziger Jahre in Hamburg ein erfolgreiches Architektenbüro, das zahlreiche Großprojekte realisierte, darunter Fabrikanlagen, Schulen, ein Kino und eine U-Bahn-Station. Darüber hinaus engagierte er sich auch kulturell, zum Beispiel im Altonaer Kunstverein, der 1929 unter seiner Leitung eine beispiellose Ausstellung moderner Malerei, Architektur und Fotografie zeigte, in der die damalige Avantgarde in ihrer ganzen Bandbreite vertreten war.

Tankstellen gehörten naturgemäß eher zu den unbedeutenderen Bauaufgaben, denen

Klar gestaltete Dapolin-Tankstelle mit gläsernem Schriftband und Leuchtwürfel, um 1930.

Karl Schneiders Hamburger Standard-Station von 1931 unterschied sich von allen bisherigen Tankstellentypen.

»Frankfurter Küche«, in der eine Trennung von Arbeitsflächen und Schrankelementen vorgenommen worden war, ein heute ebenfalls allgemein verbreitetes System. Ihre Erfinderin, Margarete Schütte-Lihotzky, wollte »die Grundsätze arbeitssparender, wirtschaftlicher Betriebsführung auf die Hausarbeit übertragen«,[11] das heißt der Hausfrau unnötige Wege ersparen.

»*Hamburger Tankstelle*« mit Hallendach und getrenntem Kiosk, Hamburg 1931 (Architekt Karl Schneider).

sich Schneider, selber ein Auto-Enthusiast, aber mit Engagement widmete. Gleich sein erster Stationstyp, den er 1928 für die DAPG fertigstellte (und der insgesamt viermal gebaut wurde), hatte ein interessantes Detail. Den ovalen, asymmetrischen Kassenpavillion versah er mit einer praktischen abgerundeten »*Panoramascheibe*«, wie man sie später in den fünfziger Jahren häufig verwendete. Zwei 1929 für Shell gebaute Tankstellen hatten, wie bei Hillebrand und Michel in Frankfurt, am Vordach ein umlaufendes Schriftband aus Milchglas.

Daß Karl Schneider an seiner Hamburger DAPG-Tankstelle den roten »*Standard*«-Schriftzug in großen Lettern mit maximaler Kontrastwirkung auf weißen Grund setzte, entsprach dem neuen modernen Selbstdarstellungskonzept des Unternehmens. Der Hamburger Standard-Filiale hatte er mit seiner Station am Rothenbaum darüber hinaus einen Imageträger geliefert, der sich schon durch seine schieren Ausmaße von etwa fünf Meter Höhe und über 30 Meter Länge von allem bislang Dagewesenen abhob.

Das Neuartige der »*Hamburger Tankstelle*« erschöpfte sich jedoch nicht allein in den monumentalen Ausmaßen, die zudem von der weißen Farbgebung und der Schlichtheit der Dachkonstruktion optisch aufgefangen wurden. Schneider hatte nicht nur Dach und Kiosk getrennt, sondern auch deren Verhältnis umgekehrt. Die Dachkonstruktion war als langgestreckte Säulenhalle konzipiert, ein transparenter Raum, der an formaler Knappheit kaum zu überbieten war und als Hauptbau fungierte, dem sich der Kassenraum auch räumlich unter-

ordnete. Durch die Unabhängigkeit der beiden Hauptelemente waren sie frei miteinander kombinierbar, was den jeweiligen Umständen angepaßte Lösungen ermöglichte. Schneider hatte bereits bei anderen Aufträgen — unter anderem beim Bau einer Ausstellungshalle mit variablen Stellwänden — einen virtuosen Umgang mit flexiblen Raumlösungen bewiesen. Die Konstruktion und die Auswahl der Baumaterialien waren so gewählt, daß eine industrielle Serienherstellung möglich war. Der Rahmen des Daches war aus Stahl, die (leicht geneigte) Abdeckung aus Holz. Der blockförmige Kassenraum erinnert an moderne Container. Der gesamte Kubus bestand aus zum Teil undurchsichtigen Glaswaben, die von Nickelprofilen gehalten wurden.

Mit seinem Entwurf, in dem sich reine Zweckform und Eleganz verbinden und der auch eine moderne, von ihm entworfene Inneneinrichtung beinhaltete, hat Karl Schneider der Tankstellenentwicklung gleich um mehrere Jahrzehnte vorgegriffen. Erst bei den »*hochabsetzenden*« Stationen der siebziger Jahre wurde das freistehende Hallendach wiederentdeckt. Daß auch Schneiders bahnbrechende Station, die heute, allerdings durch Renovierungen verunziert, immer noch in Betrieb ist, ein Einzelstück blieb, lag nicht nur am Zusammenbruch des Baumarktes in der Weltwirtschaftskrise, sondern auch daran, daß man ihn nach 1933 als »*Kulturbolschewisten*« diffamierte und zur Emigration nach Amerika trieb, wo er – durch Fürsprache von Walter Gropius – unter anderem als Designer für den Sears-Kaufhauskonzern arbeitete.

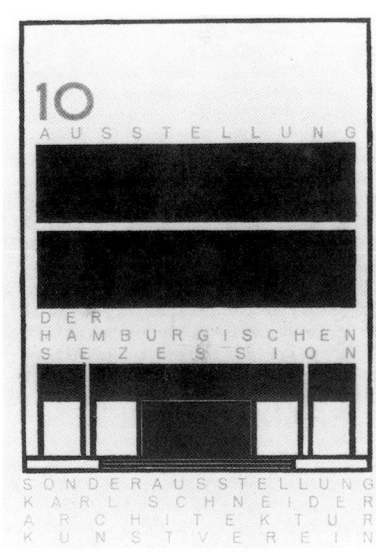

Unten: Von Karl Schneider entwickelte Möbel, die er auch in seiner Tankstelle verwendete.

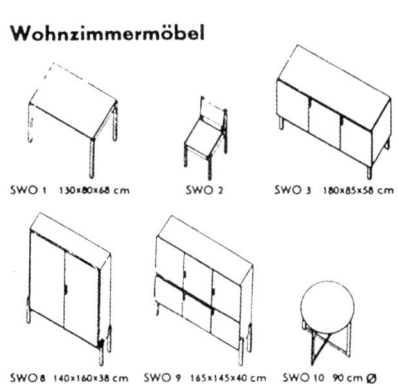

TYPENMÖBEL

Wohnzimmermöbel

SWO 1 130×80×68 cm SWO 2 SWO 3 180×85×58 cm

SWO 8 140×160×38 cm SWO 9 165×145×40 cm SWO 10 90 cm Ø

Gediegene Moderne

Während sich in Deutschland die Moderne, deren Ideen sich gerade durchzusetzen begannen, durch die nationalsozialistische Diktatur nicht weiter entfalten konnte, wurde sie in anderen europäischen Ländern weiterentwickelt, was sich auch hinsichtlich der Tankstellenarchitektur bemerkbar machte. In der Tschechoslowakei, einem hochindustrialisierten Land und zwischen den Weltkriegen Hochburg der modernen Architektur, wurden beispielsweise eine Reihe funktional gestalteter Stationen gebaut, deren Entstehung aber leider bis heute kaum dokumentiert ist.

Eine Tankstelle, die mit der von Hans Borkowsky in Kassel vergleichbar war, wurde 1935 in Genf errichtet: die »Garage des Nations« des Architekten Maurice Braillard. Braillard, ein junger Neuerer der Schweizer Architektur, ab 1933 Leiter des Genfer Bauamtes und Verfechter des sozialen Städtebaus, hatte sich bereits durch Großprojekte einen Namen gemacht, wie den Bau einer riesigen, theatralisch gestalteten Bergstation. Da er stets gut informiert war, ist anzunehmen, daß Braillard Borkowskys Arbeit kannte. Strukturell ähneln sich beide Entwürfe

Stromlinientankstelle. »*Garage des Nations*«, Genf 1935 (Architekt: Maurice Braillard).

unter anderem in der Einschränkung der tragenden Flächen auf wenige punktuell angeordnete Stützen, in den großen Spannweiten und Überkragungen des Flachdaches, in dem voll verglasten Büroraum, sowie der Plazierung der Tankstelle an einer wichtigen Straßengabelung.

Braillards Station war wahrscheinlich nicht für eine Bauserie vorgesehen und wirkt insgesamt monumentaler und weniger streng. Vom Hauptbaukörper, einer Werkstatt mit einer versetzt angeordneten Dienstwohnung, streckt sich das Betondach weit nach vorne und erweckt fast den Eindruck von Schwerelosigkeit, da die dünnen Stützpfeiler optisch in der Gitterkonstruktion des Kassenraums versteckt sind. Die Zapfsäulen stehen (überdacht) zwischen Werkstatt und gläsernem Kassenraum, eine geglückte Anordnung, die zudem den Wendekreis der Autos berücksichtigt. Der Glaskiosk ist kreisrund (wie übrigens auch bei Borkowskys zweiter Station) und strahlt nachts wie ein Leuchtturm. Die fließenden Formen und die Tatsache, daß tragende Konstruktionselemente nicht sichtbar sind, geben dem Bauwerk seine dynamische Ausdruckskraft und spiegelt die zeittypische Vorliebe für Stromlinienformen wider.

Ein bedeutender Unterschied zwischen der Borkowskyschen und der Braillardschen Tankstelle ist darüber hinaus, daß letztere sorgfältig restauriert und einer neuen Funktion zugeführt wurde. Der Bau beherbergt seit 1995 ein Informationsbüro der UN-Flüchtlingsorganisation HCR. Ebenfalls architektonisch herausragend ist eine Tankstelle des dänischen Architekten und Designers Arne Jacobsen. Vor dem Krieg hatte Jacobsen zwar fast ausschließlich in seiner Heimat gearbeitet, während der zwanziger Jahre lernte er bei Besuchen in Paris und Berlin aber die Ideen der Konstruktivisten kennen und führte anschließend modernes Design in Dänemark ein. 1929 entwarf der junge Jacobsen in Kopenhagen ein kreisrundes »*Haus der Zukunft*« mit integrierter Autogarage, Schiffsanlegestelle und Hubschrauberlandeplatz. In den fünfziger Jahren machte er mit seinen gezogenen Sperrholz-Stühlen, die zum Synonym für dänisches Design wurden, international von sich reden.

An Kopenhagens Riviera, der Öresund-Küste bei Klampenborg, an der bereits Badekabinen, Kioske und Ferienhäuser von Jacobsen

Zeichnung: Arne Jacobsen, 1937.

standen, baute er an einer neu angelegten Straße eine Station für die US-Gesellschaft Texaco. Vor einen mit hellen Keramikplatten verkleideten Kubus setzte Jacobsen einen diskusförmigen Betonbaldachin, der in seiner fragilen Zierlichkeit Assoziationen an den später berühmt gewordenen »Ameisen«-Stuhl weckt. Das Vordach erinnert auch ein wenig an eine vorgestreckte Hand, ein Eindruck, der durch die starke Abschrägung des Gesamtkomplexes noch verstärkt wird. Dabei kontrastiert das runde Betonvordach mit den scharf anmutenden Kanten des Gebäudeblocks. Da Garagen- und Werkstatt-Eingänge an die Seite verlegt wurden, bleibt die monochrome Wirkung der Frontfläche erhalten. Nachts wurde der Baldachin zum Reflexionsschirm einer dramatischen indirekten Beleuchtung. Als die fertiggestellte Station fotografiert wurde, ließ es sich Arne Jacobsen nicht nehmen, sein eigenes BMW-Kabriolet davor zu parken. Dies war nicht nur ein dekorativer Gag: Das technische Bauwerk wie auch das Auto standen beispielhaft für die gelungene Symbiose von Kunst und Industrie und sind exemplarisch für eine erfolgreiche Integration technischer Klarheit und gefühlsbetonter Linienführung. Jacobsens nahezu graziöse Tankstelle nahm schon den stürmischen Autooptimismus der fünfziger Jahre vorweg, als helle und leichte Bautypen wie dieser, wenn meist auch in plumperer Ausführung, in Europa zu einem häufig variierten Muster wurden.

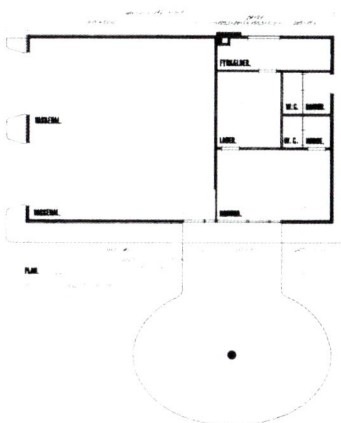

Synthese von Kunst und Industrie. Arne Jacobsens 1938 an der Öresund-Küste gebaute Tankstelle mit dem Wagen des Architekten.

214

»Ice-Café«, Phantasietankstelle am Highway 66, New Mexico 1940.

Konfektionsstationen

Die Art and Color Section, die General Motors 1928 einrichtete, gilt als die erste Designabteilung eines Industriekonzerns. Die amerikanische Konsumgesellschaft verlangte nach Industrial Design. Die ansprechende Gestaltung von Produkt und Verpackung sollte über den billigen Charakter der Massenprodukte hinwegtäuschen. In der Autoindustrie wollte man durch Modell-

wechsel neue Kaufanreize schaffen, was besonders in der Rezession wichtig schien. 1938 beschäftigte die Styling-Abteilung bei GM schon 300 Mitarbeiter – ein neuer Berufszweig war entstanden.

Viele der Designpioniere kamen aus der Werbung, wie Walter Dorwin Teague, der mit seinen weißen Texaco-Icebox-Tankstellen in den USA erstmals moderne Architektur im Marketingbereich einsetzte. Teague, ein Grafiker, der bereits vor dem Ersten Weltkrieg in Werbeagenturen gearbeitet hatte, später Verpackungen gestaltete und seit 1912 selbständig war, arbeitete seit 1927 als Designer für die Firma Kodak (für die er Kameras in modischen Formen und verschiedenen Farben entwarf). Er übernahm aber nicht nur die Produktgestaltung, sondern erarbeitete für seine Auftraggeber umfassende Imagestrategien, Gebrauchsanweisungen für eine neue Corporate Identity.

Es war nicht verwunderlich, daß Teague 1934 von Texaco engagiert wurde. Nicht nur, daß die krisengeschüttelte Ölbranche insgesamt schlecht angesehen war. Auch an der Straße machten die Gesellschaften keinen guten Eindruck. Texacos Netz bestand beispielsweise aus

Architektonisches Logo in der Landschaft. Eine Icebox-Station Walter Teagues aus der Sicht des Fahrers. Highway 1, 1943.

mehr als einem Dutzend unterschiedlicher Tankstellentypen, vom Pueblostil bis zum Cottage. Für Teague, der den gesellschaftlichen Stellenwert von Design außerordentlich hoch einschätzte, waren Tankstellen die Kathedralen des Maschinenzeitalters. »Aus unseren Maschinen selbst«, versprach er, »produzieren wir einen neuen aufregenden Stil, der so richtig, so leicht und so natürlich ist, daß es keinen Grund gibt, warum wir die Welt nicht nach ihm umbauen sollten«[12]. Teague machte Ernst damit. Mit ihm gelang es erstmals einem großen Konzern, sich in Stadt und Land mit einem architektonischen Logo darzustellen.

1937, als die erste neue Texaco-Station gebaut wurde, entstand in Chicago gerade das New Bauhaus, und Gropius wurde Professor an der Harvard University. Das Interesse Amerikas an der europäischen Moderne war geweckt. Teague hatte sich bereits 1926 bei einer Parisreise von Le Corbusier anregen lassen. Strenge Linienführung, Symmetrie und klare Proportionen wurden zum Markenzeichen des Perfektionisten aus den USA. Aber die Maschinen-metapher war letztlich doch nur Rhetorik. Die Mehrzahl der fünf entwickelten Icebox-Modelle entsprach noch jenem stromliniengestylten Art deco, das sich als modernistischer Stil in den USA seit Ende der zwanziger Jahre entwickelt hatte.

Modernität wurde zum Symbol. In den frühen dreißiger Jahren hatten Amerikas Top-Designer die Gestalt der Konsumgüter und Haushaltsgeräte völlig verändert. Exemplarisch dafür war der Kühlschrank. Ursprünglich tatsächlich ein Schrank, hochbeinig, mit Türen, Scharnieren plus aufgesetztem Aggregat, verwandelte er sich nun in einen monolithischen Block, der in seiner optischen Geschlossenheit zu einer Ikone des amerikanischen, beziehungsweise westlichen Wohlstands wurde. Mit der Vereinfachung der Form war zugleich die Zahl der Teile reduziert worden, aus denen ein Kühlschrank zusammengesetzt wurde, was die Produktion entscheidend vereinfachte.

Als Walter Dorwin Teague die neue Texaco-Station im Icebox-Stil entwarf, übernahm er damit sowohl die modernistische Symbolik wie auch das Prinzip der Rationalisierung. Die coole Kiste wurde zur Standardstation, die

erste Tankstelle aus der Schublade. Alles war exakt vorgeplant. Teague bediente sich der Meinungsforschung. Er hatte Rechercheure ausschwärmen lassen, die Stationäre und Kunden nach ihrer Ansicht befragten. Dabei stellte sich heraus, daß Autofahrer nicht an der erstbesten Tankstelle anhielten, sondern vornehmlich saubere Stationen bevorzugten. Auch deshalb empfahl sich das Kühlschrank-Modell. Texaco unterstützte das cleane Image nach besten Kräften durch Werbung für seine registrierten Toiletten.

Oben: Funktionale Tankstelle im »International Style« von 1932, die nicht realisiert wurde (Entwurf: Holabird and Root).

Unten: Kiosk-Version einer Icebox-Station nach Walter Teague mit Art-deco-Vordach, Los Angeles.

216

Renovierte Tankstelle im historischen
Icebox-Stil (Baujahr 1951), Wolfsburg
1996.

Agip-Zapfsäule 1952 (Design
Marcello Nizzoli).

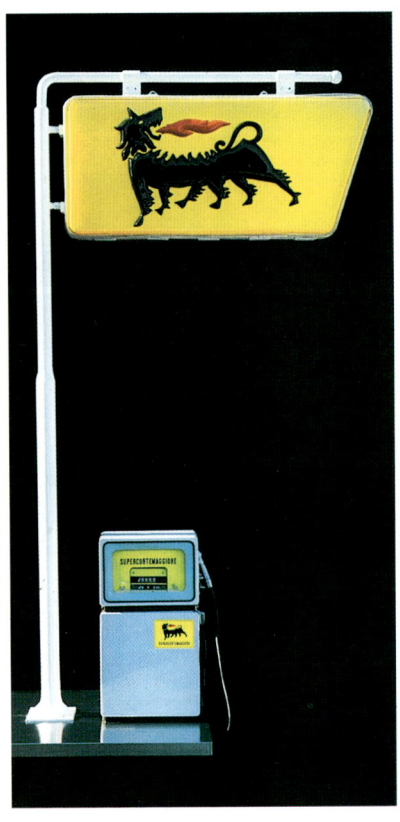

Wie wirksam Teagues visuelles Image-
paket war, zeigt allein, daß alle Konkurrenten
das Konzept übernahmen. Bis 1940 war in den
USA schon jede zweite Station auf den Sauber-
Look umgestellt. Esso zögerte nicht, seine Version und damit auch den konsumistischen
Mythos sofort nach Kriegsende nach Europa zu
exportieren (etwa zeitgleich wurden auch die
gestylten Kühlschränke in der Alten Welt eingeführt). Damit wurde der konfektionierte Tankstellentyp zum ersten global verbreiteten Bau-
design. Eines dieser inzwischen historischen
Exemplare aus Essos Anbaukasten, das 1951 in
der VW-Stadt Wolfsburg an der Braunschweiger
Straße errichtet wurde und seit den achtziger
Jahren unter Denkmalschutz steht, erfuhr jüngst
eine ungewöhnliche Renaissance. In seltener
Kooperation zwischen Stadt, Firma und Eigen-
tümer wurde die Station 1995 modernisiert –
unter Wahrung der alten Bausubstanz.

Nicht alle übernahmen das amerikanische
Modell. Der italienische Büromaschinenkonzern
Olivetti hatte nach dem Zweiten Weltkrieg
durch ein komplettes Design-Programm, in das
vom Bleistift bis zur Werbung alle Firmenberei-
che einbezogen waren, sein verstaubtes Image
abgeschüttelt. Nach diesem Vorbild entwickelte
auch Agip, Italiens staatlicher Ölkonzern, der
gerade unter dem dynamischen Enrico Mattei
seine neue Rolle suchte, eine eigenständige
Corporate Identity. Agip übernahm von Olivetti
den wichtigsten Designer, Marcello Nizzoli. Nizzoli, Architekt und Ex-Futurist, war 1938 zu Olivetti gekommen und bald Leiter des Image-Pro-
gramms geworden, das als das progressivste

seiner Zeit galt. Er war auch für das Produkt-
design verantwortlich, zum Beispiel für die epochemachende »Lettera 22«-Kofferschreibma-
schine von 1950.

Im selben Jahr entwarf Nizzoli auch eine
Zapfsäule exklusiv für Agip, bei der Rechenwerk
und Pumpeneinheit in zwei Quadern optisch
voneinander getrennt waren, ein wegweisender
Ansatz, der die Agip-Säulen von den sonst
dominierenden amerikanischen Streamline-
Modellen deutlich abhob. Nizzolis Zapfsäulen
unterschieden sich aber nicht nur in der Form,
sondern auch durch eine dezente (ebenfalls an
Olivetti angelehnte) Farblichkeit, nämlich ein
abgetöntes Graublau. Dieselbe Farbe kehrte
auch an Agips neuen Stationen wieder, die mit
graublauen Keramikplatten verkleidet waren,
die wiederum zum Weiß der Stahlbetondächer
in Kontrast standen. In Europa war es überhaupt das erste Tankstellendesign, das mit
einem CI-Programm gekoppelt war.

Mit der Einführung des »Supercortemag-
giore«-Benzins im Jahre 1952 wurde der sechs-
beinige Hund zu Agips Firmensymbol. In einem
Wettbewerb hatte zwar ursprünglich ein stilisierter Bohrturm gesiegt. Aber Enrico Mattei entschied sich gegen die Jury und für das phanta-
sievolle Fabeltier. Zur neuen umfassenden
Corporate Identity gehörten aber nicht nur Pro-
dukt-, Grafik- und Tankstellendesign. Der international expandierende Konzern entwickelte
darüber hinaus auch eine fortschrittliche Firmenkultur, zu der neben den Agip-Motels, Arbeits-
plätzen mit humanen Bedingungen, Ferien- und
Sportangeboten und einem firmeneigenen

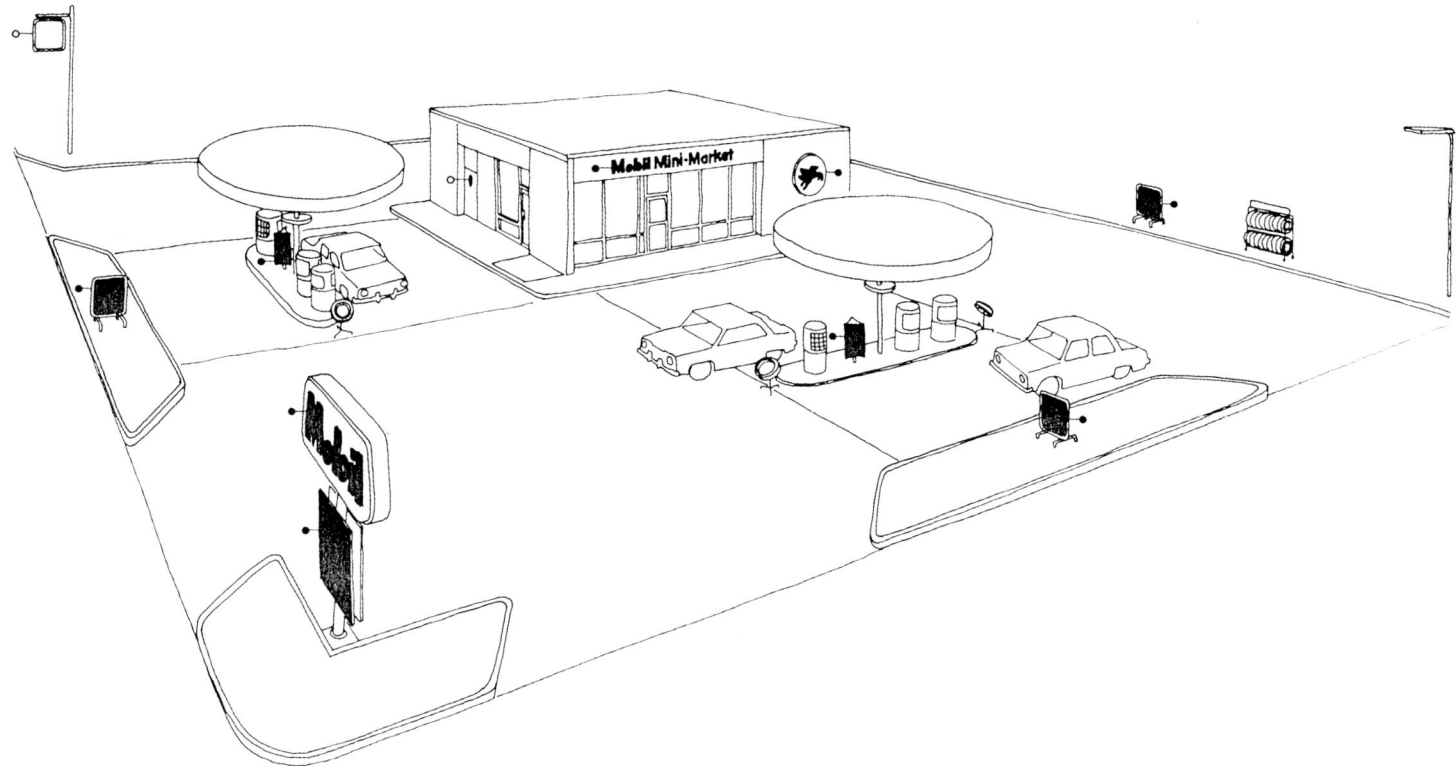

Mobil Mini-Market

Wohnbauprogramm auch die Erwachsenen-
bildung für italienische und ausländische Agip-
Mitarbeiter gehörte.

Das erste US-Unternehmen, das seine
Firmenkultur zum Bestandteil der Selbstdarstellung machte, war das amerikanische Pendant
zu Olivetti: der Büromaschinenkonzern IBM.
IBM folgte dem italienischen Vorbild und engagierte 1957 den damals schon bekannten Architekten und Designer Eliot Noyes, der dem
Unternehmen zu Ansehen verhalf, indem er die
»Intelligenz« und Qualität seiner Produkte im
Markting betonte. Noyes hatte in Harvard studiert und im Büro von Marcel Breuer und Walter Gropius gearbeitet. 1940, als Design-Kurator
am Museum of Modern Art in New York, organisierte er die Ausstellung »Organisches
Design«, in der jener Stil gezeigt wurde, der
später die fünfziger Jahre beherrschen sollte.

Eine Schreibmaschine, die Kugelkopf-
»Selectric« von 1961, gilt als eines der wichtigsten Produktdesigns von Eliot Noyes, der, eine
weitere Parallele zu Nizzoli, später ebenfalls von
einer großen Mineralölgesellschaft engagiert
wurde: 1964 ging Noyes zu Socony, zu einem

Zeitpunkt, als dieser Konzern gerade seine
PR-Strategie komplett umstellte. Zu einer pro-
grammatischen Veränderung des Firmenna-
mens (Mobil statt Socony), der Auswechslung
des gesamten Marketingmanagements sowie
der Werbeagentur kam die Einführung eines
neuen Logos (entworfen von Chermayeff Geismar Inc.) sowie eines neuen Tankstellentyps.

Eliot Noyes, der im Vorfeld des Projektes
durch die USA gereist war, um das vorhandene
Mobil-Design zu studieren, fand das Durcheinander »unbeschreiblich«. Als andere noch ihre
Iceboxes pflegten und der bonanzainspirierte
Ranchstyle sich ankündigte, entwickelte er ein
zurückhaltendes klares Stationsdesign, das Elemente von Arne Jacobsens Tankstelle der dreißiger Jahre aufwies. Neben der knappen Einfach-
keit des kantigen Gebäudeblocks und dem runden (allerdings freistehenden) Dach über den
Tankinseln hatte die neue Mobil-Station noch
ein weiteres interessantes Detail mit Jacobsens
Entwurf gemein. Die Garagen- und Werkstatt-
tore waren auch hier an der Seite angebracht,
und zwar nicht nur aus ästhetischen Gründen,
sondern vor allem um Unfälle durch kreuzen-

»Large Corner Lot« (Große Ecktank-
stelle), ein Grundtyp der 1965 von
Eliot Noyes für Mobil entworfenen
»Pegasus«-Tankstelle.

218

Abgezirkelte Identität. Bereits im Design ihrer »Drum«-Station der dreißiger Jahre wurde von Mobil (damals Socony) die Kreisform verwendet.

den Verkehr zu vermeiden. »We want you to live« (Wir wollen, daß Sie leben), lautete der Slogan der gerade aktuellen Mobil-Werbung, einer Kampagne für Verkehrssicherheit. Wie einst bei IBM, appellierte Noyes mit seinem Design auch hier an Vernunft und Qualitätsbewußtsein.

Drei vorab getesteten Prototypen folgten bis 1969 51 weitere »Experimentalstationen«. Natürlich ging mit der Einführung des neuen Designs auch ein Standardisierungsprogramm einher, das sich von der Zapfsäule über die Werkbank und das Dosenregal bis hin zum Quittungsblock erstreckte. Allein in den USA hatte das Unternehmen damals 400 verschiedene Ausführungen von Quittungsformularen in Umlauf. Immerhin 300 davon wurden aus dem Verkehr gezogen. Noch nie zuvor war ein Tankstellendesign so systematisch und sorgfältig eingeführt worden.

Nach guten Umsatzergebnissen und positiven, in Telefoninterviews erfragten Kundenreaktionen wurde schließlich das »Pegasus«-Modell flächendeckend eingeführt, das nach dem Firmen-Emblem des geflügelten Pferdes benannt wurde, einem Fabeltier aus der Antike (das wie-

derum an Agips Hund erinnert, ebenso wie die dezente Farbgebung der Noyes-Station). Die hellen Farben mit dem dominierenden Weiß, gegen das sich nur das Markenzeichen krass abhob, entsprach dem Prinzip von Karl Schneiders »Hamburger-Tankstelle«. Die teilweise verklinkerten Außenflächen kannte man allerdings in den USA bereits von den sogenannten »Nachbarschaftsstationen«, die sich an ihre mittelklassige Umgebung zu assimilieren suchten.

Eine Premiere war dagegen die Methode, den Kreis als Design-Figur graphisch und plastisch als durchgängiges visuelles Zeichen zu verwenden. Abgerundete Formen hatte Eliot Noyes schon bei den Entwürfen für seine Schreibmaschinen verwendet. Noyes war maßgeblich durch zwei Stilrichtungen geprägt: die konstruktivistische Schule und das »organische« Design. Im Kreis ließen sich beide Stilrichtungen vereinen. Der Kreis war darüber hinaus ein altes firmentypisches Symbol, hatte grafisch im Namenszug von Socony zunächst noch eine untergeordnete, bei Mobil jedoch eine zentrale Bedeutung gehabt und wurde bereits Ende der zwanziger Jahre in der Werbung verwendet. Beim »Pegasus«-Modell tauchte er gleich mehrfach auf: als rundes Wandschild (Hintergrund für das Flügelpferd), als stählernes Regenschirmdach (dessen Spannweite zwischen sieben und zehn Metern variierte) und als Tanksäule. Die Zapfzylinder mit ihrer silbrig schimmernden Verkleidung galten als gestalterischer Geniestreich.

Das discophile Design erhöhte wesentlich die Erkennbarkeit der Mobil-Tankstellen. Aus diesem Grund wurden von Mobil besonders die weiß lackierten Stahlschirme an allen US-Highway-Stationen verwendet (wo es ja auf Fernwirkung ankam), und zwar selbst in den US-Staaten, in denen Tankstellendächer sonst nicht üblich waren. Nicht nur das Einzeldach machte eine gute Figur. In der jeweiligen Konstellation ergaben sich unverwechselbare Silhouetten: Mal sahen sie aus wie ein Wald weißer Bäume, mal wie eine Flotte fliegender Untertassen. Da das Service-Gebäude und die Tankinseln beliebig plazierbar waren, fand sich für jeden Grundriß eine optimale Verkehrsführung. 1969, nachdem man das »Pegasus«-Modell in den USA schon eingeführt hatte, wurden in 15 weiteren Ländern Pilot-Stationen gebaut, bis das Design schließlich weltweit Verwendung fand.

Beschirmt. Die runden Stahldächer der »Pegasus«-Tankstellen waren ein starkes optisches Signal.

Auch die als Zylinder gestalteten Zapfsäulen fügten sich in das Gesamtdesign von Eliot Noyes ein.

Visuelles Wirrwarr. Foto aus der Tankstellen-Studie, die Bass & Yagers Firma ab 1978 für Exxon erstellte.

THE MAGNIFICENT SEVEN · DIRECTED BY JOHN STURGES

Filmplakat für »The magnificent Seven« (Die glorreichen Sieben), USA 1960, von Saul Bass.

Bass-Logo für United Airlines.

Bauwerke im Zeitalter ihrer Reproduzierbarkeit

Mobils konsequente Aufräumaktion war eine Ausnahme. Ansonsten herrschte nach den Bauexzessen der wilden sechziger Jahre heilloses Chaos an der Bordsteinkante. Als der amerikanische Designer Saul Bass 1978 eine Weltreise in Sachen Tankstelle unternahm, kam er zu niederschmetternden Ergebnissen. Bass war für Exxon (vormals Standard New Jersey, vormals Esso) unterwegs, um deren Tankstellennetz von der weiterhin grassierenden »Krankheit des visuellen Wirrwarrs zu heilen«[13]. Die Rundreise, während der mit rund 19 000 Fotos die Tankstellensituation auf den wichtigsten Treibstoffmärkten dokumentiert wurde, war der Auftakt für eines der größten jemals durchgeführten Design-Programme.

Exxon hatte 1978 einen Wettbewerb ausgeschrieben, bei dem es um nicht weniger als die globale Umgestaltung ihrer damals 65 000 Tankstellen ging. Mehr als 100 Design-Studios beteiligten sich, darunter Top-Adressen wie Landor Assoc. und Anspach Grossman Portugal. Das Büro von Saul Bass und Herb Yager in Los Angeles erhielt schließlich den Zuschlag. Bass, der als Design-Direktor die gestalterische Leitung übernahm, gehört zu jener Designer-Generation, die nach dem Zweiten Weltkrieg Ansätze für ein innovatives, oft minimalistisches amerikanisches Grafik-Design lieferte.

Bass hatte unter anderem im Brooklyn College bei Gyorgy Kepes studiert, einem bauhausinspirierten Designer und Filmemacher, der Anfang der dreißiger Jahre in Berlin gearbeitet hatte und 1937 mit László Moholy-Nagy in die USA emigriert war. Bei Kepes findet sich dieselbe Verbindung von Grafik und Film wie später bei Saul Bass, der nach seiner Ausbildung zu Warner Brothers ging und anschließend für verschiedene Werbeagenturen in Los Angeles arbeitete, bis er sich Mitte der fünfziger Jahre selbständig machte. Bass, bereits 1957 Art Director of the Year, reüssierte auf so unterschiedlichen Feldern wie Filmdesign (er erfand den narrativen Vorspann), Werbegrafik sowie Entwicklung von Markenzeichen und CI-Programmen für zahlreiche Weltfirmen wie zum Beispiel ATT, Bell, United Airlines, Minolta und Warner Communications.

Während die ersten Tankstellen-Designer wie Walter Dorwin Teague und Raymond Loewy Konzepte aus dem Sektor der Konsumprodukte und Haushaltsgeräte übernommen hatten mit einer ursprünglich für das Kaufhausregal entwickelten modernistischen Symbolik, kam die nächste Generation in Gestalt von Marcello Nizzoli und Eliot Noyes aus der Büromaschinenbranche an die Tankstelle. Beide schufen Tankwelten, die berechenbare Solidität ausstrahlten. Die Tankstelle wurde zur nobel gestalteten Visitenkarte des Unternehmens. Mit Saul Bass, dem wichtigsten Tankstellen-Designer der achtziger Jahre, fand wiederum ein Paradigmenwechsel statt. Dieser Meister der knappen Information, der Hollywood ebenso kennt wie die Chefetagen des corporate America, definierte die Tankstelle als eine »Maschine für Marketing-Kommunikation«[14].

Bevor Bass eine neue Verkaufsmaschine entwickeln konnte, mußte zuerst der Auftraggeber von dieser Notwendigkeit überzeugt werden. Bei einer der umfangreichsten Recherchen, die je für ein Designprogramm durchgeführt wurden, durchforstete ein halbes Dutzend Teams ein ganzes Jahr lang die Tankstellenlandschaften dieser Erde. Die Vorarbeit mündete schließlich in eine zweistündige, perfekte Präsentation vor dem versammelten Board von Exxon, die offensichtlich so überzeugend war (Saul Bass stellte ihr eine allgemeine Geschichte der Tankstelle und eine Analyse ihrer Funktionen voran), daß sich anschließend auch Exxon-Chef Clifton Garvin zu einer Komplettrenovierung des Tankstellen-Netzes bereit zeigte.

Funktionelles Kommunikationssystem der Worte, Zeichen und Farben. Tankstellenmodell von Saul Bass um 1980.

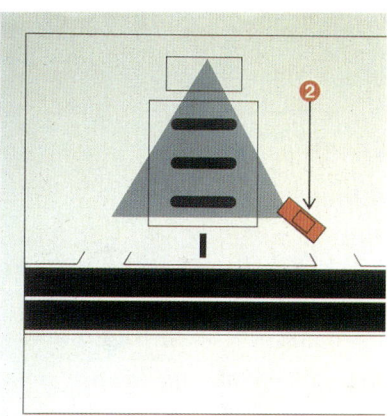

Die »*Cone vision*« (Kegelperspektive) des in die Tankstelle einfahrenden Autofahrers bestimmt die Anordnung der visuellen Zeichen.

Die Vorgaben für das Projekt klangen ganz so, als hätte jemand versucht, die Prinzipien des »*American system*« und die Bauhaus-Grundsätze von Gropius in einer Stichwortliste zusammenzufassen. Der neue Tankstellentyp sollte flexibel und modular aufgebaut, außerdem preiswert und global anwendbar sein. Außerdem sollte das neue System mit bestehenden Tankstellen kompatibel sein. Schließlich, Konsequenz aus der schwelenden Ölkrise, sollten die Stationen »*visuell nicht revolutionär*« erscheinen. Der weltgrößte Ölkonzern übte sich in bedächtigem Understatement – Tankpaläste waren nicht gefragt.

Ein grundlegendes Merkmal der neu zu entwickelnden Station wurde nicht mehr erwähnt. Offenbar galt das von Karl Schneider erstmals realisierte freistehende Hallendach seiner »*Hamburger Tankstelle*« Ende der siebziger Jahre schon als selbstverständlich. Raymond Loewy hatte 1971 für Shell solch eine Totalüberdachung der Tankzone gebaut, zufällig wiederum in Hamburg. Die Kombinierbarkeit der einzelnen Elemente war dabei eine Schlüsselidee, was insbesondere für die beiden Hauptelemente galt, nämlich das großflächige Dach über den Tankinseln und den Service-Trakt für Büro, Shop und Werkstatt. Bass entwickelte ein funktionalistisches Kommunikationsmodell, indem er bei der Planung Tankumwelt und Tankvorgang analytisch in ihre einzelnen Elemente und Phasen zerlegte und daraus eine Art Reiz-Reaktionsmodell der hochabsetzenden Station bastelte.

Wie in einer psychologischen Studie erfolgte die Analyse aus der Sicht des Autofahrers. Der muß sich zunächst einmal dazu durch-ringen, überhaupt an einer Exxon-Tankstelle vorzufahren (»*turn-in-decision*«). Dabei wirkt das Design nur innerhalb seines subjektiven Blickwinkels, der »*cone vision*« (Kegelperspektive), die sich mit der Annäherung an die Station verengt. Entscheidende Merkmale für die Sichtbarkeit aus der Ferne sind deshalb, so Bass, vor allem die »*canopy effectiveness*« (Dacheffektivität) und das »*major identification sign*« (Haupterkennungszeichen). Viel Kopfarbeit wurde in das Dach-Design gesteckt. Schließlich entschied man sich für eine Breite von 90 Zentimeter, die im Gesamteindruck nicht zu schwer wirkt, aber noch ausreichend Raum für Informationen läßt. Korrespondierend dazu wurden auch die Dachstützen optisch verbreitert.

Kommt der Autofahrer näher, verschwindet die Überdachung aus dem Gesichtsfeld. Deshalb wurden zusätzliche »*spreader*« (Schrift-Farbbänder) über jeder einzelnen Tankinsel angebracht, die die Leitfunktion beim Einbiegen übernehmen, später aus der Sicht des Tankenden einen Reiheneffekt ergeben (Wiederholung des Markennamens) und außerdem als Lichtreflektoren fungieren. Um grelles, blendendes Licht zu vermeiden, entwickelte Bass im Hallenraum unter der weißen, diffus reflektierenden Decke einen speziellen Beleuchtungsmix aus direktem und indirektem Licht, der »*die Station von ihren industriellen Wurzeln lösen*« und ein wohliges »*retail environment*«[15] (Konsumumgebung) schaffen sollte, bis heute ein magischer Begriff im Tankstellendesign, der aus dem Wörterbuch des modernen Marketings übernommen wurde. Tatsächlich entstand durch die trickreiche Anordnung von unterschiedlichen Licht-

Für die variablen Stationstypen wurden unterschiedliche Systeme direkter und indirekter Beleuchtung entwickelt.

quellen und Reflektionsflächen eine *»weiße Lichtwolke«* wie auf einem Filmset, die jedes Tanken zu einem Auftritt machte.

Die Recherchen hatten ergeben, daß dem direkt an der Straße stehenden Haupterkennungszeichen, das ursprünglich allein aus dem Firmenlogo bestanden hatte, mit der Zeit noch weitere Informationen hinzugefügt worden waren, zum Beispiel Preise oder der Hinweis auf Selbstbedienung – eine Folge der Konkurrenzsituation. Weil sie meist improvisiert angebracht waren, trugen solche Zusatzschilder nicht unerheblich zum unübersichtlichen Schilderwald an der Tankstelle bei. Bass entwickelte ein einfaches, kombiniertes Zeichensystem, mit dem vom Haupterkennungszeichen über das Shop-Schild bis zur Grafik auf der Zapfsäule alle Schrift- und Farbinformationen vereinheitlicht wurden.

Die Klarheit der Information war das oberste Gebot. Ganz im Sinne funktionalistischer Tradition wählte Bass für das Schriftbild die Type Univers (1957 von Adrian Frutiger ent

wickelt), deren Rationalität und Variabilität sie zu einer der beliebtesten Schrifttypen der Nachkriegszeit gemacht hatte. Natürlich wurde auch auf die Schriftgröße sowie den Abstand der Buchstaben, Wörter und Zeilen peinlich genau geachtet. Mit Hilfe psychophysischer Formeln konnte man die maximale Erkennbarkeit errechnen. Um die Information so klar wie möglich zu vermitteln, arbeitete Bass zusätzlich mit einer weißen Einrahmung, die die einzelnen Botschaften noch einmal hervorhob und gleichzeitig deutlich voneinander trennte.

Farben, deren wahllose Verwendung häufig zum sogenannten *»Konfetti-Effekt«* der Tankstellen beiträgt, wurden zugleich für die Markeninformation (Blau und Rot gleich Exxon, beziehungsweise Esso), die Kontrastflächen (für Schrift) und für die Leitinformationen genutzt. Die gesamte Tankstelle wurde in Farbzonen eingeteilt. In der Bordsteinzone mit Dach und Erkennungszeichen sollte Rot vorherrschen, in der Innenzone Blau. Zugleich wurden den Farben verschiedene Informationsarten zugeordnet, nämlich Blau für Tank- und Preishinweise, Rot für Zusatzdienste.

Auch bei der Produkt-Präsentation blieb nichts dem Zufall überlassen. Ständer und Regale, die früher häufig wie Grabbeltische aussahen, wurden durchgehend schwarz lackiert und, um den optischen Gesamteindruck noch mehr zu beruhigen, aus gleichförmigen Komponenten zusammengesetzt, austauschbaren Rahmen, Basis, Grafikflächen und Behältern. Selbstverständlich wurden auch die Verpackungen der Esso-Produkte vereinheitlicht und somit nach Schrift, Farbe und Form in das Gesamtkonzept eingepaßt. So ziemlich das einzige, was unangetastet blieb, waren die Firmenzeichen Exxon und Esso.

Die Architektur ist in diesem ausgeklügelten Informations- und Kommunikationssystem nur eine Kategorie unter anderen. Der Architekt ist deshalb auch nur das ausführende Organ des Designers. Das Bauprinzip entspricht dem der häppchenweise verabreichten Information. Die gesamte Tankstelle ist wie ein Puzzlespiel aus Tausenden von bis ins kleinste ausgetüftelten Komponenten zusammengesetzt, die sich wiederum miteinander kombinieren lassen. Strukturelle Elemente sind der Gebäuderahmen und das Hallendach, auch sie beide für sich und im Verhältnis zueinander völlig variabel. Das konsequente Modularsystem, Voraussetzung für die industrielle Herstellung der Tankstellen, war in den sechziger Jahren weiterentwickelt worden, unter anderem an der Ulmer Hochschule für Gestaltung sowie von dem Ingenieur und Designer Jean Prouvé, der seine Stationen mit Dächern aus Stahlrosten und vorgefertigten Kiosken aus Polyester ausstattete. Saul Bass hat daran anknüpfend das amerikanische System für die sich entwickelnde Informationsgesellschaft kompatibel gemacht. Er gestaltete die Tankstelle zu einem Kosmos der Zeichen und Signale. Wer sonst, wenn nicht Bass, mit seinen Erfahrungen in Film und Werbegrafik, war dafür prädestiniert.

Die sekundäre Bedeutung, die Technik und Architektur bei dieser Tankstellenkonzeption spielten, wurde auch bei ihrer endgültigen Präsentation klar, die zugleich eine Uraufführung war, denn erstmals wurde ein neues Tankstellendesign, bevor es in Serie ging, zur Besich-

tigung als Attrappe im Maßstab eins zu eins aufgebaut. Im Frühjahr 1980 kamen Exxon-Manager aus aller Welt nach Los Angeles, um schließlich in einer einsamen Berggegend Südkaliforniens – nicht unweit von Hollywood – mit dem Hubschrauber zu landen, wo auf einer schwer zugänglichen kahlen Kuppe, den Augen der nichts ahnenden Öffentlichkeit entzogen, zwei Tankstellen standen, die es so noch nie gegeben hatte.

Es herrschte Geheimhaltungsstufe eins. An einem mitten in die karge Landschaft verlegten Straßenstück, das nirgendwo hinführte, standen wie Filmkulissen zwei aus Holz zusammengezimmerte neue Stationen. Zwei Tage und zwei Nächte lang prüften der Chairman und seine aus allen Kontinenten herbeigeeilten Filialchefs das Erscheinungsbild der illusionären Stationen und befanden es schließlich für gut. Die einzelnen Komponenten des Stationsgebäudes wurden »proscenium parts« genannt: Das Proszenium war im antiken Theater der Platz vor der Garderobe der Schauspieler, der sogenannten Skene, vor der sie auch auftraten. »Nur das Licht war real«,[16] betont Saul Bass seinen ima-

Amerikanisches System. An den neuen von Bass & Yager entwickelten Stationen wurde das Modularprinzip ins Extrem getrieben.

Planung einer Modelltankstelle im Maßstab eins zu eins 1980 in der Nähe von Los Angeles. Saul Bass (zweiter von rechts) mit seinen Mitarbeitern.

Tankstellenkulisse. Wie wenig es auf Technik ankam, zeigt die Tatsache, daß vom Modell nur die Schauseite gebaut wurde.

ginativen Ansatz. Vor der Begutachtung hatte er die Geistertankstellen als Labor zur Feinjustierung der Beleuchtung unter verschiedenen natürlichen Lichtverhältnissen genutzt.

Ein großer Vorteil der neuen Station war nicht nur, daß Autofahrer darin wie Versuchstiere in einem behavioristischen Labyrinth zum Konsum angeleitet wurden. Was entscheidend für dieses Konzept sprach, war seine ungeheure Anpassungsfähigkeit, nicht nur hinsichtlich verschiedener Straßensituationen, sondern auch in Bezug auf das bereits vorhandene Netz. Während beispielsweise das Pegasus-Modell praktisch nur als Neubau realisierbar war, hatte Bass seine Tankstelle speziell auf »retrofit« (Renovierung) angelegt. Erweiterungen und Ver-

änderungen waren in seinem Kosmos der Zeichen kein Problem. Außerdem waren keineswegs immer Neubauten nötig, ein entscheidender kostensenkender Faktor. Selbst Ranchstyle-Stationen wurden durch das von Bass und Co. ausgeklügelte Zeichenrepertoire wieder up to date.

Gerade die Universalität des Exxon-Modells – es ist in unterschiedlichen (äußerlich kaum unterscheidbaren) Materialausführungen auf allen Kontinenten anwendbar – wirft jedoch Fragen auf. Denn was bedeutet es, wenn ein Design-System es ermöglicht, alles und jedes in eine einheitliche Form zu bringen, innerhalb derer jegliche Unterschiede nur mehr Variationen sind? »Noch bei der höchst vollendeten Reproduktion fällt eines aus: das Hier und Jetzt des Kunstwerks – sein einmaliges Dasein an dem Orte, an dem es sich befindet. An diesem einmaligen Dasein aber und an nichts sonst vollzog sich die Geschichte«,[17] schreibt Walter Benjamin in seinem berühmten Essay über das Abhandenkommen der Aura beim reproduzierten Kunstwerk. Wer Kunstwerk nun durch Bauwerk ersetzt – und die massenhafte industrielle Reproduktion von Bauwerken ist mittlerweile nicht nur bei Tankstellen gängige Praxis – wird auch in dieser Gleichmacherei die von Benjamin festgestellte »Ablösung aus dem Traditionszusammenhang« erkennen. Das System der Bass-Station, in der jeder Buchstabe und jeder Farbtupfer seine berechnete Funktion hat, erzeugt ein vorfabriziertes synthetisches Konsum-Environment. Die Stringenz, mit der man auch über historische Reminiszenzen hinwegging, wird beispielsweise an Karl Schneiders Hamburger Standard-Tankstelle von 1931 augenfällig, der nachträglich ein funktionales, nach Exxons Musterbogen geschneidertes, in diesem Falle völlig unpassendes Designkleid aufgezwängt wurde. Das von Saul Bass entwikkelte System ist immanent auf Perfektion angelegt. In seinem universalen, also unhistorischen Anspruch, auf jedwede Situation anwendbar zu sein, verhält es sich seiner konkreten Umgebung gegenüber völlig gleichgültig. Hierin kommen funktionalistische Ästhetik und kommerzielles Interesse des Auftraggebers zur Deckung.

Unabhängig von der unbestreitbaren ästhetischen Qualität des Designs erscheinen die Stationen in ihrer Häufung im übrigen als das, was sie tatsächlich sind, nämlich als die Wiederkehr des Immergleichen. Der aus den USA bereits bekannte Strip-Effekt, wo jede Ausfallstraße gleich aussieht, weil sich dieselben

standardisierten SB-Restaurants, Einkaufszentren und Tankstellen zu Lego-artigen Konjunkturlandschaften aneinanderreihen, wurde von Exxon in den Weltmaßstab übertragen. Es ist nur consequent, daß Bass auch für andere Kunden Hinweis- und Firmenschilder entwarf, die zu den Strip-Anliegern gehören, wie zum Beispiel die Firma Honda oder die Fast-Food-Kette »Wienerschnitzel«. Die ansonsten faszinierende Prägnanz der grafischen Arbeiten von Saul Bass, zum Beispiel in seinen Spielfilm-Vorspännen (zuletzt für Martin Scorseses »Casino«), Trickfilmen und Filmplakaten, führt bei massenhafter Präsenz zu einem urbanen Standardisierungseffekt. Die so erzeugte visuelle Monotonie wurde darüber hinaus noch einmal erheblich verstärkt, weil, kaum war das Bass-Modell eingeführt, die Konkurrenz mit neuen Tankstellen-Designs nachzog die zumeist epigonenhaft seinem Vorbild

Großer Rat. Die Spitzen des Exxon-Managements diskutieren mit den Designern über die neuen Stationen. Im Hintergrund die zwei realisierten Modelle.

Farbidentität. Ein Tankstellendach wird gestrichen. USA 1994.

folgten. Das Ergebnis war ein flächendeckendes »unification program« (Vereinheitlichungsprogramm), mit dem das Bild der Städte weltweit wieder ein Stück mehr amerikanisiert wurde.

Die Effektivität der neuen Kommunikationsmaschine war unübersehbar. Die duale Gebäudestruktur der »Hamburger Tankstelle« wurde in den achtziger Jahren ebenso zur Regel wie das module Kommunikations- und Konstruktionsprinzip. Das gewaltige Hallendach, das nun beinah ausnahmslos zur Straße hin auch das jeweilige Logo trug, wurde in der Branche durchgängig zum Hauptträger der Markenpräsentation. Unterschiede bestanden in der Wahl der Schrifttype, im Beleuchtungs- und Signalsystem und natürlich im Markenzeichen und den Farben.

Nicht zuletzt die Farbgebung sollte die jeweilige Corporate Identity transportieren. Während sich zum Beispiel Mobil in Kontinuität übte und es an den neuen »Pegasus 21«-Stationen beim dominierenden Weiß beließ, setzte Texaco auf ein drastisches Kontrastprogramm. Im Auftrag der Texaner stellte die Agentur Anspach Grossman Portugal die Stationen von Weiß auf das genaue Gegenteil um, nämlich das bis dahin an Tankstellen tabuisierte Schwarz. Auch die französische Elf Aquitaine wagte diesen Schritt und ließ ihre Stationen von den Designern der Landor Assoc. in elegantes Schwarz-Blau tauchen. Nicht nur die großen internationalen Marken legten an der Zapfsäule frisches Make-up auf. Zahlreiche Mini-Majors strickten in den achtziger Jahren an ihrem Outfit und versorgten die – vorzugsweise in den USA und England ansässigen – Designerbüros mit Aufträgen. Einige nationale Gesellschaften starteten mit verändertem Corporate Design. Dabei setzte sich Schwarz europaweit durch. Sowohl Q8 in Großbritannien, die spanische Repsol, wie auch die deutsche DEA stimmten sich auf den »seriösen« dunklen Farbton ein. Andere Gesellschaften wählten bis dahin kaum für möglich gehaltene Farben, wie die Blau-Grün-Kombination der österreichischen OMV oder das Lila-Gelb von Minol.

Enttabuisiertes Schwarz. Tankstelle auf Guadeloupe 1993.

Ein Touch von High-Tech

Saul Bass hatte den Auftrag für Exxon kaum abgewickelt, da widmete er sich bereits dem nächsten Projekt, das klein begann, aber ungeahnte Ausmaße annahm. Der Auftraggeber Sohio Oil, eine der Enkel-Firmen von Rockefellers Standard, hatte ein Image-Problem. Man verkaufte sein Benzin zwar nur auf einem regional begrenzten Markt, nämlich in Ohio, dafür aber – nicht untypisch für Amerika – unter acht verschiedenen Markennamen. Daß die vom Design geprägte Firmenidentität entscheidend für das Marketing ist, hatte man, wie damals in der Branche üblich, weitgehend ignoriert. Das Beispiel Exxon vor Augen, entschied man sich nun, erstmals einen externen Experten zu engagieren und wandte sich gleich an denselben, der bereits die Großmuttergesellschaft geliftet hatte.

Das Projekt lief gerade ein Jahr, als sich völlig neue Dimensionen eröffneten. 1985, nach dem Kollaps von Gulf Oil, kaufte Sohio aus der Erbmasse 4000 Stationen im Südosten der USA und gehörte nun zum Club der nationalen Marken. Doch bereits drei Jahre später schluckte BP Sohio. Die Briten übernahmen auch das von Bass gerade fertiggestellte CI-Programm, das nun – grün umgespritzt – vom Lake Erie aus um die Welt ging. Die Premiere war 1989, ein Jahr, das auch im Tankstellenmarketing fortan als Wendemarke galt. »Das vielmißachtete Gebiet der Tankstellen-Ökonomie zieht letztlich mit den Fortschritten gleich, die in anderen Konsum-Environments gemacht wurden«,[18] lobte 1991 das angesehene Londoner Magazin Designweek. Tatsächlich sollte das geborgte BP-Design, das für den europäischen Markt von Addison Assoc. in London leicht modifiziert wurde, an den Tankstellen anderer Marken eine Kettenreaktion auslösen.

Was war so aufregend an dem BP-Modell? Bass hatte für den Blickfang des modernen Stationsdesigns, das über den Pumpen schwebende Hallendach, eine neue schlüssige Form gefunden. Die bisher verwendeten riesigen Dachplatten waren zwar auffällig, wirkten aber in ihrer kubischen Einfachheit gleichförmig. Das BP-Dach unterschied sich nun vor allem durch seine abgerundeten Seiten,

Aus Blau wird Grün. Durch Pleiten und Fusionen wurde aus dem Entwurf für eine US-Provinzfirma ein weltweites Designprogramm.

Entwicklung eines Blickfangs. Zwei Dachmodelle als Vorstufen im Design-Prozeß.

wodurch es vage an eine Flugzeugtragfläche erinnerte. Das Logo setzte sich plastisch von der Rundung ab, bei der durch die Verwendung eines neuartigen Materials, bestehend aus Polyethylen und Aluminium, eine fast perfekte Glattheit erreicht wurde.

Die in der Regel transparenten Dachseiten waren eine grundsätzliche Problemzone, da eine gleichmäßige Farbwirkung erzielt werden sollte, das aus Plexiglasscheiben zusammengesetzte Farbband aber nie plan war, sondern Wellen und Schatten warf. Eine weitere effektive und besonders preiswerte Methode, diesen Alptraum eines jeden Marketingmanagers zu beenden, (die allerdings für abgerundete Dachkonstruktionen ungeeignet war), fand der Architekt Aljoša Kolenc für die slowenische Gesellschaft Petrol. Er ersetzte einfach das Plastik durch Stoff, der gespannt werden kann. Shell ging bei seinem neuen, 1993 eingeführten Design einen anderen Weg. Nicht mehr die nun ebenfalls leicht abgerundete Dachseite war hier transparent, sondern nurmehr ein schmales davorgesetztes Glasband. Die dahinter verborgenen Leuchtröhren sorgen für konsistentes Licht. Dieses raffinierte, von dem Londoner David Davis (vormals Addison Assoc., heute Minale, Tattersfield & Acton) entwickelte Design erreichte jedoch nicht die geschlossene Wirkung des Bass-Entwurfes. Das BP-Dach verbindet den Fetischcharakter der Stromlinienform mit Hightech-Ästhetik.

Der kompakte Charakter des Designs wird auch dadurch erreicht, daß die Zapfsäulen mit den Dachstützen verschmelzen, was (schon bei der Exxon-Station geplant, aber nicht realisiert) nun ebenfalls ein Novum darstellte. Bei einem neueren Bass-Design für eine Tankstelle in Japan sind die Pumpen formal noch konsequenter in kreisrunde Stützen integriert. Zapfsäulen und Dachstützen sind keine seperaten Bestandteile der Station mehr, und auch die klassische Tankinsel fällt dieser Konzeption zum Opfer. Die stromlinienförmige Modul-Tankstelle zerfällt äußerlich nicht mehr in ihre Funktionselemente, sondern wirkt ganzheitlich – wie eine einzige riesige Konsummaschine. Die Verwendung von Aluminium mit seiner matten Oberfläche erzeugt zudem eine Atmosphäre von Luxus und Sauberkeit.

Bei einem neueren Design für eine japanische Ölgesellschaft vereinigte Saul Bass die Zapfsäulen mit den Dachstützen (Modell 1994).

Die Tankstelle der neunziger Jahre verwandelte sich in eine Konsuminsel, deren von Licht- und Musikwolken durchwehtes »*environment*« wir bereits aus den neuerdings mehr und mehr postmodern aufgepeppten Möbelhäusern, Hamburger-Ketten und Einkaufszentren an unseren Stadträndern kennen. Mit ihrem jüngst nachgerüsteten Tankstellen-Design will zum Beispiel Shell entsprechend der Erkenntnis, daß sie mit ihren rund 40 000 Shops der weltgrößte Einzelhändler ist, nun am Straßenrand die Atmosphäre einer »*modernen, voll ausgestatteten Küche*«[19] vermitteln. Auch diese an der Fertigmöbel-Ästhetik orientierte Verkaufsphilosophie ist vermutlich nicht der Image-Weisheit allerletzter Schluß. Aber die Branche scheint aufgewacht zu sein. Ob Shell, Fina oder Elf, Benzina, Marathon, Aral, Agip, Jomo, Repsol, OMV oder Texaco – alle haben eins gemeinsam: den Wandel, in dem sie sich befinden. Mitte der neunziger Jahre gibt es kaum eine Markengesellschaft, die nicht ein Redesign vollzogen hat oder ein solches plant.

Tankoasen der Zukunft

»*Nicht-Architektur scheint das grundlegende Prinzip hinter den modernen Tankstellen zu sein*«,[20] vermutete das englische Nobelmagazin *Country Life,* das sich 1990 mit diesem profanen Thema beschäftigte. Tankstellen seien »*Narben in der Landschaft*«, war da zu lesen, eine Ansicht, die vermutlich von nicht wenigen Zeitgenossen geteilt wird. Da man die gegenwär-

tige Gestaltung der Stationen für erschreckend »*banal*« hielt, schrieb die Redaktion einen Architekturwettbewerb aus, dessen Ergebnisse manches Déjà-vu-Erlebnis auslösten. Scheinbar unbeeindruckt von modernen Einkaufsenvironments und historischen wie zeitgenössischen Tankstellendesigns, versuchten sich die Einsender ausnahmslos in der idyllischen Kostümierung der Stationen, zum Beispiel als Pub oder Farmhaus.

Bereits zwei Jahre zuvor hatte das Royal Institute of British Architects (RIBA) in London einen internationalen Wettbewerb zum Thema Tankstellen ausgeschrieben. Der Grund war derselbe wie bei *Country Life:* die »*Banalität des Großteils der Roadside-Architektur der Ölgesellschaften*«. Darüber hinaus wurde bemängelt, daß gängige Stationen weder auf ihre Umgebung noch auf »*die meisten grundlegenden Bedürfnisse ihrer Benutzer*« Rücksicht nehmen. Die Vorgabe war, den »*Gasstop*« statt als Kommerzmaschine als »*Ort auszulegen, an dem Ankunft und Abfahrt zelebriert werden*«[21]. Einer der mehrfach vergebenen ersten Preise ging an den Briten Sim Meng Chu für dessen komplexe, vielfach in sich verschachtelte Hightech-Tank- und Raststätte, die sich in eine nordenglische Landschaft einschmiegte. Unter den 376 eingesandten Entwürfen aus 35 Ländern waren neben zahlreichen dekonstruktivistischen und futuristischen Visionen auch solche, die die Tankstelle als Stätte der Besinnung, ja sogar als Tempel oder Oase interpretierten. Die Wahrscheinlichkeit, daß derartige Vorstellungen jemals umgesetzt würden, erschien jedoch gering.

Eine Tankstelle, deren Architekt aus Prinzip auf den architektonischen Bezug seiner Bau-

Agip-Typographie von 1975 (Entwurf: Designer-Studio Unimark).

ABCDEF
GHIJKL
MNOPQ
RSTUVW
XYZ

Tankvisionen. Service-Station für die Lindholm Oil Company, Cloquet, Minnesota. Zeichnung: Frank Lloyd Wright, 1958. (© The Frank Lloyd Wright Foundation 1995).

werke zu ihrem Umfeld achtete und der das Projekt zudem in einen sozialen und philosophischen Kontext einbettete, entstand schon Ende der fünfziger Jahre in den USA. Im Jahre 1958, ein Jahr vor seinem Tod, baute Frank Lloyd Wright, Amerikas bedeutendster Architekt des 20. Jahrhunderts, eine Station in der Kleinstadt Cloquet, Minnesota. Deren auffälligste Merkmale waren ein schlanker, 20 Meter hoher Pylon, der wie eine beleuchtete Rakete in den Himmel ragte, und das für Wright typische vorspringende Dach, das mit herabhängenden Zapfschläuchen, ausgerüstet werden sollte, eine revolutionäre, für den Verkehrsfluß optimale Anordnung, die die Zapfsäulen überflüssig gemacht hätte, jedoch von der Baubehörde nicht genehmigt wurde. Wright, der Architekt des Lichts, integrierte für die KFZ-Mechaniker ein Oberlicht, ließ die Werkstatt mit elektrischen Toren und die Arbeitsräume mit Bodenheizung ausstatten. Es verwundert somit kaum, daß der Altmeister im National Oil Jobber, einem Fachblatt für Öl- und Treibstoffgroßhändler, für seine Station Bestnoten erhielt.

Warum aber baute Wright eine Provinztankstelle? Er litt wahrlich nicht an Auftragsmangel, realisierte zur gleichen Zeit ein Dutzend

anderer Projekte, darunter das Guggenheim Museum in New York, und ließ sich kein einziges mal in Cloquet blicken. Er hatte gerade dieses Projekt aber nicht nur deshalb begonnen, weil die Tochter des Tankstellenbesitzers Architektur studierte und zu seinen Bewunderern zählte, sondern weil es einen konkreten Stellenwert in seinem Werk hatte. Schon Ende der zwanziger Jahre hatte er eine Vision von einer zukünftigen dezentralisierten Zivilisationsform, die sogenannte »Usonia«, entwickelt, für deren Musterstadt »Broadacre City« er bereits Gebäude entworfen hatte. Die Tankstelle sollte in dieser egalitären und automobilen Kultur eine zentrale Funktion erfüllen, wie ein soziales Scharnier sollte sie in dieser utopischen Gesellschaft als ein idealer Knotenpunkt fungieren. In seiner Tankstelle in Cloquet richtete Wright deshalb in einer zweiten Ebene einen Aufenthaltsraum ein. In dieser hellen Lounge, die mit ihren abgeschrägten Fenstern an die Kanzel eines Flughafentowers erinnerte, konnten Kunden Zeitung lesen, fernsehen oder die Straße beobachten, während ihr Auto gewartet wurde. Sie war aber auch als ein Treffpunkt für Nachbarn, Vereine oder andere Gruppen gedacht. Der kleine Warteraum war also Teil einer großen Utopie.

Es ist kein Zufall, daß Wrights Tankstelle ausgerechnet in den fünfziger Jahren entstand, der Ära mit der größten Experimentierfreudigkeit und einer Vorliebe für Science-fiction-Architektur. In diesem Jahrzehnt des Neubeginns trafen die verschiedensten Strömungen aufeinander, wie Art deco aus den USA (worin noch der Historismus der Jahrhundertwende steckte), die Stromlinienformen der dreißiger Jahre, das neue »organische Design« (das in jedes Wohnzimmer einziehen sollte), Zitate der abstrakten Malerei und der zum »International Style« umgetaufte und bald allgegenwärtige Funktionalismus.

Nicht zuletzt im kriegszerstörten Deutschland brachte der Stilwirrwarr während des Wiederaufbaus manche exzentrische Blüte hervor. Tankstellen wurden dort zu ausgesprochenen

Lieblingsobjekten der Repräsentation. Große Städte schmückten sich häufig mit einer hypermodern gestalteten Station. Geradezu exemplarisch dafür steht eine Tankstelle, die 1952 in Hannover direkt gegenüber dem alten Rathaus nach den Plänen des Architekten Gerd Lichtenhan gebaut wurde. Er kombinierte dabei den Funktionalismus des vollverglasten, zylindrischen Kassenraums (im Sinne von Borkowsky und Braillard) mit der verspielten Nierentischästhetik des kleeblättrigen Daches zu einem atemberaubenden Gesamteindruck. In den achtziger Jahren wurde die damals arg heruntergekommene Tankstelle durch den Umbau in eine Galerie vor dem Abriß gerettet.

Ebenfalls 1952 wurde eine Tankstelle in Kiel nach dem Entwurf von Godber Nissen fer-

Stilmixtur. 1952 wurde im noch zerbombten Hannover eine Tankstelle zum Visavis des Rathauses (Architekt: Gerd Lichtenhan).

Schizophrenes Monument. Vorder- und Rückansicht der von Godber Nissen 1952 in Kiel errichteten Tankstelle.

tiggestellt, einem der vielbeschäftigten Wirtschaftswunderarchitekten. Im vorderen Bereich der Anlage (strukturell Braillards Genfer Station ähnelnd) befand sich ein Glaspavillion mit abgerundeten Schaufensterflächen, im hinteren das Werkstattgebäude, das von der Geometrie des rechten Winkels bestimmt wurde. Diese euphorischen, manchmal geradezu schizophren wirkenden Glas-Beton-Monumente der fünfziger Jahre, in denen Stile der ersten Jahrhunderthälfte akkumulierten, bewiesen jedoch, daß Tankstellenarchitektur in der zweiten Jahrhunderthälfte, die sich eines zeitgenössischen Formenrepertoires bedient, keineswegs banal sein muß.

Am Ende des zwanzigsten Jahrhunderts, einer Epoche des neuen Eklektizismus, vergriff sich eine junge Designergeneration, für die der Spaß am witzigen Zitat zählte, auch am Kitsch der fünfziger Jahre. Ende der achtziger Jahre war ihr neuer schriller Stil bereits in der guten Stube angekommen. »Der rechte Winkel gehört der Vergangenheit an«,[22] verkündete ein Möbeldiscounter 1991 in seinen Werbebroschüren. Schräg war salonfähig. 1995 ließ die in Berlin ansässige Firma IL-Bau eine Tankstelle errichten, die – auch dies eine Parallele zu den fünfziger Jahren – im Eingangsbereich ihres Betriebsgeländes als architektonisches Aushängeschild dienen sollte und mit Ausdrucksmitteln des neuen Designs arbeitete. Das Wiener Architektenbüro The Office entwarf dafür eine Art dekonstruktivistische Karikatur der Tankstelle: ein Büroraum als zur Seite gekippter und in die Erde eingesunkener Würfel, ein asymmetrisches Dachparallelogramm, gestützt von einem sich nach oben verdickenden Kegel. Der Betonwürfel wurde mit einem mit dem Firmenlogo bedruckten Plastikgewebe bespannt. Eine Tankstelle, konzipiert nach dem postmodernen Nichts-ist-unmöglich-Prinzip, stellt hier symbolisch die Firmenphilosophie dar.

Nicht nur auf Hinterhöfen tat sich etwas. Die britische Supermarktkette Sainsbury's engagierte 1994 die Londoner Architekten Alex Lifschutz und Ian Davidson, die beide im Büro Norman Fosters gearbeitet haben (unter anderem am Projekt der Honkong- und Shanghai-Bank). In einem öden Vorort von Coventry, direkt neben der Autobahn, entstand nach ihren Ideen ein SB-Markt mit Tankstelle. Die Station statteten sie mit einem imposanten Dach aus: Es hat einen dreieckigen Grundriß und eine verblüffende Ähnlichkeit mit den bespannten Flügeln alter Doppeldecker. Die luftige Konstruktion steht auf drei schmalen, sieben Meter hohen Stützen. Die bauchige Unterseite ist mit einer milchigen, transparenten PVC-Haut überzogen, durch die die Struktur der Stützen und Streben sichtbar bleibt und die nachts wie ein Ballon leuchtet. Auch hier ist die Tankstelle eine Art Visitenkarte.

Nebenbei wurde auch ein ganz anderes Problem gelöst. Unter den üblichen Hallendächern ist es tagsüber ziemlich dunkel. Einige Firmen ließen deshalb Dachfenster einbauen, die jedoch klobig und deplaziert wirken. Daß es aber noch ganz andere Möglichkeiten gibt, läßt beispielsweise der Vorschlag des Architekten Aljoša Kolenc ahnen, der seine Stationen mit Plexiglasdächern ausstatten will, die sich in ihrer Transparenz wie die Gläser einer Sonnenbrille automatisch den jeweiligen natürlichen Lichtverhältnissen anpassen.

Winkelspiele. Schräges Tankstellendesign in Berlin 1995 (Entwurf: The Office).

Ästhetischer Annex. Sainsbury's 1994 in Coventry gebaute Station fungiert als visueller Köder für einen Supermarkt (Architekten: Alex Lifschutz und Ian Davidson).

Auf preiswerte Weise der Banalität entgangen. Tankstelle der Firma Weiss Guys in Phoenix, Arizona (Design: Will Bruder).

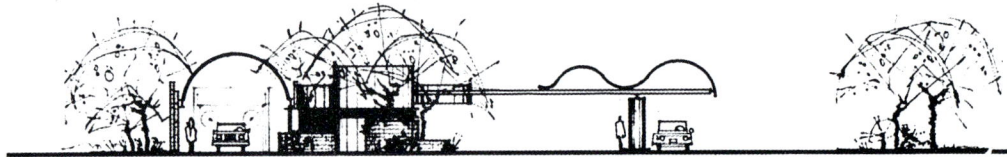

Wie man intelligentes Design für das Tankstellen-Marketing nutzen kann, zeigt auch das Beispiel der Firma Weiss Guys in Phoenix, Arizona. Für die mit Shop, Snackbar und Car-wash ausgestattete Anlage haben sich der Designer Will Bruder und sein Team zahlreiche originelle Details einfallen lassen, wie zum Beispiel die Oberlichter im Laden und das umlaufende schießschartenartige Fenster im Kassenraum, das genügend Außenlicht hereinläßt und dem Personal ein komplettes Kontrollpanorama bietet. Ungewöhnlich sind auch die künstlerisch gestalteten, aus Metall und Plexiglas gefertigten Schilder in der Waschstraße. Eindrucksvoll und ästhetisch gelungen wirkt aber vor allem das Dach, eine elegante Doppelwelle aus Blech, die vor der ununterbrochen brennenden Sonne schützt. Für das Gerüst wurde rostiger Stahl verwendet, ein wartungsfreundliches Material und ein zusätzlicher Akzent. Die Guys von Weiss haben auf spielerische Art der Banalität gängiger Tankstellenästhetik goodbye gesagt und nicht mehr dafür bezahlt als für eine konventionelle Station. Die mit Buschwerk begrünte

Anlage wirkt wie eine Tankoase für alle, die von der staubigen Straße kommen.

Die Tankstelle als Oase: Bei dem bereits erwähnten Wettbewerb des Londoner Royal Institute of British Architects gehörte auch der Architekt Peter Kroegeler zu den prämierten Einsendern. Er hatte »Tankstellen in der Wüste« entworfen, und zwar in verschiedenen Varianten. Sie bestanden jeweils aus einer im Boden eingelassenen Oase mit Tankgelegenheit und anderen Service-Angeboten. Die versenkten Stationen sollten durch unterschiedliche Vorrichtungen sichtbar gemacht werden, zum Beispiel durch einen Wald künstlicher Palmen, einen riesigen über der Anlage schwebenden und schattenspendenden Ballon oder eine »integrierte Fatamorgana«, ein bewegliches, auf ein Stahlrohrgestell installiertes Spiegeldach, das dem Autofahrer die Tankstelle wie auf einem riesigen Monitor bei Tag und Nacht schon von weitem zeigt. Dahinter verbarg sich die Idee einer »Tankstellenkette, die dem Reisenden die Erquickung einer Oase zum Betanken (von Fahrzeug, Geist und Körper) bietet«[23].

Koegelers abgehobene Visionen liegen vielleicht näher an der Realität, als es auf den ersten Blick erscheint. Solche Dienstleistungsoasen entsprechen einem erweiterten Begriff der Tankstelle, die nicht mehr nur Abfüllstation sein muß, sondern ihren Besuchern Entspannung und Ablenkung verspricht, sie auf Zeit von einer unwirtlichen Umwelt abschirmt. Solch ein Oasen-Konzept deckt sich mit jüngsten Überlegungen, endlich »aufzuhören, die Kunden abzufertigen, und damit zu beginnen, sie wirklich zu bedienen«,[24] so jedenfalls die Devise des britischen Design-Büros 20/20, das jüngst einen vielbeachteten Tankstellenprototyp im Londoner Eastend entwickelte. Die Tankstelle könnte als Quelle für ganz verschiedene Dinge dienen, nicht nur für Treibstoff, sondern auch für Waren, Informationen und darüber hinausgehende Serviceleistungen, die man sich heute noch gar nicht vorstellen kann. Die Tankstelle, die sowieso jeder regelmäßig anfahren muß, hat dafür einen enormen logistischen Vorteil. Sie könnte zu einem zukünftigen gesellschaftlichen Knotenpunkt werden, eine online geschaltete und 365 Tage im Jahr geöffnete Karawanserei des 21. Jahrhunderts.

Wellblechdach und rostige Stahlträger: Optisch interessante und pflegeleichte Elemente.

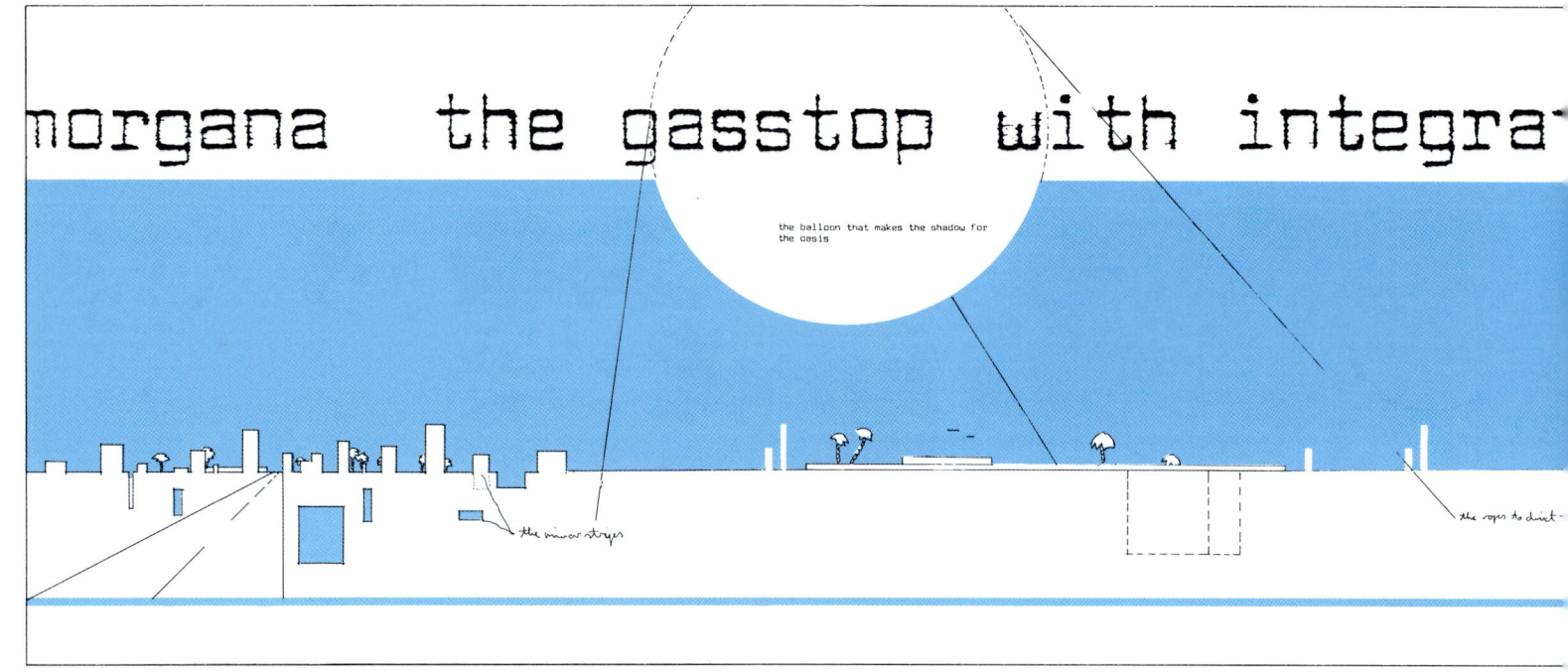

morgana   the gasstop with integra

the balloon that makes the shadow for
the oasis

the mirror strips

the ropes to direct

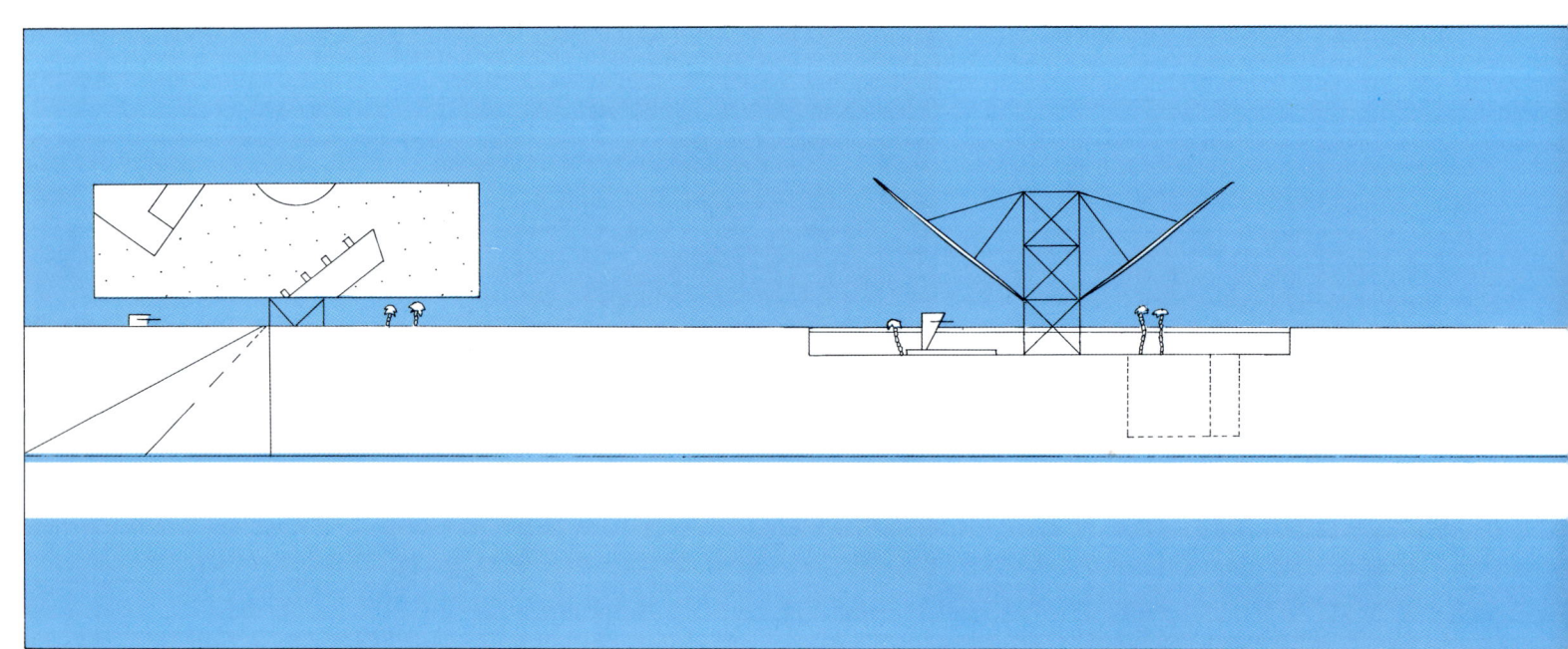

fata morgana   the gasstop with in

Peter Kroegeler, Tankstelle mit
integrierter Fata Morgana, 1988.

ABC der Ölfirmen

AGIP (Azienda Generali Italiani dei Petroli), Italien 1926. Die unter Mussolini gegründete Staatsfirma, die die Ölinteressen des rohstoffarmen Landes sichern sollte, wurde nach dem Zweiten Weltkrieg als Vertriebsfirma in den Energiekonzern Ente Nazionale Idrocarburi (ENI) eingegliedert. Ihr damaliger Chef Enrico Mattei, ein Enfant terrible der Ölbranche, machte sie zum Gegenspieler der anglo-amerikanischen Majors. CI- und Design-Programme gehörten seitdem zur Firmenpolitik. Die Gesellschaft wurde zum Inbegriff für Italiens Wandel vom Agrar- zum Industriestaat (Pier Paolo Pasolinis »Petrolio« von 1992 gilt als Schlüsselroman der italienischen Ölindustrie). Mit etwa 13 000 Tankstellen hält Agip (Symbol: feuerspeiender Phantasiehund auf gelbem Grund) in Europa auf dem Benzinmarkt den drittgrößten Marktanteil, liegt beim durchschnittlichen Absatz aber mit 1,3 Millionen Litern nur auf Platz 14.[1]

AMOCO (Standard Oil Company of Indiana), USA 1911. Der Standard-Abkömmling führte 1913 das Crack-Verfahren ein und kaufte 1929 die Ölgesellschaft Pan American Petroleum (mit den Farben Rot, Grün und Weiß und der Marke »Pan-Am«, später American Oil), die in den USA das klopffeste Benzin-Benzol-Gemisch eingeführt hatte. Amoco entwickelte sich zum Konkurrenten der Mutterfirma Standard Jersey und verhinderte, daß sie ihren Markennamen »Esso« flächendeckend benutzen konnte. Das eigene Benzin (Symbol: rote Krone, später blaue Fackel) verkaufte man auch als »Standard« und »American«. Amoco gehört zu Amerikas Majors und ist dort mit fast 10 000 Tankstellen siebtgrößter Benzinhändler.

ARAL, Deutschland 1898. Die Gesellschaft wurde als Westdeutsche Benzol-Verkaufsvereinigung (BV, später Benzol-Verband) der Ruhrkonzerne gegründet und nach dem Zweiten Weltkrieg in Aral umbenannt (nach den aromatischen und aliphatischen Bestandteilen des 1924 eingeführten Benzin-Benzol-Gemisches). Als die Firma in den zwanziger Jahren durch den Aufbau ihres Netzes in Konkurrenz zu den angloamerikanischen Firmen trat und diese ihr die Benzinlieferungen kappten, schloß man 1926 die Versorgungslücke durch russisches Öl, wobei man mit der Derunapht (Deutsch-Russische Naphta AG) zusammenarbeitete, die 1935 gekauft wurde. Seit 1937 versorgte sich der Konzern über eigene Hydrierwerke. Beim »Anschluß« Österreichs kam es zur Übernahme der dortigen Fanto AG. Seit 1953 sind Veba, Wintershall (BASF) und Mobil Hauptteilhaber. Das »Leuna«-Netz wurde bis 1971 als »Gasolin« (rote Raute) weitergeführt. Die blaue Marke mit dem sauberen deutschen Image ist Nummer eins auf dem deutschen Benzinmarkt und siebte in Europa mit 3400 Tankstellen, deren durchschnittlicher Absatz von über drei Millionen Litern der zweithöchste ist.

ARCO (Atlantic Richfield Company, ehemals Atlantic Refining Co.), USA 1866. Die Atlantic Refining Co., 1874 von Standard aufgekauft, baute nach 1911 an der Ostküste ein Vertriebsnetz auf (Marke »White Flash«) und erhebt den Anspruch, 1915 die erste wirkliche »Service Station« eröffnet zu haben. Nach sporadischen transatlantischen Unternehmungen entwickelte sich die Gesellschaft zu einem führenden amerikanischen Independent und nach dem Zweiten Weltkrieg (1950 wurde der Firmensitz nach Dallas verlegt) zu einem Major mit weltweiten Explorationen (u.a. 1969 auch Beteiligung am Bau der Alaska-Pipeline). 1966 fusionierte Atlantic mit der Richfield Oil Company (Symbol: blau-gelber Adler), die zusammen 13 000 Tankstellen unterhielten und 1968 die Sinclair Oil Corporation (Symbol: grüner Diosaurier) mit 22 000 Tankstellen übernahmen. Um Antitrust-Maßnahmen zu vermeiden, wurden rund 10 000 Stationen an BP weitergereicht. Danach legte sich der neue Konzern eine moderne Corporate Identity zu (Motto: »good taste and profit«). 1972 zog die Zentrale nach Los Angeles. 1973 mußte auf Gerichtsbeschluß der Großteil der Sinclair-Stationen abgestoßen werden. Arco gehört zu den Top-Ten der US-Mineralölbranche und erreicht beim Treibstoff mit heute über 5000 Arco- und Sinclair-Tankstellen Platz zwölf.

AVIA, Schweiz 1929. Gegründet als Vertriebsgesellschaft mittelständischer Kraftstoffgroßhändler, deren Mitgliedsfirmen ihr Benzin unter einheitlicher Marke verkaufen (Symbol: roter Schriftzug). In Deutschland, wo die Marke 1955 eingeführt wurde, betreiben 25 Handelsfirmen mit rund 1000 Avia-Tankstellen das sechstgrößte Netz (und das größte nationale Netz der Firma). In Europa ist die Marke 4000 mal vertreten und liegt beim Benzinabsatz an elfter Stelle.

BFT (Bundesverband freier Tankstellen), Deutschland 1959. Die etwa 400 Mitglieder, darunter Traditionsfirmen, wie der 1924 gegründete Familienbetrieb Kuttenkeuler mit 20 Stationen im Rheinland, verkaufen ihr Benzin unter einheitlicher No-Name-Marke (Schwarzes T auf Orange). Rückgänge infolge der Ölkrise wurden in den späten achtziger Jahren annähernd wettgemacht (insgesamt etwa 1400 Tankstellen).

BP (British Petroleum Company, ehemals APOC), Großbritannien 1909. Das als Anglo Persian Oil Company (APOC, später Anglo Iranian, AIOC) gegründete Unternehmen wurde zum Staatskonzern, als sich die britische Regierung die Treibstoffversorgung ihrer Marine sichern wollte. Im Ersten Weltkrieg konfiszierte man die deutsche BP (damals britische Vertriebsfirma der zur Deutschen Bank gehörigen Europäischen Petroleum-Union) als Feindunternehmen und kaufte in den zwanziger Jahren europäische Tankstellennetze, u.a. 1926 die deutsche Olex (deshalb waren die Farben in Deutschland bis 1945 Blau-Gelb statt Grün-Gelb). Als der Iran, wo AIOC bis dahin in Kolonialtradition operiert hatte, 1951 seine Ölindustrie verstaatlichte, konnten die ausgefallenen Mengen durch kuwaitisches Öl ersetzt werden. 1954 wurde BP Konzernname. In Großbritannien betrieb man bis 1972 einen kartellähnlichen Vertrieb mit Shell. 1954 tat die Gesellschaft mit der Gründung einer kanadischen Filiale den ersten Schritt über den Atlantik und baute 1969 mit 9700 Arco-Stationen und 1984 durch die Übernahme von Sohio mit weiteren 5600 Stationen ein US-Netz auf. BP, das von Sohio auch ein viel beachtetes, 1989 eingeführtes Tankstellendesign übernahm, liegt beim Benzinabsatz in Europa (mit 7000 Tankstellen) auf Platz vier, in den USA (mit 6700 Tankstellen) auf Platz neun. 1996 gab BP bekannt, daß sie im Europa-Geschäft ein Jointventure mit Mobil eingehen wird.

CITIES SERVICE, USA 1910. Als Konglomerat zahlreicher Stadtwerke gegründet, stieg die Gesellschaft 1914 ins Öl- und Benzingeschäft ein. Erst Ende der dreißiger Jahre firmierten alle Tankstellen unter demselben Logo (grünes Dreieck im Kleeblatt). 1965 wurde die Marke »Citgo« eingeführt (Symbol: blauer Schriftzug, Dreieck in Rot-Orange). Gebeutelt durch die Ölkrisen der siebziger Jahre wurde der Konzern 1981 von Venezuelas staatlichem Ölkonzern übernommen. Das Tankstellennetz gehört mit 13 000 Stationen zu den fünf größten Amerikas.

CONOCO (Continental Oil Company), USA 1875. 1885 von Standard aufgekauft, expandierte der Independent nach 1911 durch mehrere Übernahmen. Das Netz (Symbol: Dreieck als Brandeisen, »the hottest brand«) reichte bereits 1940 von der West- bis zur Ostküste der Vereinigten Staaten. In den fünfziger Jahren ging der Konzern mit libyschem Öl auf den europäischen Markt, wo man anfangs noch als Billiganbieter im Stil der Multi-pump-Stationen auftrat (gelbe Marke »Jet«, in Deutschland zunächst »Sopi«). Die Gesellschaft, die seit 1982 zum Chemiekonzern Dupont gehört, liegt beim Benzinabsatz in Amerika (5000 Tankstellen) auf Platz 13, in Europa (2500 Tankstellen) auf Platz zehn.

DEA (DEA Mineraloel-AG), Deutschland 1899. Als Deutsche Tiefbohr AG gegründet und 1911 in Deutsche Erdöl AG (DEA) umbenannt, erwarb die erste deutsche Ölgesellschaft 1910 die österreichische Olex. Unter dieser Marke baute sie etwa ab 1923 ein Tankstellennetz auf, das BP 1926 übernahm. Nach 1945 gehörte die »DEA«-Marke (Symbol: Bohrturm im Kreis in preußischem Schwarz-Rot) mit über 3000 Tankstellen zu den größten der Bundesrepublik, bis sie 1966 von Texaco aufgekauft wurde, die die Tankstellen 1970 umrüstete und zahlreiche Pachtverhältnisse nach amerikanischem Muster in Franchise-Verträge umwandelte, jedoch die deutsche Tochter 1989 an die Rheinisch-Westfälischen Elektrizitätswerke (RWE) weitergab, die das Benzin ihrer Raffinerie in Wesseling vorher im Rheinland als »Union Kraftstoff« (Symbol: UK in Orange-Lila) vermarktet hatte. Die neue DEA (Symbol: rote Sonne auf Schwarz) betreibt in Deutschland mit 1700 Stationen das zweitgrößte Netz.

ELF (Elf Aquitaine S.A.), Frankreich 1966. Vorläufer des jüngsten Majors waren lokale Ölgesellschaften, wie die Régie Autonome des Pétroles (RAP) und die Société Nationale des Pétroles d'Aquitaine (SNPA). 1960 bildete sich der Firmenverbund Union Générale des Pétroles (UGP), der mit der amerikanischen Caltex kooperierte und 1966 in der Entreprise de Recherches et d'Activités Pétrolières (ERAP) aufging, einem Konsortium, in dem der französische Staat die gesamte außerhalb der CFP existierende Ölindustrie zusammenfaßte und das sich zum größten Industriekonzern Frankreichs entwickelte. Die ERAP, zu der auch die SNPA gehörte, führte 1967 die einheitliche Marke »Elf« ein. Über Nacht wurden Tausende von Tankstellen neu gestaltet (Symbol: ein roter Punkt). 1974 wurde Elf Konzernname. Der Vertrieb expandierte durch den Ankauf von Netzen, wie »La Mure Union« oder »Antar«. Der Integration der »Volksbenzin«-, »Oxy«- und »Adler«-Netze in der Bundesrepublik, wo die Elf Oil seit 1968 vertreten ist, folgten jüngst die Übernahme der spanischen Cespa und der britischen Amoco-Filiale durch Elf Aquitaine (Symbol: rot-blauer Bohrmei-

ßel auf Schwarz). 1985 wurde ein neues Tankstellendesign eingeführt. Der Konzern stieß in weitere Industriebereiche vor und hat u.a. seit 1993 die bekannten Parfüms der Firma Yves Saint-Laurent in seiner Produktpalette. 1992 erwarb Elf die »Minol«-Tankstellen des Ölmonopolisten der ehemaligen DDR (sowie eine Mehrheitsbeteiligung am Leuna-Werk), ist in den neuen Bundesländern Marktführer und betreibt in Deutschland insgesamt 900 Tankstellen. Die Muttergesellschaft, seit 1994 privatisiert, gehört nicht nur im internationalen Ölgeschäft, sondern auch auf dem europäischen Treibstoffmarkt (Platz sechs mit rund 8000 Tankstellen) zu den »Großen Sieben« der Mineralölkonzerne.

ELLER MONTAN (Eller Montan Comp. GmbH), Deutschland 1917. Gegründet als Zulieferbetrieb des Ruhrbergbaus, begann das an der Mündung von Rhein und Ruhr strategisch günstig gelegene Unternehmen bereits 1919 mit dem Treibstoffvertrieb. Es reklamiert für sich, die »erste Straßentankstelle Deutschlands« 1923 in Duisburg eröffnet zu haben. Der Familienbetrieb ist Mitglied der Uniti, eines eng mit den Markenfirmen kooperierenden Verbandes mittelständischer Ölunternehmer mit weit über 200 eingetragenen Firmen (darunter auch mittlere Tankstellennetze, wie die 200 Stationen der Marke »Westphalen«). Die Eller-Montan-Company (Symbol: schwarze Schrift auf gelbem Kreis) unterhält gegenwärtig etwa 90 Tankstellen.

EXXON (ehemals Standard Oil Company, Standard New Jersey, Esso Co.), USA 1863. Die ehemalige Standard Oil Company John D. Rockefellers sicherte sich bis 1890 das Ölmonopol, war der erste moderne multinationale Industriekonzern und wurde zum Inbegriff des amerikanischen Big Business. 1890 wurde die Filiale Deutsch-Amerikanische Petroleum-Gesellschaft (DAPG) nach Aufkauf der wichtigsten deutschen Ölhandelsfirmen gegründet (Symbol: Indianerkopf, später Stars und Stripes). 1911 wurde der Trust per Gesetz in etwa 30 Konzerne zerteilt, darunter heutige Majors wie Arco und Mobil. Die Muttergesellschaft blieb weltgrößter Ölhändler (Symbol: Amerikas Farben Rot, Blau und Weiß). Standard schloß 1926 mit den IG-Farben, die das Verfahren für synthetisches Benzin entwickelt hatten, geheime Markt- und Lizenzabsprachen, die über den Zweiten Weltkrieg hinweg galten. Die DAPG ließ um 1930 Werbung und Tankstellen von Bauhauskünstlern gestalten. Seit den dreißiger Jahren hieß der Konzern Esso, in Deutschland seit 1945

(Symbol: roter Schriftzug im blauen Kreis, später in blauem Oval). Mit der Tiger-Figur gelang 1964 eine der ersten global erfolgreichen Werbekampagnen. Standard benannte sich 1972 in Exxon um, da die Marke »Esso« (lautmalerisches Kürzel für Standard Oil) in den USA von Ex-Töchtern blokkiert wurde. 1981 machte das Redesign der Tankstellen Furore. Zur selben Zeit zog der Konzern nach Houston (Exxon USA) und Dallas (Headquarters). Im Benzingeschäft hält Exxon in Amerika (8700 Tankstellen) Platz vier, in Europa (11 000 Tankstellen) Patz zwei.

FINA (Petrofina S.A.), Belgien 1920. Ursprünglich Compagnie Financiere Belge des Pétroles mit der Telegraphenadresse »Petrofina«, stieg das Konsortium, das via Joint-venture mit der amerikanischen Pure Oil Co. unter der Marke »Purfina« (Symbol: Dreieck und Wappen in Blau-Weiß-Rot, heute Kreis im Wappen) ins Öl- und Treibstoffgeschäft ein. Solche Kooperationsverträge wurden zur Firmentradition. 1924 gelangte man über die Verbindung mit der französischen CFP an russisches Öl. 1937 schloß die Gesellschaft einen Liefervertrag mit Standard Jersey, 1946 einen (bis 1988 laufenden) mit BP ab. 1940 beim Einmarsch der Deutschen in Belgien hatten Mitarbeiter die Tanklager in Brand gesetzt. Nach Kriegsende kamen Führungskräfte wegen Kollaboration vor Gericht. In den fünfziger Jahren folgten Explorationsprojekte mit ENI und Phillips. 1953 entstand nach erfolgreichen Bohrungen in Kanada das erste amerikanische Tankstellennetz einer europäischen Ölgesellschaft nach dem Zweiten Weltkrieg. In den USA expandierte Fina seit 1954 durch den Zukauf kleinerer Raffinerien und Tankstellennetze. Die geplante Übernahme von 12 000 Sinclair-Stationen scheiterte 1973 zwar am Veto des Justizministeriums. »Finaland« reichte trotzdem von Küste zu Küste. Seit 1958 war »Fina« Markenname. Bereits 1955 war eine Tochterfirma in der Bundesrepublik gegründet worden, mit heute 400 Tankstellen. Beim Benzinabsatz ist Petrofina in den USA (2600 Tankstellen) nicht unter den Top-Fünfzehn, in Europa (4100 Tankstellen) die Nummer zehn.

GULF (Gulf Oil Company), USA 1901–1983. Entstanden nach der Entdeckung der texanischen Ölfelder, war Gulf einer der ersten starken Independents. 1913 eröffnete die Firma in Pittsburgh, Pennsylvania, die erste komplette Drive-in-Station. Schon in den zwanziger Jahren mit überseeischen Bohrkonzessionen ausgestattet, war die Gesellschaft nach 1945 an der Erschließung des kuwaitischen Öls beteiligt. In den sechziger Jahren war die Gulf-Marke (Symbol: blauer Schriftzug, Scheibe in Orange) in vielen Ländern Europas präsent, darunter auch in der Bundesrepublik. Die Marathon Oil Co., die dort 1965 80 Tankstellen der Marke »Saarpetroleum« erworben hatte, verkaufte sie an Gulf weiter. Aber obwohl dazu noch einmal 600 Frisia-Stationen kamen, stieß die Firma ihr Netz schon 1974 an Veba ab. 1970 war Gulf mit rund 30 000 Stationen in allen US-Staten vertreten, eine Seltenheit in der amerikanischen Tankstellengeschichte. Doch nach den Ölkrisen der siebziger Jahre wurde der angeschlagene Konzern 1984 von Socal geschluckt, die Stationen im Südosten der USA (über Sohio) an BP und im Nordosten an Cumberland Farm weitergaben. Dort ist der Markenname Gulf erhalten geblieben, ebenso wie z.B. in Großbritannien.

MINOL (ehemals VEB Kombinat Minol), Deutschland 1949. 1946 wurden die Mineralölgesellschaften in der sowjetischen Besatzungszone vom Handel ausgeschlossen und die Geschäfte der Deutsch-Russischen Naphta AG (Derunaphta AG) übertragen. Mit Gründung der DDR im Jahr 1949 übernahm die neugegründete Deutsche Kraftstoff- und Mineralölzentrale (DKMZ) als staatlicher Monopolbetrieb Waren und Produktionsmittel. 1954 wurde »Minol« Firmen- und Markename (Symbol: weinrote Schrift im Oval auf Gelb), die Gesellschaft 1956 zum Volkseigenen Betrieb (VEB Minol) erklärt. In den fünfziger Jahren wurde im wesentlichen das Netz aus der Vorkriegszeit (1600 Stationen) weiter benutzt. Der Aufbau eines neuen Tankstellennetzes seit den sechziger Jahren spiegelte ebenso die wirtschaftliche Entwicklung der DDR, die damals eine Massenmotorisierung erlebte, wie die Stagnation seit den siebziger Jahren. Besondere wirtschaftliche Bedeutung aufgrund der Devisenknappheit hatten die Inter-Tankstellen an den Transitautobahnen nach West-Berlin, wo auch Bundesbürger tankten und der Kraftstoff deshalb teurer war als in der DDR, aber billiger als in der Bundesrepublik. 1990 gab es in Ostdeutschland 1320 Tankstellen, alle von Minol, die in eine AG umgewandelt und 1993 von Elf Aquitaine übernommen wurde. Zu diesem Zeitpunkt hatte Minol bereits eine neue Tankstellengeneration mit modernem Design eingeführt (Symbol: Lila M auf gelbem Kreis), die in das Elf-Netz integriert wurde.

MOBIL (vormals Standard Oil Co. of New York), USA 1882. Gegründet als Verwaltungsabteilung des Standard-Trusts (internes Kürzel »Socony«),

war die Gesellschaft ab 1886 auch im Export aktiv, z.B. Petroleum und Lampen nach China. Alice T. Hobert beschrieb mit »Oil for the Lamps of China« (dt.: Petroleum für die Lampen Chinas) von 1933 die Expansionszeit der US-Ölindustrie. Nach 1911 verlor die Gesellschaft ihre Raffinerien und kaufte andere Ölfirmen auf. 1931 fusionierten Standard New York und die Vacuum Oil Co., ebenfalls Ex-Standard Tochter. 1933 ging der neuformierte Konzern ein Joint-venture mit Standard Jersey für Exporte nach Asien ein. Standard New York war durch die zahlreichen Übernahmen ein Musterbeispiel für die amerikanischen Marktverhältnisse: 1947 zählte man beispielsweise an ihren 37 000 Tankstellen Dutzende von Treibstoffmarken (das bekannteste Symbol war der rote Pegasus). 1940 wurde der Konzern Mitglied von Aramco, einem Konsortium für die Erschließung des Nahostöls, das nach 1945 in Europa vermarktet wurde. In Deutschland gelang 1953 der Einstieg als Hauptteilhaber bei Aral. 1955 wurde Socony Firmenname, 1965 Mobil, verbunden mit der Einführung einer neuen Corporate Identity einschließlich eines klaren Tankstellendesigns. Während der Ölkrisen expandierte Mobil und nimmt heute unter den US-Majors Rang zwei ein. Der Versuch, ein amerikaweites Tankstellennetz aufzubauen, schlug fehl. 1993 wurde die Zentrale nach Virginia verlegt. Mit seinen 7700 Stationen steht Mobil beim Benzinabsatz in den USA auf Platz zwei, in Europa mit 3600 Tankstellen auf Platz 13. Dort kündigte Mobil 1996 an, ihr Geschäft mit BP zusammenzulegen.

OMV (OMV Aktiengesellschaft), Österreich 1955. Nach Beendigung des Besatzungsstatus wurde aus der Sowjetischen die Österreichische Mineralölverwaltung AG, die als staatlicher Ölkonzern 1965 unter der Marke »Elan« (Symbol: weiße Schrift in rotem Kreis) mit einem eigenem Vertrieb begann und ihr Netz durch Zukäufe erweiterte. 1987 begann die Privatisierung. Nach der Öffnung des Ostblocks expandierte der Wiener Konzern mit neuer Corporate Identity und eigener Marke (Symbol: ÖMV als Kreis, Quadrat und Dreieck in Blau auf Grün) in die Nachbarländer und baute ein eigenes Tankstellennetz mit 1100 Stationen auf (davon 300 im Ausland, 100 in Deutschland). 1991 erwarb die staatliche Ölfirma der Arabischen Emirate (IPIC) ein Fünftel des OMV-Kapitals. 1995 wurde aus dem Ö ein O, und ein Redesign der Tankstellen wurde vorgenommen.

PETROL (Slowenian Oil Company), Slowenien

1945. Als sie bei der Gründung Jugoslawiens als slowenische Abteilung des staatlichen Ölkonzerns Jugopetrol entstand, besaß die Gesellschaft nicht mehr als zwei Tanks, ein paar Lagerhallen und eine Tankstelle. 1967 waren es bereits 100 Stationen. 1991 wurde mit der Unabhängigkeit Sloweniens auch Petrol eigenständig (Symbol: weißer Schriftzug auf rotem Rechteck), kaufte eine eigene Raffinerie, legt sich eine neue Corporate Identity zu und wird 1996 privatisiert. Die Gesellschaft betreibt gegenwärtig 275 Stationen.

PHILLIPS (Phillips Petroleum), USA 1917. Groß geworden auf den Ölfeldern Oklahomas, wurde Phillips zu einer der größten Gesellschaften im Mittleren Westen, dessen Cowboyhut-Image des »echten« Amerika auf sie abfärbte. Der 1919 erschienene Roman »Free Air« (dt.: Die Benzinstation) von Sinclair Lewis fängt etwas von diesem Mythos ein. Seit Phillips ab 1927 innerhalb von nur drei Jahren ein Netz mit 6000 Stationen aufbaute, gehörte aggressives Marketing, besonders mit dem »66«-Benzin (Symbol: weiße Schrift auf rotem, schwarz eingerahmten Wappen), zum Stil der Firma. Dem 1947 eingegliederten Wasatch-Netz folgten weitere Übernahmen. In den sechziger Jahren, Phillips hatte sich zu einem weltweit operierenden Konzern entwickelt und kooperierte unter anderem mit Petrofina, begann eine zweite Expansionswelle mit 3000 Stationseröffnungen im Jahr, oft durch abgeworbene Pächter anderer Marken. Das heutige Netz, das sich von Idaho bis Florida erstreckt, umfaßt 7200 Tankstellen. Beim Benzinabsatz liegt Phillips damit auf Rang elf.

Q8 (Kuwait National Petroleum Co.), Kuwait 1960. Die KNPC entschied 1984 als erste zur OPEC gehörende Gesellschaft, ihre eigenen Ölprodukte weltweit zu vermarkten und ließ dafür einen Markennamen (»Q8«, im Englischen lautmalerisch für Kuwait) und eine Corporate Identity entwickeln (Symbol: bunte Segel auf Schwarz). Nach dem Kollaps von Gulf kauften die Kuwaitis 1986 einen großen Anteil des europäischen Tankstellennetzes, insgesamt über 3000 Stationen u.a. in Schweden, Belgien und Italien. Mit mittlerweile 5500 Tankstellen (30 in Deutschland) steht Q8 auf Europas Benzinmarkt an zwölfter Stelle.

REPSOL, Spanien. Der Staatskonzern, die größte Industriegruppe des Landes, bestand aus einem Konglomerat unabhängiger Ölfirmen, die alle unter verschiedenen Namen operierten. Nach dem Ende der Franco-Diktatur und dem Eintritt Spaniens in die EU im Jahre 1986 begannen die

Majors auf Europas letzten großen, noch nicht verteilten Tankstellenmarkt zu drängen. Repsol verteidigte sein Territorium, indem die Gesellschaft ein neues einheitliches Erscheinungsbild entwickelte (Symbol: weißer Schriftzug auf Schwarz über roter Sonne) und »Repsol« als neue Benzinmarke einführte. Die Firma hat heute den fünftgrößten Marktanteil im europäischen Treibstoffgeschäft und hat mit dreieinhalb Millionen Litern an ihren 3800 Stationen den höchsten durchschnittlichen Umsatz pro Tankstelle.

SHELL (Royal Dutch Shell), Großbritannien/Niederlande 1890. 1891, ein Jahr nachdem in Den Haag die Koninklijke Nederlandse Maatschappij tot Exploitatie van Petroleumbronnen (später Royal Dutch) gegründet wurde, schloß die Londoner Shell Transport & Trading Co. einen Vertrag mit dem Haus Rothschild, mit dem sie dessen Öl-Transport und Vertrieb aus Asien übernahm. 1907 fusionierten Royal Dutch und Shell. Daraus entwickelte sich, als Konkurrent zu Standard Jersey, der zweite moderne multinationale Ölkonzern, zuerst in Europa (1902 Bau des ersten Benzinwerks der deutschen Tochterfirma Rhenania-Ossag), schließlich 1912 als erste europäische Gesellschaft auch in den USA. Shell gehörte zu den Firmen, die das Vertriebsinstrument Tankstelle am konsequentesten nutzten. Bereits 1922 lief fast jeder zweite Liter Benzin durch den Schlauch. 1929 war die Firma in den USA in allen Staaten mit ihrer Marke vertreten (Symbol: gelbrote Muschel). In Europa bildete Shell zusammen mit Standard und BP bis in die fünfziger Jahre hinein in zahlreichen Ländern ein marktbeherrschendes Oligopol. Durch Werbestrategien (z.B. eine Anzeigenkampagne mit Künstlern in den zwanziger und dreißiger Jahren), die Betonung der eigenen Forschung und besondere Serviceangebote (z.B. Shell-Reisedienst) versuchte der Konzern, langfristig ein kosmopolitisches Edel-Image aufzubauen, das jedoch in jüngster Zeit lädiert wurde, z.B. durch die beabsichtigte Versenkung der Bohrinsel »Brent Spar« in der Nordsee. Seit 1993 wird das Netz der weltweit 38000 Konzerntankstellen neu gestylt. Sowohl in Europa (14300 Stationen) wie in Amerika (8600 Stationen) ist Shell beim Treibstoffabsatz Marktführer.

SOCAL (Standard Oil of California), USA 1906. Die Gesellschaft gilt als Pionier der Tankstellengeschichte, die schon 1907 in Seattle, Washington, eine Benzinstation eröffnete und 1912 an der Westküste eines der ersten Tankstellennetze aufbaute. Seitdem blieb Nordkalifornien das Hauptvermarktungsgebiet der Marke (Symbol: schwarzer Schriftzug, geknickte Linien in Blau und Rot). Der Konzern, der nach dem Zweiten Weltkrieg die Benzinmarke »Chevron« einführte und weltweit Bohrkonzessionen erwarb, ging in den fünfziger Jahren auf den europäischen Markt, eine Zeitlang im Joint venture mit Texaco unter der Marke »Caltex« (in Deutschland 1967 mit 1600 Stationen das siebtgrößte Netz), zog sich aber in den achtziger Jahren aus Europa zurück. Nachdem 1961 Standard Kentucky (Kyso) übernommen worden war, gelang 1983 der Aufkauf der Gulf Oil Co., deren Tankstellen zum Teil weiterverkauft, zum Teil konvertiert wurden, sodaß das Netz heute von Küste zu Küste reicht. Chevrons 7900 Tankstellen erzielen beim Benzinabsatz den fünftgrößten Marktanteil.

TEXACO, (vormals Texas Oil Co.), USA 1902. Entstanden in der Zeit des zweiten Ölfiebers, spezialisierte sich der Independent früh auf Treibstoff, der schon 1904 sein Hauptprodukt war. Zwischen 1926 und 1932 hatte die Firma ihr Tankstellennetz landesweit auf 40000 Stationen verzehnfacht, auch durch Übernahme anderer Marken. Nach 1945 wurde diese Expansionspolitik fortgesetzt, die zum Texas-Ranger-Image der Firma paßte (Symbol: roter Stern). Der Konzern, einer der wenigen, der bis heute in nahezu allen Staaten der USA mit seiner Marke vertreten ist, ging in den fünfziger Jahren auf den europäischen Markt, eine Zeitlang im Joint-venture mit Chevron unter der Marke »Caltex«. In Deutschland übernahm man 1966 die DEA. 1983 löste das neue Tankstellendesign in der Branche einen Trend aus, die Farbe Schwarz zu verwenden. 1984 wurde die Firma Getty/Tidewater aufgekauft, deren »Skelly«-Stationen wurden ins Netz integriert. Den durch diese Transaktion ausgelösten Gerichtsprozeß verlor die Firma und mußte, um den Schadenersatz in Milliardenhöhe aufzubringen, Tochterfirmen abstoßen, u.a. die DEA (damals mit 1800 Stationen das zweitgrößte deutsche Netz). In Europa hat Texaco 4100 Stationen und liegt beim Benzinabsatz auf Platz elf. In den USA, wo man mit 13700 die meisten Stationen betreibt, hält man den sechstgrößten Marktanteil.

TOTAL S.A. (vormals Compagnie Française des Pétroles), Frankreich 1924. Der Staatskonzern, ursprünglich CFP, wurde nach den Erfahrungen des Ersten Weltkriegs gegründet, um Frankreich eine eigenständige Ölversorgung zu sichern. Die Gesellschaft vertreibt ihr Benzin weltweit unter den Farben der Trikolore, zum Beispiel an rund 1800 Stationen in den USA, wo die Firma seit 1970 vertreten ist. Nach dem Zweiten Weltkrieg expandierte sie in europäische Nachbarländer, zum Beispiel bereits 1955 in die Bundesrepublik, wo die Total Deutschland heute ein Netz von etwa 200 Stationen unterhält. Der Konzern liegt beim Benzinverkauf in Amerika auf Platz 15, in Europa (5300 Stationen) auf Platz acht.

UNOCAL (Union Oil Co. of California), USA 1890. Im Ölrausch entstanden aus dem Zusammenschluß zahlreicher unabhängiger Quellenbesitzer, die an der Pazifikküste auf allen wichtigen Ölfeldern vertreten waren, eröffnete Union 1913 die erste Tankstelle in Los Angeles. Schwerpunkt des Marktes ist seit jener Zeit Südkalifornien. Upton Sinclair hat in seinem 1927 erschienen Roman »Oil« (dt.: Petroleum) die Gründerzeit der kalifornischen Ölindustrie beschrieben. 1932, in Zeiten tiefster Depression in Amerika, beschwor Union mit seinem »Spirit of 76«-Benzin den Geist der Unabhängigkeit (Symbol: die Orange). In den fünfziger Jahren begannen weltweite Explorationen, u.a. in Nigeria und Indonesien. 1958 zog Union in das achte Hauptgebäude um. 1965 wurde die Pure Oil Co. übernommen, die die Cottage-Stationen in den zwanziger Jahren eingeführt hatte. Dadurch erweiterte sich das Tankstellennetz, damals 20000 Stationen, auf die Ostküste. 1967 verursachte der Supertanker Torrey Canyon, benannt nach Unions wichtigstem Ölfeld der Gründerzeit, im Ärmelkanal die erste Ölkatastrophe, die durch das Fernsehen bekannt wurde. Der Independent ist so attraktiv, daß er zahlreichen Übernahmeversuchen widerstehen mußte, u.a. von Shell, Phillips und zuletzt im Jahre 1985 von Mesa Petroleum. 1983 wurde Unocal Firmenname. Die Gesellschaft betreibt 1400 Tankstellen und steht beim Benzinabsatz auf Platz 14.

---

1 Die Angaben, die die Firmen nach Marktanteilen am Benzinabsatz einstufen, beziehen sich auf die letzten zugänglichen Daten der Jahre 1994 oder 1995 und sind hauptsächlich entnommen: National Petroleum News, Vol. 87 No. 7 1995 sowie dem Erdöl-Informationsdienst Nr. 13 1995, Tankstelle '95.

Anmerkungen

Motor-Spirit – Autopioniere 1888–1913

1 Bierbaum, Otto Julius: Eine empfindsame Reise im Automobil (1903), in: Automobilia, Hrsg. Markus Krause, Bonn 1988

2 Hrabák, Zdeněk und Kožišek, Petr: Theodor von Liebig – Průkopnik Motorismu, Technisches Museum Prag 1993

3 nach: Gartman, David: Auto Opium - A Social History of American Automobile Design, London 1994, S. 15; 1906 war Wilson Rektor der Princeton University.

4 Motorist's Yearbook, London 1904

5 Baudry de Saunier im Jahre 1900, nach: Vor hundert Jahren fing es an, Aral AG (Hrsg.), Bochum o.J.

6 The Autocar, 21. Mai 1898, nach: Lord, T. J., The Development of the Petrol filling Station, Birmingham 1994, S. 321

7 Dupuy, George: Conquering the Automobile, Independent 1906

8 Ohne Chauffeur - Handbuch für den Automobilisten, Wien 1910

9 The Autocar, 1897, nach: Lord, T. J., 1994

10 Ruperti: 40 Jahre Benzolverband, Bochum 1938

11 nach: Blaich, Fritz: Der 'Standard-Oil-Fall' vor dem Reichstag, in: Archiv der gesamten Staatswissenschaften 1971, S. 672

12 Leis, Joseph: Der dreissigjährige Petroleumkrieg, Berlin 1903, S. 13

13 Schneider, Rudolf: Der Petroleumhandel, Stuttgart 1902, S. 6

14 wie Anm. 10

15 Mencke, C.: Die Geschäftsmethoden der Standard Oil Company, Berlin 1908, S. 204

16 National Petroleum News (NPN), Mai 1936, S. 202

17 Moffett, Cleveland: Automobiles for the Average Man, in: American Monthly Review of Reviews, 21, 1901, S. 706; in Deutschland wurde der Ragtime »Schorschl, ach kauf mir doch ein Automobil« ein paar Jahre später zum Schlager.

18 McKilvin, L.: Keeping the land yacht shipshape, in: Harper's Weekly, 2. 1. 1909, nach: Gartman, David, 1994, S. 35

19 nach: Raeithel, Gert: Geschichte der nordamerikanischen Kultur - 1860-1930, Bd. 2, Weinheim 1988, S. 361

20 The Autocar, Dezember 1913, nach: Lord, T. J., 1994, S. 48

21 in: Roberts, Peter: any color so long as it's black - the first fifty years of automobile advertising, New York 1976, S. 63

22 The Autocar, Oktober 1909, nach: Lord, T. J., 1994, S.35

23 Der doppeldeutige Begriff wurde von verschiedenen Firmen verwendet, u.a. Standard, Shell und BP. Auch der englische Begriff petrol (Kurzform von Petroleum) war ein Markenname, während Benzin als Fachbegriff 1833 von dem deutschen Chemiker Eilhard Mitscherlich eingeführt wurde. Anfangs war auch der Begriff Naphta oder Auto-Naphta in Gebrauch (kurz für Naphtalin). In Amerika setzte sich gasoline durch (oft kurz gas, früher auch gasolene, analog zu kerosene für Leuchtöl), in Frankreich essence.

24 Lee, Bob: Gilbarco, Inc. - A Pictoral History of the Growth of a Great Company, Detroit 1989, S. 22

25 Lee, Bob: Back to the Future - Tokheim Pump Company. An Illustrated History, Fort Wyne 1993, S. 42

26 wie Anm. 25

27 NPN, Februar 1936, S.248

28 nach Margolies, John: Pump and Circumstances - Glory Days of the Gas Station, Boston 1993, S. 28

29 NPN, Mai 1910; vgl. auch NPN, Februar 1969, S. 115.

30 Henderson, Wayne und Benjamin, Scott: Gas Stations - Landmarks of the American Roadside, Osceola 1994, S. 5

31 Der deutschen Zapfsäule entspricht die französische colonne de distribution d'essence. In Großbritannien dagegen, wo sie von den Amerikanern schon im Ersten Weltkrieg eingeführt wurde, heißt sie petrol pump.

32 NPN, Mai 1910

33 Freeman, Joshua u.a. (American Social History Project): Who built America - Working People and the Nation's Economy, Politics, Culture and Society, New York 1992, S. 31

34 Zeitschrift des Mitteleuropäischen Motorwagenvereins, 1903, nach: von Fersen, Olaf: Ein Jahrhundert Automobiltechnik - Personenwagen, Düsseldorf 1986, S. 546

Gib Gas – Benzin für Millionen 1914–1929

1 nach: Flink, James: The Automobile Age, Cambridge (Mass.) 1988, S. 73

2 Ettinghoffer, P. C.: Deutsche Tanks fahren in die Hölle, Gütersloh 1936

3 Für die ersten Panzerfahrzeuge sollen tatsächlich Tankbleche verwendet worden sein.

Der Begriff Tank stammt aus der indischen Sprache Gujarati und war dort die Bezeichnung für Wasserbehälter.

4 Reichenheim, Peter: Die wirtschaftliche Bedeutung der flüssigen Kraftstoffe, Berlin 1922, S. 27

5 Smith, P. G. A.: The Shell that hit Germany hardest, London o.J. (BP-Archiv V 268)

6 Archiv der British Petroleum Company, Pump files

7 Zeitungsanzeige, USA 1918, Archiv des Museum of American History Washington

8 Sikkema, Karen A. (Hrsg.): A Century of Spirit – Unocal 1890–1990, Los Angeles 1990

9 Ferrier, R. W.: The History of the British Petroleum Company, Cambridge 1982, S. 218

10 Gordon, Cora und Jan: Star-Dust in Hollywood, London 1930, S. 65.

11 nach: Bottles, Scott L.: Los Angeles and the Automobile, Berkeley 1987, S. 55.

12 Jessop, Elon: The Motor Camping Book, New York 1921, S. 8

13 Werbung der Atlantic Refining Co., August 1925, Museum of American History, Ayer Collection

14 Battelle Publishing Company: Building a profitable Super-Service Station, Los Angeles 1927, S. 6

15 Times, 26. 9. 1926, nach: Brilliant, Ashleigh: The Great Car Craze. How Southern California Collided with the Automobile in the 1920's, Santa Barbara 1989, S. 149

16 wie Anm. 14, S. 32

17 nach: Patton, Phil: Open Road. A Celebration of the American Highway, New York 1986, S. 61

18 Van De Water, Frederic F.: The Family Flivvers to Frisco, New York 1926, S. 109

19 Union Oil Bulletin, Los Angeles 1921

20 Hirsch, Julius: Das amerikanische Wirtschaftswunder, Berlin 1926

21 Archiv der British Petroleum Company, Pump files

22 Stadtarchiv Köln, Tankstellen-Bestand

23 in: Der Kölner Dom im Jahrhundert seiner Vollendung, Köln 1980

24 wie Anm. 5

25 Lovejoy, Frank W. und Kieser, Carl: The Story of Petroleum, o.O. 1938 (Socony Archive), S. 17

26 Dawes, Henry M.: Standardization of landscaping Service Stations, in: Jakle, John A. und Sculle, Keith A.: The American Gas Station, Baltimore 1994, S. 165

27 ders.: Proposal for a System of Landscaping Service Stations, 1925, in: Jakle 1994, S. 166

28 Reclams Universum – Illustrierte Wochen-
schrift, 1927
29 Voran. Zeitschrift der Kraftstofforganisation
des Deutschen Bergbaus, November 1932
30 Hamburgs erste Großtankstelle, in:
Der Tankstellen- und Garagenbetrieb,
Heft 2, 1953
31 nach: Die Tankstelle im Wandel der Zeit, in:
Shell-Spiegel 1962
32 Das Garagenwesen 5, 1930
33 wie Anm. 32, 6, 1930
34 Ferrier, R. W.: The History of the British Oil
Company (Bd. 1), Cambrigde 1982, S. 462
35 wie Anm. 28, 1926
36 Wertz, William C. (Hrsg.): Phillips: The First 66
Years, Bartlesville 1983, S. 37
37 nach: Yergin, Daniel: Der Preis. Die Jagd nach
Öl, Geld und Macht, Frankfurt 1993, S. 293
38 The time is ripe to push a road oiling program for farm-to-market-roads, NPN,
Januar 1933

Kampf um Kraftstoff – Depressive Zeiten 1930–1945

1 ARCO milestones, Los Angelos, o. J., S. 1
2 nach: Yergin, Daniel: Der Preis. Die Jagd nach
Öl, Geld und Macht, Frankfurt 1993, S. 346
3 Yergin, Daniel: a. a. O., S. 347
4 Olex-Kundendienst-Buch, Berlin 1935, Archiv
Deutsche BP
5 wie Anm. 4
6 nach: Scott, Quinta und Kelly, Susan Croce:
Route 66. The Highway and its People, Oklahoma City 1988, S. 62
7 Steinbeck, John: Die Fruchte des Zorns, München 1985, S. 154
8 wie Anm. 7, S. 154
9 wie Anm. 7, S. 151
10 nach: Keller, Ulrich (Hrsg.): The Highway as
Habitat, Santa Barbara 1986, S. 27
11 wie Anm. 10
12 Titel einer Denkschrift der IG-Farben
13 Titel einer Propagandabroschüre von 1935.
Zwischen 1936 und 1941 erschienen allein
fünf Autobahn-Romane.
14 Bonatz, Paul und Wehner, Bruno: Reichsauto-
bahntanlagen, Berlin 1942, S. 9
15 Hansen, Heinrich: Autowandern, eine wachsende Bewegung, in: Die Straße 1936, S. 455
16 Schumacher, Angela: Vor uns die endlosen
Straßen, vor uns die lockende erregende
Ferne, in: Stommer, Rainer (Hrsg.): Reichsautobahn. Pyramiden des Dritten Reiches, Mar-
burg 1982, S. 87
17 wie Anm. 14
18 wie Anm. 14
19 Kasper, H. H.: Die Mineralölpolitik des deutschen Faschismus, Leipzig 1976, S. 24
20 Kraftstoff aus deutscher Kohle, Werbebro-
schüre des Benzolverbandes, Bochum 1935
21 Birkefeld, Wolfgang: Der synthetische Treibstoff 1933–45, Berlin 1964, S. 89
22 Hitler, Adolf: Denkschrift zum 4-Jahres-Plan,
Berlin 1936, nach: Kasper H. H., 1976, S. 24
23 nach: Scott, Quinta: Route 66. The Highway
and its People, Oklahoma 1988, S. 55
24 Shoolroy, Ross K.: As a Price Cutter sees it,
in: National Petroleum News, April 1933, S. 41
25 The Story of Petroleum (Socony), New York
1938, S. 19
26 I've just Moved to Town – Where Should I
Buy My Gasoline?, NPN, März 1933, S. 30
27 nach: Margolies, John: Pump and Circumstances. Glory Days of the Gas Station, Boston 1993, S. 50
28 Hostesses at Service Stations, NPN, Juni 1933,
S. 40
29 Calkins, Earnest Elmo: Beauty, The New Business Tool, in: Atlantic Monthly, August 1927;
Calkins war der erste, der den Zusammenhang zwischen Design und Marketing deutlich aussprach.
30 Teague, Walter Dorwin: Standardized Service
Station, Architectual Record, September 1937
31 BP-Blätter 1936, Archiv Deutsche BP
32 Tankstellen-Studienfahrt, Berlin 1936, S. 34,
Archiv Deutsche BP
33 Voran. Zeitschrift für die Kraftstofforganisation des deutschen Bergbaus, Bochum 1936,
Archiv Aral AG
34 BP-Olex Kundendienst, Berlin o. J., S. 30
35 wie Anm. 34, S. 5
36 wie Anm. 34, S. 5
37 Wellhausen, G.: Tankstellen, Berlin 1940, S. 5
38 wie Anm. 37
39 Erlaß vom 29. 8. 1934, Bundesarchiv
40 wie Anm. 34, S. 35
41 nach: Yergin, Daniel: a. a. O., S. 494
42 nach: ESSO AG: 100 Jahre Esso, Hamburg
1990, S. 81
43 Esso Magazine No. 145 (Centenary Issue),
London 1988, S. 19
44 Socony-Vacuum News, Oktober 1943
45 nach: Yergin, Daniel: a. a. O., S. 487
46 Tägliche Berichte über die Petroleumindu-
strie, 8. 4. 1938
47 ESSO AG: a. a. O., S. 81
48 wie Anm. 47, S. 81
49 Förster, Fren: Geschichte der Deutschen BP,
Hamburg 1979, S. 214
50 wie Anm. 49, S. 214
51 wie Anm. 44
52 Petroleum at War, in: Socony-Vacuum News,
Oktober 1943
53 Der Tankstellen- und Garagenbetrieb – Amt-
liches Organ der Fachabteilung Kraftstoffe
und Garagen, 1942
54 The Age of Expanding Energy, o. O. 1957,
Mobil Archive
55 nach: Birkenfeld, Wolfgang: Der synthetische
Treibstoff, Göttingen 1964, S. 140
56 wie Anm. 53
57 wie Anm. 53
58 Weltmacht Öl, in: Der Spiegel 52, 1973
59 Schreiben vom 27. 7. 1944, Stadtarchiv Bonn
60 Chemiker kämpfen für Deutschland (Buch-
werbung), Berlin 1936
61 Höss im Nürnberger Prozeß am 20. 5. 1946
62 nach: Yergin, Daniel a. a. O., S. 448
63 nach: Birkenfeld, Wolfgang, a. a. O., S. 193
64 wie Anm. 63, S. 209

Säulen der Freiheit – Goldene Jahre 1946–1969

1 Esso Magazin 1949, Archiv Esso AG
2 Esso-Dienst 1949
3 Voran, Mitteilungen für die BV-Tankstellen,
1948, Archiv Aral AG
4 Der Kraftstoffbedarf des Bundesgebietes,
Denkschrift des ADAC u.a. Verkehrsverbände,
Frankfurt o. J.
5 Platt, Warren C.: Platt reports from England
(1), National Petroleum News, Juli 1948
6 wie Anm. 5, (2)
7 Reed, Vergil E.: Higher Living Standards,
More Vehicles, in: NPN, Januar 1950, S. 23
8 wie Anm. 4
9 wie Anm. 1
10 Der Tankstellen- und Garagenbetrieb – Amt-
liches Organ der Fachabteilung Kraftstoffe
und Garagen, 1951
11 BP-Kurier 1962, Archiv der Deutschen BP
12 Esso-Dienst 1953, Archiv Deutsche Esso AG
13 Esso-Magazin 1952, Archiv Deutsche Esso
AG
14 Tönende Wochenschau 1950, Archiv des
WDR
15 NPN, Januar 1969
16 Zehn Schritte zum perfekten Tankinsel-
Service, Der Esso-Händler 1961

17 Learned, Stanley: Problems of gasoline Marketing, Washington 1965
18 Congress-Bericht vom 16. 3. 1974, nach: Nadis, Steve und MacKenzie, James J.: Car Trouble, Boston 1993, S. 5
19 Blake, Peter: God's own Junkyard. The planned Deterioration of America's Landscape, New York 1964, S. 125
20 NPN, Mai 1966
21 nach: wie Anm. 10, 1956
22 wie Anm. 12, 1965
23 wie Anm. 11, 1959
24 BP-Tankinsel 1965
25 nach: Die Welt, 21. Juni 1979
26 Die Tankstelle 2, 1965
27 wie Anm. 12, 1957

Stationen des Lifestyles – Postmoderne 1970–1999

1 Pederson, Barbara L.: A Century of Spirit, Los Angeles 1990, S. 185
2 Hartley, Fred, Direktor der Union Oil, nach: Pederson, Barbara L.: a.a.O., S. 185
3 Süddeutsche Zeitung, 11. 7. 1979
4 Thurow, Werner: Das Tankstellengeschäft von Aral und dessen Zukunftsperspektiven, Bochum 1980, S. 6
5 Mineralölwirtschaftsverband (Hrsg.): Öl. Ein Rohstoff und sein Markt, Hamburg 1981, S. 71
6 BP-Kurier 1964, Archiv der Deutschen BP
7 wie Anm. 4
8 wie Anm. 4
9 International Design, November 1981, S. 25
10 Schumacher, E. F.: Small is Beautiful. A Study of Oeconomics. As If People Mattered, London 1973
11 Jencks, Charles: The Language of Postmodern Architecture, 1973
12 Buddenberg, H.: Grundzüge einer energiepolitischen Strategie, Hamburg 1979
13 ADAC-Motorwelt 12, 95
14 Brinegar, Claude, U.S. Secretary of Transportation, nach: Pederson, Barbara L.: a.a.O., S. 191
15 siehe unter anderem: Hubbard, Harold: The real Cost of Energy, in: Science American, April 1991 und MacKenzie, James J.: The Going Rate. What it really costs to drive, World Resources Institute, o.O. 1992
16 in: The Times, 15. 2. 1996
17 ADAC-Motorwelt 1, 1982
18 ESRC Transport Studies Unit: Car Dependence, Oxford 1995
19 BUND, Miserior (Hrsg.): Zukunftsfähiges Deutschland, Basel 1995
20 BP-Tankinsel 1977
21 Paragon Communications (Hrsg.): The Top-up Society. A Report on a Newly Defined Retailing Sector, London 1992

Tankszenen – Mythos eines profanen Ortes

1 d'Alba, Auro: Herzschläge eines Autos, nach: Silk, Gerald: Automobile and Culture, New York 1984, S. 69
2 de Leone, Mario: Unzucht mit Autos, nach: Silk, Gerald: a.a.O., S. 68
3 Marinetti, F. T.: Le Futurisme, Paris 1911, nach: Harten, Jürgen u.a.: Wir setzen den Betrachter mitten ins Bild. Futurismus 1909–1917, Düsseldorf 1974
4 Fitzgerald, Francis Scott Key: The Great Gatsby, New York 1922, nach: Becker, Jens Peter: Das Automobil und die amerikanische Kultur, Trier 1989, S. 113
5 nach: Schmied, Wieland: 'Precisionist View' und 'American Scene'. Die zwanziger Jahre, in: Joachimidis, Christos und Rosenthal, Norman (Hrsg.): Amerikanische Kunst im 20.Jahrhundert, München 1993, S. 68
6 Friehmuth, Cay: Ich glaube, das Menschliche ist mir fremd. Edward Hoppers Tankstellenbilder, in: Elf Aktuell, Januar 1993, S. 14
7 Lyons, Deborah und Weinberg, Adam D. (Hrsg.): Edward Hopper and the American Imagination, New York 1995
8 Am bekanntesten ist das Projekt der Farm Security Administration (FSA), in deren Auftrag unter der Ägide des Art Directors Roy Stryker Hunderttausende von Fotografien des ländlichen Amerika entstanden.
9 Steinbeck, John: Die Früchte des Zorns, München 1985, S. 152
10 nach: Silk, Gerald: a.a.O., S. 111
11 Nabokov, Vladimir: Lolita, Frankfurt 1990, S. 346
12 Bishop, Elizabeth: Filling Station, nach: Silk, Gerald: a.a.O., S. 139
13 Ginsberg, Allan: Higway Poesy La-Albuquerque-Texas-Wichita, in: Becker, Jens Peter: Das Automobil und die amerikanische Kultur, Trier 1989, S. 51
14 Steen, Jürgen (Hrsg.): Die zweite industrielle Revolution. Frankfurt und die Elektrizität, Frankfurt 1981
15 Schivelbusch, Wolfgang: Geschichte der Eisenbahnreise. Zur Industrialisierung von Raum und Zeit im 19. Jahrhundert, München 1977, S. 152; beim Bahnhof entwickelte sich ebenfalls eine Trennung zwischen Funktions- und Schauseite, wobei die letztere Funktion hier – umgekehrt wie bei der Tankstelle – vom Gebäude übernommen wird.
16 Wobei an der Tankstelle die räumlichen Verhältnisse umgekehrt liegen. Das den Verkehr schützende Dach ist hier (weil der Verkehr nicht wie bei der Bahn von außen kommt, sondern Teil der Stadt ist) zur Umgebung hin offen, während das Gebäude hinten liegt. Deshalb übernahm, anders als beim Bahnhof, bei der Tankstelle anstelle des Gebäudes auch schließlich das Dach die Repräsentationsfunktion.
17 Kerouac, Jack: On the Road, New York 1955
18 Frank, Robert: The Americans, Paris 1958
19 Graves, Barry und Schmidt-Joos, Siegfried: Rock-Lexikon (Bd. 1), Reinbek 1990, S. 412

Unsichtbare Giganten – Benzinwerbung

1 nach: Margolies, John: Pump and Circumstances. Glory Days of the Gas Station, Boston 1993, S. 77
2 »Super«, stammt aus dem Lateinischen (über alle Maßen, besonders) und fungiert dort vorwiegend als Präfix, z. B. in »supergloriosus« (besonders ruhmreich); im Deutschen ist es als Kompositum seit dem 16. Jh. bekannt, wie z. B. »superfein«; im Englischen bedeutet es hervorragend; mit der allgemeinen Einführung von »Superbenzin« in den fünfziger Jahren und dessen Verkürzung auf »Super« (»Super, bitte!«) fand es Eingang in die Umgangssprache und wurde später zu einem der am häufigsten verwendeten Wörter der Jugendsprache, eigenständig oder als Präfix, z. B. in »Super-Typ« oder »supergeil«.
3 Schmidt, Siegfried J. u. a.: Wo lassen Sie leben? Kulturfaktor Werbung, in: Thomsen, Christian W. (Hrsg.): Aufbruch in die Neunziger. Ideen, Entwicklungen, Perspektiven der achtziger Jahre, Köln 1991, S. 156
4 Esso A.G.: 100 Jahre Esso, Hamburg 1990, S. 53
5 Esso UK plc (Hrsg.): Evolution of the Tiger, London 1994, S. 4
6 wie Anm. 5, S. 6

7 nach: Goodrum, Charles und Dalrymple, Helen: Advertising in America. The First 200 Years, New York 1990, S. 42

8 in: New York Times, 23. 7. 1995

9 Schmidt, Siegfried J. u. a.: Wo lassen Sie leben? Kulturfaktor Werbung, in: Thomsen, Christian W. (Hrsg.): Aufbruch in die Neunziger. Ideen, Entwicklungen, Perspektiven der achtziger Jahre, Köln 1991, S. 151

Randsteindesign – Architektur der Tankstelle

1 Dokumente der Architektur des 20. Jahrhunderts. Dapolin-Tankstelle, in: Der Architekt 9, 1981, S. 390

2 Fitch, James Marston: American Building. The Historical Forces that Shaped it, New York 1973, S. 228

3 Gasoline Stations Become Architectual Assets, in: The American City, November 1929, S. 98

4 wie Anm. 3, S. 99

5 Stanley, Arthur, nach: Lord, T.J.: The Development of the Petrol Filling Station from 1895 to 1939, Birmingham 1994, S. 110

6 Boccioni, Umberto: Architecture futuriste Manifeste, o. O. 1914, in: Walther, Ingo F. (Hrsg.): Paris-Berlin 1900-1933, München 1979, S. 386

7 Gropius, Walter: Grundsätze der Bauhausproduktion, in: Wingler, Hans M.: Das Bauhaus, Bramsche 1962, S. 120

8 wie Anm. 7, S. 120

9 Kramer, Ferdinand: Der Charme des Systematischen, Gießen 1991, S. 166

10 Der Baumeister, Dezember 1928, nach: Nobis, Norbert und Grohn, Christian: Robert Michel 1897-1983, Hannover 1988

11 Schütte-Lihotzky, Margarete: Rationalisierung im Haushalt, in: Das Neue Frankfurt 5, 1926, nach: Hirdina, Heinz (Hrsg.): Neues Bauen, neues Gestalten. Das Neue Frankfurt / die neue stadt. Eine Zeitschrift zwischen 1926 und 1933, Dresden 1984, S. 179

12 nach: Hiesinger, Kathryn B.: Landmarks of Twentieth Century Design, New York 1993, S. 389

13 nach: «ref PAGE», November/Dezember 1981, S. 24

14 Interview vom 21. 10. 1994

15 Bass/Yager & Assoc.: The Exxon Film, Los Angeles 1984

16 Interview vom 21. 10. 1994

17 Benjamin, Walter: Das Kunstwerk im Zeitalter seiner Reproduzierbarkeit, Frankfurt 1955

18 Design Week 23, 1991, S. 8

19 Hanegraaf, Cynthia: Shell's Full-service Identity, in: Identity, Mai/Juni 1994, S. 76

20 Worsely, Giles: Is Bamality inevitable?, Country Life 20. 9. 1990, S. 140

21 6th RIBA International Student Competition: Gasstop. A Place of Celebration, London 1988

22 nach: Hauffe, Thomas: Fantasie und Härte. Das ‚Neue deutsche Design‘ der achtziger Jahre, Gießen 1994, S. 54

23 Kroegeler, Peter: Erläuterungen zum Entwurf ‚Tankstelle in der Wüste‘, Kronshagen 1996

24 Design and Strategy Consultants 20/20: Drive Retail Thinking Onto Texaco Forecourts (Pressemitteilung), London 1984

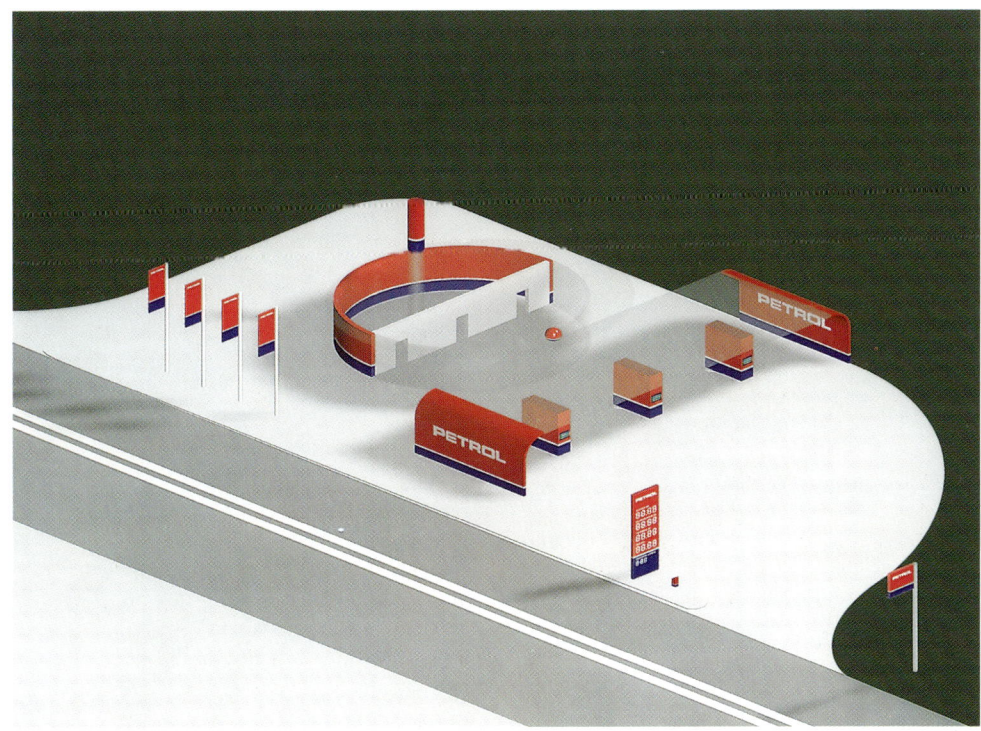

Computermodell einer zukünftigen Tankstelle mit Plexiglasdach, das je nach Sonneneinstrahlung seine Farbe verändert (Entwurf: Aljoša Kolenc).

Register

Die fett gedruckten Seitenzahlen verweisen auf
das ABC der Ölfirmen.

Mit freundlicher Unterstützung der Elf Oil Deutschland GmbH

Danksagung: Ich danke ganz besonders Herrn Hans-Joachim Solder von der Elf Oil Deutschland, der die Idee hatte, dieses Buch zu produzieren und sich sehr dafür einsetzte, ebenso seinem Mitarbeiter Cay Friemuth, der es auf den Weg brachte, Mandy Howard, die das Projekt prima managte, Frau Helge Aszmoneit vom Rat für Formgebung, die viele entscheidende Tips gab, Myriam Frericks und Birgit Haermeyer vom DuMont Buchverlag, die dem Buch die Form gaben, sowie meiner Tante Luise Polster, die mir im rechten Moment die Krawatte band.
Sehr geholfen haben uns außerdem Saul Bass und Brad Roberts (Bass, Yager & Ass.), Wolfgang Böwig (Galerist), Susan Box (Phillips), Jeff Brouws (Fotograf), William P. Bruder (Architekt), Walter A. Coyne (Arco), Albert Greenstein (Arco), Mike Hogelund (Unocal), Yves Jaunasse (Elf Aquitaine), Barbara Karrenbrock (Esso), Mary Keane (Mobil), Erik Knudsen, Aljoša Kolenc (Architekt), Willi Laschet (Maler), Bob Lee, Alex Lifschutz (Architekt), Trevor Lord (Heritage Motor Centre), Bill Lucas (Fotograf), Paul Marti (Foundation Braillard), Barbara Meyer-Bukow (MWV), Eckhard Neumann, Fabrizio Pascina, Phil Patton (Journalist), Poul Pedersen (Fotograf), Heinrich Reinmold (Autohaus Reinmold), Gudrun Roweck, Thomas Schalberger (Elf Oil Deutschland), Jörg Stürzebecher, Tom Vick (Ogilvy & Mather), Eberhard Weyel (Fotograf), Teit Weylandt (Dissing + Weitling Architekten), Tim Wride (L.A. County Museum of Art), Stephan Zieger (BFT).

Bildnachweise: American Petroleum Institute: 13, 17 o., 25 o., 25 u., 31/5, 83 – Aral A.G: 113 u., 179/6, 181/7 – Arco: 47 3 v.o., 90/1, 90/2, 90/3, 107, 147, 154/3, 156/6, 157/3, 170 o., 180/5, 187, 201, 203/3, 203/4, 203/6 – Bass/Yager & Associates: 90/7, 220 o., 220 m., 220 u., 221 o., 221 u., 222, 223, 224 o., 224 u., 225, 227 o., 227 u., 228 o., 228 u., 229 o. – Bechtel & American Petroleum Institute: 109 u. – Otto-Hermann Becker & Jürgen Fischer: 208 – Wolfgang Böwig: 231 – © Stiftung Preußischer Kulturbesitz: 62, 67 u., 81, – Fondation Braillard Architectes: 212 o., 212 u. – British Motor Industry Heritage Trust: 37 u., 108 – © The British Petroleum Company plc: 31/2, 52 u., 102 u., 111, 154/1, 156/5, 157/9, 180/2, 180/6 – The British Petroleum Company plc/Shell-Mex and BP Co: 31/3, 32/3, 35, 38, 57 o., 138, 203/8 – Foto Jeff Brouws: 6, 10, 55 o., 73, 98, 99, 116, 124, 134, 135, 140, 141, 142 o., 172, 173, 180/9, 190, 191, 204 – Architekt William P. Bruder (Fotos Scot Zimmerman): 181/8, 234, 235 – Bundesarchiv: 36 o., 36 u., 39, 53, 88 – Chevron Corp. and the American Petroleum Institute: 157/7 – Chicago Historical Society: 76 u. (HR-DF 6115-3), 215 o. – © Christo: 30/1, (Texas Mastaba, Project for 500 000 Oil Barrels. Edition 1976. Color lithograph and screenprint with collaged cardboards. 76,2 x 56,5 cm. Foto: Wolfgang Volz) Copyright Christo 1976 (AP. 8/25) Edition) – Design Report: 209 o. – Deutsches Filmmuseum Frankfurt/Main: 169 o., 170 u., 171, 175 – Dissing + Weitling: 213 m. – Elf Aquitaine: 32/5, 32/6, 92, 96, 102 u., 131 o. 132 u., 203/7 – Elf Oil Deutschland: 51 u., 60/1, 91/11, 109 o., 109 m., 110 o., 110 m., 123/6, 146, 148, 151 u., 178/1, 179/4, 180/1, 196 o., 196 m., 196 u. – Foto Christoph Engel: 60/2 – Esso A.G.: 18 o., 20 u., 80 o., 86 o., 90/4, 93, 94, 114, 189, 216 o. – Esso UK plc: 192, 193 – Exxon Corp. & American Petroleum Institute: 12, 22 – Galerie im Parkhaus Berlin: 177 (Foto Felix Schumann) – Hamburger Architekturarchiv: 232 o., 232 u. – Foto Andreas Heddergott: 153 – Heil Co.: 155/5, 156/2 – Foto Mandy Howard: 155/4 – Gilbarco Ltd.: 59/2 – The Trustees of the Imperial War Museum: 89 – Stadt Kassel, Amt für Bauordnung und Denkmalpflege: 209 u. – Architekt Peter Kroegeler: 236/237 – Kunstakademie Kopenhagen: 213 o., 213 u. – Landesmuseum für Technik und Arbeit Mannheim: 161 – Bob Lee: 179/5, 205 u. – Library of Congress: 17 u., 19, 32/7, 42, 59/3, 61/8, 63, 64, 65 o., 66, 72, 74, 75 u., 76 o., 77, 82, 87, 115, 117, 118, 122/1, 122/5, 166, 167, 186, 214 o., 214 u. – Lifschutz & Davidson: 145 (Foto Peter Cook), 233 u. (Foto Chris Gasgoigne) – Foto © Bill Lucas: 105, 205 o. – Mobil Corporation: 54, 84, 85, 90/15, 103 o., 119 u., 182, 185, 195, 202/2, 206 u., 217, 218, 219 o., 219 u. – Moore Oil Co. & American Petroleum Institute: 24 o. – Archiv W. Morawe: 68 – The Museum of Modern Art, New York: 164/165 Hopper, Edward. Gas. (1940). Öl auf Leinwand, 66,7 x 102,2 cm, The Museum of Modern Art, New York. Mrs. Simon Guggenheim Fund. Photograph © 1996 The Museum of Modern Art, New York) – Národní Technické Muzeum Prag: 29, 121/6 – Neue Sammlung München: 216 u. – Eckhard Neumann: 188 – Collection of The Newark Museum: 163 (Anonymous Gift, 1937) – Foto Uwe Niehuus: 139 o. – OMV AG: 60/5, 157/8 – Foto Poul Pedersen: 59/5 – Petrofina: 32/2, 179/2 – Phillips Petroleum Company: 33/4, 34, 47 2.v.o, 56 u., 61/4, 78 o., 104 u., 106, 120/4, 121/2, 121/5, 184, 194, 197, 198 o. – Foto Bernd Polster: 7, 8 o., 8 u., 9, 45 u., 47 1.v.o., 100 m., 112, 119 o., 126, 128, 129 o., 129 u., 130, 131 u., 132 o., 137, 144, 149, 181/3, 215 u., 226 o., 226 u. – Firma Heinrich Reinmold: 97 o., 100 u., 162 – Scania: 156/1, 157/4 – Seaver Center, Natural History Museum of Los Angeles County: 14 o., 16 o., 27, 40, 43, 46 – Security Pacific Collection/ L.A. Public Library: 44 o., 55 u., 65 u. – Scheidt & Bachmann GmbH: 61/3, 80 u. – Shell UK Ltd.: 26 o., 142 u., 152 – Spaarnestad Fotoarchief: 120/1 – Staatliche Kunsthalle Karlsruhe: 160 – Klaus Staeck: 169 u. – Karl Schneider Archiv: 210 u., 211 o., 211 u. – Foto Rupert Steiner: 11, 233 o. – Süddeutscher Verlag Bilderdienst: 44 u., 181/4 – Tank und Rast A.G.: 110 u. – Texaco Inc.: 78 u. – Tokheim GmbH: 23 o., 56 o. – 20/20 Design and Strategy Consultants: 143 – Unocal: 47 u., 90/8, 91/14, 103 u., 123/3, 127 (Foto Larry Lee), 183 – U.S Commission on Science and Technology/API: 125 – Wallraf- Richartz-Museum Köln: 168 – Foto Ulrich Weichert: 113 o., 151 u. – Stephan Werner: 97 u. – Foto Eberhard Weyel: 60/6, 69 u., 101, 150 – © 1995 The Frank Lloyd Wright Foundation: 230. – Weitere Abbildungen stammen aus dem Archiv des Autors.

Umschlagvorderseite: Willi Laschet **Umschlagrückseite:** Elf Oil Deutschland **Frontispiz:** Library of Congress (Foto Dorothea Lange) **Haupttitel:** Sammlung Michael Kriegeskorte **Abbildungen im Inhaltsverzeichnis:** Sammlung Bernd Polster, Royal Institute of British Architects (Zeichnung Sim Meng Chu)

Buchkonzept: Bernd Polster
Projektmanagement: Mandy Howard
Bildrecherche: Mandy Howard und Bernd Polster

Die Deutsche Bibliothek – CIP-Einheitsaufnahme

Polster, Bernd:
Super oder Normal : Tankstellen – Geschichte eines modernen
Mythos / Bernd Polster. – Köln : DuMont, 1996
   ISBN 3-7701-3516-4
NE: HST

Satz: Fotosatz Gluske + Harten, Köln
Reproduktion: Graphik Atelier 13, Neuss
Druck und buchbinderische Verarbeitung: Graphicom, Vicenza
Printed in Italy   ISBN 3-7701-3516-4